DAS ANTIKE DELPHI

MICHAEL MAASS

DAS ANTIKE DELPHI

Orakel, Schätze und Monumente

Den Kollegen und Freunden am Parnaß
und von der anderen Seite des Rheins

WISSENSCHAFTLICHE BUCHGESELLSCHAFT
DARMSTADT

Umschlagbild: Der Wagenlenker (vgl. Abb. 88)

Die Deutsche Bibliothek – CIP-Einheitsaufnahme

Maaß, Michael:
Das antike Delphi: Orakel, Schätze und Monumente /
Michael Maaß. – Darmstadt: Wiss. Buchges., 1993
ISBN 3-534-10940-6

Bestellnummer 10940-6

© 1993 by Wissenschaftliche Buchgesellschaft, Darmstadt
Gedruckt auf säurefreiem und alterungsbeständigem Bilderdruckpapier
Satz: Fotosatz Janß, Pfungstadt
Druck und Einband: Wissenschaftliche Buchgesellschaft, Darmstadt
Printed in Germany
Schrift: Linotype Aldus, 10/12

ISBN 3-534-10940-6

INHALT

Einleitung VII

Dank IX

Das Orakel 1

Landschaft, Besucher und Umgebung 20

Geschichte des Ortes und des Heiligtums 42

Die Stadt 57
   Die Siedlung und ihre Brunnenanlagen 57
   Befestigungen 68
   Nekropolen 70
   Frühchristliche Denkmäler 74

Feste und Festplätze 76

Das Apollonheiligtum 89
   Anlage: Ummauerung, Terrassen und Wasserversorgung . . 89
   Apollontempel und Altar 99
   Votivgaben und Schätze 126
   Schatzhäuser und Hallen 151
   Denkmälerweihungen 184

Das Heiligtum der Athena Pronaia in der Marmaria 217

Die Erforschung der antiken Stätten 232

Anmerkungen   237

Literatur   291
  Inschriftensammlungen   307

Glossar   309

Abbildungsnachweis   317

Tafel I–VII 54/55

Tafel VIII–XI 166/167

Pläne   319

EINLEITUNG

Delphi ist mehr als ein Ort der menschlichen Kultur und Geschichte, es ist eine Stätte von außergewöhnlichem Erleben. Hier sind, im Gegensatz zur sanften Heiterkeit von Olympia, dramatische Gegensätze ganz unvergleichlich vereinigt. In der Landschaft verbinden sich die Architektur der Felstürme und Hangterrassen, der mächtige Raum des tiefen Tales, die Weite der Ebene, der ferne Glanz der Meeresbucht und die verschränkten Linien der lichtschimmernden Bergzüge. Hier haben Griechen Mühen und Freuden unserer Diesseitigkeit mit religöser Erhebung, mit der reich blühenden Weisheits- und Zauberwelt ihres Mythos verbunden.

Dieses Buch handelt von der Landschaft, von den Menschen, die einst darin lebten, und von den Werken, die sie dort schufen. Es wird die Rede sein von Felsen, Quellen, Bäumen und Pflanzen, von Bauwerken, von Gold, Bronze und Marmor, von Geld und Abrechnungen, von Pilgerfahrten und Festen, von Spenden und Kollekten, vom friedlichen und kriegerischen Zusammenleben der Staatswesen, von Raub und Reparationen, von Geschichtsüberlieferungen und von der Weisheit der Legenden, von Glanz und Ruhm, aber auch von Vergänglichkeit. Zu reden wird auch sein von den Bemühungen und Leistungen, mit denen das antike Delphi wieder ans Licht gebracht worden ist.

Die Fülle der Kostbarkeiten des Ortes kann hier bei der nötigen Beschränkung nur in einer Auswahl von Bildern und Behandlungen dargestellt werden. Nicht weniger kostbar als die Bodenfunde sind die Zeugnisse der antiken Dichter, Geschichtsschreiber und Reisenden. Ihr Wort ruft Vorstellungen hervor, die lebendiger und bleibender sein können als gegenständliche Zeugnisse und Abbildungen; denn die Veränderung des Materiellen ist allenfalls aufzuhalten und zu lenken, aber nicht zu verhindern; wir müssen damit leben. Dieser Aspekt soll durch die bewußte Auswahl auch von historischen Abbildungen hervorgehoben werden.

DANK

Für vielfältige Hilfe, Hinweise, Ratschläge, Beschaffungen von Bildvorlagen und Entgegenkommen bei den Reproduktionsrechten geht mein Dank an:

M.-F. Billot, K. Christophi, P. Darcque, R. Etienne, M.-Chr. Hellmann, M.-D. Nenna, O. Picard, D. Rousset, E. Trouki (Athen, EFA); C. Bastias und E. Alamani (Verlag Ekdotike Athenon); K. Romiopoulou (Athen, Nationalmuseum); N. Kontos, S. Meletzis, E. Papadaki und E. Vikela (Athen); K.-V. v. Eickstedt, M. Heiber, N. Lazaridou (Athen, DAI); G. Platz-Horster (Staatl. Antikenmuseum, Stift. Preuß. Kulturbesitz, Berlin); K. Hallof (Berlin, Zentralinst. f. Alte Geschichte u. Archäologie); R. Kolonia, E. Tsimpidis-Pentazos (Delphi, Ephoria Archaiotiton); C. Rolley (Univ. Dijon); T. Hölscher (Univ. Heidelberg); P.-H. Martin (Karlsruhe, Bad. Landesmus.); C. Maaß und G. Maaß-Lindemann (Karlsruhe); A. Strid (Kopenhagen, Bot. Inst.); B. Alberts (Krefeld, Geol. Landesamt); M. de C. Hipólito (Lissabon, Museu Calouste Gulbenkian); Dr. Waldmann (Merseburg, Geh. Staatsarchiv); G. Gruben, A. Ohnesorg (München, Tech. Univ.), A. Hirmer (München); J. R. Mertens (New York, Metr. Mus.); P. Amandry (Paris); J.-Fr. Bommelaer, D. Laroche (Straßburg, Univ.); E. Simon (Würzburg, Univ.)

Die dankbare Widmung des Buches richtet sich in ganz besonderer Weise an Anne Jacquemin, meine Mentorin bei meinen Bemühungen um Delphi.

DAS ORAKEL

Delphi war der Mittelpunkt der Welt. Zeus, Vater der Götter und Menschen, hatte zwei Adler von den Weltenden her zueinander fliegen lassen, die sich hier begegneten. Der steinerne „Omphalos" bezeichnete im Tempel als „Nabel" der Welt diesen heiligen Ort; an ihm waren die goldenen Figuren der beiden Adler aufgestellt, wie es das Weihrelief in Sparta zeigt [1] (Abb. 1). Ein anderes, omphalosartig verehrtes Steinmal in Delphi ist mit dem Mythos der vorolympischen Göttergenerationen verbunden, mit Gaia (Gâ) und Kronos; er sei der Stein, den Kronos statt seines jüngsten Sohnes Zeus verschlungen und wieder ausgespieen habe (Pausanias 10,24,6; vgl. Hesiod, Theogonie 497–500) [2].

Delphi war allerdings nicht der ursprüngliche Name des Ortes, sondern Pytho. Erst vom 5. Jh. v. Chr. an wurden seine Bewohner Delpher und schließlich auch der Ort Delphoi genannt [3].

Von weither holten Griechen, ja selbst Barbaren, die Weissagungen des Orakels ein und brachten Geschenke herbei, die sich im Heiligtum zu sagenhaften Reichtümern häuften. Das Orakel erlangte die höchste Autorität in Fragen kultischer Ordnung, bei der Aufdeckung von unheilstiftender Schuld, bei den Anordnungen zur Sühne, bei der Entscheidung und Erklärung von Lebens- und Schicksalsfragen.

Das Ansehen Delphis spiegelt sich seit den homerischen Dichtungen in Äußerungen von Dichtern und Philosophen [4]. Hauptzeugnisse finden sich im homerischen Apollonhymnos, bei Pindar (Pyth. 9,44–49), in Herodots Bericht der Kroisoslegende (vgl. Abb. 3), bei Aischylos (Eumen. 1–33), Euripides (Iph. Taur. 1234–1283) und Platon, der Delphi als höchste Instanz für Kultfragen in seinem Idealstaat einsetzt (z. B. Pol. 4,427 B f.; Leg. 5,738 B ff.; 6,759 D; 8,828 A). Diese Ideen sind freilich nicht als geistige Anstöße und Propaganda der delphischen Priesterschaft zu verstehen; mit diesen Vorstellungen erhöhten vielmehr fremde Dichter und Philosophen Gott und Kult in dem Pilger- und Festort des phokischen Berglandes [5]. Del-

Abb. 1   Weihrelief mit Apollon und Artemis am Omphalos. Attisch, 4. Jh. v. Chr. Fund in Sparta.

phi ist in der Tat das einzige Orakelzentrum, das in Literatur und Dichtung lebendig war[6].

Die Rolle Delphis bei auswärtigen Kultfragen geht aus Ämtern in anderen Städten hervor, mit denen die Beziehungen zu Delphi gepflegt wurden[7]. Dazu gehörte in Athen einer der Exegeten (Erklärer des heiligen Rechts) mit dem Beinamen πυθόχρηστος[8] (IG II² 5023), d. h. der vom Orakel in Delphi Bestimmte. In Sparta gab es das Amt von vier „Pythioi" (Herodot 6, 57; Xenophon, Lac. 15, 5 u. a.)[9]. Jeder der beiden Könige hatte das Recht, zwei von ihnen zu bestimmen. Überzeugend hat man den Aufstieg des Orakels mit dem der städtischen Gemeinwesen seit dem 8. Jh. v. Chr. verbunden[10]. Sein Ansehen wurde in Anspruch genommen, um politische Ansprüche zu legitimieren und Machtfragen zu regeln.

In der Legende von den Sieben Weisen erscheint der delphische Gott als moralische Instanz und Quelle von Weisheitslehren: Das Orakel sollte bestimmen, wer von den Sieben der Weiseste sei[11], doch es entschied, daß der

Preis der Weisheit keinem Menschen, sondern nur dem Gott gebühre. Die Merksprüche der Weisen hat Pausanias (10, 24, 1) im Inneren des Tempels gesehen. Ihr Katalog wie auch der der Weisen selbst ist in der Antike sehr variiert worden; die älteste, vermutlich im Tempel angeführte Überlieferung[12] umfaßt von Thales: „Erkenne dich selbst!", von Solon: „Nichts zu sehr!", von Chilon: „Bürgschaft, – schon ist Unheil da", von Pittakos: „Erkenne den passenden Augenblick!", von Bias: „Die Meisten sind schlecht", von Kleobulos: „Maß ist das Beste" und von Periander: „Alles ist Übung".

Das alte Motiv der Suche nach dem weisesten Menschen ist in der Verteidigungsrede des Sokrates aufgegriffen. Sokrates deutet den Orakelspruch, mit dem er zum Weisesten erklärt wurde, durchaus im Sinne der alten Legendenweisheit: Er sei der Weiseste, da er wisse, daß er nichts wisse[13].

Eine Resonanz der delphischen Weisheitslehren findet sich noch im fernen mittelasischen Aï Khanoum am Oxus[14]. Klearchos von Soloi hatte dort für das Heroon des Kineas im Gymnasion die folgenden, in Delphi abgeschriebenen Sprüche in Stein hauen lassen: „Als Kind sei wohlerzogen, als Jüngling beherrscht, in der Lebensmitte gerecht, als Greis guter Ratgeber, im Tod ohne Leid." Bedeutungsvoller als solches Allgemeingut an Lebensweisheit war für viele Verehrer Delphis der Ausdruck eines nicht zu ergründenden Geheimnisses, des „delphischen E" (E delphicum). Es war im Tempel und ursprünglich aus Holz, wurde aber von den Athenern durch ein bronzenes und von der Kaiserin Livia durch eine vergoldete Nachbildung ersetzt (Plutarch, De E ap. Delph. 3, 385 F). Die antiken, von Plutarch überlieferten Erklärungsversuche hat Ulrichs[15] umrissen: „Es war ein einfaches E, welches in der alten Orthographie zugleich die Stelle des Diphtongen EI vertrat. Als Zahlzeichen bezogen es einige auf die Zahl der ältesten Griechischen Weisen, die damit hätte bezeichnen wollen, es seien ihrer nur fünf gewesen; andere legten der Fünfzahl einen tieferen philosophischen Sinn unter. Als Conjunction konnte es ‚wenn' oder ‚ob' oder ‚wenn doch', als Verbum εἶ ‚du bist' bedeuten und so verschiedene Meinungen veranlassen, wie sie Plutarch in der bekannten Abhandlung über das delphische E auseinandergesetzt hat." Vielleicht ist das E aber auch eine alte, aus dem früheisenzeitlichen Mittelitalien bekannte Bauschmuckform; sie wäre dann in Delphi erst nachträglich als Buchstaben verstanden worden[16].

Das Orakel bildete die Grundlage für die Entwicklung des Heiligtums. Die heilige Stätte an diesem Ort hatte ursprünglich nicht Apollon, sondern der großen, alten Göttin Gâ, der Erdmutter, gehört. Von ihrem Kult zeugen Idolfunde aus der mykenischen Zeit[17].

Die Besitznahme Delphis durch Apollon (Farbtaf. I) ist im Mythos in vielen Varianten ausgestaltet worden[18]. Der homerische Hymnos übergeht die Überlieferungen älterer Kulte an diesem Ort, die vor allem die Erdmutter als Herrin der Stätte nennen[19]. Apollon ergreift von der Stätte Besitz, errichtet seinen Tempel, befreit die Gegend von dem todbringenden weiblichen Drachen, dessen Namen Delphyne wir aus anderen Quellen erfahren, und richtet mit kretischen Priestern das Orakel ein. In anderen Überlieferungen ist der Drache nicht weiblich, sondern männlich und bewacht das Heiligtum der Gâ. Tötung und Sühneritual wurden im Mysterienspiel der „Septerien" (s. u. S. 82) dargestellt. Der Drache war auch auf andere Weise mit dem Mythos des Apollon verknüpft worden. Die gegen Zeus eifersüchtige Hera hatte den Drachen gegen Leto und ihre kleinen Kinder geschickt; doch konnte Apollon ihn mit Pfeilschüssen erlegen. Die Vasenmaler haben dies als wunderbares Geschehen dargestellt, wie Leto ihren kleinen bogenschießenden Sohn vor sich gegen den Drachen hält[20]. Nach anderer Tradition hat Apollon das Heiligtum von Poseidon übernommen[21].

Das Orakel mit seinen sagenhaften Reichtümern als Zankapfel begegnet noch einmal im Mythos von dem Streit zwischen Apollon und Herakles[22], den Zeus zugunsten von Apollon schlichtet. Die Reihe der sogenannten „Heiligen Kriege"[23] vom 6. bis zum 3. Jh. v. Chr. ist die historische Entsprechung zu den mythischen Beispielen vom Kampf um die Herrschaft über das Orakel.

Die Sage kennt aber auch die Version von einer friedlichen Abfolge der Götterherrschaften im Heiligtum. Gâ habe das Orakel ihrer Tochter Themis, der Herrin des göttlichen Rechtes, vererbt, diese habe es Apollon übergeben. Daher ist Themis auch in der Rolle der Orakelpriesterin Pythia dargestellt[24] (Abb. 2). Der alte Kult der Gâ verschwand nicht, sondern wurde unter Apollons Herrschaft in Ehren gehalten. Daß der Gott nicht einem Priester, sondern einer Frau Weissagungen eingab, ist als Relikt des alten Erdmutterkultes zu verstehen. Auch der Dreifuß als Sitz der Pythia dürfte auf alte Vorstellungen aus mykenischer Zeit zurückgehen[25]. Bei der Kastalia sind auch Basen von Statuen gefunden worden, die Gâ und Themis darstellten. Wahrscheinlich hatte Gâ nicht nur im Apollonheiligtum, sondern auch hier einen Kultplatz, der dann der ältere, ursprüngliche gewesen sein dürfte[26].

Die Zeit der Übernahme des Heiligtums durch Apollon geht aus der Überlieferung nicht deutlich hervor. Ein wichtiges Zeugnis in der ›Ilias‹ (9, 404 f.) ist als späterer Einschub verdächtigt worden[27]. Bei Homer findet sich Pytho sonst noch dreimal erwähnt: einmal im Schiffskatalog des Heereszuges gegen Troja in der ›Ilias‹ (2, 519) und zweimal in der ›Odyssee‹

Abb. 2 Themis als Pythia auf dem Dreifuß prophezeit Aigeus einen Sohn. Trinkschale aus Vulci, Athen 440/430 v. Chr. Berlin.

(8,79 f., 11,580 f.), wo von einem Orakel an Agamemnon und vom Weg der Leto nach Delphi berichtet wird.

Der Kult Apollons kann aber durchaus schon zur Zeit Homers in Delphi bestanden haben, auch wenn der Dichter ihn nicht ausdrücklich erwähnt haben sollte; denn schließlich ist auch der Zeuskult in Olympia nicht ausdrücklich bei Homer bezeugt. Die Weihgabenfunde lassen den Aufstieg des Heiligtums seit dem früheren 8. Jh. v. Chr. erkennen (s. u. S. 126 ff.). Daß die Bedeutung des Orakels unter der Herrschaft des Apollon im 8. Jh. v. Chr. nicht eine spätere Erfindung ist, geht aus den Apollonkulten der ältesten Koloniegründungen im Westen, von Naxos und Kyme, hervor. In

Naxos hieß Apollon Ἀρχηγέτης (Anführer), denn viele Kolonisten such-
ten für ihre Unternehmungen prophetischen Rat und göttliche Führung
durch die Befragung des Delphischen Orakels[28]. Die Rolle des Orakels bei
den Koloniegründungen hebt Cicero (De divin. 1, 1) hervor: „Quam vero
Graecia coloniam misit in Aeoliam, Asiam, Siciliam, Italiam, sine Pythio,
aut Dodonaeo aut Hammonis oraculo?" (Wann hat Griechenland eine Kolonie nach Aeolien, Asien, Sizilien oder Italien ohne ein Orakel aus Delphi,
Dodona oder dem Ammonheiligtum entsandt?) Von den aufgezählten Orakeln hat Dodona jedoch kaum, das Ammonheiligtum sicher nicht die ihm
zugeschriebene Rolle gespielt.

Einen Einblick in alte Verhältnisse des Orakels geben die Legende vom
Hirten Korethas als dem Entdecker der weissagekräftigen Erddämpfe und
die Privilegien des Geschlechtes der Labyaden, mit denen wohl frühere
Rechte auf die Leitung des Heiligtums kompensiert worden sind (CID I
Nr. 9). Die Gestalt des Korethas bedeutet wohl die Personifikation dieser
alten Rechte[29].

Ablauf und Regeln der Orakelbefragungen waren in vielfältiger Weise
geordnet[30]. Ursprünglich gab es dafür nur einmal im Jahr einen Termin,
den 7. Tag des Frühlingsmonats Bysios, der als Geburtstag des Apollon gefeiert wurde. Wie Plutarch bezeugt, kamen zu späterer, aber nicht genauer
bestimmbarer Zeit auch die siebten Tage der anderen Monate hinzu; die
Wintermonate waren wohl ausgenommen, da Apollon zu dieser Jahreszeit
bei den Hyperboreern abwesend gedacht war. Darüber hat Alkaios in seinem Apollonhymnos (Fr. 1 D.) gedichtet, über den wir durch Himerios
(Orat. 14, 10–11) wissen.

Außer den Sprüchen der Pythia sind auch andere Orakeltechniken bezeugt, Weissagungen mit Hilfe von Losen, Träumen, Opferfeuer oder verschiedenen in dieses gestreute Gaben, wie Weihrauch, Blätter, Käse oder
Mehl[31]. Für die Zulassung einer Befragung waren Voropfer und Gebühren
verlangt; Versäumnisse standen unter der Androhung schwerer Geldstra-
fen. Ein umfangreiches Protokoll, das viele alte Ehrenrechte zu berücksichtigen hatte, regelte die Rangfolge[32]. Außerdem wurden sogar die Gebühren (πέλανος, ursprünglich Opferkuchen, dann aber ein Geldopfer) für
offizielle und private Anfragen vertraglich mit einzelnen Städten geregelt
(CID I 8)[33]. Bei der Menge der Konsulenten war ein großer Stab von Hei-
ligtumspersonal nötig, um Ordnung, Rechte und Ansprüche des Heiligtums und der Priester zu wahren und die Weissagungen an die Ratsuchenden zu vermitteln.

Für die Priesterämter[34] sind verschiedene Namen überliefert. Zwei auf

Lebenszeit eingesetzte Priester (ἱερεῖς) hat es mindestens seit ca. 200
v. Chr. gegeben[35]. Der Prophet (προφήτης) hatte eine Rolle, die einem offiziellen Sprecher zu vergleichen ist; er war wohl für schriftliche Anfragen, Aufzeichnungen und die weitere Verbreitung von Orakelsprüchen zuständig, wenn dazu Berechtigung bestand. Er könnte die Sprüche auch in
Versform ausgearbeitet haben. Zu den Aufgaben der fünf ὅσιοι (Heiligen)
gehörte es, der Pythia bei den Orakelsitzungen zu assistieren.

Ihre Requisiten waren außer dem Dreifuß Lorbeer und Wasser, nach den
meisten Zeugen aus dem Kastaliabrunnen, nach Pausanias dagegen aus der
Kassotis. Die Rolle von Lorbeer und Wasser ist nicht sehr deutlich. Sie haben rituelle Reinigungskräfte, werden aber auch mit der prophetischen Inspiration in Verbindung gebracht. In Delphi gehören die ausdrücklichen
Zeugnisse von der prophetischen Kraft des Kastaliawassers (s. u. S. 59) zu
den späteren Überlieferungen.

Das Motiv des weissagekräftigen Wassers ist anderswo auch bezeugt.
Mit dieser Bedeutung strahlte die Kastalia sogar bis nach Syrien, nach
Daphne bei Antiocheia aus, wo im dortigen Apollonheiligtum eine gleichfalls weissagekräftige Quelle denselben Namen trug[36]. Über die Inspiration und das Verhalten der weissagenden Pythia ist viel gerätselt worden.
Die Nachrichten, die man als Zeugnisse von einem inspirierenden Hauch
aus einem Erdspalt verstanden hat, sind teils historisch zweifelhaft, teils
auch unzutreffend übersetzt worden. Die geologische Situation des Untergrundes und die Architektur des Tempels schließen einen Austritt von
Dämpfen aus der Erde aus[37]. Nach dem Verständnis der antiken Autoren,
die Delphi gut kannten, handelte es sich bei dem „Hauch" vielmehr um spi-
rituelle Phänomene, Emanationen göttlicher Kräfte, vergleichbar der Wirkung der Gestirne im Sternglauben, nicht um physikalische Erscheinungen
in unserem Sinn[38]. Aus den Anhaltspunkten der z. T. sagenhaften Traditionen wurden aber wohl auch in der Antike unzutreffende Vorstellungen
gebildet. In diesem Zusammenhang haben die Christen im Kampf gegen
das Heidentum versucht, die über den Dämpfen aus dem Erdspalt sitzende
Pythia obszön zu verunglimpfen[39].

Charakter und Verhalten der weissagenden Pythia erscheinen ambivalent. Die Abwicklung des Orakelbetriebes gegenüber den Befragern wirkt
geradezu geschäftsmäßig-bürokratisch[40]. Doch haben die Zeugnisse vom
ekstatischen Charakter, vom zuweilen gefährlichen Ergriffenwerden der
Pythia einiges Gewicht[41]. Inspiration und Ergriffenheit der Pythia waren
ein Geschehen zwischen dem Gott und seinem Medium, dem sich die Befrager mit Ehrfurcht und Vorsicht näherten; sonst konnte sich die Störung

des heiligen Geschehens furchtbar auswirken. So sind die Berichte von frevelhaft erzwungenen Wahrsagungen zu verstehen, die für die Pythia wegen der mißbrauchten göttlichen Kraft der Prophetie sogar mit dem Tod endeten[42]. Die irreguläre Befragung durch Alexander d. Gr. wurde nach der Tradition dagegen nicht bestraft; er wurde vielmehr für unbesiegbar erklärt; das galt somit auch für seine Stellung gegenüber den Vorschriften in Delphi[43]. Wie Herrscher oder Usurpatoren sich über das Orakel hinwegsetzten, erweist sich somit als ein Topos der historiographischen Literatur.

Die Würde der Pythia, die Mischung ihrer realen und wunderbaren Wesenszüge hat Pindar (Pyth. 4,4f. und 4,60) dichterisch umschrieben. Er nennt sie „die bei den goldenen Adlern des Zeus sitzende Priesterin" (χρυσέων Διὸς αἰετῶν πάρεδρος ἱερέα) und „die delphische Biene" (μέλισσα Δελφίς). Nach den antiken Pindarkommentaren[44] war die bienengleiche Reinheit der Pythia der Grund für diesen Namen; als poetischere und ursprünglichere Vorstellung finden wir im homerischen Hermeshymnos (552–568) die Bienennymphen am Parnaß, die trunken vom süßen Honig prophezeien[45].

Form und Inhalt der nicht legendenhaften Befragungen und Sprüche[46] sind aber insgesamt eher verhalten, vorsichtig von seiten der Befrager, gelegentlich auch mißtrauisch. Um eine neutrale, unbeeinflußte Entscheidung von Streitfällen zu gewährleisten und jede Einflußmöglichkeit bei der Vermittlung von Frage und Antwort auszuschalten, konnte die Entscheidung auch indirekt ermittelt werden (IG II² 204)[47]. Die streitenden Parteien, die sich an Delphi wenden wollten, gaben ihre Forderungen und Lösungsvorschläge ab, die dann unkenntlich verschlossen und in Gefäßen versiegelt wurden. In Delphi wurde nur gefragt, in welchem der Gefäße die richtige Lösung des Problems enthalten sei. Die unbestritten echten Orakel geben den Eindruck, als sei es ungebührlich gewesen, zu viel zu fragen. Unlautere Fragen standen unter der Androhung von Schicksalsstrafen; auch die Orakelprobe des Kroisos ist als unfromme Versuchung des Gottes beurteilt worden[48]. Von seiten Delphis sind die echten Sprüche einfach und klar; typisch sind die Entscheidungen von Alternativen mit einem „ja" oder „nein", oder mit einem „besser ist es . . .". In diesem Sinn ist ein Wort des Philosophen Heraklit von Ephesos (um 500 v. Chr.) zu verstehen[49]: ὁ ἄναξ, οὗ τὸ μαντεῖον τὸ ἐν Δελφοῖς, οὔτε λέγει οὔτε κρύπτει ἀλλὰ σημαίνει (Der Herr, dem das Orakel in Delphi gehört, redet und verbirgt nicht, sondern er bezeichnet).

Die ruhig versunkene Art der Themis (vgl. Abb. 2) dürfte der Auffassung vom Ethos der Pythia und ihrer Sprüche gut entsprochen haben. Es ist mehrfach überliefert, daß die Befrager die Pythia unmittelbar hörten und verstanden[50].

Die Versform der Orakelsprüche scheint verschiedene Urheber in und wohl auch außerhalb Delphis gehabt zu haben. Die Pythia selbst hat nach den antiken Zeugnissen sowohl in Prosa als auch in Versen gesprochen. Die berühmten Verssprüche, zumeist Hexameter, aber auch iambische Trimeter, gehören in die Blütezeit des Orakels und entsprachen bis in das 5. und 4. Jh. v. Chr. einer Klientel, die gerade bei den geschichtlichen Ereignissen die Verbindung von poetischem Ausdruck und religiösem Anspruch zu schätzen wußte. Dichterisch bearbeitete Sammlungen von Weissagungen verschiedenen Ursprungs waren sehr verbreitet. Diese Sammlungen haben sich in ihrer literarischen Form gegenseitig beeinflußt; dabei sind wohl auch Sprüche von der einen in die andere lokale Tradition übergegangen. In Delphi ist die Versfassung von Sprüchen auch von Dichtern besorgt worden, die für das Heiligtum arbeiteten, aber nicht zu den Priestern gehörten, denn Plutarch (De Pyth. orac. 25, 407 C) spricht in etwas abfälligem Ton von ihnen[51]. Den bescheideneren, privaten Anliegen der Anfragen später in hellenistischer und römischer Zeit war die Versform der alten Orakel nicht mehr gemäß. Wegen ihres historischen und literarischen Interesses wurden diese dann seit etwa 200 v. Chr. in gelehrten Sammlungen zuerst von Mnaseas von Patara und Alexandros Polyhistor[52] zusammengestellt.

Der Zugang zu einem kritischen Verständnis der Orakelsprüche ist nicht leicht. Denn ihre poetische, oft dramatische Form vereinigt nicht nur Geschichte und Religion, sondern auch dichterische Gedanken und Erfindungen, Lebensweisheit und Witz, mitunter sogar regelrechten Humor. Die meisten Traditionen sind freilich fingiert oder umgestaltet worden. Ein guter Teil der überlieferten Sprüche gibt sich als „vaticinia ex eventu" zu erkennen, die nicht vor, sondern nach den angesprochenen Ereignissen formuliert worden sind[53]. Bezeichnend sind Dubletten von verschiedenen Sprüchen zu demselben Anlaß oder aber mehrfach, in verschiedenen Zusammenhängen verwendete Motive. Zu vorgegebenen mythischen und geschichtlichen Stoffen wurden delphische Orakelsprüche dazugedichtet, wie der Vergleich innerhalb der literarischen Traditionen zu erkennen gibt; dabei haben sich in der späteren Antike die Vorstellungen vom Orakelwesen immer mehr auf das Delphische Orakel konzentriert[54]. Dichtung und Literatur sind mit den geschichtlichen Ereignissen sehr frei umgegangen. Pindar, Herodot und Platon sind weniger Zeugen einer historischen als Urheber einer literarischen Realität[55]. Die Realität des Orakelbetriebes in Delphi ist also zu unterscheiden von einer Orakel-Legendenwelt, die mehr auswärts als in Delphi entstanden ist. Diese Legendenwelt war im antiken Bewußtsein wirksamer als die Realitäten des delphischen Kultes und der geschichtlichen Ereignisse.

Für das Ansehen des Orakels waren freilich moralische und philosophische Fragen wichtiger als die historische Quellenkritik. Typisch für das Bemühen, historische Ereignisse und Wahrheitsanspruch des Orakels zu vereinen, ist der skeptische und tragische Tenor der Kroisoslegende, in der ὄλβος, κόρος und ἄτη [56] (Glücksgüter, Übersättigung, Selbstüberhebung und Verblendung) zu einem Schicksal verbunden sind, das der Gott überschaut und der Mensch erleidet.

Worin liegt nun aber der Wert der Orakelsprüche? Wenige Sprüche stehen außer Zweifel; die literarisch berühmten gehören gerade nicht zu ihnen. Vielfach führt die historische Kritik zu einem schlüssigen Urteil gegen die Authentizität [57]. Doch auch die „unechten" Sprüche haben geschichtliche Wurzeln. Ihre Formen und Gedanken geben vielfach Hinweise auf auswärtige Ursprünge, d. h., daß dem Orakel viele Sprüche und Geschichten unterstellt worden sind, die in Wirklichkeit andere Verhältnisse und Interessen widerspiegeln.

Die Quellen von Orakelsprüchen hatten sehr unterschiedliches Ansehen, vom geringgeschätzten Wahrsager bis zu den angesehensten Heiligtümern. Vielfach sind in den Orakeltraditionen von Delphi lokale Überlieferungen und politische Parteiungen erkennbar, für die man die Bestätigung durch die Pythia beansprucht hat. Das Eigenleben der apokryphen Sprüche und Geschichten muß auch in der Antike spürbar gewesen sein. Von Delphi kanonisierte Orakelsammlungen hat es nicht gegeben, nur spätere gelehrte Zusammenstellungen. Vorbehalte gegen Orakelglauben und manipulierbaren Aberglauben haben antike Autoren vorgebracht (Thukydides 2, 8 und Plutarch, Them. 10) [58], gelegentlich wurde das Delphische Orakel sogar direkt angegriffen.

Die sprachlichen und gedanklichen Formen der Sprüche lassen typische Merkmale einer allgemeinen Wahrsage-Literatur erkennen. Sprichwörter, Weisheitssprüche, volkstümliche Erzählungen und poetische Ausschmükkungen von Mythen (vgl. Abb. 2 und 3) sind deutlich. Auffällig sind die kunstvolleren Antworten und Entscheidungen in Gestalt von Rätseln, mit Bedingungen zur Erfüllung von Anliegen, mit Anweisungen und Warnungen; hier ist ein literarischer Charakter oft unmittelbar zu spüren. Im Gegensatz dazu stehen die echten Überlieferungen mit ganz direkten Auskünften und Entscheidungen zu Anfragen, welche von zwei vorgeschlagenen Alternativen die richtige sei [59].

Bei unserem Urteil über die unhistorischen, fälschenden Sprüche müssen wir freilich berücksichtigen, daß die modernen und die antiken Vorstellungen von authentischer Berichterstattung nicht dieselben sind. Auch die seriösesten antiken Historiker bieten prägnante Reden und Verhandlungen im Wortlaut, selbst wenn dieser gar nicht überliefert worden sein kann. Diese Darstellungsform hat analysierenden und kommentierenden Charakter; sie zielt auf historische Einsichten und geht bewußt über die beschränkten Möglichkeiten einer reinen Begebenheits-Berichterstattung hinaus.

Antike Kritiker haben die Orakelsprüche weniger der historischen Kritik unterzogen, als aus moralischen und politischen Gründen mit dem Vorwurf der Beeinflußbarkeit, Bestechlichkeit[60] und der Unzuverlässigkeit (Cicero, De divin. 2,41. 57) angegriffen. Berichtet wurden Bestechungen oder Bestechungsversuche durch die Alkmeoniden (Herodot 5,63), durch die Spartaner Kleomenes (Herodot 6,66 ff. Pausanias 3,4, 3 f.)[61], Lysander (Diodor 14,13; Plutarch, Lys. 25; Nepos 3,1) und Pleistoanax (Thukydides 5,16,2), durch Philipp von Makedonien (Aischines, Ktes. 130; Plutarch, Dem. 20), der auf den Rat der Pythia mit „silbernen Lanzen", d. h. mit Geld, kämpfen sollte (Suid., s.v. ἀργυρέα), und durch Herakleides Pontikos (Diogenes Laertios 5,91); in dieser Reihe durfte schließlich auch Nero (Cassius Dio 63,14,2) nicht fehlen.

Die überlieferten Orakelsprüche sollte man daher insgesamt als eine poetische, legendenhafte Geschichtsschreibung verstehen. Diese gibt die Ereignisse nicht korrekt im Sinn einer kritischen Geschichtsschreibung wieder, ist aber eine wichtige historische Quelle. Hier konzentriert sich der Ausdruck von Selbstverständnis, Handlungsmotiven, Rechtfertigungen und Weltanschauungen.

Rund ein Jahrtausend umfaßt die Geschichte der überlieferten Orakelsprüche. Die ältesten stehen dem Zeitalter Homers nahe, der letzte reflektiert den Sieg des Christentums über den heidnischen Kult. Diese Zeitspanne umfaßt den politischen Wandel von der griechischen Staatenwelt zum Römischen Reich und den Glaubenswandel vom homerischen Götterolymp zur philosophischen Aufklärung und zu den Erlösungsreligionen der Spätantike. Plutarch (etwa 45–120 n. Chr.) bezeugt diesen Bewußtseinswandel in seiner Schrift über das Problem, daß die Orakel der Pythia nicht mehr in Verse gefaßt wurden. Orakel und andere Manifestationen des Wunderbaren stellten in dieser Zeit nicht unmittelbar das ewig Göttliche dar, sondern wurden dem wandelbaren Zwischenbereich des Dämonischen zugerechnet[62].

In der Kroisoslegende[63] (vgl. Abb. 3) werden Unfehlbarkeit und Allwissenheit des Orakels verteidigt. Der König stellte die berühmtesten Orakel auf die Probe. Er ließ anfragen, womit er zum vorbestimmten Zeitpunkt der Befragung werde beschäftigt sein. Nur die Pythia wußte die richtige Antwort und vereinte in ihrem Spruch theologische Erhabenheit mit der Wahrnehmung von Küchenduft aus dem fernen Sardis: „Wohl weiß ich wieviel Sand am Meer, wie die Weite des Wassers, / Selbst den Stummen vernehm ich und höre des Schweigenden Worte. / In die Sinne dringt mir der Geruch der gepanzerten Kröte, / Wie man sie kocht zusammen mit Lammfleisch in eherner Pfanne. / Erz umschließt sie von unten, wie Erz auch darübergezogen."

Denselben Gedanken hat auch Pindar ausgedrückt (Pyth. 9, 44–49): „O Herr, der du das wirkliche Ende von allem weißt und alle Pfade / und wieviel Blätter die Frühjahrs-Erde treibt und wieviel / Sand im Meer und in den Flüssen / von den Wellen und Stößen der Winde gewirbelt wird, und was künftig ist und von wannen es sein wird, du siehst es wohl" (Übers. F. Dornseiff). Aber auch dieses Motiv ist mit Humor eingesetzt, denn der weise Chiron hält dem wegen der Nymphe Kyrene verliebt-ratlosen Apollon seine Allwissenheit vor.

Die Kroisoslegenden rechtfertigen das Orakel gegen die Vorwürfe heimtückischer Doppeldeutigkeit und treuloser Undankbarkeit, mit der es seinen frömmsten und freigebigsten Verehrer belohnt habe[64]. Der Spruch, Kroisos werde mit der Überschreitung des Halys und dem Vorgehen gegen Kyros (547 v. Chr.) ein großes Reich zerstören, weist auf den Zusammenhang von Schuld und Blindheit: Kroisos hätte bedenken müssen, daß es nicht nur das Reich des Gegners, sondern auch sein eigenes sein könne. Die alten Vorwürfe blieben bis in die Auseinandersetzung zwischen Christen und Heiden lebendig. Das Orakel wurde verhöhnt, weil es durch seine Sprüche ebenso zum Untergang des Kaisers Julian 363 n. Chr. beigetragen habe (s. u.) wie zum Untergang des Kroisos.

Das Orakel wurde aber durch einen angeblich gnädigen Ausgang der Katastrophe des Kroisos in Schutz genommen: er sei nicht verbrannt; der Scheiterhaufen sei vielmehr durch einen Regen wunderbar gelöst worden; Zeus habe dann den König für seine Frömmigkeit zu den Hyperboreern, den besonderen Verehrern des Apollon, entrückt. Der Untergang des Kroisos sei die Sühne für den Verrat des Gyges an Kandaules gewesen, durch den das Geschlecht der Mermnaden die Herrschaft in Lydien an sich gebracht hatte. Diese vom Schicksal bestimmte Sühne habe Apollon nicht aufheben, aber immerhin um drei Jahre aufschieben können. Letzte Recht-

fertigung dieser heidnischen Hiobsgeschichte ist die Tragik des unabänder-
lichen Schicksals mit seiner Verkettung von Schuld und Sühne; gefordert
sind Einsicht und Bescheidung des Menschen: „γνῶϑι σεαυτόν" (Erkenne
dich selbst!, Platon, Charm. 164 D [65]). Es ist auch ein ganz anderes Motiv
für die legendenhafte Beschönigung erwogen worden [66]: Das (wahrscheinlich gewaltsame) Ende des Kroisos habe der toleranten Haltung des Siegers
Kyros nicht entsprochen. Der ganze Zusammenhang der Legende ist jedoch im Apollonkult von Delphi, kaum in persischer Politik und Propaganda zu suchen.

Die Kroisosgeschichte hat nicht nur die antiken Historiker und Lieder-
dichter, sondern auch Maler beschäftigt. Berühmt ist die Amphora im
Louvre, die Myson gemalt hat (Abb. 3) [67]. Der Vasenmaler läßt die Rettung, von der die Dichter sprechen, offen. Wahrscheinlich sind Myson und
ein anderer Maler, von dessen Bild in Korinth nur geringe Reste erhalten
sind, durch Bühnenaufführungen zu ihren Scheiterhaufen-Szenen ange-
regt worden.

Die zu den Perserkriegen überlieferten Sprüche stellen das Orakel
gegenüber der griechischen Sache in ein zweifelhaftes Licht, doch gehören
auch sie eher zur „Literatur" als zur Geschichte [68]. Thessalien, das Stamm-
land des Kultbundes um Delphi, lag sehr exponiert gegen das Vordringen
der Perser und hatte deren Partei ergriffen; auch in Böotien hatten diese
noch Bundesgenossen gefunden. Delphis Lage bot unter solchen Bedingungen keinen Rückhalt gegen die Perser, denn der griechische Widerstand for-
mierte sich weiter südlich, in Athen und in der Peloponnes.

In den Sprüchen spiegelt sich die ganze Dramatik der äußersten Bedro-
hung und der kaum mehr erhofften Rettung (Herodot 7, 140 f.). In einem
ersten Spruch ist den Athenern zunächst der völlige Untergang in Aussicht
gestellt. Die Befrager hätten auf einer Revision des Unheilspruches bestanden, die dann tatsächlich einen günstigeren Ausgang offenließ, als ob man
das Orakel hätte bedrängen können, Verbesserungen des Schicksal auszu-
handeln. So hätten die Athener den Spruch von den hölzernen Mauern als
Rat zur Seeschlacht bei Salamis erhalten. Von einer ähnlichen Wechselbe-
ziehung zwischen göttlicher Weissagung und menschlicher Mitwirkung
wird bei der Vorbereitung der Entscheidung auf dem Land berichtet, die offenbar in der Ebene von Eleusis erwartet wurde. Das Orakel habe Anweisung gegeben, im attischen Land bei dem Heiligtum der Demeter den Feind
zu stellen (Plutarch, Arist. 11, 3); die Operationen hatten aber mit einem
nicht vorhergesehenen Verlauf nach Böotien in die Gegend von Plataiai geführt. Dort war zwar ein anderes Heiligtum der Demeter in der Nähe, doch

Abb. 3 Kroisos auf dem Scheiterhaufen. Amphora, Athen 500/490 v. Chr.
Louvre.

befand man sich bereits außerhalb von Attika. Um dem Orakelspruch doch Genüge zu tun, habe man attische Grenzsteine herbeigeschafft, damit der Kampf auf einem „leihweise" attischen Gebiet stattfinden könne. Diese Geschichte vom Wechsel der Haltung des Orakels gegenüber Athen bedeutet nicht zuletzt eine Verteidigung gegen die Vorwürfe der Perserfreundlichkeit.

Die Frage nach dem Verhältnis von unverschuldeten, leidvollen Menschenschicksalen und göttlicher Gerechtigkeit wurde in der attischen Tragödie, insbesondere von Euripides, grundlegend neu gestellt[69]. Doch hat der Kult diese Erschütterungen überstanden; er war nicht abhängig von Moral- oder Naturphilosophie; er beruhte vielmehr auf seiner sozialen und auch politischen Bedeutung als kultureller Mittelpunkt. Erst die Umwälzungen im 4. und 3. Jh. v. Chr. minderten die faktische Bedeutung des Kultes in Delphi[70]. Den stärksten Einbruch in die Geschichte des Kultes und des Orakels bildete der Ruin des Landes in den Kriegen des 1. Jhs. v. Chr.[71] Bemerkenswert ist aber das Wiederaufblühen in der Kaiserzeit, vor allem unter Kaiser Hadrian. Die antiken Autoren geben den Eindruck, daß dies mehr war als eine schwache romantische oder akademische Fiktion[72], sondern eine kulturelle und politische Wirklichkeit. Dabei ließen nicht Glaubensbindungen, sondern eine Welt mit der freien Distanz geistiger Erkenntnis diesen und andere Kulte mit ihren Ritualen über lange Zeiten dauern[73].

Dazu halfen die Ehrwürdigkeit seiner Institutionen und eine Frömmigkeit, die vom Volksglauben bis zur religiösen Weisheit reichte, wie sie in den Schriften Plutarchs lebendig ist.

Gegenüber den alten Wundergeschichten voll dunkler Schicksalsbedeutung hebt Philostrat (Apoll. Tyan. 6, 10, 4) im 2. Jh. n. Chr. das einfache und nüchterne Ethos der Orakelsprüche zu seiner Zeit hervor: „Wer nun eine Weissagung braucht, stellt eine kurze Frage, und Apollon antwortet, was er weiß, ohne irgendwelche wunderbaren Umstände. Und doch könnte er leicht den ganzen Parnaß erbeben und die Kastalia mit Wein statt mit Wasser fließen lassen; er könnte auch den Kephissos aufhören lassen zu strömen; doch er zeigt einfach die Wahrheit, ohne sich eines solchen bombastischen Beiwerks zu bedienen . . . Das ‚tue dies' oder ‚tue dies nicht', das ‚ich weiß' oder ‚ich weiß nicht', das ‚dieses' oder ‚dieses nicht', welchen Lärm braucht es denn? Wozu denn donnern, vielmehr angedonnert werden?" Daß aber nicht nur am alten Rätselgedichtprunk, sondern auch am Gegenteil, der Schlichtheit der Orakel, Anstoß genommen wurde, stellt Plutarch (De Pyth. orac. 25, 407 C) heraus. So ist es nicht verwunderlich,

daß in der Spätantike, wie wir von anderen Orten wissen, philosophisch an-
spruchvolle Orakelsprüche in platonischem Geschmack geschätzt wurden [74].

Das Orakel behandelte nicht nur hohe, offizielle oder theologische Probleme. Die gewöhnlichen Anfragen entsprangen den privaten Sorgen
gewöhnlicher Leute: „Seid ihr wegen der Früchte des Feldes oder wegen
Kindern gekommen?" läßt Euripides im ›Ion‹ (v. 302) den Tempelsklaven die
Frauen aus Athen fragen. Plutarch (De Pyth. orac. 28, 408 C; ähnlich: De
E ap. Delph. 5, 386 C) [75] hebt den auf private Anliegen ausgerichteten Charakter des Orakels zu seiner Zeit hervor: Es ging um Hilfe bei der Entscheidung, ob man heiraten, mit dem Schiff fahren, das Feld bestellen oder Geld
leihen sollte; mit Inschriften wurde auch für Hilfe des Orakels gegen
Krankheit und Kinderlosigkeit gedankt (FdD III 1, 560–561) [76]. Diese Art
von „Seelsorge" hat dem Kult eine lebendige Grundlage gegeben, die viele
Wechsel der Herrschaften, das Auf- und Abtreten der großen Herren und
Gönner von der Bühne der Weltgeschichte überdauert hat.

Ein Zug, der die Popularität Delphis zu erkennen gibt, ist in viele der
volkstümlichen Orakelüberlieferungen eingegangen: der Humor. Dieser
religiöse Humor ist nicht auf Delphi beschränkt, sondern eine allgemeine
Erscheinung. Vom Apollonheiligtum auf Delos berichtet Kallimachos (In
Del. 322 ff.), daß Schiffer mit zurückgedrehten Händen in einen Baum-
strunk bissen, weil Nymphen damit einst den kleinen Apollon belustigt
hatten. Selbst Apollon lachte gern, wie über die Opfer-Hekatomben von
übermütigen Eseln bei den Hyperboreern (Pindar, Pyth. 10, 36).

Der religiöse Humor ist mehr als Unterhaltung, er ist Ausdruck einer
weise vermittelnden Verbindlichkeit, eine Abwehr von Überheblichkeit
und Rigorismus; er gibt Raum für die Begegnung von Religiosität, volkstümlicher Weisheit und Philosophie. Hier kann an die Rolle, die Scherz
und Ironie in der Philosophie Platons spielen, erinnert werden. Die spätere
Antike hat dagegen eine mehr um das Ernsthafte bemühte Geistigkeit entwickelt.

Probleme und Rätsel mit ihren überraschenden, oft geradezu witzigen
Lösungen sind typische, betont herausgestellte Motive. Eine hübsche Ora-
kelgeschichte handelt sogar vom Lachen und einer klugen Besinnung darüber: Die Tirynther hatten sich einst an den Gott gewendet, weil ihnen ihre
Lachlust und Albernheit zu schaffen machte, so daß sie zu ernsten Geschäf-
ten nicht mehr in der Lage waren. Das daraufhin durch die Pythia befoh-
lene, ernst darzubringende Opfer der Gemeinde mißlang, obwohl die Tirynther sich vorsorglich bemüht hatten, ihre Kinder fernzuhalten; eines

war aber doch erschienen und sorgte mit einer Nachfrage nach der Vorsicht der Erwachsenen für das Gelächter, das man hatte vermeiden wollen. Die Tirynther beschieden sich mit der Einsicht, der Gott habe ihnen zeigen wollen, wie schwer eingefleischte Gewohnheiten geändert werden könnten (Athenaios 6, 26 D).

Volkstümlicher Mythos und Literatur griffen auf ihre Weise Orakelmotive auf. Der unbestimmte, mehrdeutige Tenor konnte mit derb ironischen Tönen verbunden werden. Wie respektlos klingt die Warnung der Pythia an Aigeus, der aus Athen wegen seines Wunsches nach einem Sohn gekommen war (Abb. 2): Der König dürfe den Zipfel des Weinschlauches nicht lösen, bevor er nicht nach Hause gekommen sei. Das mutet uns eher kabarettistisch als fromm an.

Für die ältere Zeit ist die Überlieferung reich an Orakeln zu Staatsaktionen wie Koloniegründungen, Gesetzgebungen, Rat zu kriegerischen Entscheidungen und Kultgründungen. Die letzte Anfrage zu einem Thema von politischer Bedeutung ist im 2. Jh. v. Chr. nachweisbar[77]. Das Orakel hat dann wohl noch bis zum Verbot durch Kaiser Theodosius 391 n. Chr. weiterbestanden[78], doch haben wir über lange Zeit keine Nachrichten.

Der Übergang vom heidnischen zum christlichen Delphi ist in dem berühmten „Letzten Orakel" an Kaiser Julian dramatisiert[79]. Der Zusammenhang ist von byzantinischen Geschichtsschreibern des 9. und des 11. Jhs., Johannes von Rhodos (Artemii Passio 35) und Georgios Kedrenos (1, 532, 1), überliefert. Johannes beruht dabei auf der Kirchengeschichte des Philostorgios († um 426). Der Arzt und Quästor Oribasios sei vom Kaiser bei seinen Bemühungen um die Wiederherstellung der heidnischen Kulte nach Delphi geschickt worden. Das Orakel habe einen Spruch erteilt, in dem es seine Aufhebung zugleich mit dem Ende der Herrschaft Apollons erklärte: εἴπατε τῷ βασιλεῖ, χάμαι πέσε δαίδαλος αὐλά. / οὐκέτι Φοῖβος ἔχει καλύβαν, οὐ μάντιδα δάφνην, / οὐ παγὰν λαλέουσαν, ἀπέσβετο καὶ λάλον ὕδωρ (Sagt dem Kaiser: Gestürzt ist die prunkvolle Halle. Phoibos hat nicht mehr sein Haus, auch nicht mehr den inspirierenden Lorbeer, noch die weissagende Quelle. Ihr Wasser ist verstummt).

Die Herkunft dieses Orakelspruches ist hier nur durch die weissagekräftige Quelle der Kastalia bezeichnet. Man hat daher im Zusammenhang mit den Religionskämpfen unter Kaiser Julian schließen wollen, daß es sich eher um das Apollonorakel von Antiocheia am Orontes, wo es nach dem Vorbild von Delphi auch eine Kastalia gab[80], als um das von Delphi handeln müsse. Doch weiß die Tradition von der Weissagekraft des Kastaliawassers nicht nur in Antiocheia, sondern auch in Delphi[81]. Da sich außerdem die christliche Polemik auch sonst mit ähnlichen Wendungen wie im fraglichen Spruch gegen das Delphische Orakel gewendet hat, ist die überlieferte Zuweisung des „Letzten Orakels" wohl doch ursprünglich.

Eine weitere Frage ist, ob der Spruch die Nostalgie des untergehenden Heidentums oder christlichen Triumph ausdrückt. Für die christliche Interpretation scheint zu sprechen, daß ein Orakel nicht feierlich seine Nicht-Existenz verkünden sollte. Vorstellbar ist aber auch, der Spruch sei ein Appell an den Kaiser gewesen, dem Heiligtum wiederaufzuhelfen.

Sprachliche Kriterien der Verse sind als Zeichen christlicher Polemik gedeutet worden: Das lautmalerische λαλέουσαν (und λάλον) habe den herabsetzenden Sinn von Geschwätz. In Prosarede müßten die Worte tatsächlich so verstanden werden, doch können sie in poetischer Sprache ohne negative Bedeutung gebraucht werden.

Das „Letzte Orakel" steht aber doch nach Inhalt und Tenor der christlichen Polemik gegen das Heidentum sehr nahe. Mit ähnlichen Wendungen haben christliche Apologeten das Delphische und andere Orakel seit Clemens von Alexandria um 200 n.Chr. totgesagt[82]. Die Nichtigkeit der Heidengötter und der Untergang ihrer trügerischen Orakel werden oft hervorgehoben. Das Scheitern Julians im Jahr 363 am Tigris wurde sogar mit der Katastrophe des Kroisos parallelisiert, dem das Orakel in ähnlicher Weise Unheil gebracht habe (Theodoret, J.P. Migne, Patr.Graec. Bd. 83 [1864], p. 1069). Die nächste Parallele zum „Letzten Orakel" ist die Stelle in einer Rede des Gregor von Nazianz (329–390) gegen Julian, der im Jahr 356 noch mit ihm zusammen in Athen studiert hatte (5,25): „Die Pythia ist nicht mehr von wer weiß was erfüllt – außer von Märchen und Gefasel. Die Kastaliaquelle ist verstummt und schweigt; das Wasser bringt nicht mehr Weissagung, sondern macht die Ratsuchenden zum Gespött. Der Lorbeer ist wieder ein gewöhnliches Gewächs, von dem mit Bedauern erzählt wird[83]."

Der delphische Omphalos bedeutete nicht mehr die Mitte der Welt. Schon in heidnischer Zeit hatte er Nachbildungen und Konkurrenten, insbesondere in den verschiedenen Tempeln des Apollon Pythios wie in Argos und Athen[84], in Klaros[85] und dem des Apollon Hyletas von Paphos auf Zypern (vgl. Hesych, s. v. γῆς ὄμφαλος: ἡ Πάφος καὶ Δελφοί); die Münzen der Stadt zeigen den Gott und seinen Omphalos mit Agrenon wie in Delphi[86]. An die Stelle dieser heidnischen Weltmitte war für die Christen der Omphalos in der Grabeskirche in Jerusalem als Mittelpunkt der Welt des Heils getreten[87]. In der christlichen Überlieferung hat sogar Apollon selbst mit einem Spruch an den Kaiser Augustus Christus den Sieg zugestanden:

„Ein hebräischer Knabe, größer als alle Götter, befiehlt mir / Dieses Haus zu verlassen, in den Hades zurückzugehen. / Verlaß aber schweigend unsere Altäre[88]." Selbst den Sieben Weisen wurden christliche Heilsprophezeiungen in den Mund gelegt[89]. Die Macht der delphischen Ideen geht nicht nur aus solchen christlichen Aneignungen hervor, sondern auch aus der Vehemenz der Polemik gegen das Orakel. Der Kult von Olympia wurde dagegen in freundlicherer Erinnerung gehalten. Die Kirchenväter Basilios d. Gr. und Johannes Chrysostomos führten, einen Gedanken des Apostels Paulus aufgreifend (1. Kor. 9,24–25), in ihren Predigten gern die Olympischen Spiele als Vorbild für die sittlichen Anstrengungen eines Christen an[90].

LANDSCHAFT, BESUCHER UND UMGEBUNG

Der homerische Apollonhymnos (282 ff.) vergegenwärtigt den Ort in einer einzigartigen Schilderung der Landschaft (Farbtaf. II. III und Abb. 4–6), um die Ankunft des Gottes in seinem Heiligtum bei dem alten Krisa auszumalen: „ἷκεο δ' ἐς Κρίσην ὑπὸ Παρνησὸν νιφόεντα / κνημὸν πρὸς Ζέφυρον τετραμμένον, αὐτὰρ ὕπερθεν / πέτρη ἐπικρέμαται, κοιλὴ δ' ὑποδέδρομε βῆσσα / τρηχεῖ'..." (Und du gelangtest nach Krisa am Fuß des beschneiten Parnassos, / Wo sich sein Hang nach Westen wendet, aber darüber / Hängt ein Fels und unten läuft die Tiefe des Waldtals / Rauh dahin; Übers. von Thassilo v. Scheffer).

Als „felsigen Ort, theaterartig gelegen" beschreibt ihn Strabon (9,3,3 [418]). Auch der heutige Besucher empfindet die Situation so, denn die schräge Terrasse des antiken Ortes schmiegt sich unter den Felsen wie ein Zuschauerrund gegenüber der Landschaftsszenerie des Pleistostales ein. Sogar die Akustik trägt zu der Eigenart des Ortes mit dem schon in der Antike berühmten Echo bei (Justin 24,6) [1].

Die Landschaftsschilderung in dem antiken Liebes- und Reiseabenteuerroman des Heliodor atmet eine besondere Frische des Eindrucks (Aithiop. 2,26,2): „Ganz wie ein Bollwerk und eine natürliche Zitadelle überragt der Parnaß die Stadt, die sich in die Winkel zu seinen Füßen anschmiegt" (οἷον γὰρ φρούριον ἀτέχνως καὶ αὐτοσχέδιος ἀκρόπολις ὁ Παρνασὸς ἀπαιωρεῖται προπόδων λαγόσι τὴν πόλιν ἐγκολπισάμενος).

Edward Dodwell empfand, daß die Landschaft die Gegenwart des Göttlichen atme [2]. Gustave Flaubert hat sich 1851 über das Schauspiel der Landschaft begeistert: «C'est un paysage inspiré! il est enthousiaste et lyrique! Rien n'y manque: la neige, les montagnes, la mer, le ravin, les arbres, la verdure. Et quel fond!» [3]

Die dramatischen Formen der Landschaft sind bis in die jüngste Zeit von starken geologischen Kräften geformt worden. Die Felsen der Phädriaden über dem Ort bestehen aus Schichten der unteren Kreide. Durch einen

Abb. 4   Golf von Itea und Parnaßmassiv, im Hintergrund Euböa.

Bruch sind sie von den jüngeren, tiefer liegenden Schichten der oberen
Kreide getrennt. Die Terrasse des antiken Ortes liegt auf Konglomerat oder
Flysch über den Schichten dieser oberen Kreidekalke (vgl. Abb. 6)[4].
   Daher haben Heiligtum und Ort keinen guten Baugrund. Verfestigte
Konglomerate der Oberfläche rutschen allmählich auf wasserführenden
Lagen ab; dieses Abgleiten des Baugrundes hat zu deutlichen Ausbiegun-
gen der Bauten geführt[5]. Lockeres Oberflächenmaterial ist dagegen wiederholt den Hang niedergegangen. Im Bereich des Heiligtums sind mehrere prähistorische und historische Erdrutsche und Felsstürze beobachtet
worden[6]: Aus der Zeit vor der menschlichen Ansiedlung stammen verschiedene Ablagerungen von „Savoura" (kleine Kalkbrocken zementiert in
schlammiger Bettung). Am Ende der mykenischen Epoche wurde ein Teil
der Siedlung im nordöstlichen Bereich des Heiligtums durch einen Erd-

Abb. 5   Pleistostal gegen Delphi, nach Stackelberg.

rutsch überdeckt[7]. Aus der geometrischen Zeit stammt eine Verschüttung mit Kieseln im westlichen Teil des Heiligtums, durch die wohl die mykenische Siedlung zerstört wurde[8]. Überrest eines alten Felssturzes ist der „Felsen der Sibylle" unterhalb der Tempelterrasse. Ein großer Felssturz und Erdrutsch hat etwa 373 v. Chr. den nordwestlichen Teil des Heiligtums zusammen mit dem Tempel verwüstet. Der Wiederaufbau des Tempels und des Heiligtumsareals zogen sich bis gegen 300 v. Chr. hin. Zu den Sicherungsmaßnahmen gehörte der Bau einer großen Mauer, des Ischegaon („Erdhalt"), der die abgestürzten Massen nördlich des Tempels auffängt.

Traurige Berühmtheit haben die großen phokischen Erdbeben erlangt, die 1870 anfingen und erst nach drei Jahren abklangen. Der Erbebenforscher Julius Schmidt hat seine Eindrücke nach der Landung in Itea festgehalten[9]: „Aus Osten der Schall von dem Sturze gewaltiger Felsmassen, die allseitig von den Höhen der Kirphis sich loslösten, in Strömen und Schutthalden sich donnernd durch die Thalschluchten oder auf schroffen Wänden fortwälzten, und mit ungleichem Tone auf die Ebene des Pleistos oder auf die Fläche der See herabfuhren. Als nach Maßgabe der Entfernung das sehr mannigfache Getöse langsam zu Ende ging, hörte ich die fernen, schwächeren und tiefen Donner jener Felsmassen, die am Parnassos herabkamen und zuletzt vernahm ich von West und Nordwest aus dem Korax und von den Höhen um Amphissa das Getöse der Felsblöcke, sehr verschieden von dem inzwischen erneuten Donner der nachfolgenden Erdbeben. ... Seltsam gefleckt und wie geschunden zeigten sich hier die kahlen Wände der

Abb. 6   Delphi, von der Kirphis.

Kirphis, die ich 1862 noch dunkelgrau gesehen, die nun durch das Erdbeben so zerfetzt und zerrüttet war, daß überall Theile der dunkeln Oberfläche weggebrochen wurden, wesshalb dann das weisse oder auch rothbraune Kolorit des Kerngesteins zu Tage kam."

Vor nicht langer Zeit, am 9./10. 12. 1935, wurde der Ostteil des Heiligtums durch eine Überschwemmung und durch einen großen Erdrutsch in eine wilde Schutthalde verwandelt. Ein Sturzbach hatte sich seinen Weg von der Felshöhe durch das Heiligtum in das Pleistostal gerissen[10]. Bis zu drei Meter hohe Ablagerungen blieben zurück; die SO-Ecke der großen polygonalen Stützmauer der Tempelterrasse stürzte ein; durch zwei Breschen in der Heiligtumsmauer waren Wasser und Geröll weiter in die Tiefe gegangen[11]. Im Januar 1980 wurde der Brunnen der Kerna östlich vom Stadion durch den Sturz von sechs Felsbrocken beschädigt[12].

Das Heiligtum von Marmaria hat mit dem Travertin einer Quellsinter-
Terrasse einen besseren Baugrund, dafür aber eine andere Gefahr. Die von
den Phädriaden durch Beben oder Verwitterung abstürzenden Felsbrocken
bleiben hier nicht am Fuß der Felswand liegen, wie im weichen Grund über
dem Apollonheiligtum, sondern rollen über eine zu Konglomerat verfestigte Schutthalde auf die Terrasse herab. So ist 1905 der gerade erst frei-
gelegte Athenatempel (Abb. 97) schwer beschädigt worden [13]. 1990 folgte
ein Felssturz auf die Kastalia.

Verkehrslage und -verbindungen waren von großer Bedeutung für die
Entwicklung des Heiligtums. Strabon (9,3, 6 [419/20]) hebt die zentrale
Lage für ganz Griechenland hervor. In mykenischer Zeit (ca. 1400–1200
v. Chr.) herrschte peloponnesische Keramik in Delphi vor [14]. Verbindungen
mit Thessalien beweisen Straßenanlagen, vereinzelter Import, aber auch
lokale Nachbildungen von Keramik [15].

Über den Hafen von Kirrha in 80 Stadien Entfernung (Strabon 9,3, 3
[418]) [16] hatte das Heiligtum gute Seeverbindungen, sowohl für die Besucher als auch für den Antransport von Baumaterialien. Schon für den
Tempelbau um 600 v. Chr. muß es dort leistungsfähige Verladeeinrichtun-
gen für den „Poros" [17] aus Korinth und entsprechende Transportwege hinauf in das Heiligtum gegeben haben.

Die Hauptverbindung in das nördliche Griechenland führte unweit von
Delphi vom Kirrhäischen Golf über Amphissa zum Malischen Golf bei La-
mia. Bis in das 6. Jh. v. Chr. reichte das Meer bei den Thermopylen bis an
die Felshöhen [18], so daß die Passage durch das Innere des Landes die Hauptverbindung zu Land nach Norden darstellte. Mit der Bedeutung dieser Verbindung hängt der Anschluß des Heiligtums an die Kultgemeinschaft der
Amphiktionen zusammen, die den Schwerpunkt ihrer Mitglieder und ihr
zweites Hauptheiligtum, das der Demeter von Anthela in Pylai (Thermopylen), in Thessalien hatte [19].

Eine weitere wichtige Landverbindung führte von Delphi über Anemoria
(Arachova) nach Osten (Abb. 7). Die Straße erstieg die Paßhöhe mit dem
türkenzeitlichen Chani Zemenou und senkte sich zur sagenberühmten
Schiste Hodos (Wegkreuz), wo Ödipus seinen Vater Laios im Streit erschla-
gen hatte. Die Verzweigungen führten von dort gegen Norden nach Daulis
und in die böotische Kephissosebene, gegen Osten nach Lebadeia und in das
Kopaisbecken, gegen Süden zu den phokischen Städten Ambryssos, Anti-
kyra und Stiris. Für die Strecke durch Phokis und Böotien ist der Name
einer „Heiligen Straße" überliefert (Herodot 6,34). Im Zusammenhang
mit den Festgesandtschaften der Pythaïden sprach der Redner Aristides (13

Abb. 7   Die alte Straße von Delphi nach Arachova, kurz nach der Kastalia.
Aufnahme um 1890.

[Panathen.] 189 [306 D.]) den Athenern das Verdienst um die Straße nach
Delphi zu. Die Landverbindung im Osten wurde zumindest gelegentlich
von wagenfahrenden Pilgern auch aus der Peloponnes benutzt (Plutarch,
Quaest. graec. 59,304 E. F)[20], die doch den bequemeren Seeweg nach
Kirrha hätten wählen können. Über die Straße, die von der Schiste her
nach Delphi kam, bemerkte Pausanias aber (10,5,5), daß sie auch für einen
Reisenden mit leichtem Gepäck eher beschwerlich sei. War die Straße also
in römischer Zeit nicht mehr oder nur noch schlecht befahrbar? Der Marmor aus Lebadeia für den römischen Neubau der Gymnasionshalle in Delphi[21] hätte dann auf anderem Wege, über See, transportiert werden müssen. Wir wissen zwar nichts Näheres über die Schiffbarkeit der Flüsse im
antiken Griechenland, doch haben sie einst mehr Wasser geführt als heute.
Inschriftlich bezeugt ist noch eine Straßenverbindung[22], die unterhalb der
von Osten kommenden Straße in das Pleistostal unter dem Ort vorbei und
in die Ebene von Kirrha zog. Der Verlauf der oberen, zum Ort führenden
Straße ist an Felsarbeitungen vor einem Kammergrab westlich des antiken Ortes deutlich[23]. Die Straße nähert sich dem antiken Delphi in der
Höhe des Theaters. Eine Zufahrt in den nicht öffentlichen Teil des archäo-

logischen Geländes über dem Museum benutzt noch heute die alte Trasse. Eine Straße, die vom Gymnasion aus in das Pleistostal hinunterführte, erwähnt Pausanias (10,8,8). Möglicherweise ist diese mit einer inschriftlich bezeugten Straße an einer Halle (vielleicht der des Gymnasions) und an einer Werkstatt zu verbinden[24].

Delphi verdankt seine Bedeutung dem Zustrom der Besucher, ohne die es eines der ländlichen Bergstädtchen in Phokis geblieben wäre. Besondere Anlässe waren die Orakelbefragungen, die Feste mit Sport, Musik und Theaterveranstaltungen, nicht zuletzt auch die dazu veranstalteten Märkte[25]. πυλατίδες ἀγοραί hießen sie in dem anderen amphiktionischen Heiligtum von Pylai (Hesych, s. v. und Sophokles, Trach. 638 f.); ein besonderer Name für die Märkte in Delphi ist dagegen nicht überliefert. Eine nicht geringe überregionale Bedeutung gewann das Heiligtum in hellenistischer Zeit durch die Sklavenfreilassungen, die in Form eines Verkaufs an den Gott vorgenommen wurden. Delphi war hierbei für viele Auswärtige der näheren und weiteren Umgebung in Mittelgriechenland der bevorzugte Ort. Diese Geschäfte brachten nicht wenige Fremde nach Delphi, wo sie durch die Heiligtumsverwaltung und auch durch einheimische Zeugen des Rechtsaktes betreut wurden. Geblieben sind davon die inschriftlichen Aufzeichnungen, vor allem auf der großen polygonalen Terrassenmauer des Tempels[26]. Möglicherweise umfaßten die Märkte auch einen Sklavenmarkt, wie wir es von anderen Heiligtümern kennen[27], doch ist dies in den erhaltenen Überlieferungen für Delphi nicht bezeugt.

Anlässe, Art und Gefahren der Reisen, Erwartungen und Sorgen sowohl der Besucher als auch der Gastgeber kennen wir aus verstreuten Überlieferungen von Inschriften, Geschichtsschreibern, Dichtern und Sprichwörtern. In den Spendenlisten (vgl. Abb. 47) zum Tempelneubau des 4. Jhs. v. Chr. erscheinen einzelne Pilger und Pilgergruppen gleicher Herkunft[28]. Eine dieser Auflistungen läßt sogar die Besuchsszene einer Pilgerfamilie vor unserer Phantasie erstehen (CID II S. 14 zu Nr. 1 II 26): Sicher hat Klearistos aus Karystos seinen Kindern die Statue ihres Großvaters, des Admirals Aristokles, im Nauarchenmonument erklärt.

Neben privaten Besuchern gab es auch die prächtigen Festgesandtschaften von Städten, besonders die Pythaïden aus Athen (s. u. S. 81) und die berühmten thessalischen Festzüge (Heliodor, Aithiop. 2,26,5)[29], ihre Pracht war geradezu sprichwörtlich (Porphyrios, De abst. 15).

Zur Fahrt nach Delphi gehörte für viele Pilger auch der Ausflug auf die Berghöhe zur Korykischen Grotte (vgl. Abb. 12–13). Unter den dort niedergelegten Weihgaben fanden sich aus dem ganzen griechischen Mutterland,

den Inseln und aus Kleinasien Münzen[30], die von den Pilgern aus ihrer
Heimat mitgebracht worden waren.

Unglück und Gefahren gaben gelegentlich Anlaß, von den Reisen zu berichten: Bei Aigeiroi im Gebiet von Megara hatten einst betrunkene Row-
dies die Pilgerwagen mit Frauen und Kindern in den Gorgopis-See gesto-
ßen (Plutarch, Quaest. graec. 59, 304 E. F). Der Anlaß zu dieser Aggression
ist nicht bekannt; wenn es sich nicht um eine besondere Feindschaft handelte, könnte man an eine Belästigung der Einheimischen durch Versor-
gungs- und Hygieneprobleme der Pilgerzüge mit ihrem Troß von Opfertieren denken. Von dieser Ausschreitung blieb den Megarern der Namen der
„Wagenstürzer" (ἁμαξοκυλισταί) und darüber hinaus ein schlechter Ruf,
weil die Stadt die Ahndung dieses Frevels nicht selbst übernommen, sondern dem Kultverband der Amphiktionen überlassen hatte, unter dessen
Schutz die Pilger nach Delphi standen. Für die Anreisen zu den Festen trug
der Kultverband nicht nur durch Bemühungen um die rechtliche Sicherheit, sondern auch durch die Anlage und Pflege von Straßen und Brücken
Sorge, wie dies im Amphiktionengesetz von 380/79 v. Chr. überliefert ist
(CID I 10). Eine Gerichtsbarkeit der Kultgemeinschaft zeigen auch inschriftliche Bußgeldabrechnungen (CID II 97, 4 mit Komm. S. 204 f.)

Die Unsicherheit auf den Straßen geht aus einer Geschichte von dem
Philosophen Menedemos aus Eretria (Lebenszeit wohl 351/50 bis 265 o.
wenig später) hervor, der die Frau seines verhaßten Gegners Alexinos auf
der Reise vor Wegelagerern schützte (Diogenes Laertios 2, 136)[31]. Tatsächlich galten damals nur wenige Straßen als sicher; der Reiseschriftsteller
Herakleides Kritikos (fr. 1 Pfister) hebt in diesem Sinn die von Oropos nach
Tanagra ausdrücklich hervor. Die Befestigungstürme im Pleistostal
(Abb. 8)[32] werden daher z. T. auch zur Sicherung der Straße gedient haben. Da die Amphiktionen sich mit dem Schutz der Pilgerreisen befaßten,
könnten solche Turmbauten durchaus vom Kultverband veranlaßt oder
durchgeführt worden sein. Zur Situation auf den Straßen zur Zeit der Feste
gehört auch der Auftrieb von Tausenden von Opfertieren, die von den Festgesandtschaften in das Heiligtum mitgebracht wurden (Xenophon, Hell.
6, 4, 29 und Heliodor, Aithiop. 2, 26, 5).

Die Reiselust dieser Zeit tritt aus den „Reisebildern" des Herakleides
lebendig hervor. Dieser Mann berichtet nicht nur von Geschichte und Kultur, wie später Pausanias, sondern erlebt die Welt mit offenen Sinnen. Er
beschreibt die Annehmlichkeit der sommerlichen, frisch bewässerten Gärten von Theben im Gegensatz zur Unwirtlichkeit bei Schnee und Matsch
im Winter, die Qualität des Bodens, gute und schlechte Straßen, Weine,

Abb. 8   Festungsturm unterhalb der Straße zwischen Delphi und Arachova, mit
Blick auf den Golf von Itea, nach Dodwell.

Feld- und Meeresfrüchte sowie den Charme der Frauen, die Stimmen und
Kleidermode der Schönen von Tanagra. Solche Reisebeschreibungen waren
neben Liebesgeschichten der wichtigste Stoff für die antike Romanlitera-
tur; die Schilderung von Delphi in Heliodors ›Aithiopika‹ zeugt von Ein-
drücken, die der Schriftsteller selbst empfangen hat [33].

Für die Reiselust der Pilger und Festteilnehmer gaben die Delpher selbst
das richtige Vorbild. Denn zu den Vorbereitungen gehörten die Einladungen durch die „Theorodokoi" (etwa: Pilgerbetreuer), die nach den jeweiligen Regionen in mehrere kleine Gruppen verteilt die Einladungen in alle
Richtungen, bis nach Massilia, Ägypten, Syrien und zum Schwarzen Meer,
überbrachten. Bei einem Bedarf von je etwa mindestens 30 Gesandten und
einer Bürgerschaft von nur einigen hundert Männern wird auf diese Weise
ein großer Teil der Delpher weit in der Welt herumgekommen sein [34]. Die
Inschriften der Theorodokoi mit den Listen der bereisten Städte waren
wohl für alt und jung so etwas wie ein steinernes Erdkundebuch; heute
sind sie eine wertvolle Quelle für die Erforschung der antiken Geogra-
phie.

Auch für die junge Mannschaft in Delphi gab der Kult Gelegenheit, auf
Fahrt zu gehen. Die Burschen aus den guten Familien (παῖδες εὐγενεῖς)

unternahmen alle acht Jahre zum Fest der Septerien unter einem Arche-
theoros eine Wallfahrt zum Tempetal, die man sich wohl wie eine Pfadfin-
derunternehmung vorstellen darf[35].

Wie war für den Aufenthalt der Besucher, insbesondere der zahlreichen
Festgäste, gesorgt? Delphi verfügt vor allem über reichliches und gutes
Quellwasser, das in ansehnlichen Brunnenanlagen gefaßt war, sowohl in
der Stadt als auch im Heiligtum und am Stadion. Auch hier hat die Kultgemeinschaft für das Wohl der Pilger mit Finanzierungen von Bauvorhaben
gesorgt; so wurde der Wasserleitungsbau für das Gymnasion aus ihrer
Kasse bezahlt. Die Brunnenanlagen sind zwar für den Ort stattlich, bei
stärkerem Besuch wird es aber wohl einen für Einheimische und Pilger
unbequemen Andrang gegeben haben.

Durch gute Straßen, Märkte und Brunnen war für die Bequemlichkeit
der Gäste gesorgt, Heliodor (Aithiop. 2, 26, 4) bemerkt sie anerkennend auf
dem Weg zur Waschung in der Kastalia und zum Tempel[36].

Sicher haben manche Gäste auch Unterkunft in der Umgebung außerhalb Delphis gesucht. Gäste von Rang wie König Perseus von Makedonien
haben die Beziehungen zu den einheimischen Vornehmen gepflegt und deren Gastlichkeit in Anspruch genommen (Livius 42, 15–17). Es gab sicher
auch Quartiere zu mieten; durch den Fremdenverkehr entwickelte sich
auch der Komfort der zahlreichen Badeanlagen in römischer Zeit. Viele Besucher haben aber auch nur kampiert. Einzelheiten zum Camping erfahren
wir aus dem Heiligtum von Anaktorion in Akarnanien durch eine Inschrift
in Olympia. Die Lagerplätze waren für Landsmannschaften und Städte ein-
geteilt; sie hießen παρεμβολαί[37].

Probleme des Fremdenverkehrs finden sich sowohl aus der Sicht der
Gastgeber als auch aus der der Gäste in der erhaltenen Überlieferung cha-
rakterisiert: Am Brunnenbecken bei der Südwestecke der großen Tempelterrasse in der Nähe des Asklepieion ist ein Badeverbot als Inschrift erhalten: ... μὴ ἐμβαίνει[ν], „nicht hineinsteigen" (s. u. S. 99). Die Amphiktionen verboten den Besuchern das Kampieren, Feueranzünden und das
Aufstellen von Votiven in der „Pastas" (Halle) des Königs Attalos (SIG[3]
523). Daß andere Hallen dagegen gewöhnlich für die Unterbringung von
Gästen frei waren, geht aus anderem Zusammenhang hervor. In Athen ist
ein Amphiktionengesetz mit Bestimmungen über οἴκησις (Behausung,
Unterbringung), allerdings nur unvollständig, erhalten (CID I 10, 22–
24)[38]. Die Bestimmungen beziehen sich u. a. offenbar auf den Hafen, die
freie Benutzung von Hallen, Verbot von Vermietung, zeitliche Beschrän-
kungen von 30 Tagen (wohl des freien Aufenthaltes) und, wahrscheinlich

immer noch in demselben Zusammenhang, das Verbot, „Mühlen und Back-
tröge" zu bringen. Damit dürfte ein Verbot kommerzieller Verpflegung an
diesen Orten gemeint sein.

Pindars achter Paean setzt Reisen von Pilgern ohne ihre Familien voraus,
doch erscheinen in den Spendenlisten auch Familien als Heiligtumsbe-
sucher. Die Besucher kamen nicht nur im Zustand religiöser Askese nach
Delphi, sondern waren auch für die Sehenswürdigkeiten und historischen
Merkwürdigkeiten des Ortes empfänglich. Euripides läßt in seiner Tragödie ›Ion‹ einen Chor von Athenerinnen als staunende Besucherinnen im
Heiligtum von Delphi auftreten. Sie bewundern eine Gigantenkampfdar-
stellung, wahrscheinlich die am Siphnierschatzhaus (vgl. Abb. 71–77).
Eine Reisegruppe aus Syrakus hat der Komödiendichter Epicharm in seinen
›Pilgern‹ (ϑεαροί) auf die Bühne gestellt (Athenaios 8, 362 B), wie sie in
ihrem Dialekt die Weihgeschenke von Kesseln, Mischkesseln, Bratspießen
und figurenverzierten Feuerböcken bewundern: Hier ist die auch heute
noch für den Tourismus typische Verbindung von kulturellem und kulina-
rischem Interesse glossiert. Dazu weiß die Überlieferung noch von dem
Spitznamen der Delpher als „Brühenköche", von den delphischen Äpfeln
(eine unreif gegessene Frühapfelsorte) und vom Wettkampf zum Fest der
Theoxenien um die größte Frühlingszwiebel für die Göttin Demeter (weil
die Göttin während ihrer Schwangerschaft hierauf besonders Lust gehabt
hatte) mit dem Siegespreis einer Opferschmausteilnahme (Athenaios
4, 173 D; 3, 80 E; 9, 372 A).

Zentrale Kulthandlungen der Feste waren Prozession und Opfer; der
Opferschmaus hatte für viele Pilger einen besonders festlichen Charakter,
da Fleisch in der antiken Ernährung zu den selteneren Genüssen gehörte [39].

Außer den kulinarischen wurden auch amouröse Erlebnisse „mitgebracht". Der Thessaler Echekrates, General im Dienst Ptolemaios' IV., hatte
die Pythia geraubt (Diodor 16, 26, 6), worauf die Delpher sich vorsahen, indem sie nur noch alte Frauen mit dem Amt betrauten. Harmloser ging nach
einer Erzählung die Liebe eines Pilgers zu einer Jünglingsstatue im Schatzhaus von Spina aus (Athenaios 13, 606 B). Solche Pygmalion-Motive sind
in der antike Literatur sehr beliebt und schließen an den Topos der täu-
schenden „Lebensechtheit" von Kunstwerken an; am bekanntesten ist das
Beispiel der Aphrodite des Praxiteles in Knidos (vgl. Lukian, Imag. 4); ähnlich wurden auch Tierbilder hervorgehoben: in den Epigrammen auf die
Kuh des Myron sucht ein Kälbchen nach Milch bei der Kuh, die doch nur
aus Bronze ist. Der Festbetrieb gab auch eine passende Szenerie für Liebes-
roman-Literatur ab: Heliodor (3, 5) schildert in den ›Aithiopika‹ die sehn-

süchtigen gegenseitigen Blicke der schönen Verliebten durch die Menge der Schaulustigen im pythischen Stadion.

Sicher hat es nicht nur Reiseerinnerungen, sondern auch Andenken gegeben. Vorstellen kann man sich Reliefs und Figuren aus Terrakotta, wie sie nicht nur in Heiligtümern geweiht, sondern auch in Gräber beigegeben wurden; außerdem Geschenke, Gebrauchsgüter und was man sonst auf dem berühmten delphischen Heiligtumsmarkt kaufen konnte, schließlich noch die eine oder andere nicht ausgegebene Münze. Dem Andenken an Pilgerreisen wurden aber auch in den heimatlichen Heiligtümern Weihreliefs gestiftet, auf denen wir die delphischen Gottheiten, meist zusammen mit ihren Verehrern, dargestellt finden (Abb. 1. 9)[40]: Aus dem Python von Ikaria stammen solche Votivreliefs der Pythaïsten (Verehrer des Apollon Pythios) und der Hebdomaïstai („Siebttägler"), die sich ihren Namen nach den Geburtstagsfeiern für Apollon an jedem Siebten eines Monats gegeben hatten.

In der Geschichtsschreibung ist ein lokalgeschichtliches Interesse mit einem Einschlag „touristischer" Erfahrung schon bei Herodot zu spüren. Später haben sowohl lokale Historiker als auch die allgemeingriechische Geschichtsschreibung die Überlieferungen in Delphi bearbeitet[41]. Hervorzuheben sind hier vor allem die Forschungen des Aristoteles und des Kallisthenes (s. u. S. 76 f.), die im Heiligtum für ihre Pythiensiegerlisten geehrt worden sind. Ausgesprochene Reiseliteratur ist in Griechenland seit dem 3. Jh. v. Chr. mit der erwähnten, leider sehr unvollständig überlieferten Schrift des Herakleides über Mittelgriechenland faßbar.

Das kulturhistorische Interesse findet auch in der Motivation der Reisen und in der Betreuung der Besucher von Delphi Ausdruck. Wie heute noch bemühten sich Fremdenführer um sie. ξεναγέται nennt Pindar (Nem. 7,43) die Delpher insgesamt, was als „Fremdenbetreuer" oder einfach „gastlich" verstanden werden kann. Die eigentlichen Fremdenführer hießen περιηγηταί, ἐξηγηταί (Plutarch, De Pyth. or. 14, 400 F und Pausanias 5,20,4[42]) oder μυσταγωγοί (Varro bei Nonius 419,9 und Cicero, In Verr. 4,132). Ihre langen Ausführungen konnten sehr lästig werden, Plutarch jedenfalls klagt über ihre Art (De Pyth. orac. 2,395 A)[43]. Die Bemühungen um Unterhaltung der Fremden bei ihrem kulturellen „Pflichtpensum" hört man deutlich aus manchen Passagen bei Pausanias heraus, in denen fabulierende Unterhaltung vor jede historische Wahrscheinlichkeit geht. Die Erklärung des Seesiegdenkmals der Liparer auf der Tempelterrassenmauer (10,16,7) spinnt reinstes Seemannsgarn (s. u. S. 195).

Neben diesen Erscheinungen von Routine und Überdruß findet sich aber

Abb. 9   Pythaïstenreliefs aus Ikaria am Pentelikon.

auch romantische Begeisterung. Als strahlende Stätte der Musen, als Wirkungsstätte weiser Männer und wegen ihrer vom Volkslärm unbehelligten
Ruhe preist Heliodor die Stadt[44].

Dichterwitz und Volksmund haben Mißtrauen und Sorge der Besucher,
in Delphi übervorteilt zu werden, aufs Korn genommen. Im homerischen
Hermeshymnos (546 ff.) ist es sogar Apollon selbst, der auf seinen Vorteil
bedacht ist: Wer auf eitle Veranlassung das Orakel befrage, dessen Reise sei
vergeblich, „seine Geschenke nehme ich aber doch". Solche Gaben ließ der
Gott also ohne Bedenken wie ein Strafgeld einnehmen. Dagegen ließ der
Gott aber auch verkünden, daß die fromme Gabe eines Unvermögenden,
sozusagen das „Scherflein der armen Witwe", wohlgefälliger sein könnte
als ganze Opferfestzüge[45]. Es kam nicht auf den materiellen Wert der Gabe
an, vielmehr durfte sich der Mensch „auf seine Frömmigkeit nichts zugute
tun", „sie nicht zur Schau stellen"[46]. Neben den freien Spenden waren
aber zu bestimmten Anlässen, insbesondere zu den Orakelbefragungen, die
Opfergaben streng vorgeschrieben.

Menschlich-allzumenschlich charakterisieren zwei Sprichwörter (Corp.
Paroem. Graec., App. Cent. I 94. 95) den Fremden- und Opferbetrieb aus
der Sicht der Besucher: Das „delphische Messer" als Ausdruck für Geldschneiderei geht auf eine sonst wohl nicht übliche „Opfermessergebühr"
zurück, die über die Stellung des Opfertieres hinaus zu erbringen war. Wie
es mit diesen Prozeduren weitergehen konnte, ist mit einem anderen

Sprichwort auf das Korn genommen: „Von deinem Opfer in Delphi wirst du beim Schmaus nichts abbekommen"; denn, so wird erklärt, bei der Menge der in Delphi Empfangsberechtigten blieb nichts für den Stifter des Opfers übrig. Dieses Sprichwort stand allgemein für Aufwendungen, von denen nur andere einen Nutzen hatten. Antike Komödien prangern sogar die Tricks an, mit denen die Opfernden von den Mageiroi, den Metzgern und Köchen der Heiligtümer, betrogen wurden [47]. Euphron führt in seiner Komödie ›Die Brüder‹ einen regelrechten Betrugsunterricht vor (bei Athenaios 9, 379 E – 380 B; fr. 684 K.). Daß der Fabeldichter Aisop die Delpher als Schmarotzer gescholten hatte, die nicht von der Arbeit auf dem eigenen Land, sondern von Fremden lebten, haben ihm nach der Sage die Delpher mit tödlicher Rache vergolten; die Schwere der Rache ist in einer Version der Legende begründet, wonach Aisop die ihm für die Delpher anvertrauten Geschenke des Kroisos nicht überbracht, sondern an den König zurückgegeben habe (Plutarch, De Pyth. orac. 14, 401 A; De sera num. vind. 12, 556 F; Herodot 2, 134; Schol. Aristophanes, Vesp. 1446) [48].

Diese Überspitzungen in den Legenden lassen aber die Lebens- und Wirtschaftsinteressen, die mit dem Heiligtum verbunden waren, deutlich hervortreten. Im normalen Leben fanden solche Probleme in administrativen Maßnahmen Ausdruck. Da bemühte sich die Stadtverwaltung, Markt und Preise unter Kontrolle zu behalten. Davon ist aus dem 3. Jh. v. Chr. ein amtlicher Tarif für den Fischmarkt erhalten [49]. Hier ist auch das Gesetz zur Regulierung der Kurse für die verschiedenen Gold- und Silbermünzen anzuführen, das in der Vorhalle des Schatzhauses der Knidier auf der linken Ante eingemeißelt worden war [50]. Besondere Bestimmungen regelten den Vertrieb der priesterlichen Fleischanteile von den Opfern [51]. Die Schlachtleistung und Fleischzubereitung bei dem Opferbetrieb der großen Feste war beträchtlich: Nach Xenophon, Hell. 6, 4, 29 hat Iason von Pherai 1000 Rinder und 2000 andere Opfertiere zu den Pythien von 370 v. Chr. nach Delphi geschickt.

Neben der profanen Gastlichkeit, den Opferschmäusen der nach Athenaios (4, 173 E) festesfreudigen Delpher [52] stehen die Riten kultischer Bewirtungen. Apollon selbst galt als Vorbild und Meister in der Arbeit mit dem Opfermesser [53]. Die festliche Gastlichkeit galt nicht nur den Menschen, denn zu den Theoxenia wurden auch Götter und Heroen eingeladen. Pindar hatte als „Liebling des Apollon" in Delphi Opferschmausehren inne und gehörte unter die zu den Theoxenien eingeladenen Heroen (Pindar, Vita Thomana 5, 7 ff. [Dr.]). Als eine Erinnerung daran galt dem Dichter später allabendlich, wenn der Priester den Tempel verschloß, wie ein Nacht-

wächterruf die Einladung zum Mahl mit dem Gott: „Πίνδαρος ὁ μουσο-
ποιὸς παρίτω πρὸς τὸ δεῖπνον τῷ θεῷ" (Der Dichter Pindar komme
herzu zum Mahl mit dem Gott; Pindar, Vita Ambr. p. 2, 15 f. [Dr.]) [54].
Die Vorstellungen von den Festesfreuden kulminieren in dem beliebten
Sagenmotiv vom höchsten Glück, das die Frömmsten als Höhepunkt und
Abschluß des Lebens in einem Heiligtum geschenkt bekommen [55]. In Delphi sind es die Baumeister Trophonios und Agamedes (s. u. S. 103), im
Heraheiligtum von Argos Kleobis und Biton, im Apollonheiligtum von Delos nach weiter Pilgerfahrt die Boreastöchter Loxo, Upis und Hekaerge
(Kallimachos, In Del. 291 ff.). Das Motiv der Bezauberung und Entrückung
klingt auch in der Sage von den Keledonen (etwa Tempelsirenen) von Delphi an, deretwegen die Pilger Familien und Heimkehr vergaßen. Ähnlich
wird den kretischen Kauffahrern, die Apollon als Delphin nach Delphi ent-
führt, im homerischen Apollonhymnos (476 ff.) verkündet: „. . . doch jetzt
ist euch allen Rückkehr nicht mehr beschieden, / Nicht in die Heimat, zu
eueren prächtigen Häusern, / Auch nicht zu euren geliebten Weibern
. . ." [56]. Das sind keine Motive einer lebensfeindlichen, fatalistischen „To-
des-Doktrin", wie man behaupten wollte [57]. Hier drückt sich vielmehr eine
Lebensfreude in dem wehmütigen Bewußtsein aus, daß Abschied und
Flüchtigkeit des „schönen Augenblicks" Grundgegebenheiten menschlicher Existenz sind.

Der Parnaß ist dem Ruhm des heiligen Delphi eng verbunden. Er galt
aber nicht ursprünglich als der Musenberg, sondern erst seit römischer
Zeit. Der Sitz der Musen war eigentlich der Helikon in Böotien; auf den
Parnaß sind sie durch ihre Verbindung mit Apollon gekommen.

Der heilige Charakter des Berges ist aber alt. Nach Strabon (9, 3, 1 [417])
war der Berg an Heiligtümern reich. Das berühmteste war das des Pan und
der Nymphen in der Korykischen Grotte (s. u. S. 38 f.). Auf den Höhen
schwärmten die Thyiaden, das mänadengleiche Gefolge des Dionysos. Berühmt war der Parnaß außerdem wegen seines Reichtums an Pflanzen.
Theophrast (Hist. plant. 3, 3, 2) zählt den Parnaß zu den Bergen mit besonders großer Pflanzenvielfalt (Abb. 10, vgl. Abb. 20); zusammen mit dem
Pelion in Thessalien und dem Telethrion auf Euboia sei er φαρμακοδέστα-
τον (überaus reich an Heilpflanzen).

Romantische Reisende haben den schönen Tannenbeständen [58] den Namen des „Musenwaldes" (Abb. 11) gegeben. Als Bauholz waren sie freilich
nicht geeignet [59]. Ulrichs hatte schon 1840 bemerkt: „Die Waldungen (sc.
des Parnaß) bestehen grösstentheils aus Tannen, die sich indess nicht zu be-
deutender Höhe erheben, und zwar malerisch sehr schön sind, aber wenig

Abb. 10   Hochebene und Hauptgipfel des Parnaß, nach Sibthorp.

Abb. 11 „Musenwald" auf dem Parnaß, nach Stackelberg.

brauchbares Bauholz liefern. In Galaxidi zieht man für den Schiffsbau bei weitem das Elische Holz vor und benutzt Parnassisches nur zu kleineren Fahrzeugen. Schon Theophrast (Hist. plant. 2,2,3) setzt letzteres in die niedrigste Classe der Bauhölzer. Plinius (N. h. 16,39) zieht die Arcadischen Tannen den Parnassischen vor, ordnet aber beide zu den geringsten Arten . . . " Deshalb wurden in der Antike für den Tempelbau im 4. Jh. v. Chr. Bauhölzer aus der Peloponnes und aus Makedonien herbeigebracht; das Holz vom Parnaß war gut für die Opferfeuer im Heiligtum (Plutarch, De E ap. Delph. 2,385 C). Berühmt war in Delphi die Platane des Agamemnon; Theophrast (Hist. plant. 4,13) und Plinius (N. h. 17,88) erwähnen sie als Beispiel für besonders langlebige Bäume von mythischem Alter. Sie stand bei dem Heiligtum der Gâ, entweder im Hauptheiligtum unter der Tempelterrasse oder aber bei der Kastalia, wo die neuere volkstümliche Überlieferung sie bei den bestehenden Platanen lokalisiert hat[60]. Die Umgebung des Heiligtums wurde in den 30er Jahren unseres Jahrhunderts mit Kiefern aufgeforstet[61]. Nach neueren Untersuchungen wuchsen in der Ebene nicht die jetzt so schönen Oliven, sondern Nußbäume, die aber ganz verschwunden sind, und Eichen. Nach der Weihung der Ebene an Apollon 591 v. Chr. wurde sie ein offenes, baumloses Gelände[62].

Der Parnaß erreicht mit seinem Hauptgipfel im Osten (Liákura oder Lykeri) die Höhe von 2457 m. Unsicher ist die Deutung seiner antiken Bezeichnung als zweigipflig; möglicherweise bezieht sie sich nur auf die Phädriaden über Delphi. Ein antiker Felsentreppenweg mit dem Namen Kakiskala (schlechte Steige)[63] führt von Delphi hinauf zur Korykischen Grotte. Er beginnt in der Gegend westlich vom Stadion über dem Hügelrücken mit den sog. Mauern des Philomelos (vgl. Abb. 26) und steigt über die etwa 1200 m hohen Phädriaden in das Bergmassiv. Dort geht es durch das Polje von Livadi, wo sich im Frühjahr von der Schneeschmelze ein See bildet, nach Abfluß des Wassers im Sommer aber Getreide angebaut werden kann[64].

Die Korykische Grotte[65] zählte in der Antike zu den berühmtesten Höhlenheiligtümern. Mit der bekannten gleichnamigen Grotte im kleinasiatischen Kilikien ist sie durch verwandte Mythen verbunden[66]. Beide Höhlen sind Stätten des Kampfes zwischen einem Gott und einem Urweltungeheuer, zwischen Zeus und Typhon bzw. Apollon und Python. Auch andere Züge deuten auf eine Herkunft Apollons aus dem Osten[67].

Pausanias (10, 32, 2) erklärte sie zur der sehenswertesten der Grotten, die er kannte. Aischylos (Eumen. 22 f.) beschreibt sie poetisch als Bleibe für die Vögel und als Ort, den göttliche Geister besuchten. Bei kriegerischen Bedrohungen bot sie Zuflucht, so bei der drohenden Perserinvasion von 480 v. Chr. (Herodot 8, 36), während der Freiheitskriege von 1821–1833[68] und während des Zweiten Weltkrieges. Strabon (9, 3, 1 [417]) nennt die Nymphen als Inhaberinnen der Korykischen Grotte und weist auf die gleichnamige Grotte in Kilikien hin. Der mit den Nymphen verbundene Panskult ist durch die Funde in der Grotte selbst und wohl auch durch die kaiserzeitlichen Münzen in Delphi bezeugt: Auf der Rückseite von Prägungen mit der Büste des Kaisers Hadrian erscheint Pan, auf einem Felsen, d. h. auf dem Parnaß sitzend[69]. Der Kult war, wie antike ländliche Heiligtümer überhaupt[70], außerordentlich beliebt; nach Plutarch (De Pyth. orac. 1, 394 F) war Delphi während des Festes in der Höhe menschenleer. νυμφόληπτοι (von Nymphen Hingerissene) hießen bei den Dichtern die begeisterten Verehrer von Nymphen.

Nachantike Besucher sind durch einige mittelalterliche Münzfunde aus der Grotte bezeugt. Sie erhielt die neugriechischen Namen Sarandavli (vierzig Säle) und Mavri Trupa (schwarzes Loch). Jacob Spon und George Wheler fanden am 1. 2. 1676 den alten Serpentinenweg mit den Felstreppen, der von den antiken Prozessionen benutzt worden war, doch verfehlten sie, wie andere nach ihnen, die Grotte selbst. Diese wurde erst 1800 von

Abb. 12   Korykische Grotte, Zeichnung von Gell (1806).

Edward Daniel Clarke richtig bei den Einheimischen erkundet und 1802 erstmals von Colonel William Martin Leake besucht. Die Zufahrt führt jetzt über eine moderne Straße von Arachova aus über Forststraßen bis zum Eingang der Grotte in 1360 m Höhe. Am 1644 m hohen Westgipfel des Parnaßmassivs, der Pailaovouna, liegt ihr Eingang nach Südosten gerichtet mit einer kleinen Terrasse über dem Polje von Livadi und der Zone der Kephallonia-Tannen[71].

Am Grotteneingang finden sich eine Felseninschrift des 3. Jhs. v. Chr. von der Weihung eines Eustratos an Pan und die Nymphen und Reste eines einfachen Podiums für Opferhandlungen und für Votive. Die Grotte (Abb. 12)[72] hat eine Ausdehnung von 60 m Tiefe, 30 m Breite und 15 m Höhe über den Ablagerungen auf dem Boden (diese sind wenigsten viereinhalb Meter dick). Darin, z. T. aber auch davor fanden sich ungeheure Mengen von Votiven, nicht aber in der kleineren hinteren Kammer.

Vom Ende des Neolithikums stammen reiche Keramikfunde, mit frei bewegten, gewinkelten Streifen als Mustern in farbiger Mattmalerei, ähnlich Funden in Kirrha, dazu Terrakottaidole[73]. Die folgenden Ablagerungen von 1500–2000 Jahren sind steril. Erst aus mykenischer Zeit gibt es wieder Fundschichten. Diese fehlen wieder für die Zeit von ca. 1200 v. Chr. bis etwa 700 v. Chr. Vereinzelt ist ein spätgeometrisches Bronzepferd. Von der archaischen Zeit an wurden aber fast unzählbare Mengen von Votivgaben an Vasen, vor allem aber Terrakottafiguren[74] niedergelegt. Bei den Terra-

Abb. 13   Pan spielt die Syrinx für den Nymphenreigen. Terrakottagruppe aus der
Korykischen Grotte, gegen 450 v. Chr.

kotten finden sich korinthische, attische und böotische Produkte, von denen die letzteren nicht weiter aus dem Gebirge herab zum Golf verbreitet
worden sind; sie fehlen in Kirrha. Die göttlichen Inhaber der Grotte sind
in der Gruppe des Nymphenreigens um den syrinxblasenden Pan (Abb. 13)
dargestellt. Bevorzugtes Weihgeschenk waren auch Fingerringe mit schönen Siegelbildern, kaum aus Edelmetall, massenhaft dagegen aus Bronze
und Eisen: zu Hunderten lagen sie um die Plattform vor der Höhle.

Die Prägeorte der Fundmünzen bezeugen die Heimatorte der Pilger. Ein
weiterer Massenfundartikel (ca. 21 500 Stück) waren die Astragale, z. T.
roh, z. T. mit Abflachungen, Bleifüllungen oder Beschriftungen bearbeitet.
Unsicher ist es, ob es sich um einen Votivbrauch (etwa Spielzeugweihun-
gen von Herangewachsenen) oder Instrumente eines Losorakels handelte,
wie es von anderen Orten bezeugt ist. Zu nennen sind schließlich als auf-
wendigere Votive einige feinere Marmorfiguren und -reliefs der spätklassi-

Abb. 14   Steinbrüche von Hagios Elias.

schen und hellenistischen Zeit; in die römische Zeit reichen vor allem die
Funde von Lampen.

Eine einzigartige Sehenswürdigkeit in der Umgebung von Delphi sind
die Steinbrüche. Der beste Stein von Delphi, der marmorartige, leicht bläuliche, sog. „Hagios Elias"-Kalk, kommt aus den ausgedehnten Brüchen unter einem Kloster dieses Namens, die während der alten Grabung etwa zwei
Wegstunden westlich von Delphi entdeckt worden sind (Abb. 14)[75]. Seine
dichte, gleichmäßige Struktur erklärt sich daraus, daß er ein autochthones
(nicht vom Entstehungsort verlagertes) Gestein darstellt, wogegen die
allochthonen (verschobenen) Lagen – wie die Phädriaden über dem Ort –
sehr zerklüftet und unfest sind[76].

Die Brüche liegen im Umkreis von mehreren hundert Metern im Gelände verstreut; teilweise stehen sie mit haushohen senkrechten Wänden
an. Waagrechte Abbauflächen sind von Amandry 1981 freigelegt worden,
sie waren bis zu 1 m Höhe mit Schutt bedeckt. Leicht findet man außer den
Schutthaufen der Abschläge die abgeschroteten Wände und Gruben. Häufig sind Keillochreihen, mit denen die Blöcke abgesprengt wurden. Bei den
Brüchen sind Reste eines Turmes und der antiken Straße nach Delphi beobachtet worden[77].

Weitere Brüche derselben Steinqualität liegen bei Logari, direkt über der

Straße nach Arachova, zwischen km 41,5 und 42. Bemerkenswert ist dort ein auf dem Felsboden angerissener, aber dann doch nicht ausgearbeiteter Block [78]. – Die in luftiger Höhe gelegenen Brüche am Fuß der Phaidriaden westlich über dem Stadion geben nur Stein von geringerer, nicht polierbarer Qualität [79]. Ebenso wird das Ausbrechen von ca. $420\,\mathrm{m}^3$ Felsen für den Kastaliabrunnen kein sehr qualitätvolles Baumaterial ergeben haben [80]. Ein alter Steinbruch mit einem bläulich-schwarzen Stein ist in der Gegend zwischen Delphi und Arachova vermutet worden [81].

Ähnlich dem Poros von Korinth und Sikyon ist ein lokaler Stein, bei dem es sich aber um einen Travertin handelt: Er steht in der Gegend der alten Mühlen von Kastri, bei der Kephalovrisi-Quelle und dem Kirchlein des hl. Nektarios unten in der Pleistosschlucht an; Schrotgräben und Keillöcher gehen wohl auf einen antiken Abbau zurück [82].

Delphis politische Stellung lag bis in das 4. Jh. v. Chr. im Spannungsfeld zwischen der lokalen phokischen Macht und der Amphiktionie, besonders den Thessalern. Die Amphiktionie [1] war ein Kultverband, der nach alten Stammesstrukturen vor der Bildung städtischer Machtzentren geordnet worden war und der seinen Schwerpunkt in Thessalien um das Demeterheiligtum von Anthela bei den Thermopylen hatte. Wann die Kultgemeinschaft das Heiligtum von Delphi unter ihre Obhut nahm, ist unter den Forschern strittig [2]. Unangefochten ist die Nachricht, die Amphiktionen hätten nach dem Brand von 548/47 v. Chr. den Tempel wieder aufgebaut. Wahrscheinlich waren die Amphiktionen aber auch schon Bauherren des vorhergehenden Steintempels. Auch der sog. „Erste Heilige Krieg" ist am besten als Intervention des Kultbundes in die lokalen Verhältnisse von Delphi zu verstehen; spätestens damals ist es wohl zu einer Art von „Internationalisierung" des Heiligtums von Delphi gekommen. Kultlegende und Riten weisen auf eine womöglich noch erheblich ältere Verbindung zwischen Delphi und Thessalien hin. Der von Apollon gehaßte und von seinen Priestern getötete, aber doch im Heiligtum verehrte Neoptolemos ist ja ein thessalischer Heros (s. u. S. 81). Noch auffälliger sind die Sühnriten in Thessalien, die zu dem Septerienfest gehörten, das von der Herrschaftsübernahme Apollons in Delphi handelte.

Die antike Geschichtsschreibung für Delphi beginnt mit den Nachrichten zum modern sog. „Ersten Heiligen Krieg" (ca. 595–585 v. Chr.) [3]. Dieser Krieg hieß in der Antike eigentlich „Kirrhäischer" oder „Krisäischer" Krieg, erst spätere Kriege sind als „heilig" bezeichnet worden [4].

Überliefert ist, daß eine Koalition der Thessaler, Athener und Sikyonier die blühende Hafenstadt Kirrha 591 v. Chr. wegen ihrer Übergriffe auf die Pilger zerstörte und ihr Land, das fortan nicht mehr bebaut, sondern nur noch als Weide benutzt werden durfte, dem Gott von Delphi weihte [5]. In den Berichten sind Traditionen zu unterscheiden, von denen die eine den thessalischen Anteil am Sieg herausstellt und die Beteiligung von Sikyon sogar ganz übergeht, die andere dagegen ausführlich die Leistungen des sikyonischen Tyrannen Kleisthenes würdigt[6]. Erst dessen Seeblockade hat die lange Belagerung von Kirrha zum Erfolg gebracht. Das Nachspiel eines Kleinkrieges im Kirphysgebirge bis 586 v. Chr. hatte weiter keine Bedeutung.

Mit Sachpreisen aus der Beute des ersten Sieges richtete zunächst der thessalische Heeresleiter Eurylochos 591 v. Chr. die Pythischen Spiele in der Form eines ἀγών χρηματίτης (Sach-, später auch Geldpreis-Wettkampf, s. u. S. 76) ein. In den Spielen von 582 v. Chr. tat sich Kleisthenes als Wagenrennsieger hervor. Er errichtete in Delphi wohl auch Bauten; in seiner Heimat Sikyon stiftete er aus der Siegesbeute eine Halle sowie Spiele, die wie die in Delphi Pythien genannt wurden (Pausanias 2, 9, 6, vgl. Scholion zu Pindar, Nem. 9, 2). Von den weiten Beziehungen der siegreichen Partei haben wir durch Alkmeon[7] von Athen eine Vorstellung. Er war ein reich beschenkter Gastfreund des Königs Alyattes in Sardis, der sich – wie später dessen Sohn Kroisos – als Gönner des Heiligtums ausgezeichnet hatte.

Seiner Rolle als Hüter der heiligen Stätte verdankt Delphi seine politische Stellung. Mit der Sorge der Amphiktionen für das Heiligtum kam auch der Stadt Schutz und Unabhängigkeit zu. Die Delpher sind als entschlossene Opportunisten apostrophiert worden (Daux 1936 [Delphes] 313: «ils sont resté, à travers toute l'histoire grecque, résolument opportunistes»); in der Tat haben sie die großen Machtwechsel glimpflich überstanden und manches Unglück ihrer Nachbarn nicht teilen müssen.

In den Perserkriegen hat das Orakel angeblich eine vorsichtige, perserfreundliche Haltung eingenommen. Nach Herodot (8, 35 ff.) haben persische Invasionstruppen 480 v. Chr. aber versucht, sich des Heiligtums und seiner Schätze zu bemächtigen[8]. Das Orakel habe den in Angst versetzten Delphern den Rat gegeben, sich in Sicherheit zu bringen; der Gott werde selbst sein Heiligtum verteidigen. Frauen und Kinder wurden über den Golf nach Achaia geschickt, die Männer zogen sich auf den Parnaß zurück und bargen die Habe in der Korykischen Grotte. Nur 60 Mann unter dem Propheten Akeratos blieben im Heiligtum zurück. Durch die Erscheinung der Heroen Phylakos und Autonoos, durch Blitze, Bergstürze und andere Wunderzeichen seien die Angreifer am Heiligtum der Athena Pronaia abgewehrt worden. Davon zeigte man im Heiligtum selbst die heruntergestürzten Felsen. Nach dem griechischen Sieg haben so die Delpher einen Beitrag zur Abwehr der Perser beanspruchen können. Daß man den für

Abb. 15   Istanbul, Schlangensäule vom Dreifußvotiv für den Sieg
bei Plataiai (479 v. Chr.).

Delphi glücklichen Ausgang der Invasion mit göttlicher Hilfe erklärte und zum Dank Kulte einrichtete, entspricht dem religiösen Empfinden der Zeit. Vom Siegesdenkmal und seinem Epigramm bei dem Heiligtum der Athena Pronaia berichtet Diodor (11, 14)[9]. Für die Siege über die Perser haben die Verbündeten viele und großartige Weihungen in ihre lokalen, aber auch in die gemeingriechischen Heiligtümer gestiftet. Die meisten und prächtigsten erhielt das Apollonheiligtum in Delphi; am besten davon erhalten sind das Athenerschatzhaus (vgl. Abb. 77–80), nach der Überlieferung für die Schlacht von Marathon, und die Schlangensäule in Istanbul, die einst den goldenen Dreifuß für die Schlacht von Plataiai trug (Abb. 15. 86).

Nach den Perserkriegen wurden Delphi und das umliegende Phokis in den Konflikt zwischen Athen und Sparta um die Vormacht in Griechenland hineingezogen (Thukydides 1, 112; Philochoros Frgt. 88 im Schol. Aristophanes, Av. 556; Plutarch, Per. 21)[10]. Trotz der Intervention der Spartaner und trotz ihres Sieges bei Tanagra 457 v. Chr. wurden die Phoker wenig später durch den Sieg der Athener bei Oinophyta vorübergehend Herren im Heiligtum. Doch Sparta intervenierte 448 v. Chr. abermals gegen die Phoker und zugunsten Delphis. Der Nikiasfrieden bestätigte den Delphern 421 v. Chr. die Autonomie (Thukydides 5, 18, 2): „τὸ ἱερὸν καὶ τὸν νηὸν τοῦ Ἀπόλλωνος καὶ Δελφοὺς αὐτονόμους εἶναι καὶ αὐτοτελεῖς καὶ αὐτοδικαίους καὶ αὐτῶν καὶ τῆς γῆς τῆς ἑαυτῶν κατὰ τὰ πάτρια" (Das Heiligtum des Apollon zu Delphi und der Tempel und die Stadt Delphi sollen weiterhin unter eigenem Gesetz, unter eigener Besteuerung und eigenem Recht leben, sie und auch ihr Land, nach Väterbrauch). Dies wurde 191 v. Chr. ausdrücklich durch die Römer bestätigt.

Die Münzprägung ist Ausdruck der Autonomie Delphis spätestens seit dem 5. Jh. v. Chr.[11] Delphische Währung ist in einem Gesetz über Spenden der Phaseliten für das Heiligtum Anfang des 4. Jhs. v. Chr. erwähnt (CID I 8). Sie hatte denselben Münzfuß wie die äginetische Drachme, die als eine Leitwährung galt und in der vorzugsweise die großen Geldsummen des Tempelbaues im 4. Jh. v. Chr. verrechnet wurden.

Einblick in die sozialen Verhältnisse um 380 v. Chr. gibt ein Gesetz zur Regulierung des Kreditwesens mit einer Begrenzung der Zinsen, das unter dem Archonten Kadys beschlossen wurde. Es war an der Mauer des Knidierschatzhauses aufgezeichnet worden. Zweifellos sollte es der Enteignung von sozial schwächeren Schichten durch die Besitzenden Einhalt gebieten[12].

369/8 v. Chr. fand ein panhellenischer Kongreß in Delphi statt, der die Selbständigkeit des Ortes und des Heiligtums unterstrich und der den per-

sisch-griechischen Frieden des Antialkidas von 387 v. Chr. erneuern sollte;
anzunehmen ist, daß dort auch der Wiederaufbau des wohl 373 v. Chr. zerstörten Tempels behandelt wurde. Als Vorgeschichte des „Dritten Heiligen
Krieges" sind in der Zeit von 363–330/27 v. Chr. Zwistigkeiten delphischer
Bürger durch Verbannungen und Konfiskationen bezeugt (CID II 131ff.
Nr. 69ff.)[13]. Eine Gruppe von zehn Bürgern um Astykrates vertrat die
Sache der Phoker, doch wurden sie von den Delphern und den Amphiktionen exiliert. In Athen fanden die Verbannten eine ostentativ gute Aufnahme. In denselben Zusammenhang gehört vielleicht ein berühmter Fa-
milienzwist (Aristoteles, Polit. V, 1303 B und Plutarch, Praec. ger. reipubl.
32,825), der mit der Verweigerung einer vereinbarten Heirat begann.
Überliefert sind dazu die Namen der Gegner Krates und Orsilas und die
beiden als Sühne errichteten „unteren Tempel", die wohl in der Marmaria
zu suchen sind. Wahrscheinlicher handelt es sich dabei eher um nicht
bestimmbare Tempelbauten des 4. Jhs. v. Chr.[14] als um die archaischen
Schatzhäuser[15].

Auch im sog. „Dritten Heiligen Krieg" (356–346 v. Chr.) versuchten die
Phoker, die Herrschaft über das Heiligtum und darüber hinaus eine Vor-
machtstellung in Mittelgriechenland zu erreichen. Führer waren Philomelos und nach dessen Tod 354 v. Chr. Onomarchos bis zu seinem Ende 352
v. Chr. Die neuen Herren hatten die Schätze des Heiligtums sofort zur Führung des unglücklichen Krieges beschlagnahmt. Mit dem Schwinden ihrer
militärischen und finanziellen Kräfte blieb aber auch der Tempelneubau liegen. Nach der Niederlage mußten die Phoker mit harten Reparationen den
Weiterbau und die Wiederherstellung einiger Weihgeschenke finanzieren.
Als Ergebnis des Krieges stellten die Makedonen unter König Philipp II. die
Vormacht in Mittelgriechenland[16].

Der sog. „Vierte Heilige Krieg" vollendete die Herrschaft der Makedonen über Griechenland[17]. Anlaß war 339 v. Chr. der Streit um die Athener
Schildweihung aus den Perserkriegen, durch welche die Thebaner als Bundesgenossen der Perser angeprangert waren. Amphissa, die Lokrer und
Thebaner wollten die Athener mit einer großen Geldstrafe dafür belasten,
daß dieses Votiv vor der Weihung des Tempelneubaues schon öffentlich
aufgehängt worden war. Dem von Athen entsandten Redner Aischines gelang es aber in einer glänzenden Rede vor dem Amphiktionenrat, den Un-
mut von seiner Stadt durch Vorwürfe gegen Amphissa abzulenken. Die
Amphissäer hatten nämlich heiliges Land und Hafenzölle in Kirrha usur-
piert. Es kam zu folgenschweren Tumulten. Die aufgebrachte Versammlung zog zum Hafen und demolierte dort die rechtswidrigen Einrichtun-

gen, wurde aber von den Amphissäern trotz der Immunität der Amphiktionen mit Waffen vertrieben. In dem anschließenden Konflikt änderte sich
freilich die Konstellation. Die Amphiktionie unter Führung von Philipp II.
bekriegte Amphissa, um das sich eine Koalition von Gegnern der makedonischen Ansprüche scharte. An der Spitze stand Athen unter Führung des
Demosthenes. Der Krieg endete mit dem Sieg der makedonischen Sache
bei Chaironeia 338 v. Chr.

In diese Jahre ist die prunkvolle Prägung des Amphiktionischen Bundes [18]
anzusetzen (Abb. 16), die aus den phokischen Reparationszahlungen hergestellt worden ist. Die neue Prägung ist mit den Bildern der Demeter von
Anthela und des Apollon von Delphi den Göttern der beiden Bundesheilig-
tümer gewidmet.

Abb. 16   Stater der delphischen Amphiktionie, kurz nach 338 v. Chr. Vorderseite:
           Demeter von Anthela, Rückseite: Apollon auf dem Omphalos.

Der Aitolische Bund übernahm nach dem Tod Alexanders d. Gr. und
dem Rückgang der makedonischen Macht im 3. Jh. v. Chr. die führende
Rolle in Mittelgriechenland [19]. Er erreichte die Stimmenmehrheit in der
Kultgemeinschaft; ihr Heiligtum in Delphi erhielt neben dem aitolischen
Hauptheiligtum von Thermos durch die vielen Inschriften und Weihungen
der Aitoler beinahe den Charakter eines zweiten Bundesheiligtums. Die
Herrschaft des Bundes wurde bald auf die Probe gestellt. In den verworre-
nen Kämpfen zu Beginn des 3. Jhs. v. Chr. bildeten sich Koalitionen, in
denen makedonische Herrscher, Lysimachos von Thrakien, Pyrrhos von
Epeiros, die griechischen Städte und ihre Verbündeten häufig die Partner
wechselten. Als Demonstration gegen die aitolische Stellung in Delphi ließ

der Makedonenkönig Demetrios Poliorketes 290 v. Chr. die Pythien in
Athen feiern (Plutarch, Demetr. 40, 4)[20], doch scheiterte er im Jahr darauf
mit seinem Einmarsch in das aitolische Bundesgebiet.

Im Jahre 280 v. Chr. versuchte eine Koalition griechischer Städte unter
Führung des Spartanerköniges Areus, die makedonische Herrschaft unter
Antigonos abzuschütteln. Die Unternehmung gegen die Aitoler als makedonische Verbündete scheiterte in der Ebene von Kirrha, da die Aitoler von
den Bergen herab das Invasionsheer aufrieben (Hauptquelle für den Zusammenhang ist Justin 24, 1, 4 ff.)[21]. Bei den innergriechischen Konflikten
boten die Balance der Mächte und das Ansehen der heiligen Stätte über
Jahrhunderte einen guten Schutz, doch die Barbareninvasionen aus dem
Norden brachten eine ganz andere Gefahr.

Der Einfall der Galater (Gallier) 278 v. Chr. traf zunächst die Aitoler mit
der Katastrophe der Stadt Kallion hart. Bei der Abwehr der Invasion, deren
Operationen sich bis nach Thessalien hinzogen, taten sich auch die Phoker
und Athener hervor[22]. Über diese Kämpfe hat Pausanias (10, 19, 4–23, 14)
als eine würdige Entsprechung zur Abwehr der Perser ausführlich berichtet. Die historische Überlieferung schwankt, ob die Galater bei ihrem Einfall 278 v. Chr. Delphi geplündert haben oder ob sie schon vorher zurückgeschlagen werden konnten[23]. Dramatisch läßt Kallimachos in seinem – leider nur fragmentarisch erhaltenen – Hymnos auf Delos (171 ff.) Apollon
selbst die Invasion beschreiben: „. . .die stürmen vom äußersten Westen /
Gleich Flocken des Schnees und gleich an Zahl den Gestirnen . . . in der
Nähe des Tempels / Scharen der Feinde und nahe bei meinem Dreifuß die
Schwerter / Und die Gürtel, die Waffen der Frechen und die gehaßten
Schilde . . .“ (Übers. nach Howald und Staiger).

Die Verschonung des Heiligtums geht aber aus Inschriftenfunden hervor, vor allem von Kos (SIG³ 398) mit dem Dank für die Einladung zur Feier
der Soterien, dem Rettungsfest nach der Keltenabwehr. Dort ist, was wohl
kaum zu einer Plünderung passen würde, ausdrücklich festgehalten, daß
der Gott Delphi gerettet habe und daß das Heiligtum mit den Waffen der
Angreifer geschmückt worden sei[24]. Der siegreiche Bund errichtete die
Statue der Aitolia, der amazonenhaften Personifikation seines Stammlan-
des; sie saß auf einem Haufen von erbeuteten keltischen Waffen. Dieser
Sitz ist erhalten[25]. Pausanias (10, 18, 7) erwähnt die Statue, von deren Aussehen uns Münzen eine Vorstellung geben (Abb. 17)[26]; auch der Aufstellungsort westlich des Tempels ist festgestellt (Plan 436).

Die Keltenabwehr hat dem Aitolischen Bund großes Ansehen gebracht.
Er erreichte bis etwa 226 v. Chr. den Höhepunkt seiner Macht über ganz

Abb. 17   Tetradrachme des Aitolischen Bundes mit dem Denkmal für den Sieg
über die Kelten 278 v. Chr.

Mittelgriechenland bis nach Thessalien, aber mit Ausnahme von Athen. Er
dehnte sein Interessengebiet sogar über die Meere bis nach Kephallonia
und Chios aus. Der Niedergang des Aitolischen Bundes wurde durch seine
aggressive und widersprüchliche Politik ausgelöst. Der energische Makedonenkönig Antigonos Doson (226–221 v. Chr.) bildete Gegenkoalitionen
und erreichte den Abfall des östlichen Mittelgriechenland. Delphi und Anemoria (Arachova) wurden zu Vorposten des geschrumpften Bundesgebietes
und konnten nur mit Mühe gegen die makedonisch-achäische Koalition gehalten werden. Delphi scheint keine aktive Rolle gespielt zu haben, es hat
sich dem Abfall der östlichen Phokis nicht angeschlossen.

Die Kriege der Zeit von 219–168 v. Chr. (Bundesgenossenkrieg, die drei
makedonischen Kriege und dazwischen noch der Antiochoskrieg) brachten
Griechenland die Auflösung der bisherigen Mächte. Nachdem die Aitoler
die Römer in die griechischen Auseinandersetzungen hineingezogen hatten, aber von ihnen enttäuscht wurden, wechselten sie zu dem Makedonenkönig Philipp V. über, der sie mit Invasionen hart bedrängt, aber im Frieden
von 206 v. Chr. glimpflich behandelt hatte. Sie teilten dann aber schließlich die Folgen der gemeinsamen Niederlage gegen die Römer von 191
v. Chr.

Die traditionellen Freiheiten Delphis waren so weit gefestigt, daß sie unter der aitolischen Herrschaft nur gemindert, aber nicht aufgehoben wurden [27]. Delphi war dem Bund nicht einverleibt worden, sondern nur durch
Isopolitie (gegenseitiges Bürgerrecht) verbunden; die Stadt blieb dadurch
von den vielen militärischen Verwicklungen des Bundes verschont. Sie

nutzte ihre Möglichkeiten der diplomatischen Beziehungen zu Mächten auch außerhalb des Bundes. Der Bund nahm sogar die Interessen der Delpher in Schutz gegen die dort ansässigen Fremden. Hier handelte es sich wohl vorwiegend um Aitoler, die sich nicht den lokalen Abgabepflichten hatten unterordnen wollten. Eine Reaktion auf solche Überfremdungsversuche sind die Enteignungen zugunsten der Stadt und des Heiligtums, die nach dem römischen Sieg von 190 v. Chr. durch M'. Acilius Glabrio durchgeführt wurden. Die Autonomie Delphis wurde durch M'. Acilius Glabrio ausdrücklich unter römischen Schutz gestellt[28].

In der Auseinandersetzung zwischen Rom und dem letzten Makedonenkönig, Perseus[29], geriet Delphi durch einige dramatische Ereignisse in das Spannungsfeld des Konfliktes. Erhalten ist die Inschrift mit einem Manifest (SIG³ 643, FdD III 4,75), worin Rom wohl im Jahre 171 v. Chr. gegen Demonstrationen und Übergriffe des Perseus protestierte. Perseus war mit militärischem Gefolge in Delphi erschienen, um dort am Kult teilzunehmen; er hat sich dort auch, wie frühere hellenistische Könige, durch ein Pfeilermonument ehren lassen. Im Bestreben, seine Gegner auszuschalten, kannte er offenbar wenig Skrupel. Seinen Hauptgegenspieler in Griechenland und wichtigsten römischen Bundesgenossen, den pergamenischen König Eumenes II., wollte er auf dem Weg von Kirrha nach Delphi in einem Hinterhalt umbringen lassen; Eumenes blieb für tot liegen, überstand aber das Attentat (Polybios 22,18,5; Appian, Maked. 11; Livius 42,15–17)[30]. Nach der endgültigen makedonischen Niederlage bei Pydna 168 v. Chr. eignete sich der siegreiche römische Feldherr, L. Aemilius Paullus, das Pfeilerdenkmal für Perseus an (Abb. 18)[31]. Den Delphern war es aber wohl gelungen, sich nicht zu sehr zu kompromittieren.

Auf dem Mauersockel der Tempelcella waren umfangreiche, zweisprachige Inschriften griechisch und lateinisch eingemeißelt, die das politische Verhältnis von Delphi, Amphiktionenbund und römischer Herrschaft beleuchten. Nach dem Ende der aitolischen Herrschaft und insbesondere nach dem Sturz der makedonischen Macht 168 v. Chr. hatten etliche Delpher bei der Verwaltung des Heiligtums auf dessen Kosten zu sehr ihre eigenen Interessen wahrgenommen. Es kam zu Auseinandersetzungen über den Vermögensbestand und die Ländereien des Heiligtums, in deren Verlauf es der beschuldigten Partei zunächst gelang, die Klageführer zu verbannen. Doch wurde die Sache vor den römischen Senat gebracht, der sie an den Rat der Amphiktionen verwies. Dieser stellte im Jahre 125 v. Chr. die Defizite der Kassen und die Grenzen der heiligen Ländereien fest. Es wurden Wiedergutmachungen geleistet, doch führte die Krise nicht

Abb. 18   Fries vom Denkmal des Aemilius Paullus. Nach 168 v. Chr.

zur Ausschaltung der unterlegenen Parteigänger; sie erscheinen auch noch
später in Ämtern und Würden[32].

In den Wirren des römischen Bürgerkrieges verlor Delphi den Schutz
seiner Sonderstellung. Es wurde wie andere griechische Städte durch die
Kontribution der Tempelschätze an Sulla (wohl 86 v. Chr.) und durch den
Einfall der barbarischen Maider (wohl 84 v. Chr.), bei dem der Tempel ab-
brannte[33], heimgesucht. Den Zustand des Heiligtums faßt der Geograph
Strabon (9,3,4 [419]) im Vergleich mit den früheren, besseren Zeiten zusammen[34]: „Jetzt ist das Heiligtum sehr vernachlässigt, früher wurde es
aber außerordentlich geehrt."

Kaiser Augustus hat den Rat der Amphiktionen durch Neuverteilung der
Stimmrechte und durch eine Vermehrung der Sitze von 24 auf 30 reorganisiert (Pausanias 10,8,3–5)[35]. Anlaß war, die neugegründete Stadt Niko-
polis mit sechs Stimmen in den Rat aufzunehmen. Dabei wurde auch die
obsolete Vertretung der Doloper, deren Stamm nicht mehr bestand, aufge-

hoben. Im Jahr 125 hat Kaiser Hadrian eine neue Verteilung zugunsten von Athen und Sparta veranlaßt[36].

Der Ort hatte, wie auch andere Gegenden Griechenlands[37], offenbar so viel Bevölkerung verloren, daß Kaiser Claudius im Jahre 52 sich über den Proconsul von Achaia, L. Junius Gallio, Adoptivvater des ältesten Seneca-sohnes, um Neusiedler und Bürgerrechtsverleihungen bemühte (FdD III 4, 286). Auch eine Veteranenansiedlung unter Kaiser Nero in den Ländereien des Heiligtums sollte hier Abhilfe schaffen (Dio Cassius 62, 14). Weiter ist eine Gemeindelandverteilung unter dem Corrector Juncus nach dem Besuch des Kaisers Hadrian im Jahr 125 bezeugt (FdD III 4, 32)[38].

Die Bedeutung Delphis in der römischen Kaiserzeit geht aus dem Münzrecht der Stadt hervor. Die Prägungen zeigen Mitglieder des Kaiserhauses und Themen, die auf den Apollonkult bezogen sind: den Dreifuß, den Tempel, den Siegespreistisch von den Pythien und den Gott selbst als Leierspieler. Nero hat zwar Kunstschätze aus dem Heiligtum weggeführt (s. u. S. 151), er wollte es aber auch mit großem Aufwand fördern; seine Nachfolger ließen jedoch das Projekt fallen (Dio Cassius 62, 14).

Plutarch (L. Mestrius Plutarchus) aus dem böotischen Chaironeia ist die hervorragende historische und literarische Persönlichkeit in Delphi während der römischen Kaiserzeit[39]. Um dem Heiligtum zu dienen, hat er das Bürgerrecht in Delphi, das Apollonpriesteramt und andere Funktionen, so das Epimeletenamt der Amphiktionen, übernommen (SIG³ 829 A, FdD III 4, 472, 9–10). Plutarch hat sogar über Delphi hinaus politische Bedeutung erlangt. Nach der Chronik des Eusebios (ap. Syncellum 349 B [659, 13 Dindorf]) hat er im Jahr 119 das Procuratorenamt der Provinz Achaia erhalten. In seiner breiten literarischen Produktion spielt Delphi eine besondere Rolle. Als alter Mann beschreibt Plutarch emphatisch und bekenntnishaft den alten Glanz und das Wiedererblühen des Kultes in Delphi und des Schwesterkultes in Pylai (De Pyth. or. 29, 409 B)[40]. Wir erfahren dabei mehr über Bauten in Pylai als in Delphi, doch auch in Delphi müssen Arbeiten von Bedeutung ausgeführt worden sein, da ein Dank an C. Julius Pudens, Frumentarier der Ersten Italischen Legion, wegen der Arbeiten im Auftrag des Kaisers erhalten ist (SIG³ 830, FdD III 4, 98, 4–5)[41].

Plutarch geht von der Bedeutung des Orakels als der Ursache der Entwicklung des Heiligtums aus; in seiner Schilderung fließen Erinnerung an alte Zeiten und Verkündung des Wiederaufschwunges zusammen: „Das Orakel veranlaßte Barbaren und Griechen, das prophetische Heiligtum mit Geschenken zu füllen und es mit Bauten und anderen Anlagen der Amphiktionen zu verschönen. Schaut doch, wie viele Denkmäler sich vor Euch erheben, die es früher nicht gab, wie viele andere nach Beschädigungen und Zerstörungen restauriert worden sind. Wie kräftige Bäume neue Blüten treiben, so läßt Delphi auch noch das Heiligtum von Pylai wachsen und aufblühen, das, dank der Einkünfte von hier, sich mit heiligen Bauten, einer Versammlungsstätte und auch mit Brunnen schmückt; es hat ein Aussehen und eine Entwicklung, wie seit tausend Jahren nicht, gewonnen. Die Einwohner von Galaxion (der Name kommt von γάλα, Milch) in Böotien wurden sogar das Wirken des Gottes im Überfluß an Milch gewahr: ‚Von allen Mutterschafen rauscht mächtig die Milch, wie das köstliche Wasser von Quellen. Eilends füllte man die Krüge; in den Häusern blieb keine Kanne leer, alle Kübel und Fässer wurden voll‘ (wahrscheinlich Zitat aus einem Lied von Pindar).

Für uns sind es glänzendere, stärkere und hellere Zeichen noch als die anderen, die das Orakel hervorgebracht hat, daß nämlich auf Dürre, Einsamkeit und Verlassenheit Überfluß, Glanz und Ruhm gefolgt sind.

Gewiß, es befriedigt mich, mit meinen Bemühungen zum Erfolg der Unternehmungen beigetragen zu haben, zusammmen mit Polykrates und Petraios (als Epimeleten Kollegen des Plutarch); ich bin glücklich über den höchsten Leiter des Unternehmens, der selbst bis in die Einzelheiten mitgewirkt hat (hier der Namen einer prominenten Persönlichkeit ausgefallen)[42]. Aber es ist nicht möglich, daß ein so großer, völliger Wechsel in so kurzer Zeit durch Menschenkraft allein, ohne die Hilfe des Gottes möglich geworden wäre, der dem Orakel seine göttliche Vollmacht verleiht."

Etwa zwei Generationen später vertritt Herodes Atticus von Athen das Mäzenatentum der reichen Oberschicht in der Blüte der mittleren Kaiserzeit: In Delphi ließ er das Stadion neu bauen; im Heiligtum wurden ihm und seiner Familie ein mehrfiguriges Monument und einzelne Statuen errichtet (FdD III 3, 1, 49 ff.). Eine allgemeine Wohlhabenheit geben die zahlreichen Thermenanlagen und die z. T. aufwendigen Wasserversorgungsanlagen zu erkennen. Im Vergleich zu manchen anderen Städten Griechenlands, die in der römischen Kaiserzeit nur mehr ein bescheidenes Dasein führten, gehört Delphi durchaus zu den lebendigen und nicht unbemittelten Gemeinwesen, die sich einen kulturellen Standard auf der Höhe der Zeit leisten konnten. Dies bezeugt nicht zuletzt die Auslösung des früheren heiligen Landes, das Nero konfisziert hatte[43] (Dio Cassius 62, 14, 2). Diese Ländereien gingen so in den Besitz der Gemeinde über (FdD III 4, 302).

Die Renaissance des Heiligtums in der mittleren Kaiserzeit bildet den Hintergrund einer Episode des Liebes- und Reiseromans ›Aithiopika‹ von Heliodor. Dieser Roman wurde früher als romantisierend wirklichkeitsfern verkannt, doch gibt er in sehr lebendigen Schilderungen der Örtlichkeiten und Veranstaltungen die Wirklichkeit seiner Zeit wieder, die kulturell durch die Bestrebungen bestimmt war[44], die klassisch-griechische Welt wieder heraufzuführen.

Kaiser Konstantin (Zosimos 2, 31, 1; Euseb. vit. Constant. 3, 54) beinträchtigte das Heiligtum, indem er gerade die berühmtesten Denkmäler für seine neue Hauptstadt in Konstantinopel einsammeln ließ, darunter den Sonnenwagen der Rhodier und vor allem die Schlangensäule vom platäischen Dreifuß (Abb. 15. 86). Doch war der heidnische Kult weiter[45], auch nach dem vergeblichen Reformversuch von Kaiser Julian, geduldet. Für Konstantin wurden sogar zwei kolossale Statuen, eine auf den Tempelstufen, die andere am Sibyllenfelsen, errichtet; dazu kamen Statuen auch von Konstantin II., Konstans, Valens und Valentinian; die Inschriften der Kaiserstatuen ehren Delphi mit dem Namen einer ἱερὰ πόλις (heiligen Stadt)[46] (SIG³ 903 A. FdD III 4, 275). Erst das Edikt des Kaisers Theodosius vom Jahre 395 dürfte hier, wie auch anderswo, das Ende der heidnischen Kulte bedeutet haben.

Dichter und Redner nehmen noch bis gegen Ende des 4. Jhs. auf den Orakel- und Festbetrieb Bezug (z. B. Himerios, Or. 14, 15), doch ist hier die literarische Konvention einer möglicherweise nur bildlichen Sprache kein sicheres Zeugnis für die Lebensverhältnisse der Zeit[47]. Claudian (IV. Cons. 143 f.) bezieht sich aber ausdrücklich auf eine Wiederaufnahme von verstummten Weissagungen in Delphi. Das genaue Schicksal des Tempels ist freilich ungewiß. Die Nachricht von seinem Ruin im sog. „Letzten Orakel" („363 n. Chr.") könnte sich auf den ruinösen, schlecht restaurierten Zustand nach einer Brandstiftung beziehen, die aus den Bauresten vermutet worden ist (s. u. S. 121). Religiöse Unruhen dieser Art sind allgemein, aber nicht speziell für Delphi bezeugt. Verbittert klagte der heidnische Rhetor Libanios (Or. 30, 46): „Die Schwarzröcke, die da mehr essen als die Elefanten, durch die Menge der Becher aber, die sie leeren, denen beikommen, die das Trinken mit Liedern begleiten, und ihre Trunkliebe unter einer künstlich erzeugten Bleichheit verbergen, stürzen mit Stangen, Steinen und Eisen oder auch ohne dies zu den Tempeln. Dann werden die Dächer eingerissen, die Mauern umgestürzt, die Bilder herabgerissen, die Altäre zerstört, und die Priester müssen schweigend den Tod leiden"[48]. Möglich ist aber auch die Annahme eines ruhigeren Übergangs zum Christentum, mit Verfall, nicht Zerstörung des Heiligtums[49]. Das Heiligtumsareal könnte dann vom Ende des 4. Jhs. an für Siedlungszwecke in Gebrauch genommen worden sein. Es gibt einige Zeugnisse profaner Nutzung der alten

Tafel I. Apollon mit der Kithara und dem Raben beim Trankopfer. Weißgrundig bemalte Trinkschale, Athen 480/470 v. Chr. Fund aus dem Westfriedhof.

Tafel II. Blick von den Phädriaden über Delphi, die Ebene von Kirrha mit dem heiligen Land, den Golf von Korinth zu den Bergen von Achaia.

Tafel III. Blick von den Phädriaden auf das Heiligtum.

Tafel IV. Der spätantike Markt-
platz vor dem Eingang zum Heiligtum.

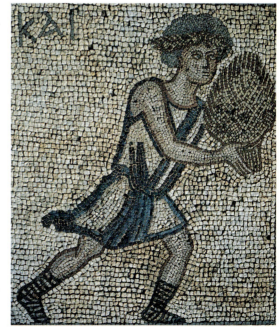

Tafel V. Mosaik mit Darstellung
des Sommers. 6. Jh. n. Chr. Aus
der Kirche nördlich des frühchristlichen Ortes, jetzt vor dem
Museum.

Tafel VI. Die Ostfront des Apollontempels.

Tafel VII. Aufstieg zum Tempel zwischen Tarentiner- und Krotoniatenweihung und Altar der Chioten, im Vordergrund die Basen der Deinomenidendreifüße.

Heiligtumsbauten in christlicher Zeit. Das Schatzhaus der Athener war inschriftlich als Büro von Pfandleihern bezeichnet[50], das Schatzhaus von Kyrene[51] und die meisten Teile des großen Altars standen noch aufrecht, als auf ihnen Kreuze eingemeißelt wurden. Freilich fehlen die Anhaltspunkte zu genaueren zeitlichen Bestimmungen.

Die Verhältnisse in Delphi werden mit einer Erwähnung der Stadt in einem Erlaß des Kaisers Theodosius II. von 424 n. Chr. (Cod. Theod. 15, 5, 4) beleuchtet. Die Vermögenden in Delphi waren mehrmals mit Aufwendungen zur Abhaltung von Spielen in der Hauptstadt stark belastet worden. Der Kaiser verfügte, daß solche Aufwendungen nicht über Vermögen und nicht für Zwecke außerhalb der Stadt verlangt werden dürften. Die letzte Erwähnung Delphis steht im Provinzen- und Städteverzeichnis des Reiches von Hierokles (Synecdemos 643 n. 13), das aus der Zeit des Kaisers Justinian stammt.

Sehr wahrscheinlich war der Ort Bischofssitz. Die wichtigsten Bauornamente der Kirchen sind stilistisch wohl in das letzte Viertel des 5. und in die erste Hälfte des 6. Jhs. zu datieren. Unter den Inschriftenfunden ist die Grabinschrift der Diakonin Athanasia hervorzuheben, die das gewöhnliche Lob der Frömmigkeit der Verstorbenen enthält und zugleich Störer des Grabes mit der Verwünschung abschreckt, sie möchten das Los des Judas erleiden[52]. Das Fehlen entsprechender Keramik weist darauf hin, daß der Ort seit dem 7. Jh. wegen der Slaveneinfälle verlassen war. Im 9. und 10. Jh. n. Chr. drohte neben den Bulgaren aus dem Norden eine andere Gefahr, die Überfälle von sarazenischen Seeräubern. In dieser Zeit gründete der heilige Lukas von Stirion in den Bergen östlich von Delphi das nach ihm benannte Kloster[53].

Bis zum Besuch des Cyriacus von Ancona im Jahr 1436 gibt es keine direkten Zeugnisse mehr zu Delphi selbst. Führendes Zentrum der Gegend wurde Amphissa, dessen Bischof im Jahre 451 am Konzil von Chalcedon teilgenommen hatte. Nach den Bulgareneinfällen im 10. Jh. sind Albaner in die Gegend eingewandert, die sich teilweise hellenisiert, aber ihre Sprache auch lange Zeit bewahrt haben, denn Dodwell hebt bei seinem Besuch in Delphi die Zweisprachigkeit des Ortes hervor.

Durch den vierten Kreuzzug geriet das Land unter fränkische Herrschaft. Im Jahre 1204 wurde Amphissa (damals Salona und Sula genannt) von König Bonifatius in Thessaloniki an den Ritter Thomas von Stromoncourt als Lehen vergeben[54]. Die katalanische Söldnerkompanie wurde durch ihren Sieg vom 15. März 1311 am Kephissos nahe dem damaligen Kopaissee über Wilhelm von Brienne, Herzog von Athen[55], Herrin über Mittelgriechenland. Mit der Führung der Kompanie wurde Roger Deslaur betraut, der Amphissa als Lehen erhielt. Die Stadt konnte sich in der Katastrophe der katalanischen Herrschaft im Jahre 1379 gegen die navarresischen Söldner halten. 1380 unterstellte sie sich, zusammen mit Athen, der Lehenshoheit von Dom Pedro IV. von Aragon, der auch über Sizilien und Sardinien herrschte.

Türkisch wurde die Gegend durch den Feldzug des Sultans Bajesid im Jahre 1394[56]. In dem Bericht des Athener Geschichtschreibers Laonikos Chalkokondyles (2, 35, 73 C – 76 B)[57] ist in antikisierender Manier anstelle des Namens von Salona der von Delphi eingesetzt. Doch haben die ersten Reisenden durch die Inschriftenfunde die Lage von Delphi entgegen dieser Tradition richtig bestimmt. Dagegen taucht in Pouquevilles Reisebeschreibung[58] die verwirrende Gleichsetzung von Salona und Delphi unter Berufung auf Chalkokondyles wieder auf. Außerdem sind hier die Eroberungen von Bajesid und Mohammed II. verwechselt, nämlich in der Bemerkung über das Schicksal der Witwe und der Tochter des katalanischen Grafen Dom Alous de Daulos: «... et Delphes, oubliée au temps du Bas-Empire, n'est tirée de l'obscurité que par Chalcondyle, qui nous apprend qu'une princesse catalane en fut depouillée par Mahomet II. L'héritière du domaine d'Apollon et sa fille, renfermées dans un harem, y vieillirent et y moururent au milieu des odalisques du dévasteur de la Grèce.»[59] Chalkokondyles weiß aber nichts vom Ende der Prinzessinnen im Harem, sondern daß es ihnen gestattet wurde, auch weiter auf ihre Weise zu leben.

DIE STADT

Die Siedlung und ihre Brunnenanlagen

Die antike Stadt hatte nach Strabon (9, 3, 3 [418]) einen Umfang von 16 Stadien (ca. 3 km) und lag um den Kastaliabrunnen. Nach Pausanias gehörte schon das Athenaheiligtum in der Marmaria zum Stadtgebiet[1]. Die Friedhöfe lagen an den Straßen außerhalb der Stadt östlich vor der Enge von Logari und westlich am felsigen Rücken zwischen dem antiken und dem modernen Ort (Abb. 19. 27). Die Annahme eines Vorortes mit dem Namen „Pylaia" beruht auf dem Mißverständnis einer Textstelle bei Plutarch (De Pyth. or. 29, 409 A–B), es handelt sich tatsächlich um das Heiligtum der Amphiktionen bei den Thermopylen[2].

Delphi hatte, wie andere alte Städte, in der römischen Zeit und in der Spätantike einen Kern mit historischen Sakralbauten und eine angrenzende, häufiger erneuerte Bebauung für die Wohn- und Geschäftsquartiere[3]. Das Heiligtum war noch im 7. und 6. Jh. v. Chr. auf Kosten des Stadtgebietes erweitert worden und hatte einen dauerhaften Umfang gegen 500 v. Chr. und einen im ganzen abschließenden Baubestand gegen 300 v. Chr. erreicht. Die Tempel, Schatzhäuser und Monumente standen dann, wenn auch z.T. mit schlechter Erhaltung, bis in die Spätantike. Pausanias hat mit den Schatzhäusern von Knidos und Siphnos Bauten gesehen, die sieben Jahrhunderte lang aufrecht geblieben waren. Vorübergehende Ausdehnungen bedeuteten gegen 300 v. Chr. die Westhalle und gegen 200 v. Chr. die Attalosterrasse. Beide Areale dienten aber nach einiger Zeit wieder der Siedlungsbebauung. Die Westhalle wurde nach einem Felssturz im 1. Jh. v. Chr. in eine Esplanade umgewandelt (Plan 437)[4] und im 4. Jh. n. Chr. mit Häusern und Bädern überbaut[5]; die Attaloshalle wurde in eine Zisterne umgewandelt (Plan 502)[6].

Der Nordostteil des Heiligtums war von mykenischer Zeit bis in das 7. Jh. v. Chr. besiedelt. Mykenische Scherbenfunde ziehen sich nach Osten

Abb. 19   Edward Lear: Delphi (1869). Im Vordergrund links die Tür zu der Grabkammer, an der die alte Straße nach Delphi vorbeiführte.

gegen die Kastalia hin; im Heiligtum traten sie auch unter der Tempelterrasse und im Bereich von der Naxiersphinx bis zur östlichen Temenosmauer auf[7]. Unter den Tempelfundamenten wurde neuerdings eine den
Hang ansteigende, stattliche Mauer aus der Zeit von ungefähr 1400 v. Chr.
gefunden; sie muß eine vielleicht militärische Schutzfunktion für die Siedlung gehabt haben[8]. Aus der Frühzeit sind von der Siedlung nur bescheidene Hütten erhalten, die durch das Heiligtum überbaut wurden. Die meisten der noch anstehenden Ruinen stammen aus späterer, römischer oder
frühchristlicher Zeit[9].

Die Brunnen sind als älteste monumentale Reste der Stadt übriggeblieben. Drei Anlagen reichen wohl in das 6. Jh. v. Chr. zurück: Die alte
Kastalia, die sog. alte Kerná und die Baureste mit einer dorischen Säulenstellung aus dem Stadion, die als Brunnenhaus zu erklären sind. Dazu
kommen auch schon seit archaischer Zeit die aufwendigen Wasseranlagen
im Heiligtum selbst. Die Stadt brauchte nicht allein für solche öffentlichen
Versorgungseinrichtungen aufzukommen; auch außerhalb des Heiligtums
wurden aus der Kasse der Kultgemeinschaft Hallen, Wasserleitungen wie
für das Gymnasion und Brunnen[10] (CID I 10, 36) bezahlt.

Das archaische Brunnenhaus[11] und der spätere Felsenbrunnen der Kastalia-Quelle liegen beide im platanenschattigen Winkel am Ausgang der

Felsenschlucht (Abb. 20. 21). Die ältere, archaische Anlage wurde erst 1957 bei Bauarbeiten aufgedeckt. Der Abschluß zur Talseite hin ist zerstört, der Stollen gegen den Berg durch ein modernes Reservoir abgeschnitten.

Der Name Kastalia steht oft stellvertretend für den heiligen Ort, wie z. B. Pindar (Pyth. 4, 290) sagt: „Ich habe das Orakel bei der Kastalia befragt." Wegen des „schönfließenden Brunnens" (κρήνη καλλίροος) rühmte die Quelle bereits der Dichter des homerischen Apollonhymnos (v. 300); Pausanias (10, 8, 9–10) preist ihr Wasser als wohlschmeckend und angenehm zum Bad. Die Quellnymphe ihres Namens ist genealogisch mit anderen Wasser- und Ortsgottheiten, Acheloos, Kephissos, Kastalios und Delphos, verbunden[12]. Die Überlieferungen zu ihrer Rolle im Orakelkult sind verhältnismäßig spät und divergierend. Man gewinnt den Eindruck, daß die Quelle ein Inbegriff für Delphi war, daß man sich das Orakel nicht ohne sie vorstellen konnte und daß sich diese Vorstellung in der Überlieferung dichterisch als Inspiration durch das Wasser konkretisiert hat[13].

Erwähnt werden das Bad der Dienerinnen Apollons als Vorbereitung für die Weissagungen (Schol. Euripides, Phoin. 222–224) und die inspirierende Kraft des Wassers (Lukian, Jup. trag. 30; disp. cum Hes. 8 u. ö.); diese Vorstellung hatten auch die Kirchenväter, die auf das Verstummen des Orakels zu sprechen kommen. Heiligen Quellen wurde auch an anderen Orakeln inspirierende Kraft zugeschrieben, wie im Klarion bei Kolophon und in Hysiai bei Plataiai. Jamblichos (De myst. 3, 11 [123, Parthey]) scheint diesen Zusammenhang für Delphi aber eher auszuschließen. Plutarch behandelt diese Frage nicht, was als negatives Zeugnis bei seinem großen Interesse für Delphi ein gewisses Gewicht hat. Pausanias dagegen (10, 24, 7) schreibt nicht dem Wasser der Kastalia, sondern dem der Kassotis im Adyton des Tempels prophetische Inspiration zu.

Beide Brunnenanlagen der Kastalia-Quelle waren als Laufbrunnen ohne Schöpfbecken gebaut. Die jüngere behielt den Typus der älteren bei[14], bot aber mit sieben statt vier Wasserstrahlen eine größere Leistung, dazu die monumentale Felsenarchitektur mit der Nischenwand über dem Brunnenhof.

Der ältere, archaische Brunnen liegt vor dem Ausgang der Schlucht und der großen Felsenbrunnenanlage mehr zur Straße hin. Der stattliche Bau war aus sorgfältig geschnittenen Steinen gefügt. Die Wasserspeier wurden unmittelbar aus einem Felsstollen gespeist, der schräg nach rechts in den Berg gearbeitet ist. Unter den Wasserspeiern befindet sich je ein weiterer Ausfluß für den Überlauf des Wassers aus dem dreigeteilten Auffangbecken.

Die Rinnsteine im Stollen sind an den Fugen mit sorgfältig eingelasse-

Abb. 20   Kastaliaschlucht, nach Sibthorp.

Abb. 21   Kastaliabrunnen, 2./1. Jh. v. Chr.

nen und vergossenen Bleimanschetten abgedichtet. Die bautechnischen Merkmale, vor allem die schwalbenschwanzförmigen Klammern, weisen noch auf das 6. Jh. v. Chr. Versinterungen, Auswaschungen und Renovierung lassen auf eine sehr lange Benutzung schließen. Zu einer solchen Renovierung gehört eine Pilastergliederung der Stirnwand mit blauem Putz. Ungewiß ist, ob der alte Brunnen nach Erbauung des Felsenbrunnens weiterbenutzt oder aufgegeben wurde.

Der jüngere Felsenbrunnen (Abb. 21) ist in seiner ganzen Ausdehnung in den Berg eingehauen. Der Hof ist mit etwas über 11 m beinahe doppelt so breit wie beim älteren Bau. Über eine Treppe von acht Stufen stieg man in den Brunnenraum herab; an der halbzerstörten Stirnwand sind noch Einlassungen der Wasserspeier und eine Pilastergliederung zu erkennen. Der Wasserkanal hinter der Stirnwand war mit Platten abgedeckt, die in der Felswand eingefalzt waren. Die symmetrisch angeordneten Rundnischen darüber sind antik und enthielten wohl Götterfiguren. Die große unregelmäßige Nische rechts ist später für einen Kapelleneinbau eingetieft worden. Nach den Versinterungen sind die beiden Wasserauslässe rechts am längsten benutzt worden; die Wasserspeier, wohl bronzene Löwenköpfe, waren schon längst verschwunden.

Der Brunnen wurde aus zwei Felsstollen gespeist, die an der SO-Ecke und von Westen einmünden. Der Abflußkanal im Berg links hatte eine Stauvorrichtung, um das Wasser in der Höhe des Auslaufs zu halten: abwärts führte er unter der Felstreppe ins Tal. Aus dem Brunnenhof wurde das überschüssige Wasser durch eine Rinne unter den Speiern entlang den Wänden und unter der Treppe durch abgeleitet. Unsicher ist die Entstehungszeit der Felsenbrunnenanlage: Die vorgeschlagenen Datierungen reichen vom 1. Jh. v. bis zum 2. Jh. n. Chr. Die Architektur der Felsnischenwand dürfte mit den Brunnenfassaden eher der späteren Zeit zu verbinden sein.

Unter den Platanen bei der Kastalia war wohl die uralte, nach der Sage von Agamemnon gepflanzte (Theophrast, Hist. plant. 4, 13 und Plinius, N. h. 17, 88); bei diesem Baum stellte eine Bronzestatuengruppe den Sieg des Apollon über den Drachen Python dar; die Figur der Leto stand auf dem Felsen, wo die Göttin von dem Drachen bedroht worden war (nach Klearchos von Soloi 46, 2, 318 M: F. Wehrli, Die Schule des Aristoteles 3 [1948] frg. 64) [15].

Die wasserreiche Quelle östlich des Stadions speiste nicht nur den Brunnen der Kerná, sondern auch bis 1892 den Dorfbrunnen bei der Kirche des Hagios Nikolaos von Kastri an der Stelle der beiden Schatzhäuser neben dem Theater (XVIII. XIX, Plan 531. 532) [16]; sie versorgt auch noch den heutigen Ort. Der antike Brunnen (Abb. 22) [17] wurde mehrfach erneuert. Die ursprüngliche Anlage hatte vier Wasserspeier, ein Reservoir hinter der Speierwand und zwei seitliche Tröge, in die das ablaufende Wasser mit Rinnen abgeleitet wurde. Die Bautechnik scheint mit der Verwendung des Kalksteins von Hagios Elias in das 4. Jh. v. Chr. zu gehören; die Formen der Anlage erinnern an die ältere Kastalia und wirken für ihre Zeit altertümlich. Etwas unterhalb sind Reste einer älteren Anlage erhalten, die ursprünglich wohl als Brunnen, dann aber als Reservoir gedient hat. Das Wasser der Kerná wurde in der Antike dem Heiligtum zugeleitet (s. u. S. 96). 1980 hat ein Felssturz die Anlage schwer beschädigt.

Das Gymnasion war ein Zentrum nicht nur des sportlichen, sondern auch des allgemeinen kulturellen Lebens der Stadt. Es ist eines der ältesten seiner Art und stammt im wesentlichen noch aus dem 4. Jh. v. Chr. Es liegt auf einer Terrasse von etwa 200 m Länge unweit nordwestlich vom Athenaheiligtum unterhalb der antiken wie auch der heutigen Straße (Abb. 23.

Abb. 22   Kernabrunnen.

24) [18]. Die Terrasse läuft gegen den Taleinschnitt der Kastalia schmal zu. Die Anlage muß mit der schattigen Halle, dem reich fließenden Wasser, den Badeanlagen, den beiden Terrassen und dem Blick über das Pleistostal sehr reizvoll gewesen sein. Wasserversorgung und Geländegestaltung sind die besonderen, auch heute noch eindrucksvollen Leistungen beim Bau der Anlage.

Pausanias (10, 8, 8–9) erwähnt das Gymnasion lediglich als den Ort, an dem Odysseus als Gast des Autolykos seinen Eberjagdunfall gehabt habe. Es wurde schon von Spon 1676 richtig identifiziert. Bis zu G. Colins Ausgrabung von 1899 trug es in seinem östlichen Teil das Kloster der Panagia; das alte Schwimmbecken diente als Fischteich.

Abb. 23   Kloster der Panagia auf dem Gymnasion gegen die Kastalia und die
Phädriaden, nach Dodwell.

Die beiden Terrassen der Anlage hatten jeweils eigene Eingänge und
waren unter sich durch Treppen verbunden. Die Zugänge geben einen Hinweis auf die Ausdehnung der antiken Wohnstadt auch am Hang unterhalb
des Gymnasions.

Auf der oberen Terrasse lagen eine Halle von rund 200 m Länge und
davor die Laufbahn im Freien (Xystos und Paradromis), auf der unteren
Terrasse die Ringschule (Palästra) und die Badeanlage [19] (Lutron). Der Baugrund wurde z. T. in den Felsen eingearbeitet, z. T. angeschüttet; die ange-
schütteten Teile im Südosten sind sehr abgerutscht. Fest auf dem abge-
arbeiteten Felsen gegründet ist vor allem das Badebecken. Sehr aufwendig
wurden die Stützmauern errichtet: die oben gegen den Hang ist doppel-
schalig, die unter der oberen Terrasse besteht aus schön patiniertem Parnaßkalk mit guter Glättung und feinem Randschlag in elf Schichten von
insgesamt beinahe 5½ m Höhe.

Die Inschriften geben Aufschluß über die Errichtung und Funktion der
Anlage. Wahrscheinlich wurde über Bauarbeiten an der Halle 334/3 v. Chr.
abgerechnet (CID II 79 A) [20]; im Herbst des Rechnungsjahres 327/6 v. Chr.
erhielt Chares als Epimelet (Leiter) des Gymnasions für ein halbes Amtsjahr

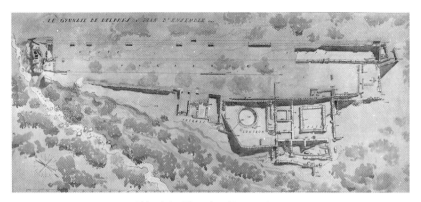

Abb. 24   Plan des Gymnasions.

6 Minen und 45 Statere, Epiteles aus Athen für eine Wasserzuführung zur
Anlage eine halbe Mine (CID II 97,36 f.) [21]. Hervorzuheben ist, daß diese
Leistungen aus Mitteln der Kultgemeinschaft und nicht von der Stadt auf-
gebracht wurden. Zu dieser Nachricht über die Bauzeit stimmt auch die In-
schrift auf einem Fundamentstein der Südwestecke des Peristyls mit dem
Namen des Unternehmers Daios, der von den vorangehenden Tempelbau-
arbeiten bekannt ist. Wohl 247/6 v. Chr. faßte die Kultgemeinschaft einen
Beschluß zur Vorbereitung der Pythischen Spiele [22], in dem verschiedene
Instandsetzungen des Gymnasions vorgesehen wurden. Den gewöhnlichen
Unterhalt im Zusammenhang mit der eigenen Nutzung besorgte aber die
Stadt; eine Inschrift von 102/1 v. Chr. berichtet von der Abordnung eines
städtischen Sklaven als Wärter der Anlage (FdD III 4,77 Z. 22).

Das Gymnasion diente nicht allein dem Sport, sondern auch dem geistigen und geselligen Leben von Bildung und Kult. Vom Unterrichts- und
Vortragsleben geben einige Inschriften Zeugnis [23]. Von der Einrichtung einer Bibliothek durch die Amphiktionen in der römischen Kaiserzeit berichtet eine weitere Inschrift [24]. Sicher gab es hier auch schon früher eine Bibliothek wie auch in anderen Gymnasien hellenistischer Zeit. Die Bemerkung von Heliodor (Aithiop. 2,27,2) über Delphi als einem Sitz der Musen
(„Museion") beruht zweifellos zu einem guten Teil auf der Rolle, die das
Gymnasion gespielt hat.

Aus Ehreninschriften erfahren wir vom Unterricht auswärtiger Lehrer
für Literatur, Redekunst und Astronomie, außerdem auch von einem epi-
schen Dichter [25]. An weiteren Ehrungen sind im Gymnasion Statuen eines
Pythiensiegers und eines Gymnasionleiters durch Inschriften bezeugt,
ebenso der Kult des Hermes und Herakles als besonderer Gymnasiongöt-

ter[26]. Statuen wurden dagegen von den Göttinnen Artemis und Athena gefunden[27]. An der Hallenrückwand waren mit gemalten Inschriften Lobsprüche und Ehrenplätze von siegreichen Sportlern vermerkt[28].

Auf tieferem Niveau am Ostende der Anlagen liegen Reste von Bauten, die von der römischen Erweiterung der Halle überbaut worden sind; man hat hier das Demeterheiligtum vermutet[29].

Von der Säulenordnung des Xystos sind nur wenige Reste geblieben; von der ursprünglichen dorischen Halle gibt es nur noch zwei Gebälkfragmente und eine Säulentrommel. In römischer Zeit wurde sie etwas verlängert und mit ionischen Säulen auf einfach profilierten, ungefähr würfelförmigen Postamenten erneuert. Für die Säulen wurde Marmor aus den Brüchen von Lebadeia verwendet. Die Laufbahnlänge der Paradromis von 172,996 m ist an beiden Enden durch Ablaufschwellen markiert.

Der Hof der Palästra war als Peristyl mit einer feinen ionischen Säulenordnung umgeben. Die Nordostseite lehnte am Berg, die Südostseite hatte nur eine Mauer als Abschluß. Nach den beiden anderen Seiten lagen Umkleide- und Aufenthaltsräume und ein kapellenartig mit Säulen und Vorraum ausgezeichneter Kultraum. Auch der große Raum der Südwestseite mit den Sitzbänken an den Wänden öffnete sich mit einer inneren Säulenstellung zum Peristyl. Ein Ballspielplatz (σφαιριστήριον) ist inschriftlich erwähnt[30].

Sehr kunstvoll waren die räumlichen Dispositionen der Wasseranlagen mit einer zweckmäßigen, aber auch malerischen Ausnutzung der Hanglage. Das Wasser floß durch eine Leitung von der Kastalia in die offene Rinne vor der Paradromis mit Schöpfbecken in regelmäßigen Abständen, ähnlich wie um die Laufbahn des Stadions von Olympia[30a]. Am Südostende biegt der Wasserlauf in eine Rohrleitung zur Versorgung des Bades auf der unteren Terrasse um. Dazu wurde das Wasser in eine Rinne hinter der Brüstungsmauer geführt und sprang von dort mit zehn Strahlen in die Tröge der Badterrasse. Der mittlere Ausfluß hatte einen kräftigeren Strahl, dessen Wasser sich mit dem Abfluß der Tröge von rechts und links vermengte, um das große runde Becken zu versorgen. Dieses ist knapp 10 m weit und hatte einst vier steile, nach oben zunehmende Stufen bei einer Tiefe von knapp 2 m. Aus dem Beckenboden führt ein Abflußkanal durch die Terrassenmauer ins Freie.

Für das römische Hypokaustenbad wurde die untere Terrasse mit dem Freibad durch einen niedrigeren, mit einer Treppe verbundenen Anbau erweitert. Die Anlagen verfielen wohl seit dem 5. Jh. n. Chr.; auf ihrem Gelände wurden eine Zisterne und Öfen von Handwerksbetrieben (Töpfereien und wohl auch Metallverarbeitung) errichtet; die Zisterne wurde später als Grab benutzt.

Von den Wohnanlagen der vorrömischen Stadtanlage sind nur bescheidene Reste gefunden worden. Ein späthellenistischen Haus östlich des Heiligtums hatte ein Bad mit einer charakteristischen Sitzbadewanne neben der Feuerstelle der Küche [31]. Unsicher ist bei vielen Monumenten die Unterscheidung, ob sie aus der römischen Kaiserzeit oder schon aus der christlichen Zeit stammen. Die gewöhnlich als römisch bezeichnete Agora stammt wohl bereits aus byzantinischer Zeit (Farbtaf. IV) [32]. Nach ihrer Bauart dürfte die Anlage der sog. „Unteren Thermen" oder auch „Südthermen", deren Bestimmung freilich nicht gesichert ist, in dieselbe Zeit gehören [33].

Die Thermen sind bezeichnend für den Lebensstil in der spätantik-frühchristlichen Epoche. Hervorzuheben sind die Ostthermen (Abb. 25) [34] mit ihren geometrisch gemusterten Mosaikböden [35]. Aus einer Stiftung des L. Gellius Menogenes 319 n. Chr. dürfte eine Neuausstattung der Ostthermen bezahlt worden sein, die damals wohl bereits ein halbes Jahrhundert bestanden. Weitere, bescheidenere Thermenanlagen mit Ziegelplattenböden, auch mit Hypokausten, liegen im Areal der großen, wohl im 1. Jh. v. Chr. schon aufgegebenen Westhalle [36]; westlich davon befindet sich eine weitere. Andere Baureste, die zu Thermen gehört haben dürften, wurden im Bereich des Kraterosmonumentes, westlich oberhalb des alten Kastaliabrunnens und nördlich von der Gymnasionsterrasse festgestellt. Die Thermen auf dem Gelände des Kraterosmonumentes gehören in die Zeit, als das Heiligtum schon aufgegeben war. In dieselbe Epoche gehört wohl ein Komplex von Bauten, der am Hang zwischen dem unteren Teil der sog. „Heiligen Staße" und zwischen der Tenne liegt (Plan 206) [37].

Von den Bauten zur Wasserversorgung ist außer dem Umbau der Attaloshalle zu einer Zisterne ein lange benutzter Stadtbrunnen [38] am archäologischen Spazierweg unterhalb des Heiligtums unweit des Siphnierschatzhauses zu erwähnen. Wahrscheinlich zu einer Zisterne gehört die mächtige, aus wiederverwendeten Blöcken errichtete Stützmauer mit 13 Strebepfeilern im Westen des Heiligtums, die auf alten Ansichten als Landmarke zu erkennen ist [39] (Abb. 31). Auf ihrer Terrasse erhob sich ein kleiner Doppelapsidenbau.

Abb. 25   Stadtgebiet östlich des Apollonheiligtums. Vor der Heiligtumsmauer die Ostthermen (250/300 n.Chr.); darüber die frühere Attaloshalle als Wasserreservoir.

Befestigungen

Von einer Befestigung des Heiligtums berichtet Diodor (16,25,1): Der phokische General Philomelos habe das Heiligtum zum Schutz gegen die Thesssaler mit einer Mauer umschlossen. Freilich lassen die noch ansehnlichen Reste der Befestigungen keine zusammenhängenden Ummauerungen für das Heiligtum oder die Stadt erschließen.

Die größte Anlage ist eine ca. 200 m lange und bis zu 20 m tiefe Befestigung auf dem Hügelkamm westlich des Stadions, der die Terrasse zwischen den Felsabstürzen der Phädriaden und der Pleistosschlucht beherrscht[1] (Abb. 26). Obwohl sie nicht das Heiligtum, sondern nur den Hügel um-

Abb. 26 „Philomelosmauern" und Stadion.

schließt, hat man die Nachricht von Diodor mit der Benennung als „Mauern des Philomelos" auf sie beziehen wollen. Die Anlage ist noch nicht genau untersucht; die ähnliche Bautechnik der Terrassenmauern an Westhalle und Gymnasion legen eine Datierung von etwa 330 v. Chr. nahe. Damit wäre eine Zuweisung an Philomelos nicht ausgeschlossen; ebensogut könnte es sich aber auch um aitolische Befestigungen des 3. Jhs. v. Chr., etwa gegen die Kelten, handeln. Wegen ihrer strategischen Lage wurden die Mauern später instand gehalten und noch mit Ziegeln geflickt.

Der Zugang von Osten nach Delphi war ebenfalls geschützt, doch gehört die dort gefundene Befestigung nach ihrer Bautechnik in viel spätere Zeit. Der Engpaß zwischen den Phädriaden und der Pleistosschlucht war – schon innerhalb des Athenaheiligtums der Marmaria – durch eine 55 m lange Sperrmauer mit einer Torkammer für die Straße von Lebadeia geschlossen.

In dieser Mauer sind Spolien von anderen Bauten, Ziegel und Grobkeramikbruch verwendet. Die Entstehungszeit ist unsicher, sie dürfte spätantik oder byzantinisch sein. Das außen liegende Athenaheiligtum war damals offenbar schon aufgegeben. An diesem strategisch wichtigen Punkt wären auch ältere Befestigungen zu erwarten, doch sind keine entsprechenden Reste festgestellt[2].

In der Umgebung von Delphi befindet sich 800 m östlich vom Heiligtum der Athena Pronaia ein Turm (vgl. Abb. 8)[3]. Die frühere Fahrstraße führte unter ihm etwas über dem Mausoleum mit dem Meleagersarkophag vorbei; durch den Bau der neuen Straße wurde der Turm an der Bergseite nahezu ganz verschüttet. Eine ganze Serie von Türmen, zu denen auch dieser von Delphi gehört, begleitete die Straße von Lebadeia zum Golf von Kirrha[4]. Ihre Bauweise läßt eine Datierungen unter phokischer Herrschaft während des Krieges von 356–355 v. Chr., aber auch während des 3. Jh. v. Chr. unter den Aitolern offen.

Nekropolen

Den Reisenden im vorigen Jahrhundert kündigte sich der Ort zuerst durch die antiken Friedhöfe entlang den Straßen an. Im Westen waren es Felsgräber[1] an dem Bergrücken, der die sog. „Mauern des Philomelos" trägt (Abb. 27), vor allem das heute abgelegene und wenig besuchte Kammergrab (Abb. 19)[2], im Osten gleichfalls Felsgräber und Grabbaureste mit Sarkophagen (Abb. 28 f.).

Durch die Verlegung der neueren Verkehrswege sind diese den früheren Besuchern vertrauten Denkmäler etwas in Vergessenheit geraten. Die Tür eines Felsgrab-Monumentes im Osten der Stadt wurde im Volksmund Charutes (Hadestür) oder Λογάρι (Redeplatz) genannt (Abb. 28). Der Riß durch das Gestein ist in einer volkstümlichen, von Dodwell und Ulrichs überlieferten Legende erklärt[3]. Danach geht der Name Logari auf den Logos (Rede) eines heidnischen Priesters zurück, der für die Leugnung des christlichen Glaubens vom Blitz getroffen wurde, der auch den Felsen spaltete. Das Denkmal wurde freilich vor einigen Jahren durch den Bau der neuen Straße verschüttet. Etwas weiter östlich unterhalb des Befestigungsturmes an der neuen Straße (vgl. Abb. 8) liegt ein stattlicher römischer Grabbau mit Mittelapsis[4]; aus ihm stammt neben anderen der Sarkophag mit der Darstellung der Meleagersage[5] (Abb. 29). Auch das frühklassische Grabrelieffragment mit einer Palästraszene[6] (Abb. 30) gehört zu den

Abb. 27   Felsgräber im Westfriedhof, um 1900.

längst berühmten Funden von dort, die zunächst im nahen Kloster der Panagia (vgl. Abb. 23) aufbewahrt wurden.

Das Friedhofsgebiet im Westen war von der mykenischen[7] bis in hellenistische und römische Zeit belegt; vor allem bei den Museumsbauarbeiten sind dort viele Funde zutage gekommen; der schönste darunter war die weißgrundige attische Schale mit Apollon beim Trankopfer (Farbtaf. I)[8]. Bedeutende Einzelanlagen sind ein in den Fundamenten erhaltener, kapellenartiger Bau mit Gruft, wohl ein Heroon[9], und ein tonnengewölbter, nach der Freilegung wieder zugeschütteter Bau[10]. Das bereits erwähnte Felskammergrab hat ein Tonnengewölbe mit drei Wandnischen und schließt an die antike Straße an, die über dem Museum von Westen in den Ort führte und deren Trasse noch im 19. Jh. benutzt wurde. Die Grabkammereingänge und Arcosolgräber am Felsenrücken, der die sog. „Mauern des Philomelos" trägt, liegen im heutigen Ort frei[11].

Abb. 28   Felsgrab-Scheintür, sog. Logari oder Hadestor, im Ostfriedhof (durch
Straßenbau verschüttet).

▶

Abb. 30   Athlet, sich mit der Stlengis schabend, Hund und Diener. Grabstele aus
dem Ostfriedhof, um 470 v. Chr.

Abb. 29   Sarkophagfragmente aus dem Ostfriedhof, mit dem Meleagermythos.
Ende 2. Jh. n.Chr. Holzschnitt von 1842.

Frühchristliche Denkmäler

Abb. 31 Spätantike Terrasse westlich des antiken Delphi mit der Kapelle des Hagios Elias und dem Friedhof des heutigen Ortes. Im 18. u. 19. Jh. wurden hier erst der Apollontempel, dann der Sitzungsort der Amphiktionen angenommen. Abb. nach Dodwell.

Vom frühchristlichen Delphi sind bedeutende Kirchen- und Kirchenausstattungsreste erhalten [1]. Über die Fundorte des in der alten Grabung gesammelten Kirchenbauschmucks sind wir nicht genau unterrichtet; doch ist eine beträchtliche Menge bei der Ausgrabung des Tempels zutage gekommen. Daher wurde vermutet [2], daß der Bau, wie auch viele andere Tempel, zunächst zu einer Kirche umgestaltet wurde. Dagegen spricht aber, daß der Tempel offenbar systematisch abgetragen worden ist [3]. Die noch im 19. Jh. vorgefundene Dorfkirche von Kastri, Hagios Nikolaos, lag dann ein wenig oberhalb über dem Westende des Tempels.

Die Lage der anderen Kirchen und Kapellen läßt noch den mittelalterlichen Straßenverlauf erkennen. Das Kloster der Panagia (vgl. Abb. 23) lag auf der alten Gymnasionsterrasse vor dem Ort unter der Straße nach Arachova, die Kapelle des hl. Johannes an der Biegung vor der Kastaliaschlucht mit dem Brunnen, die Kirche des hl. Georg an der jetzt als Spazierweg erhaltenen, alten Straße westlich unter dem Heiligtum. Auf der antiken Terrasse westlich des Ortes liegt bei dem christlichen Friedhof die Kapelle des hl. Elias (Abb. 31).

Von einer stattlichen Kirche außerhalb des früheren Ortes *(extra muros)* sind die unteren Teile der Mauern und der Mosaikfußboden über große Partien erhalten[4]. Die Anlage wurde 1959 unter der Straße, die zum Stadion führt, bei dem Hotel „Apollon" aufgedeckt; sie wurde von ihrem Platz entfernt und auf dem Vorplatz des Museums rekonstruiert. Die Kirche war eine dreischiffige Basilika von ca. 33 m Länge mit Vorhalle. Die Mosaikbilder zeigen eine Nymphe, vielleicht Kastalia, im Lorbeerkranz, aus deren Krug eine Quelle fließt; im Hauptbild reißt ein Panther einen Hirsch; dazu kommen die Jahreszeiten in Gestalt von jugendlichen Gabenträgern (Farbtaf. V). Die teppichartigen Schmuckfelder sind mit den verschiedensten Tieren, zahmen und wilden Vierfüßlern, Fischen und Vögeln verziert. Die beschädigten Inschriften haben wohl die Stifter, vielleicht auch die Künstler genannt. Die Mosaiken gehören zu den bedeutendsten ihrer Zeit in Griechenland[5].

FESTE UND FESTPLÄTZE

Wie für die Olympiaden gab es auch für die Pythien Überlieferungen von Vorläufern, die den historisch gezählten Festen vorausgingen [1] (Pausanias 10,7,2). Vor 586 v. Chr. bestanden sie nur aus musischen Wettkämpfen; nach der Sage sind Chrysothemis, Philammon, Thamyris, Orpheus, Musaios, Homer und Hesiod zu den Spielen nach Delphi gekommen. Die Statuette eines Flötenspielers [2] gibt neben der reichen schriftlichen Überlieferung einen bildlichen Hinweis dafür, daß die musischen Wettkämpfe auch später noch gefeiert wurden (Abb. 32).

Die Wettspiele der Pythien [3] gehörten zusammen mit den Olympien, Isthmien und Nemeen zu den vier großen panhellenischen Spielen. Ihre Gründung geht auf die Reorganisation des Heiligtums durch die Amphiktionen im und nach dem sog. „Ersten Heiligen Krieg" zurück. Die von dem thessalischen Heerführer Eurylochos aus der Beute von Kirrha gestifteten Spiele von 591/90 sind als Vorläufer der Pythien anzusehen. 586 v. Chr. wurden die ersten „historischen" Pythien der offiziellen Zählung noch als „Sachpreis-Wettspiel" (ἀγὼν χρηματίτης) gehalten.

In der antiken Überlieferung gelten nach Pausanias (10,7,5) die Spiele von 586, nach der parischen Marmorchronik (IG XII 5,444, Z. 52 ff.) und Eusebius (Cron. II interp. Hieronym. p. 125 [„Ol. 49: Pythia primum acta"]) die von 582 v. Chr. als die ersten Pythien der Historikerzählung. Miller [4] hat dargelegt, daß den Pindarerklärungen wohl eher das Datum von 586 v. Chr. zugrunde liegt und daß diese auf die Pythionikenliste von Aristoteles und Kallisthenes zurückgehen dürften, die Pausanias wohl noch als Inschrift in Delphi hat sehen können.

Von nun an galt der vierjährige Rhythmus, nachdem bei den älteren Pythien in der Überlieferung noch von einem achtjährigen Rhythmus die Rede war [5]. Seit 582 v. Chr. fanden die Pythien als „Kranzpreis-Spiele" (ἀγὼν στεφανίτης) statt. Die Wettspielsieger erhielten einen Lorbeerkranz; Plinius (N. h. 15,127) gibt eine botanische Bestimmung des delphi-

Abb. 32 Bronzestatuette eines Flötenspielers. Wohl Korinth, Anfang 5. Jh. v. Chr. Aus dem Schatzfund von 1939.

schen Lorbeers: Er habe grünere Blätter als der Mostlorbeer und sehr große, leuchtend grünlich-rote Beeren[6]. Für die meisten Wettkampfdiszi-plinen nennt die Tradition in Olympia ältere Einführungsdaten, doch gin-gen die Pythien mit dem Knabenpankration und dem Fohlenrennen den Olympischen Spielen voraus[7]. Den Katalog der Pythiensieger hat kein Ge-ringerer als Aristoteles, zusammen mit seinem Schüler und Neffen (?) Kal-listhenes, bearbeitet[8]. Ihre Ehrung durch die Amphiktionen ist erhalten (FdD III 1,400).

Für die erfolgreichen Sportler wurden zur Erinnerung sowohl große Monumente, wie der „Wagenlenker" und die Athleten im Daochosweihge-schenk, errichtet, als auch kleine Statuetten. Die Gruppe zweier Sportler (Abb. 33)[9] dürfte wohl, wie die drei Athleten des Daochosmonumentes, siegreiche Brüder darstellen.

Abb. 33 Bronzestatuetten zweier Athleten. Athen, 470/460 v. Chr. Aus dem
Schatzfund von 1939.

Die Pythien blieben nicht das einzige überregional bedeutende Fest in
Delphi. Nach der Abwehr der Gallier haben die Amphiktionen zusammen
mit den Delphern die Soterien (Rettungsfest) gestiftet, das 245 v. Chr. von
den Aitolern als den faktischen Herren des Heiligtums reorganisiert
wurde[10].

Die großen Feste wurden sorgfältig vorbereitet. Dazu gehörten Instand-
setzung von Straßen und Brücken für die Anreisenden (CID I 10), die Her-
richtung der Anlagen in Delphi selbst und die offiziellen Einladungen, die
durch die Theorodokoi (Betreuer der Festdelegationen) überbracht wurden.
Diese bereisten in kleinen Gruppen, wohl zu dritt, die folgenden neun
Bezirke: Ionien (von Euböa über Halikarnaß bis in die Troas), Böotien und
Peloponnes, Thessalien und Makedonien (dazu Byzanz), Kreta (mit 44
Städten, dazu Kythera und Kyrenaika), Zypern und Syrien, West- und

Nordwestgriechenland (Lokris, Ätolien, Akarnanien und Epirus), Großgriechenland mit Sizilien und Äolischen Inseln (dazu Massilia), das Schwarzmeergebiet und schließlich auch Ägypten[11]. Diese Reisen der Theorodoken gaben auch Gelegenheit, Bitten um Spenden für das Heiligtum zu übermitteln, die dann wohl von den Gemeinden durch ihre Festgesandtschaften erfüllt werden konnten.

Die Pythien wurden gegenüber den älteren, ehrwürdigeren Olympiaden als prächtiger gerühmt. Die Olympiaden galten wegen ihres auf das Sportliche ausgerichteten Charakters nicht nur im wörtlichen, sondern auch im übertragenen Sinne als „nackt", wie Philostratos bemerkt (Apoll. Tyan. 6, 10): „οἱ μὲν γὰρ ὥσπερ ἐς τὴν Πυθὼ καλοῦντες ποικίλαις δημαγωγοῦσιν ἴσον ἴυγξιν· ἡμεῖς δὲ ὥσπερ ἐν Ὀλυμπίᾳ γυμνοί" (Jene locken, als ob sie zu den Pythischen Spielen einlüden wie mit bunten, zauberischen Reizen; wir aber wie nackt zu den Olympiaden)[12]; bei den Pythien dagegen waren Preise auch für musikalische und schauspielerische Aufführungen ausgesetzt, bei denen die Teilnehmer mit Kostüm- und Ausstattungsprunk zu glänzen versuchten[13]. Von der Stimmung festlicher Schmückung des Heiligtums gibt der Fries des Rundaltars[14], der im Athenaheiligtum gefunden wurde, eine lebendige Vorstellung (Abb. 34). Die Spiele wurden durch manche Veranstaltungen bereichert, die sich in ihrer Art und Durchführung an die offiziellen Wettspieldisziplinen anschließen konnten. Die Überlieferung hat sogar die Erinnerung an solche zusätzlichen Veranstaltungen bewahrt. Man kann sich daher vorstellen, daß die Veranstalter zur Erweiterung des offiziellen Programms bereits eingeführte Wettkampfdisziplinen nur anzuerkennen brauchten. Außer den offiziell bei den Pythien anerkannten musischen und sportlichen Disziplinen wurde auf manche andere Weise die Gelegenheit zu öffentlicher Wirkung gesucht. Zu den wohl selteneren Veranstaltungen gehört ein Wettstreit von Malern, von dem Plinius (N. h. 35, 58) berichtet: Es waren Panainos und Timagoras, die ihren Wettstreit nicht nur zu den Pythien in Delphi, sondern auch in Korinth austrugen. Die Beteiligung von Dichtern, Rednern und Schriftstellern an Veranstaltungen im Heiligtum ist hier in anderem Zusammenhang berührt (s. u. Anm. 41 zu S. 31).

Zur Frage der schlecht bezeugten, aktiven Teilnahme von Frauen an den Veranstaltungen gibt es zwei wertvolle Zeugnisse in Delphi. Wohl im Kriegsjahr von 86 v. Chr. fand sich aus Theben eine Harfenspielerin zu den Wettspielen ein, die aber ausfielen; sie gab dafür ein Konzert ohne Konkurrenz (SIG³ 738, FdD III 3,249). Später, wohl 47 n. Chr., wurden drei Schwestern aus dem kleinasiatischen Tralleis, die sich mit Lauf- und

Abb. 34   Rundaltar mit Festvorbereitungen von Frauen. Gefunden in der Marmaria. 1. Jh. v. Chr.

Wagenrennsiegen bei den großen, allgemeingriechischen Wettspielen, darunter auch bei den Pythien, ausgezeichnet hatten, auf Veranlassung ihres Vaters mit Statuen geehrt (SIG³ 802)[15]. Zu erwähnen sind noch die Festgesandtschaften der Pythaïden aus Athen. Die entsprechende Einrichtung bei der marathonischen Tetrapolis gibt den Hinweis, daß es sich um einen Brauch handelt, der auf die Zeit vor der Einigung Athens zurückgeht. Die Festgesandtschaft fand unregelmäßig, nur nach der Beobachtung von bestimmten Blitzzeichen statt. In der zweiten Hälfte des 2. Jhs. v. Chr. wurde der länger nicht gepflegte Brauch erneuert, später noch einmal in der Kaiserzeit unter dem Namen Dodekaïs[16], die, wie ihr Name sagt, alle zwölf Jahre veranstaltet wurden. Auf solche Festgesandtschaften gehen die Weihreliefs im Heiligtum des Apollon Pythios von Ikaria (Abb. 9) zurück[17].

Heliodor (Aithiop. 31 ff.) beschreibt die Pracht einer thessalischen Festgesandtschaft zum Neoptolemosfest mit weißgekleideten Opfernden, 100 schwarzen, blumengeschmückten Stieren z. T. mit vergoldeten Hörnern, Flöten- und Syringenspiel, Mädchen mit Frucht- und Gebäckkörben, Chor mit Gesang, fünfzig Reitern in weißen, blaugesäumten Mänteln mit goldenen Schließen. Diese Pracht war geradezu sprichwörtlich[18].

Neben den Kranzpreisen der Amphiktionen in den Wettspielen gab es für die Künstler auch die sogenannten Bekränzungen in Form von Geldgeschenken. Honorare waren nicht nur durch die Auftritte im Rahmen der Wettspiele gerechtfertigt, denn zugleich gab es auch Einladungen der Gemeinde zu Konzertdarbietungen[19]. Durch eine solche Verbindung der Veranstaltungen konnten die Künstler unterstützt werden und mußten sich nicht mit einer mittellosen Anerkennung begnügen[20]. Nicht selten ist aber auch in den Inschriften der Verzicht auf Honorar lobend erwähnt[21].

Zu den festlichen Ritualen, die den hohen Rang des delphischen Apollonkultes in Griechenland bezeugen, gehört die Übertragung des Heiligen Feuers. Die Reinheit des göttlichen Feuers wurde auf den Herden der Rathäuser, die der Hestia geweiht waren, gehütet. Das Priesteramt eines Feuerträgers (πυρφόρος) ist an vielen Orten bezeugt; auch die überall verbreiteten Fackelläufe[22] (Lampadromien) gehören zu solchen Riten. Die höchste Instanz für die Erneuerung der kultischen Reinheit des Feuers bildete aber Delphi[23]. Die in den Perserkriegen entweihten heiligen Feuer wurden von Delphi aus erneuert (Plutarch, Arist. 20, 4)[24]. Im homerischen Hymnos auf Hestia wird die Göttin selbst als Hüterin des heiligen Tempels in Delphi angesprochen: „Hestia, die du das heilige Haus des Herrschers und Schützen/Phoibos Apollon waltend betreust im göttlichen

Pytho . . ." [25]. Bekannt ist das Amt des Pyrphoros in Athen, der im Gefolge
der großen Pythaïsten-Wallfahrten das Feuer von Delphi nach Athen zu
bringen hatte (FdD III 2, 9. 14; SIG³ 711 D 1. 2; IG II² 1941) [26]; im Athener
Dionysostheater hatte er zusammen mit der Priesterprominenz einen
Ehrensitz in der ersten Reihe (IG II² 5046) [27]. Die Zerstörung des delphischen Tempels durch den Einfall der Maider (wohl 84 v. Chr.) brachte mit
dem Erlöschen des ewigen Feuers (Plutarch, Numa 9, 5) eine Unterbrechung dieser Tradition, die das religiöse Empfinden sehr beeindruckt hat.

Das Feuer wird verschieden benannt. Plutarch nennt es sowohl πῦρ
ἄσβεστον (nicht verlöschend) als auch (De E apud Delph. 2, 385 C) πῦρ
ἀθάνατον (unsterblich). Letztere Bezeichnung hat in den antiken Quellen nicht nur sakrale Bedeutung, sondern kann auch natürliche Phänomene
bezeichnen, wie das Feuer auf dem Berg der Chimaira bei Phaselis in Ly-
kien (Kallimachos, Frgt. 407, 143 [Pfeiffer]).

Das große Ansehen der Pythien noch in der späteren Kaiserzeit (3. Jh.
n. Chr.) geht aus vielen Festgründungen, vor allem in Kleinasien, hervor,
die sich die Pythien zum Vorbild nahmen und auch denselben Namen führten. Diese Pythien mußten durch die Nennung ihres Ortes unterschieden
werden; die ursprünglichen Pythien hießen nun „Pythien in Delphi" [28].

Eine dunkle, aber stark empfundene Bedeutung hatte das Fest der „Septerien" (oder Stepterien, nach anderer Überlieferung). Es war ein Kultspiel,
das auf der „Tenne", einem der durch Funktion und Lage zentralen Plätze
des Heiligtums, alle acht Jahre stattfand [29]. Unser Hauptgewährsmann ist
Plutarch (De def. orac. 15, 417 F–418 B). Schon der Namen hat keine Erklärung gefunden. Rätselhaft sind auch viele Züge des bei dem Fest aufgeführ-
ten Spiels. Ein Jüngling aus vornehmem Haus in Delphi mußte mit Fackeln
einen Bau (eine Hütte?) anzünden und einen Tisch umstoßen, nach dieser
Tat fliehen und bis nach Thessalien zum Tempetal „irren", um dort das
Vergehen sühnen zu lassen. Die antiken Erklärer haben diese Handlung
auf den Sieg Apollons über den Drachen Python, den Herrschaftswechsel
im Heiligtum und auf die Sühnung für die Störung der alten Ordnung bezogen, aber auch bemerkt, daß die Motive von Hütte und Tisch nicht zu
einer Drachenkampfgeschichte passen. Aelian (Var. hist. 3, 1) verdanken
wir eine lebendige Schilderung vom Fest im Tempetal, von den düsteren
Zügen des alten Sühnemythos ist nichts zu spüren; die Stimmung des
Festes ist die einer festlich heiteren Landpartie [30].

Neben den Festen für die Fremden hatten die Delpher eine Reihe von
lokalen Götterfesten, die sich in den Monatsnamen ihres Kalender spiegeln [31]. Zu Gemeindefesten gab es Darbietungen der Jugend aus dem Gym-

nasion[32]; durch die Ehrung eines Dichter namens Kleochares von Athen (3. Jh. v. Chr.) erhalten wir Einblick in den Unterricht. Der jeweilige Chorleiter hatte jährlich mit den Kindern Prozessionslied, Paian und Hymnos des Kleochares einzustudieren (FdD III 2,78). Dazu kamen noch Feste von Kultgemeinschaften, wie wir sie aus der Inschrift des Geschlechterverbandes der Labyaden kennen (CID I Nr. 9)[33].

Die Feste haben neben den anspruchsvollen Veranstaltungen auch volkstümliche Unterhaltung nach Delphi gezogen. Solche Darbietungen, die nicht zu den offiziellen Wettkämpfen gehörten, fanden aber doch in den Weih- und Ehreninschriften Beachtung. Da gab es Konzerte von hochbezahlten[34] Flötenspielern, Trompetenspiel, Vorführungen einer Orgel („Hydraulos"), Pantomimen, ja selbst „Starke Männer" (ἰσχυροπαίκτεις) und Seiltänzer (καλωβάται) wie auf dem Jahrmarkt[35]. Man mag geneigt sein, diese Nebenveranstaltungen als eine späte Entwicklung, eine Degeneration des klassischen Kult- und Kulturlebens anzusehen. Doch gab es sicher schon im vorklassischen und klassischen Griechenland solche Unterhaltungsbedürfnisse und -befriedigungen.

Eine neue Entwicklung ist aber zweifellos die Professionalisierung auch der traditionellen Heiligtumswettkämpfe. Ein Zeichen dieser Professionalisierung sind die Konkurrenzkämpfe zwischen den rivalisierenden Theatergilden (Techniten), die schließlich 112 v. Chr. sogar durch den Senat in Rom zugunsten der Athener gegen die Techniten von Nemea geschlichtet wurden[36]. Die großen Zeiten der Sportpflege durch reiche Adelige, wie sie Pindar in seinen Hymnen gepriesen hat, waren mit dem 5. Jh. v. Chr. vorbei. Diese ruhmbegierigen Amateure, die sich großen Sportaufwand leisten konnten, ohne davon auch leben zu müssen, gaben nicht mehr den Ton an. Die Kommerzialisierung wurde als Traditionsverlust empfunden und entsprechend moralisch beurteilt, entsprach aber den gesellschaftlichen Bedingungen. Die Professionalisierung bedeutete auch keineswegs, daß materielle Interessen die Auftritte von Sportlern und Künstlern vorher in klassischer Zeit gar nicht, in römischer Zeit dagegen ausschließlich bestimmt hätten. Strafwürdige Verstöße gegen das Reglement sind durchaus in klassischer Zeit nachgewiesen, wie in Olympia durch die aus Strafgeldern errichteten Statuen der Zanes[37]; umgekehrt hat es in römischer Zeit auch nicht an großzügigen Darbietungen gefehlt.

Bei den Disziplinen der Faust- und Ringkämpfer ist der Wandel des Ansehens am meisten zu spüren. Die Dichter priesen nicht mehr, wie zu Pindars Zeiten, Abstammung, Leistungen und Siege dieser Athleten, sondern verfaßten Epigramme von sarkastischem Humor über deren Leibes- und

Lebensgefahren (Anthologia Palatina 11,75–81)[38]. Auch das Publikum konnte gegen mißbilligte Darbietungen gnadenlos reagieren; wir erfahren sogar von einer Bestrafung für einen unwürdigen Auftritt durch die Festspielleitung[39] (Lukian, Adv. indoct. 8–10). Die Stärke der Ablehnung in solchen Äußerungen bezeugt freilich auch auf ihre Weise die allgemeine Anteilnahme des Publikums an den Veranstaltungen.

Versammlungs- und Aufführungsplätze für die sportlichen und musische Spiele waren Stadion und Theater. Im Stadion fanden nicht nur sportliche, sondern auch musische Aufführungen statt[40]. Es liegt hoch über dem Heiligtum, knapp unter den steilen Felsen der Phädriaden (Abb. 26. 35); schon die ersten Besucher haben die Lage richtig erkannt. Die Stätte wurde 1896 freigelegt; die Toranlage im Osten, deren Steine bis auf die Fundamentlagen zerstreut waren, ist wieder aufgerichtet. Seit 1970 folgten Nachgrabungen zur Vorbereitung der Publikation.

Die Stätte liegt zwar außerhalb des Heiligtums, diente aber für dessen Veranstaltungen. Pausanias (10,32,1) erwähnt als Stiftung des Herodes Atticus die Ausschmückung einer älteren Anlage aus Parnaßstein mit pentelischem Marmor, von dem sich aber keine Spur gefunden hat. Da die Anlage offenbar nicht ganz fertiggestellt worden ist (denn es fehlen völlig die Teile einer Attika des dreifachen Tores am östlichen Ende), hat man ein vorzeitiges Ende der Arbeiten durch den Tod des Stifters 177 n. Chr. vermutet.

Pindar nimmt gelegentlich auf das Stadion als Wettkampfplatz ausdrücklich Bezug (Pyth. 10,15–16; 11,49–50); doch wissen wir über die damalige Anlage nicht Bescheid. Da sie zu den Spielen stets neu hergerichtet werden mußte, sind häufigere Arbeiten inschriftlich bezeugt. Vom Stadion in Lebadeia weiß man, daß der Bewuchs durch Verpachtung als Weide kurz gehalten wurde. In Delphi wurde unter Archon Dion (247/6 v. Chr.) für die Herstellung der Laufbahn, der Sprunggruben und für provisorische Bauwerke, ein Tor und eine Bühne, gesorgt. 600 Scheffel von „weißer Erde" dienten wohl für Bahnmarkierungen[41]. Weiterhin erfahren wir von Schildstiftungen für den Waffenlauf, von Ehrensitzrechten, Statuenstiftungen und Kranzverleihungen an diesem Ort.

Für den festlichen Einzug wurde der Zugangsweg gereinigt, der schon im 3. Jh. v. Chr. durch einen Bogen[42] führte. Herodes Atticus ließ bei dem Neubau dafür das prunkvolle dreibogige Tor errichten. Bei dem Ausbau des Stadions sind vier Phasen zu unterscheiden. Zur ältesten gehört die lange Stützmauer des Südwalls mit polygonalem Mauerwerk, in das die bekannte Inschrift mit dem Verbot, Opferwein aus dem Stadion wegzutragen, eingemauert ist (CID I 3 Taf. 1,3). Schrift und Dialekt wirken altertümlicher als

Abb. 35 Stadion, Ehrenbogen im Osten. Um 150/70 n. Chr.

die Form der Mauer. Man hat die Inschrift in das 5. Jh. v. Chr. gesetzt; die Mauer gehört aber eher in die Zeit um 300 v. Chr. Möglich erscheint die Übertragung des Inschriftensteins aus einer älteren Anlage, vielleicht sogar aus dem Tal. Wahrscheinlicher aber ist die Inschrift die Erneuerung nach Vorbild einer früheren, jedoch mit merklichen Abweichungen von den alten Formen der Buchstaben und Rechtschreibung. Die Anlage des Stadions dürfte ähnlich wie das Stadion in Olympia Erdwälle als Zuschauertribünen aufgewiesen haben.

Die nächsten Ausbauten haben die Anlage offenbar nicht allzusehr verändert. Bei der zweiten Anlage wurde die Ablaufschwelle mit der Startvorrichtung (Hysplex) unter Verwendung archaischer Architekturteile als Spolien erneuert. Merkwürdigerweise wurde das Laufbahnniveau gegen Westen mit von Mal zu Mal wachsender Steigung erhöht; das östliche Bahnende behielt sein ursprüngliches Niveau.

Durch die Stiftung des Herodes Atticus bekam die Anlage eine ganz andere Erscheinung. Die Sitzstufen wurden durch ein Podium über die Laufbahn erhöht. Durch die Verlegung der Stadionachse um ca. 2,7 m gegen den Berg wurde Platz für einen größeren Tribünenausausbau gegen das Tal gewonnen. Eine stärkere Kurvierung der Längsseiten läßt die Breite gegen die Mitte um rund vier Meter zunehmen. Im Norden und Westen ist die Anlage durch hohe Mauern gegen den Berg geschützt. Der höhere Nordwall bot Platz für zwölf Sitzstufenreihen, der runde Abschluß im Westen und der Südwall gegen das Tal nur für sechs. Um für diese sechs Sitzreihen die nötige Wallhöhe zu erreichen, wurde die polygonale Stützmauer um ca. 3,20 m erhöht, so daß sie je nach Untergrund Höhen zwischen 4,00 und 8,60 m ereicht. Das Ostende steht gegen die Anlage des dreibogigen Prunktores mit seinen zwei Statuennischen offen; im Felsen über dem Tor ist eine fünfstufige Tribüne eingearbeitet. Die Länge der Laufbahn beträgt 177,414 m[43] oder 600 römische Fuß zu 0,2957 m. Am Rand des Podiums und außen oberhalb der Sitze ist die Anlage durch Umgänge erschlossen; außerdem sind die Sitzreihen durch 29 Treppen in 28 Joche unterteilt, je zwölf an den Längsseiten, dazu vier am gebogenen Westende. Mehrere Treppen führten vom Niveau der Laufbahn zur Sitzstufenanlage hinauf. Die Sitzstufen selbst haben die gewöhnliche Form mit gekehlter Vorderseite und hinter der Sitzfläche eingesenkter Trittfläche. Den Abschluß bilden oben jeweils Bänke mit Rückenlehne. In der Mitte der nördlichen Langseite ist anstelle der beiden untersten Stufen eine Sitzbank mit kurzen vorspringenden Seitenflügeln und Rückenlehne für Ehrengäste errichtet. Die Brunnenanlage am oberen westlichen Ende des Nordwalls versorgte die Besucher mit Wasser[44]. Sie hatte offenbar einen archaischen Vorgänger, von dem Reste einer dorischen Säulenarchitektur erhalten sind[45].

Das Theater (Abb. 36) (Plan 538/539)[46] ist baulich in das Heiligtum integriert; es nimmt innerhalb der Umfriedung den nordwestlichsten Teil ein. Pausanias (10, 32, 1) sagt, wohl nicht ganz korrekt, daß es an das Heiligtum anschlösse. Orchestra und Bühne sind deutlich auf das Kraterosmonument darunter bezogen, weichen aber etwas nach Osten aus dessen Achse ab, um den verfügbaren Platz möglichst gut auszunutzen. Das Rund der Orchestra hat einen Radius von 7 m; ursprünglich war es ein voller Kreis, von dem dann für den römischen Bühnenbau ein Segment abgeschnitten wurde. Die Orchestra war von einem tiefen Entwässerungsgraben mit Plattenabdeckung umzogen. Zu einer römischen Erneuerung gehören der Plattenboden und die Brüstung vor dem Zuschauerraum.

Das Zuschauerrund (Koilon) ist im Norden und Westen auf dem anstehenden Boden, im Osten und Süden auf Anschüttungen mit Stützmauern gebaut. Die Parodosmauern liegen nicht in derselben Flucht, sondern gegen die Mitte hin mit einem leichten Winkel eingezogen. Die seitlichen Stützmauern lassen eine Planänderung erkennen; die unteren Lagen set-

Abb. 36   Theater. Wohl 3. Jh. v. Chr.

zen im rechten Winkel an die Parodosmauern an, so daß der Umriß der Anlage nach Norden stärker hätte divergieren sollen. Die schließlich ausge-
führten Mauern geben dem Zuschauerraum ungefähr gleichbleibende
Breite; doch ist der Zuschauerraum so den Gegebenheiten der Heiligtumsmauer im Westen und der sonst benachbarten Anlagen angepaßt, daß keine
genauen Symmetrien und Achsenbezüge eingehalten werden. Das Stufen-
rund beginnt unten mit einem Kreisausschnitt von 225°, der durch die seitliche Begrenzung in den obersten Rängen auf einen Sektor von 75° eingeschränkt wird. Das oberste Viertel der Sitzstufen ist durch einen Umgang
(Diazoma) abgeteilt. Unterhalb des Umgangs ist das Rund in sieben Keile
(Kerkides) untergliedert. Da jeweils die beiden äußersten Keile durch die
seitliche Begrenzung abgeschnitten werden, setzen sich nur die mittleren

drei über den Umgang nach oben fort. Der Erweiterung des Kreises wurde aber mit je einer zusätzlichen Treppe im oberen Teil Rechnung getragen. Zu diesen radialen Treppen kamen noch die Treppen entlang der Umfassungsmauern. Die Erschließung des unteren und des oberen Teils war dabei unterschieden: Während unten alle Treppen durch die Brüstung nach oben führten, konnte die Brüstungshöhe oben nur durch die äußersten Treppen an den Seiten überwunden werden.

Die Baugeschichte ist noch wenig erforscht. Eine pergamenische Stiftung ist vielleicht nur auf Reparatur oder Ausbau, nicht auf Gründung des Theaters zu beziehen. Die Theateraufbauten für die Pythien von 260 v. Chr. könnten ein Hinweis sein, daß das Steintheater noch nicht bestand[47]. Zur Ausstattung der römischen Bühnenfassade gehörte wohl der im Theater gefundene Fries mit einem Zyklus der Heraklestaten[48].

Mit der Freilegung der Stätten kam der Wunsch auf, sie wieder mit festlichem Leben zu erfüllen. Begeistert berichtet Bourguet vom Vortrag einer Arie aus Glucks ›Iphigenie‹, den er 1910 im Theater von Delphi erlebt hatte[49]. Die Idee der Pythien hat dann der Dichter Angelos Sikelianos (1884–1951)[50] 1927 und 1930 wiederaufgegriffen. Im Theater wurde der ›Gefesselte Prometheus‹ des Aischylos[51] gegeben; außerdem fanden archäologische Besichtigungen, folkloristische Darbietungen mit Tanz und Musik und „Pythische Wettspiele"[52] statt. Doch hat sich daraus – anders als bei den modernen Olympiaden, die von Olympia in alle Welt hinausgegangen sind – keine dauernde Institution entwickelt. 1992 gab die Hundertjahrfeier der Delphigrabung Anlaß zu einer festlichen Aufführung antiker Hymnen durch Annie Bélis im Theater des Heiligtums.

Anlage: Ummauerung, Terrassen und Wasserversorgung

Das Heiligtumsgelände (Abb. 37. 38)[1] hat eine ungefähr rechteckige
Form und liegt an einem steilen Hang; bei einer Breite von 135 m quer zum
Hang steigt das Niveau über eine Distanz von 190 m von 533 auf ca. 600 m.
Im Vergleich zum Zeusheiligtum in Olympia ist der Bezirk nicht geräu-
mig; dort ist er um über die Hälfte größer. Der Stylobat des Apollontem-
pels liegt bei einer Höhe von 573 m. Der Tempel ist, mit Rücksicht auf das
Gefälle des Hanges, nicht nach Osten, sondern nach Nordosten gerichtet.
Das Rechteck der Heiligtumsanlage weicht etwas weniger von der Ausrich-
tung nach Osten ab.

Die großen Umwälzungen im Baubestand der Heiligtumsanlage gehen
auf die Katastrophen des Tempelbrandes von 548/47 v. Chr. und des Bergsturzes von ca. 373 v. Chr. zurück. Nach dem Brand wurde nicht nur der
Tempel, sondern das ganze Heiligtum erneuert und vergrößert. Nach dem
Bergsturz dagegen wurde außer dem Tempel nur der mitzerstörte nord-
westliche Bereich des Heiligtums neu bebaut. Kriege haben, soweit wir
sehen, keine vergleichbaren Folgen für die Raumordnung im Heiligtum
gehabt; es kam wohl zu Behinderungen von Bauvorhaben, aber auch zur
Förderung mit Hilfe von Beute und Reparationen. Welche Rolle der sog.
„Erste Heilige Krieg" für den Ausbau des Heiligtums gespielt hat, ist
wegen der Zerstreuung der Bauteile und der unsicheren Datierung der frühen Bauwerke schwer abzuschätzen. Ob die Reste des ältesten Steintempels vor oder nach dessen Zeit fallen, ist strittig. Die nur mit kleinen
Abschnitten erhaltene ältere Heiligtumsmauer hat ein Haus mit Fund-
material des ersten Viertels des 6. Jhs. v. Chr. überbaut[2] und ist daher einem Heiligtumsausbau nach dem „Ersten Heiligen Krieg" zuzuweisen.

Diese älteren Umfassungsmauern des Heiligtums und die umliegenden
Siedlungsreste lassen das kleinere Heiligtumsareal im 7. und 6. Jh. v. Chr.

Abb. 37   Modell des Apollonheiligtums von Hans Schleif (1932) im Metropolitan
Museum, New York.

und die Erweiterung für die Umgestaltung nach dem Tempelbrand von
548/47 v. Chr. erkennen, die sich bis gegen 500 v. Chr. hinzog. Im 7. Jh.
v. Chr. war die Gegend nördlich des Daochosmonumentes noch besiedelt;
danach wäre die Nordgrenze unweit nördlich des „Ischegaon" verlaufen[3].
Unter der südlichen Erweiterung des Heiligtums im Bereich der Schatzhäuser von Siphnos und Sikyon wurden dagegen zwar Terrassenmauern, aber

Abb. 38   Das Apollonheiligtum von den östlichen Phädriaden (Phlembouko) aus.

nur eine vereinzelte Hütte gefunden; das Gelände diente wohl der Land-
wirtschaft[4].

Die ältere Umfassungsmauer verläuft mit zwei gut erhaltenen Partien
im Westen und im Osten jeweils 13,30 m innerhalb der späteren Ummauerung. Das Mauerwerk ist zweischalig bei einer Dicke von 1,25–1,30 m; die
Steine sind im älteren Polygonalstil, also nur summarisch, kleinteilig und
ohne genauen Fugenschluß hergerichtet. Im Westen liegt die erhaltene Par-
tie etwas außerhalb des „etruskischen" Schatzhauses (X, Plan 342) und an
der Flucht der Westseiten der Bauten XXI, XX und XXX (Plan 345. 428.
427). Im Osten verläuft sie unter dem Monument der Rhodier und unter
dem Schatzhaus XV (Plan 406 und 306). Die Nord- und Südmauern sind
nur noch schwer auszumachen. Sie werden im Bereich des Baues XXXII
(Plan 535) und oberhalb des ersten Abschnittes der „Heiligen Straße" angenommen; die Lokalisierungen beruhen dort auf Beobachtungen von Befunden[5], die durch den Bergsturz von 1935 beschädigt worden sind. Vielleicht
gehört zu einem älteren Peribolos eine Mauer gegenüber dem Schatzhaus

von Sikyon, an der die unteren Schichten noch überhängend nach außen gedrückt erhalten sind, wogegen die Flucht der oberen Lagen durch eine antike Restaurierung korrigiert ist[6].

Nach dem Brand von 548/47 v. Chr. wurden der Tempel und seine Terrasse auf Kosten der benachbarten älteren Bauten erheblich vergrößert. Für die verdrängten und für neue Bauten wurde das Heiligtum auf den noch bestehenden Umfang ausgedehnt. Das eindrucksvollste Beispiel für eine Bautenverlegung wohl aus der Umgebung des Tempels ist das Sikyonierschatzhaus, in dessen Fundament zwei ältere Bauwerke verbaut worden sind. Die Arbeiten am Peribolos zogen sich mindestens bis um 525 v. Chr. hin; denn als die Schatzhäuser von Siphnos und Sikyon errichtet wurden, war die Terrassierung hinter der Peribolosmauer noch nicht angeschüttet[7].

Von der Temenosmauer, die gegen 500 v. Chr. vollendet worden sein dürfte, sind mehrere Teile im exakt gefugten „jüngeren Polygonalstil" erhalten: Im Osten nördlich des Haupteingangs zur sog. „Heiligen Straße" bis zum nächsten Tor bergaufwärts, längere Stücke nach beiden Seiten der NO-Ecke, im Norden ein Stück westlich der Knidierhalle, im Westen ein anderes in Tempelhöhe und oberhalb des Tors beim Schatzhaus der Thebaner. Im Süden stehen nur noch geringe Reste der ursprünglichen Anlage: nahe der Ostecke und nahe dem unteren Monument der Tarentiner, jedoch von der noch bestehenden Erneuerung überbaut[8].

Diese unteren, bei dem Wiederaufbau weiterverwendeten Schichten zeigen, daß sich der Hang stark bewegt und die Mauer umgedrückt hat; die Erneuerung ist in das 4. Jh. v. Chr. zu datieren. Nicht nur im Süden mußte die Mauer erneuert werden, auch in anderen Abschnitten findet sich der „jüngere Polygonalstil" des späten 6. Jhs. v. Chr. durch verschiedene jüngere Mauertechniken ersetzt[9]: Isodome Quader mit einer Oberflächengestaltung aus schräg gefurchten Streifen heben das untere Ende der Ostseite zwischen Eingang und SO-Ecke hervor. Einfache isodome Quader erscheinen im Abschnitt darüber zwischen dem zweiten und vierten Tor. Ein annähernd isodomes Polygonalmauerwerk, das sich dem regulären Quaderwerk sehr nähert, ist an der Süd-[10] (Abb. 39) und an der Nordmauer verwendet.

Im westlichen Teil der Südmauer, des sog. „Helleniko", erscheinen Porosquader, die vom ca. 373 v. Chr. zerstörten Alkmeonidentempel stammen dürften; dieser Bauabschnitt hängt möglicherweise mit der Errichtung des Thebanerschatzhauses zusammen, das in diese Zeit zu datieren ist. Die Mauern sind zweischalig, bei einer Breite von 1,20 m, ihre Bekrönung bestand aus innen und außen je 15 cm überstehenden, zweifach über-

Abb. 39   „Helleniko", die Südmauer des Heiligtums nahe der SO-Ecke, Anlage
vom Ende des 6. Jhs. v. Chr., im 4. Jh. v. Chr. erneuert, vielleicht 334/3 v. Chr.
durch Euainetos.

einanderliegenden Platten, die an der Ost- und Westseite den Anstieg mit
Stufen von 1,50 m Länge und 0,475 m Höhe nahmen[11]. Durch die Höhe
der Mauer (im Süden noch bis gegen 4 m erhalten) hatte das Heiligtum
nach außen ein festungsartiges Aussehen; sie wurde durch Schatzhausbauten, die dicht dahinter oder sogar darauf errichtet waren, wie von Türmen
überragt. Im Inneren kamen die Höhen der Terrassenvorsprünge nahe an
das Niveau der Mauerkronen heran; die Mauerdurchlässe der Eingänge
lagen dagegen an den inneren Terrassenteilen, die nicht so hoch über dem
Außenniveau lagen. Das Terrassenniveau an der Talseite blieb nur wenig
unter der Mauerkrone des „Helleniko"[12]. Im Westen wurde sogar polygonales Mauerwerk des 6. Jhs. v. Chr. durch eine Erneuerung des 4. Jhs.
unterfangen[13].
     Zu den Erneuerungen des Peribolos im 4. Jh. v. Chr. sind in den Bau-
urkunden verschiedene Unternehmer erwähnt, die wir auch aus den Tem-
pelabrechnungen kennen; im „oberen Teil" hat der Argiver Pankrates, im
Osten „am Prytaneion" Agathon aus Delphi und „im unteren Teil" Euainetos, ebenfalls aus Delphi, gearbeitet[14]. Einen eigenen Auftrag in den Bauabrechnungen bildete die Abdeckung der Peribolosmauern, auf denen, wie
auch auf Terrassenmauern[15], Statuen aufgestellt wurden; so ist wohl der

Ausdruck vom „erzumkränzten" (χαλκοστέφανος) Heiligtum zu verstehen (Diodor 11,14,4 und Anthologia Palatina App. 242 [= I 40, ed. Cougny
1890])[16].
Die Heiligtumseingänge haben eine bemerkenswert schlichte Form[17].
Auch der Haupteingang zur sog. „Heiligen Straße" von der Kastalia her
hatte keinen Torbau, sondern war nur ein Mauerdurchlaß, der wohl mit einem vierflügeligen Gitter verschlossen werden konnte. Vom Vorplatz führten fünf Stufen hinauf; rechts und links standen je ein Perirrhanterion mit
einem gemeinsamen Ablauf für das Wasser. Auf der vierten Stufe wurden
altarähnliche Postamente gefunden.
    Von den übrigen Toren bemerkt Pausanias (10,9, 1): τέτμηνται δὲ καὶ
ἔξοδοι δι' αὐτοῦ (sc. τοῦ περιβόλου) συνεχεῖς, was schwierig, vielleicht
etwa wie folgt zu übersetzen ist: Die Heiligtumsmauer ist von Ausgängen,
die miteinander verbunden sind, durchschnitten. Vermutlich wollte der
Perieget andeuten, daß sich die Ausgänge im Osten und im Westen entsprachen. Die Durchlässe waren im Osten außer dem Haupttor zur sog.
„Heiligen Straße" das bei dem früher sog. Kyrenäerschatzhaus gelegene
(XIII, Plan 302), zwei weitere im Bereich des Tempelvorplatzes und als
oberster einer zwischen Attalosterrasse und Knidierlesche. Im Westen war
der unterste beim Schatzhaus von Theben, die beiden folgenden im Bereich
der Tempelterrasse; die beiden obersten führten zur Skene und zum Diazoma des Theaters.
    Die Terrassierungen des abschüssigen Geländes erforderten viele Mau-
ern. Die Gestaltung eines zusammenhängenden Platzes um den Tempel
war hierbei eine ganz außerordentliche Aufgabe.
    Das Areal um den Tempel hielt sich ursprünglich mehr an die Form des
natürlichen Hanges. Für den Tempelneubau nach 548/47 v. Chr. wurde
eine gewaltig über das Tal heraustretende, 80 m lange Terrasse geschaffen
(Plan 329)[18]. Sie wird von einer langen Mauer aus großen Steinen mit kurvenpolygonalen Fugen (Abb. 40. 81) gehalten. Diese Bautechnik[19] hat den
Vorzug, daß rohe, durchgespaltene Feldsteine mit verhältnismäßig geringer Arbeit und mit wenig Materialverlust durch Abschläge zu einem sehr
haltbaren Mauerverband versetzt werden können. Die Statik ist für Terrassenmauern geradezu ideal, da der Verband bei kleineren Terrainbewegun-
gen nachgeben kann, ohne daß Steine dabei brechen. Dabei hat das Linien-
spiel der freien, organisch miteinander verbundenen Kurven einen außer-
ordentlichen Reiz, der durch den vollkommenen Fugenschluß hervorgehoben ist: es ist ein «puzzle de géants» (Gigantenpuzzle, Bourguet 1914,137).
Der Verlauf der Steinlagen läßt eine regelmäßigere Schichtung zur Stabili-

Abb. 40   Athenerhalle an der Polygonalmauer und Athenerschatzhaus.

sierung der Ecken, einen freier schwingenden Verlauf im Inneren und Schichtenübergänge zwischen den Abschnitten von drei Werkgruppen erkennen[20]. Bei dieser Würdigung dieser uns ansprechenden Züge darf aber nicht vergessen werden, daß die Mauer nur die Funktion eines Unterbaus für die Brüstungsmauer aus regelmäßigen Quadern hatte[21].

Im Hang bei der NO-Ecke des Tempels ist hinter den Dreifußweihungen der sizilischen Tyrannen und der späteren Stützmauer die sog. kolossale Polygonalmauer erhalten (Abb. 41, Mittelgrund, Plan 510)[22]. Im Stil ähnelt sie der kurvenpolygonalen Terrassenmauer des Tempels, doch übertrifft sie diese noch durch die Größe der Steine. Sie ist aber weder in der Höhe noch in der Länge zu Ende geführt, sondern mit unbearbeiteten Anschlußflächen liegengelassen worden. Ursprünglich sollte sie die NO-Ecke einer großen Hangstützmauer und die Begrenzung des Tempelplatzes bilden. Für dieses Projekt hätten große Felsbrocken, die im 7. Jh. abgestürzt waren, beseitigt werden müssen; man hat aber auf die Durchführung dieses ehrgeizigen Projektes verzichtet.

Im Norden des Tempels wurde nach dem großen Bergsturz von ca. 373 v. Chr. eine neue Stützmauer (Plan 529) nötig, die mit dem inschriftlich bezeugten „Ischegaon" (Erdhalt, vgl. Abb. 41) zu identifizieren ist (CID II 62,

Abb. 41   Blick vom Tempel gegen das „Ischegaon" mit eingebautem Felsen (vorn),
Deinomenidenweihungen (vorn rechts), kolossaler Polygonalmauer (Mittelgrund),
oberem Kerkyräermonument (rechts daneben) und Daochosmonument (über moderner Bruchsteinmauer). Aufnahme von Gerüst 1947.

I A 12–15)[23]. Sie besteht zum Teil aus dem Material des zerstörten Tempels, benutzt aber auch in ihrem Verlauf anstehende Felsbrocken, die passend zur Mauerflucht abgearbeitet wurden. Während des Tempelneubaues wurde an ihr ein Schutzdach für die Konsulenten des Orakels errichtet. Die Erneuerung eines großen Teils im Osten mit Gußmauerwerk ist römisch; ebenso die Einrichtung einer Brunnennische, unter deren Wasserzulauf der „Wagenlenker" (Titelbild und Abb. 88) gefunden worden ist.

Die Wasserversorgung des Heiligtums wurde teilweise aus Quellen im Temenos selbst gespeist, die freilich in ihrer Beständigkeit und Ergiebigkeit schwankten; den Brunnen an der Nordseite des Tempelplatzes[24] speiste dagegen die später so genannte Kerná auf der Höhe östlich des Stadions. Als ihr antiker Name wurde Delphusa vermutet[25]. Das Wasser wurde von dort durch einen gedeckten Kanal herabgeführt (Plan 608), der an der Nordostecke des Theaters vorbei und unter dem „Monument aus grauem Kalkstein" hindurchging, dann nordöstlich an den beiden benachbarten Schatzhäusern (XVIII. XIX, Plan 531. 532) vorbeilief.

Von der Brunnenanlage sind zwei Bauphasen erkennbar[26]: Die eine umfaßte die Nische aus Kurvenpolygonalmauern (Plan 516), von der zwei

Schenkel mit 6,27 und 4,33 m Länge erhalten sind. Der Stil des Mauerwerks weist in das 6. oder 5. Jh. v. Chr. Das Becken der Nachfolgeanlage ist
vor einer untiefen Nische aus Brecciaquadern (Plan 525)[27] beim Prusiaspfeiler noch zu erkennen. Nach einigen dort von der böotischen Stadt Lilaia
angebrachten Inschriften hat sie den Namen der „Nische von Lilaia" erhalten. Das Becken ist mit gut 3 m Breite teilweise in den anstehenden Fels gearbeitet; die angefügten Steine waren mit diesem sehr sorgfältig verklammert. Diese neue Anlage ist wohl mit der Neugestaltung des Geländes nach
dem Bergsturz von ca. 373 v. Chr. zu verbinden, durch den das obere Bek-
ken zerstört worden sein dürfte. Der Abfluß zog von der Südwestecke des
Beckens im Bogen um die Eurymedon-Weihung herum an der Ostfront des
Tempels vorbei; der Verlauf im unteren Teil des Heiligtums ist verloren.

Der Brunnen auf der Polygonalmauer-Terrasse unterhalb des Tempels[28]
(Abb. 42, Plan 332) ist recht gut erhalten; zu ihm gehört ein Stollen in den
Fundamenten des Tempels mit zwei Austritten, von denen der eine in diese
Brunnenanlage führt. In dem Bauwerk sind Werkstücke des Tempels wie-
derverwendet, der dem Brand von 548/47 v. Chr. zum Opfer gefallen war.
Eine Vorgängeranlage ist anzunehmen, aber nicht nachgewiesen. Von der
Terrasse stieg man zwischen hohen Wänden eine Treppe von 11 Stufen ungefähr zwei Meter tief zum Becken hinab. Die Führung des Wassers ist bemerkenswert: Der Stollen aus den Tempelfundamenten versorgt durch
eine Öffnung in der Mauer das flache Becken zu Füßen der Treppe, umgeht
mit einer Ausbiegung die Anlage an deren Ostseite, um dann unter der
Treppe wieder ungefähr in die Verlängerung des Anfangsstollens einzubie-
gen und mit einem Ausfluß aus der polygonalen Terrassenmauer ins Freie
zu münden. Die Anlage ist trotz der großen Umgestaltungen im 4. Jh.
v. Chr. intakt gelassen worden. Der Brunnen ist dann offenbar versiegt,
aber nicht beseitigt worden; im 2. Jh. v. Chr. wurde eine vom Abfluß ver-
sinterte Fläche an der Polygonalmauer für eine Inschrift benutzt.

Für ein aufwendig angelegtes, nicht sicher gedeutetes Bauwerk ist ebenfalls die Bestimmung als Brunnenanlage vorgeschlagen worden. Es handelt
sich um das «monument en calcaire gris» (Plan 609)[29]. Es fällt durch die
Qualität der Kalksteine, die Genauigkeit der Steinmetzarbeit und die Sorgfalt der Verklammerung mit Doppel-T-Klammern und Dübeln für die Eckblöcke auf. Die Bautechnik entspricht der des Apollontempels und des
Schatzhauses von Theben. Die Ausdehnung beträgt etwa 16 x 16 m. Im
Nordwesten ist die Anlage in ihrem jetzigen Zustand nicht geschlossen;
doch ist dies möglicherweise aus der Form des hier höher anstehenden Fel-
sens zu erklären, der erst für die höheren, nicht vorhandenen Schichten

Abb. 42 Brunnen auf der Tempelterrasse, Anlage nach 548/47 v. Chr.

Mauerwerk erforderte. Die Anlage wurde wegen eines Felssturzes, der auf dem Mauerwerk liegt, unfertig liegengelassen. Die Bestimmung als Brunnenhaus ist, besonders wegen des benachbarten Theaters, passend, aber nicht gesichert.

Ein anderes Wasservorkommen trat westlich des Tempels vier Meter südlich von dem großen Rundmonument aus dem Schiefer des Untergrundes. Es wurde durch einen stattlichen, aus großen Porosblöcken und -platten gebauten Kanal (Plan 341) zu dem Brunnenbecken mit der Badeverbotsinschrift (Plan 340) bei der Südwestecke der großen Terrasse geleitet, bei dem dort angenommenen Asklepieion[30]. Die Brunnenanlage ist in das 5. Jh., eine Veränderung am Beckenrand in das 4. Jh. v. Chr. datiert. Der im Laufe der Zeit sehr zugesinterte Zuleitungskanal ist jedoch älter und stammt wahrscheinlich aus der zweiten Hälfte des 6. Jhs. v. Chr.[31] Unweit davon bei dem Heiligtum der Gâ liegt eine weitere Quelle, die nur bescheiden mit einer Felseinarbeitung und Bruchsteinpackung gefaßt ist[32]. Zu erwähnen ist noch ein Bassin östlich der Aitolerbasis[33].

Im Theater war unter der sechsten Stufe, im Westteil des Diazoma, eine weitere Quelle gefaßt und unter dem Analema nach Westen abgeleitet worden. Außerdem führte eine Ablaufrinne das Wasser vom Hang um die Umfassungsmauer im Norden entlang dem westlichen Analema ab.

Von der Ausschmückung der Brunnenhäuser geben nur geringe Reste und Überlieferungen eine Vorstellung. Der Brunnen in der Vorhalle des alkmeonidischen Tempelbaus war figürlich ausgestaltet: Eine Jünglingsfigur goß Wasser in ein goldenes Becken, das Kroisos gestiftet hatte (Herodot 1, 51)[34]. Für die Hydraulik ist eine Steigleitung durch die Statue anzunehmen. Von den Wasserspeiern sind in den erhaltenen Brunnenanlagen mit wenigen Ausnahmen nur die Einlassungen geblieben. Ihre gewöhnliche Form waren Löwenköpfe, doch sind auch phantasievollere Beispiele bekannt[35]. Zum Schmuck der architektonischen Gliederungen und der figürlichen Verzierungen muß man sich noch, wie in Spuren an der alten Kastalia erhalten, farbig gegliederten Putz vorstellen.

Apollontempel und Altar

Der als Ruine noch sichtbare Tempel ist der sechste in einer Abfolge von Bauten, zu denen Sagen, Dichter, Geschichtsschreiber und Inschriften eine Fülle von Nachrichten hinterlassen haben. Als Haus des Gottes war der Bau Zentrum des Heiligtums. Er nimmt nicht die höchste Stelle im Gelände ein, ist aber durch mächtige Unterbauten aus seiner Umgebung hervorgehoben (Abb. 43).

Die Berichte über die drei ersten Bauten, von denen keine materiellen Reste erhalten sind, haben überwiegend, aber nicht ausschließlich märchenhafte Züge; Hauptquellen sind Pindar (8. Paean), Pausanias (10, 5, 9 f.) und Strabon (9, 3, 9 [421]). Der erste Tempel war nach der Sage eine Lor-

Abb. 43 Alkmeonidentempel, Naxiersphinx und Athenerhalle, Rekonstruktion.

beerhütte aus dem Tempetal; dies gibt den Hinweis auf die Verbindung des Apollonkultes mit Thessalien. Der zweite Tempel hieß πτέρινος Für diese Bezeichung hat Pausanias verschiedene Erklärungen überliefert. Eine wurde vom Wort πτέρον für Feder oder Flügel hergeleitet, so daß es ein Tempel aus Federn gewesen wäre. Andere Herleitungen gehen von dem Wort πτέρις für Farnkraut oder von dem Namen Πτέρας eines sagenhaften Baumeisters aus. Naheliegend ist eine moderne Erklärung für πτέρινος nach der Bedeutung von πτέρον (Hesych, Lex., s.v. πτέρα γὰρ τὰ εἰς ὕψος ἀνέχοντα· ἢ μεγάλας ἔχουσα περιστόους εἰκοδομάς) als Ringhalle des Tempels [1]; doch nehmen die antiken Sagen auf einen Tempel Bezug, den Vögel und Bienen für Apollon [2] (Plutarch, De Pyth. orac. 17,402 E) bauten und den der Gott schließlich vom Wind zu den Hyperboreern tragen ließ. Wabenförmige Bauornamente auf Delos ließen an einen kultischen und historischen Hintergrund für die Nachricht vom Wachs- und Federtempel denken [3], doch kommt dieser Bauschmuck nicht nur an Kultbauten, sondern auch in der gewöhnlichen Hausarchitektur der Kykladen vor [4].

Reale Bauwelt und märchenhafte Zauberwelt mischen sich bei dem dritten Tempelbau, von dem Pindar singt: „Welche Bauart zeigte er, durch die kunstvollen Arbeiten des Hephaistos und der Athena? Mit Bronze waren seine Mauern und Säulen errichtet; über den Giebeln sangen sechs goldene Keledonen. Die Kronoskinder aber verbargen dieses hochheilige Werk, indem sie die Erde mit dem Blitz öffneten, aus Zorn über den süßen Gesang, für den die Fremden fern von ihren Kindern und Frauen verschmachteten, durch den sinnberückenden Klang verwirrt." Den anschließenden Resten des Papyrostextes ist noch zu entnehmen, daß Athena es war, die diese Keledonen geschaffen und inspiriert hatte. Zu dem ehernen Bau führt Pausanias in seinem Bericht Vergleichsbeispiele von bronzener Architektur an, die er auf Reisen und aus der Literatur kennengelernt hatte. Die beschriebene Vernichtung des zauberischen Werkes durch den Blitz mag die Erinnerung an eine wirkliche Katastrophe bewahren. Die sirenenartigen [5] Keledonen verkörpern den Zauber, den der heilige Ort auf seine Besucher ausübte. Pausanias (10,5,9ff.) vergleicht sie mit Sirenen, Philostratos (Apoll. Tyan. 6,11) nennt sie „Iyngen", nach den Wendehälsen, die als Liebeszaubervögel dienten.

Der vierte Tempelbau wird im homerischen Apollonhymnos (v. 287ff.) beschrieben: „Phoibos Apollon sprach's. Mit breiten und überaus langen/ Steinen legt er umfassend den Grund. Und über den Grundstein/Legten Trophonios und Agamedes die steinerne Schwelle,/Erginos' Söhne, geliebt von unsterblichen Göttern. Da weilten/Rund um den Tempel unzählige Völker der Menschen und legten Stein auf Stein am Bau, daß die Lieder ihn immer noch preisen."

Die Beteiligung der „unzähligen Völker" ist wie bei den späteren Bauten in dem Sinn zu verstehen, daß bei dem Werk Spender, Bauunternehmer und Werkleute von weither mitwirkten. Möglicherweise ist damit sogar der Amphiktionische Bund als Bauherr gemeint[6]. Bei den Mauern ist im Hymnos offenbar an wirkliche Steine, nicht etwa an Lehmziegel[7], gedacht. Die Ausführung ganz in Stein hebt auch Pausanias (10, 5, 13), wohl auf den Hymnos zurückgehend, hervor. Die Fundamentlegung durch den Gott soll dem Bau Dauer verleihen, eine Vorstellung, die wir auch aus der Bibel kennen und die wir bei Jesaja (28, 16) auf den Bau der Gesellschaft und des Staates übertragen finden.

Die Nennung der Baumeister Trophonios und Agamedes soll dem Werk besondere Würde geben. Vom Bau des Adytons aus nur fünf Steinen wird als einer besonderen Bauleistung der Brüder berichtet (Stephanos Byz., s.v. Delphoi)[8].

Das Brüderpaar ist dem sagenhaften Daidalos vergleichbar; einerseits gehören die beiden zur Mythenwelt der Vorzeit, andererseits vertreten sie die Epoche der Neuerungen im 7. Jh. v. Chr. Auch moralisch sind die Erzählungen von den Brüdern ambivalent. Die Sage kennt sie als heimtückische Bösewichte, von denen der eine den anderen opfert, als sie durch ihre gemeinsamen Untaten in Gefahr kommen (Pausanias 9, 37, 4). Nach einer anderen, der „anständigen" Version des Mythos hatten sie dagegen ein ähnliches Schicksal wie Kleobis und Biton (s. u. S. 185 f.): Apollon ließ die frommen Tempelbaumeister als schönsten Lohn nach einer Festzeit im Heiligtum sanft entschlafen (Pindar, Paian VIII 102)[9].

Der Dichter hat den Tempel noch aufrecht gesehen; der Hymnos muß vor der Brandkatastrophe von 548/47 v. Chr. (Herodot 2, 180 und Pausanias 10, 5, 13) entstanden sein. Wie lange der Bau dauerte und ob etwa der „Erste Heilige Krieg" mit Unterbrechung und Reparationszahlungen eine ähnliche Rolle dabei gespielt hat wie der „Dritte Heilige Krieg" beim Neubau im 4. Jh. v. Chr., ist nicht mehr auszumachen. Daß Trophonios und Agamedes nur im Zusammenhang mit dem οὐδός (Schwelle, Sockel), nicht aber mit dem Weiterbau genannt werden, könnte auf eine Bauausführung durch andere Architekten hinweisen[10], doch kann die „Schwelle" poetisch auch als *pars pro toto* den ganzen Tempelbau bezeichnen.

Nach den Dimensionen der noch erhaltenen Baugliedern muß es ein sehr stattlicher Bau gewesen sein, wie seine Nachfolgerbauten aus Poros, der aus der Gegend von Korinth herbeigeschafft worden ist [11]. Die Säulenreste (88 und 95 cm Durchmesser) zeigen ähnliche Dimensionen wie etwa das Heraion von Olympia. Der Tempel könnte als Peripteros etwa 16 auf 40 m oder als Antentempel wenigstens etwa 12 auf 30 m groß gewesen sein [12]. Dazu gibt es Reste monumentaler Dächer aus Ton und aus Marmor, die wegen ihrer Größe auf diesen Bau zu beziehen sind [13]; womöglich ist also wie beim klassischen Bau mit dem Ersatz eines Tondaches durch ein marmornes mit geritzten und gemalten Ornamenten zu rechnen. Nach verwandten Arbeiten von der Athener Akropolis dürfte das marmorne eine attische Arbeit sein, für die parischer Marmor beschafft wurde [14].

Der fünfte Tempelbau ist der sog. „Alkmeonidentempel". Das Ende des im homerischen Hymnos gepriesenen Vorgängers war ein Brand, der nach Herodot (2, 180) „von selbst", also wohl durch Fahrlässigkeit ausgebrochen war und für den Pausanias das genaue Datum von 548/47 v. Chr. überliefert. Dieses Datum war in der antiken Chronologie mit besonderer Sorgfalt abgesichert worden. Es war das Jahr des Athener Archonten Erxitheos und das des Olympiasiegers Diognetos aus Kroton. Bei dem Brand wurden viele der kostbaren Weihgeschenke, vor allem die des Kroisos, beschädigt; man verbrachte sie in das benachbarte Schatzhaus von Korinth, wohl auch in das der Klazomenier, wo sie wenigstens z. T. nach der Vollendung des neuen Tempels blieben. Über die Anstrengungen zum Neubau berichtet Herodot: Die Kosten wurden vom Amphiktionenrat auf 300 Talente veranschlagt, von denen die Delpher ein Viertel aufzubringen hatten. Da sie dazu aus eigner Kraft nicht in der Lage waren, unternahmen sie eine Kollekte, die sie bis nach Ägypten zu dem Pharao Amasis und den dortigen Griechen führte. Gelegenheit, mit dieser Bitte so weit entfernt vorstellig zu werden, gaben wohl die Gesandtschaften der Theorodoken, mit denen zu den Pythien eingeladen wurde. Auch ein Geschenk des Lyderkönigs Kroisos an die Bürger von Delphi ist wohl auf diesen Anlaß zu beziehen.

Den Bauauftrag übernahm das athenische Adelsgeschlecht der Alkmeoniden, worüber Herodot (5, 62) berichtet: „Als der Tyrann Hippias den Athenern wegen der Ermordung des Hipparchos grollte, machten die Alkmeoniden, eine von den Peisistratiden verbannte athenische Familie, den Versuch, im Bund mit den übrigen Vertriebenen der Athener die Rückkehr mit Waffengewalt zu erzwingen; sie hatten aber damit keinen Erfolg, sondern erlitten bei diesem Versuch, zurückzukehren und Athen zu befreien, sogar eine schwere Niederlage (513 v. Chr. datiert). Da befestigten sie den Ort Leipsydrion nördlich von Paionia. Dann ließen sie sich, um alle Mittel gegen die Peisistratiden einzusetzen, von den Amphiktionen den Bau des

Tempels in Delphi, der noch heute steht – damals gab es ihn noch nicht –, gegen eine Geldzahlung übertragen. Weil sie reich und ein altes, angesehenes Geschlecht waren, bauten sie den Tempel schöner aus, als es der Plan vorschrieb. Vor allem verwendeten sie zum Bau der Vorderseite parischen Marmor, während nach dem Modell (παράδειγμα) mit ihnen nur Porosstein ausbedungen war." Die kostbarere Ausführung ist durch den Fund der marmornen Ostgiebelfiguren bestätigt worden; der Westgiebel ist nur aus Kalkstein.

Dieser Auftrag war Teil einer Exil- und Koalitionspolitik, die schließlich 510 v. Chr. mit spartanischer Hilfe zur Vertreibung der Peisistratiden aus Athen führte. Man behauptete sogar, die Pythia sei von den Alkmeoniden bestochen worden, mit Orakelsprüchen die Spartaner zum Eintreten gegen die Peisistratiden zu bewegen. Als Erklärung ist vorstellbar[15], daß Baugelder vorübergehend als „Kredit" für die politischen und militärischen Unternehmungen der Alkmeoniden dienten, für den dann mit dem marmornen Fassadenschmuck als außervertraglicher Leistung gedankt wurde. Die finanzielle Seite ist freilich nur ein Aspekt des politischen und moralischen Kredits, der den Alkmeoniden gewährt wurde. Den so entstandenen Tempelbau haben Pindar (Pyth. 7,9), Aischylos (Prol. Eumen.)[16] und Herodot gerühmt. Auch Euripides hatte ihn für seine in Delphi spielende Tragödie des Ion vor Augen, doch ist die daraus bekannte Beschreibung der mythologischen Darstellungen (v. 198–218) nicht sicher auf den Tempel, sondern wohl eher auf das Siphnierschatzhaus zu beziehen[17].

Die Überlieferungen deuten auf eine lange Dauer des Projekts hin. Herodots Bemerkung über den Tempel, den es „damals (513 v. Chr.) noch nicht gab", kann in diesem Sinn verstanden werden. Als Vorbereitung für dessen Bau ist eine Fläche von 4000 m^2 abgeräumt worden. Fundamente von 60 m Länge, bis 8 m Höhe und mindestens 4 m Dicke wurden aufgeführt. Die große Polygonalmauer der Tempelterrasse umfaßte mit 117 m Länge ca. 1500 m^3 Stein. Der Tempelaufbau schließlich ist auf ein Steinvolumen von ca. 2600 m^3 geschätzt. Bei dem Ausmaß der Vorarbeiten, Planungen, Finanzierungen und Geländeregulierungen wäre eine relativ späte Datierung des eigentlichen Tempelbaues nicht verwunderlich; auf diese Weise könnte, entsprechend den Zeugnissen von Herodot und Pindar, den Alkmeoniden bzw. Athenern der Ruhm der ganzen oder annähernd ganzen Ausführung des Tempelbaues gelassen werden[18].

Von dem archaischen Tempel sind stattliche Reste trotz des völligen Neubaus im 4. Jh. v. Chr. noch sichtbar im Heiligtum vorhanden[19]. Die Fundamente stammen, mit Ausnahme der Verstärkung an der Südwestecke, vom Bau nach 548/47 v. Chr. Vom Aufbau ist dagegen nichts mehr an seinem Platz geblieben, doch sind viele Steine für Bauvorhaben des 4. Jhs. v. Chr. wiederverwendet worden und dadurch recht gut erhalten geblieben. Hervorzuheben ist die erwähnte Fundamentverstärkung im Südwesten, wo vor allem einige Säulenstücke mit Kanneluren, Putz, originalen Flickungen und Dübeleinlassungen freiliegen[20]. Abbruchmaterial vom Tempelbau findet sich weiter in der westlichen Theatertreppenmauer (Plan 541)[21], im Westteil des „Ischegaon" und in einer anderen Stützmauer östlich der Attaloshalle[22].

Die Maße sind auf 200 x 80 Fuß (59,5 x 23,8 m) zu rekonstruieren, mit einem langgestreckten Grundriß von 15 auf 6 Säulen (die an den Ecken jeweils mitgezählt), mit einem etwas größeren Achsmaß der Frontseiten (4,10 m) gegenüber den Längsseiten (3,95 bis 4 m). Die Eckjoche waren kontrahiert (3,68 an den Frontseiten). Die Säulenhöhe betrug wahrscheinlich um 8,10 m bei einem von 1,80 bis 1,35 m abnehmenden Durchmesser[23].

Im oberen Bereich war statt des Poros aus der Gegend von Korinth und Sikyon auch parischer Marmor verwendet: außer den erwähnten Ostgiebelfiguren und Akroteren zumindest für einen Teil der Triglyphen, für das Geison und die Sima. Die Wasserspeier waren nur an den Ecken als Löwenköpfe (Abb. 44) gestaltet, sonst aber als einfache konische Tüllen. Von der farbigen Fassung sind rote Mäander auf blauem oder weißem Grund und ein Lotos-Palmettenfries von der Sima erhalten.

Die Tympanonmaße betrugen rund 2,35 m in der Höhe und 19,40 m in der Breite. Die Giebelfiguren sind vollrund mit Plinthen in der ganzen Giebeltiefe gearbeitet, doch hinten zu einem engen Anschluß an die Tympanonwand mit starken Verdübelungen hergerichtet[24]. Die Figuren des Westgiebels waren, im Gegensatz zu den marmornen des Ostgiebels, aus einem feinen Poros ausgeführt.

Der marmorne Ostgiebel (Abb. 45) zeichnet sich durch die Erhabenheit seiner statuarischen, frontalen Motive aus. Apollon kommt in seinem Heiligtum auf einem Viergespann an. Früher hat man noch eine Korenfigur als Artemis neben Apollon im Wagen rekonstruiert, doch stand der Gott in der Mitte allein[25]. Die Pferde treten kühn nach vorn vor, sind aber durch die Rümpfe zur Montage an der Giebelwand abgeschnitten. Rechts und links schlossen sich Reihen von begrüßenden Jünglingen und Mädchen an, die freilich nicht sicher erklärt sind[26]. Im Gegensatz zu der ruhigen Mitte waren die Zwickel von stark bewegten Tierkampfgruppen gefüllt. Je ein Löwe reißt rechts ein Reh (Abb. 46), links einen Stier. Stilistisch stehen die Ko-

Abb. 44   Löwenkopf-Wasserspeier vom Alkmeonidentempel. Nach 513 v. Chr.

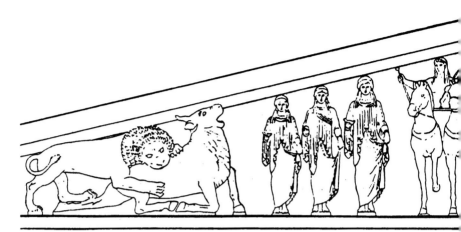

Abb. 45　Rekonstruktion Ostgiebel.

renfiguren und eine Nike als Akroterfigur der Kore von der Athener Akropolis, die der Bildhauer Antenor gearbeitet hat, außerordentlich nahe[27]; wie später bei dem klassischen Nachfolgebau sind also diese Giebelfiguren eine Athener Arbeit.

Der Westgiebel zeigte einen Gigantenkampf, ebenfalls mit einem frontalen Gespann in der Mitte, doch als stark bewegte Komposition. Die Figuren sind noch stärker als die vom Ostgiebel zerstört. Am anschaulichsten ist noch der Torso der Athena, von den Füßen bis zur Ägis erhalten; die Göttin ist nach links stürmend dargestellt. Die reiche Bemalung der Gewänder, mit Mäandermustern an den Säumen, ist seit der Auffindung sehr verblaßt. Als Gegner hat man der Göttin den Torso eines nach rechts stürzenden Giganten zugeordnet und diesem den Namen Enkelados gegeben. Der Kopf ist nicht erhalten, die Ausrichtung des Rumpfes aber vor allem durch die Richtung des Gliedes gesichert. Die Höhenentwicklung der Figuren im Giebeldreieck erfordert freilich, Athena und den Stürzenden durch zwei andere Figuren zu trennen. Athena und vor allem der Gigant stehen den spätarchaischen Gigantenkampffiguren von der Athener Akropolis sehr nahe. Weiter ist noch, bis zur Hüfthöhe, der Torso des Apollon erhalten. Die Figur hat eine sehr flache Ausführung, die es erlaubt, eine andere Figur, wohl Artemis, gestaffelt hinter ihr anzufügen. Somit werden die Geschwistergötter ein ähnliches Kämpferpaar wie auf dem Siphnierfries gebildet haben. Stil und Datum der Figuren sind sehr umstritten; für eine Zeit gegen 500 v. Chr. wirken sie relativ altertümlich[28]. Bei der Bestimmung der architektonischen Profile neigen die Bauforscher diesem späten Datum für

Abb. 46 Tierkampfgruppe aus dem Ostgiebel des Alkmeonidentempels.
Nach 513 v. Chr.

die Bauausführung zu[29]. Nach der Zerstörung des Baues kamen die Reste
der Giebelfiguren zum großen Teil im nordöstlichen Bereich der alten Tempelterrasse nahe der großen polygonalen Hangstützmauer unter die Erde.
Einige Geisonplatten dienten für die Aufzeichnung der Baurechnungsin-
schriften des klassischen Nachfolgebaues[30].

Der sechste und letzte Tempelbau (Farbtaf. VI Abb. 47–49) folgte auf

Abb. 47   Liste von Spenden für den Tempelneubau, 361/60 v. Chr. Marmorplatte, in der Straße des nachantiken Dorfes verbaut.

eine Katastrophe, die etwa 373 v. Chr. zu datieren ist. Es lag nahe, diese mit dem großen Erdbeben dieses Jahres zu verbinden, bei dem die achäischen Städte Bura und Helike von einem „Tsunami" (Meeresbeben-Flutwelle) verschlungen wurden.

Die Zerstörungen im Heiligtum waren aber nicht allgemein, sondern auf den Nordwestteil beschränkt, so daß ein Erdbeben als Ursache nicht in Frage kommt. Im Südteil sind die Schatzhäuser, dicht unter dem Tempel sogar die Athenerhalle und selbst die hohen und kopflastigen Monumente der Naxier und Messenier stehen geblieben. Zu den älteren, weiterhin aufrechten Monumenten gehört im Nordosten die Lesche der Knidier. Ursache ist vielmehr ein großer Bergsturz, dessen Massen hinter der Stützmauer des „Ischegaon" zu sehen sind, und der von der Nordfront des alten Tempels wie von einem Prellbock aufgefangen worden sein muß: wie ein Kartenhaus ist der Bau in sich zusammengefallen[31].

Einen Hinweis auf die Zeit der Katastrophe gibt Xenophon (Hell. 6, 4, 2): Der panhellenische Kongreß von 371 v. Chr. in Sparta behandelte die Finanzierung des Wiederaufbaus[32]. Auch bei einem späteren Kongreß, der 368 v. Chr. in Delphi selbst stattfand (Xenophon, Hell. 7, 1, 27; vgl. Diodor 15, 70), dürfte die Frage des Tempelbaus behandelt worden sein. Im überlieferten Pausaniastext erscheint die Tempelgeschichte leider lückenhaft und verwirrt. Die Angaben Herodots, den Pausanias gewöhnlich gut kennt und benutzt, fehlen. Statt dessen kommt er auf den Tempel eines sonst nicht bekannten Architekten Spintharos von Korinth als den zu seiner Zeit noch bestehenden zu sprechen; wir wissen nicht, ob damit der archaische oder der klassische Bau gemeint war[33].

Die Inschrift mit der Erneuerung der Privilegien bei der Orakelbefragung für Thurioi in Unteritalien ist aus der Diskussion auszuscheiden. Die in Frage kommende Stelle lautet eher: ἐπεὶ ὁ ναὸς κατ[ην]ύθη (als der Tempel vollendet wurde), als ἐπεὶ ὁ ναὸς κατ[εχ]ύθη (als der Tempel einstürzte)[34].

Die Quellenlage zum Wiederaufbau des Tempels nach der Katastrophe ist einzigartig. Die inschriftlichen Abrechnungen geben Einblicke in viele Details der Finanzierung, der Verwaltung, der technischen Planung und der Durchführung des Baues[35]. So frisch und unmittelbar aber diese Einblicke auch wirken, so schwierig ist wegen der fragmentarischen Erhaltung der Inschriften die Herstellung vieler wichtiger Zusammenhänge, um die sich Epigraphiker und Bauforscher seit nahezu einem Jahrhundert bemühen. Trotz dieser Einschränkungen sind die Bauinschriften ein erstaunliches Archiv zur Planung, Verwaltung und Technik einer der hervorragenden Bauleistungen der Antike.

Zur Finanzierung des Wiederaufbaus nach ca. 373 v. Chr. standen zunächst folgende Einnahmequellen von freilich ungleicher Bedeutung zur Verfügung: die Kopfsteuer bei den Mitgliedern der Amphiktionie, Spenden (ἀπαρχαί, Abb. 47)[36], Straf- und Konventionalstrafgelder, insbesondere im Zusammenhang mit den Baumaßnahmen, Verwertung von Abbruchmaterial und darüber hinaus eine besondere Beteiligung der Gemeinde von Delphi[37]. Denn die Delpher hatten als Nutznießer des Heiligtums wie schon für den „Alkmeonidentempel" besondere Leistungen zu erbringen. Hierzu bestand ein eigenes Kreditkonto der Tempelbaubehörde bei der Stadt.

Für die Aufbringung und Verwaltung der anderen Mittel waren die

Amphiktionen zuständig. Die Kopfsteuer innerhalb der Kultgemeinschaft
(ἐπικέφαλος ὀβελός bzw.ὀδελός) betrug jeweils einen Obolos; die Delpher wurden durch sie ein zweites Mal belastet. Die Finanzierung durch die
Amphiktionen und durch Spenden von Dritten schleppte sich aber mühsam hin. Die Spendenlisten verzeichnen Bagatellbeträge von oft wenigen
Obolen. Auch die Wiederholung der Kopfsteuer brachte keine wirklichen
Impulse (CID II, 9ff. 83 Nr. 1–30)[38].

Bis zum „Dritten Heiligen Krieg" (356–346 v. Chr.) scheint also der
hauptsächliche finanzielle Rückhalt des Unternehmens in dem Kreditkonto
der Stadt Delphi bestanden zu haben, von dem schätzungsweise 150 000 bis
200 000 Drachmen verrechnet wurden. Zu Anfang des Krieges bemühten
sich die Phoker als Herren des Heiligtums, die Arbeiten weiterzuführen.
Doch blieben die Arbeiten bei der wachsenden Bedrängnis durch die Erfolge der Amphiktionen schließlich ganz liegen; der Bauplatz verkam so,
daß er nach dem Krieg mit einigem Aufwand wiederhergerichtet und daß
einiges von dem bereitgelegten Baumaterial durch Neuanfertigungen ersetzt werden mußte.

Den entscheidenden finanziellen Anschub erhielt das Unternehmen mit
den Reparationen nach der Unterwerfung der Phoker[39], die für ihre Kriegs-
unternehmungen die Schätze des Heiligtums verbraucht hatten.

Zur geschäftlichen Durchführung der Arbeiten wurden die „Naopoioi"
(Tempelbauer) von den Amphiktionen als Verwaltung eingesetzt[40]. Sie
waren für Ausschreibungen, Auftragsvergaben, Abnahme der Arbeiten,
Verrechnung der Gelder unterschiedlicher Währungen und öffentliche
Rechenschaft für die Verwendung der Mittel verantwortlich.

Dieses Gremium zählte wenigstens einmal über 45 Mitglieder. Herkunft
und Amtsdauer waren durch sachliche Gründe, nicht durch die politische
Repräsentation bestimmt. Insbesondere waren Argos und Korinth als Zentren des Baugewerbes vertreten.

Die einzelnen Naopoioi haben danach also in ihren Heimatorten die Bauunternehmungen der Amphiktionie vertreten. Zu den Versammlungen der
„Pylaia" traten sie vollzählig zusammen, in der Zeit dazwischen wurde die
Geschäftsführung in Delphi teils von den delphischen, teils von wechselnden auswärtigen Naopoioi versehen. Wegen der erforderlichen Erfahrung
ist wohl zu verstehen, daß diese Beamten nicht jährlich abgelöst wurden
und daß sich dieses Amt sogar „vererben" konnte. Naopoioi sind bis in die
Mitte des 3. Jh. v. Chr. nachgewiesen und waren wohl nach Vollendung des
Baues mit dessen Pflege und Erhaltung betraut.

Von den Aufgaben der Naopoioi sind die meisten Nachrichten in ihren

Abrechnungen aus der Zeit nach dem „Heiligen Krieg" erhalten. Mitglieder dieser Baukommission sind mit dem Architekten zu Verhandlungen wegen der Lieferung besonderer Zypressenstämme nach Sikyon, wegen des Ankaufs von Elfenbein nach Athen gereist.

Als Schutz gegen Versäumnisse bei der Ausführung der vergebenen Arbeiten wurden von den Naopoioi zunächst nur neun Zehntel der vereinbarten Summe vorausgezahlt; nach fristgerechter Vertragserfüllung folgte die Zahlung des letzten Zehntels, des ἐπιδέκατον. Entsprechend sind die Gesamtkosten aus den beurkundeten Zahlungen zu erschließen. Unternehmer, die Verträge nicht erfüllt hatten, sind nachweislich mit Strafgeldern belegt worden.

Technische Probleme und Planänderungen gehen aus den erhaltenen Werkstücken und den Inschriften hervor. Die ἐπιγναφηία (der Ausdruck ist nur hier belegt und als Eckgeison zu erklären) und die Ecktriglyphen sind aus Gründen der Statik μείζονες παρ᾽τὰν σύγγροφον, also größer als in der ursprünglichen Verdingung vorgesehen, ausgeführt worden (CID II 59)[41]. Bei den Giebelfiguren fallen Aushöhlungen auf, die zur Erleichterung und Sicherung der Statik vorgenommen worden sind; dabei ist freilich offen, ob dies bei der Errichtung des Tempels oder bei einer späteren Reparatur geschah[42].

Über der Dauer der Arbeiten haben aber nicht nur viele Naopoioi, sondern auch die Architekten gewechselt. Der Entwurf geht vielleicht auf den Korinther Spintharos (s. o.) zurück. Seit 346 v. Chr. wird Xenodoros und seit 338 v. Chr. Agathon als Architekt in den Abrechnungen genannt (s. u.). Als Unterarchitekt stand diesem Kallinos (CID II 49. 55. 56. 62)[43] zur Seite. Von den Nachkommen des Agathon waren sein Sohn Agasikrates und die Enkel Agathokles und Damon noch über ein Jahrhundert in Delphi tätig[44].

Die Architektengehälter wurden während der Tempelbauzeit zweimal jährlich, entsprechend den amphiktionischen Amtsperioden, bezahlt: 210 und 150, später sogar je 360 Drachmen für den leitenden Architekten (CID II 31. 34)[45], 140 und 100 dagegen für den Unterarchitekten (CID II 49. 55. 56. 62)[46]. Der nicht ausgegebene Teil einer Bewilligung für Unterarchitekten ist in einer Inschrift von 362/61 v. Chr. als Einnahme verbucht (CID II 1 II 44).

Die Inschriftenreste einer σύγγροφος (Aufstellung der Verdingungen), auf die sich spätere Aufzeichnungen womöglich beziehen (CID II 56. 59, vgl. CID II 116)[47], kann vermutungsweise[48] auf den Neubau des Apollontempels bezogen werden, doch sind diese Reste so gering, daß die Verbindung mit anderen Bauprojekten, etwa dem neuen Athenatempel der Marmaria, nicht auszuschließen ist.

Bei der Länge der Bauzeit haben auch die Unternehmer bei der Durchführung einzelner Aufträge gewechselt. So sehen wir, daß Arbeiten des Nikodamos, Pasion und Daos (oder Daios) unfertig blieben und noch einmal vergeben wurden (CID II 59. 62. 47. 49. 62)[49].

Die auf vergänglichem Material geschriebenen Abrechnungsakten des Heiligtumsarchives sind nicht erhalten; die Abrechnungen waren aber auch auf Inschriftenstelen öffentlich im Heiligtum aufgestellt. Für manche der Stelen sind Steine des archaischen Tempels wiederverwendet worden; viele Stücke wurden als Platten der nachantiken Dorfstraße gefunden[50].

Aus einigen Besonderheiten ist zu erkennen, daß die Form der Aufzeichnungen auf den Steinen etwas von den Vorlagen abweichen konnte. Bei Zahlenangaben ist aus Fehlern zu erschließen, daß Zahlzeichen zu Zahlen in Worten umgeschrieben wurden. Protokollsprache war der lokale phokische Dialekt; Korrekturen durch auswärtige Beamte der Amphiktionie gehen aus Zusätzen in anderen Dialekten hervor[51].

Bei den Abrechnungen galt als „Leitwährung" der Standard der äginetischen Drachme, deren Verhältnis zur leichteren attischen Drachme bis 335 v. Chr. ¾ und und danach ⁷/10 betrug[52]. Aber auch Spenden von Naturalien waren abzuwickeln[53]. Eine besondere Verwaltungsleistung bedeutete die Einnahme der phokischen Reparationen. Die ersten Zahlungen kamen in Raten von 30 Talenten (840 kg) Silber in den meist kleinen, damals zirkulierenden Münzeinheiten, vor allem Triobolenstücke von je ca. 3 g. Deren Zahl, Reinheit und Gewicht mußten im Hinblick auf die Erfüllung der Friedensbedingungen kontrolliert und für die Umprägung verbucht werden[54]. Nach Diodor (Diod. 16,56,6; 16,60) sollten die Phoker Plünderungen im Wert von über 10 000 Talenten durch Reparationen ersetzen. Die ersten Raten seit 343 v. Chr. beliefen sich auf zweimal 30 Talente jährlich; von der fünften Rate an mußte nur noch einmal im Jahr gezahlt werden. Vermutlich nach 338 v. Chr. wurden diesen Raten auf 10 Talente ermäßigt. Bezeugt ist eine 18. Rate unter Archon Kaphis (327/26 v. Chr.); nach Archon Eribas (320/19 v. Chr.?) ist den Phokern die Schuld erlassen worden. Die Amphiktionen haben sich also mit nicht viel mehr als 300 Talenten begnügt (vgl. CID II 36).

Im Jahr des delphischen Archonten Palaios (wohl 337/36 v. Chr.) richteten die Amphiktionen das Amt der „Tamiai" (Schatzmeister) ein, zu deren Aufgaben auch die Münzprägung der Kultgemeinschaft gehörte (vgl. Abb. 16).

Die inschriftliche Veröffentlichung der Bauabrechnungen erfolgte laufend durch die Amphiktionen und den delphischen Rat. Außerdem haben die Naopoioi nachträglich ihre Bauakten auf Inschriftenstelen ausgestellt, als viele der Maßnahmen kaum mehr Aktualität gehabt haben können (CID II 31. 32)[55]. In diesem Fall kann das Motiv der Inschriftenaufstellung nicht mehr eine politische Kontrolle gewesen sein; vielmehr muß die Rechnungsstelenreihe Denkmalcharakter gehabt haben[56]. Die Abrechnungen der Amphiktionen haben dagegen nicht nur den Tempelneubau zum Gegenstand, sondern auch andere Aufgaben im Heiligtum an den Thermopylen (CID II 44. 43)[57].

Die erhaltenen Ausgabenbelege umfassen u. a. Wegbau-, Hafeneinrichtungs-, Steinbruch-, Transport- und Steinmetzkosten, die Lieferungen von Eisenklammern und -dübeln, den Ankauf von Bauholz, Sägearbeiten und Modelle für den Bauschmuck.

Das edle und dauerhafte Zypressenholz[58] wurde in verschiedenen Größen für besondere Zwecke (wohl für die Tempeltür) von den Naopoioi selbst bei verschiedenen Händlern in Sikyon beschafft. Wohl für die Dachkonstruktion war das Tannenholz in großen Mengen und einheitlichen Größen aus Makedonien bestimmt, das wahrscheinlich Kallikrates von Kleitor in Arkadien und andere Unternehmern besorgt haben (CID II 55. 46. 51)[59]. Für die Schiffsverladungen des Steinmaterials wurden eigens große Kräne im korinthischen Hafen von Lechaion und im delphischen von Kirrha errichtet, ein Seil dazu kostete drei Minen (CID II 31)[60] und ein Lastennetz 51 Statere (CID II 31)[61]. Von den Verladearbeiten im antiken Hafen von Kirrha ist eine Säulentrommel mit Hebebossen bis heute liegengeblieben, die für den Apollontempel bestimmt gewesen sein dürfte[62].

Für den Straßenbau von Kirrha und Delphi wurde die bedeutende Summe von 12 600 Drachmen bereitgestellt (CID II 31)[63]. Hervorzuheben ist das Kostenverhältnis der Steinbruchrechnungen und der Rechnungen für Transport und Versatz der Blöcke[64]; bei den Eckstücken des Geisons (so die Erklärung des nur hier belegten Ausdrucks ἐπιγναφηία) und den Ecktriglyphen von Pronaos und Opisthodom machten die Steinbruchrechnungen nur ¹⁄₂₀ der Transport- und Versatzkosten aus[65]. Bedeutende Ausgaben verursachten auch die Verklammerungen und Verdübelungen der Steine. Eine von vier Partien Dübeln umfaßte 320 Stück, eine andere Lieferung, ebenfalls eine von vier Partien, bestand aus 1212 Klammern; diese Menge würde wohl etwa ausreichen, an den noch stehenden Reste des Baues die ausgeraubten Klammern zu ersetzen. Die Eisenteile wurden nach Gewicht, teilweise auch nach der Verarbeitung verrechnet (CID II 59)[66]. Die einfacheren Dübel mit dem Stückgewicht von 3 Minen kosteten 15 Chalkoi je Mine, die komplizierter geformten Klammern mit dem Stückgewicht von vier Minen ebenfalls 15 Chalkoi je Mine. Für besondere Armierungsteile konnte der Gewichtspreis bis 72 Chalkoi die Mine betragen.

Die nur unvollständig erhaltenen Gewichtsangaben zum Klammer- und Dübeleisen summieren sich auf umgerechnet etwa zehn Tonnen. Von dem Umfang der Metallarbeiten für den Bau gibt auch eine Bleilieferung mit dem Gewicht von über zehn Tonnen eine Vorstellung (CID II 58)[67]; das Blei dürfte zum Verguß der eisernen Klammern bestimmt gewesen sein. Zur Herstellung von Bronzelegierung diente wohl eine Lieferung von 104 kg Zinn, dessen Transport von Kirrha nach Delphi 342 v. Chr. verrechnet wurde (CID II 62)[68].

Das Dach wurde – mit Ausnahme der Sima mit den Wasserspeiern – zunächst aus Ton gefertigt. Bestellt wurden 2600 Paare von korinthischen Ziegeln zu je einer Drachme. Errechnet ist ein Bedarf von 2432 Paaren von Stroteren (Flachziegeln) und Kalypteren (Deckziegeln). Der einen zusätzlich erforderlichen Reihe von Deckziegeln wurde nicht Rechnung getragen. Die Bestellung enthielt also für Flach- und Deckziegeln verschiedene Bruchreserven (CID II 56). Der nur hier gefundene, sonst nicht belegte Ausdruck προστεγαστῆρες muß die Bedeutung einer vorläufigen Bedachung gehabt haben[69].

Wann das Ziegeldach durch das marmorne ersetzt wurde, ist nicht bezeugt. Es sind zwar Dachdeckungsarbeiten in einer delphischen Inschrift aus der Mitte des 3. Jhs. v. Chr. belegt[70], doch ist hier nicht einmal sicher, ob es sich um eine Maßnahme am Ort oder im Heiligtum von Anthela handelt, das zusammen mit dem delphischen von den Amphiktionen verwaltet wurde (CID II 125, 6).

Für die marmorne Sima mit den Löwenkopfwasserspeiern (Abb. 48) hatte der Bauunternehmer Nikodamos aus Argos gleich 342/41 v. Chr. ein Modell geliefert; schon im Herbst 340 v. Chr. wurde hierzu eine Lieferung durch Molossos von Athen verrechnet (CID II 31. 32)[71]. Nikodamos war vielseitig beschäftigt, er besorgte nicht nur solche künstlerischen Aufträge, er erhielt auch Aufträge für Aufräumungen, Steinbrucharbeiten und Verlademaschinen[72].

Die Giebelfiguren aus pentelischem Marmor stammten ebenfalls aus Athen; den Auftrag hatte nach Pausanias (10, 19, 4) Praxias, Schüler des Kalamis begonnen, nach dessen Tod (gegen 337/36 v. Chr.) Androsthenes, Schüler des Eukadmos, die Vollendung übernahm. Mit der Ausführung der

Abb. 48   Sima vom klassischen Tempel. Modell von Chairolas 342 v. Chr., von
Molossos zweite Lieferung 340 v. Chr.

Giebelfiguren ist eine Zahlung von 112 000 Drachmen attischer Währung
aus der Kasse der Amphiktionen zu verbinden[73], aus der für verschiedene
Zwecke insgesamt 269 428 Drachmen in attischer Währung gezahlt worden
waren.

Die mächtigen Türflügel von immerhin 50 qm Fläche müssen besonders
prunkvoll gewesen sein. Ihre Angeln drehten sich auf eisernen Pfannen;
das Türgewände war mit einem hölzernen Rahmen verschalt, die Türflügel
selbst dagegen wohl mit kostbaren Materialien, vor allem mit Elfenbein,
verkleidet[74].

Zur Beschaffung von Elfenbein waren eigens Naopoioi nach Athen gereist (CID II 62)[75]. Es kostete in der Qualität des τετραστάσιον[76] 24½
Drachmen die Mine (437 gr). Der Ausdruck ist vielleicht so zu erklären,
daß es sich um eine Qualität handelte, deren Wert gegenüber Silber nach
dem Gewicht im Verhältnis von 1:4 stand. Benötigt wurden 93 Minen; dafür mußte das Geld der Amphiktionenkasse mit dem äginetischen Münzfuß in attisches umgetauscht werden. Der Kurs betrug 1705½ äginetische
für 2274 attische Drachmen[77].

Die vielen Steinmetzzeichen am Bau selbst sind eine wichtige historische
Quelle. In ihnen sind die Namen von Bauunternehmern zu erkennen, die
auch in den inschriftlichen Abrechnungen erscheinen, vor allem Nikodamos
und Pankrates[78].

Danach war das Bauwesen in erstaunlichem Maße überregional organisiert. Für Delphi lagen Schwerpunkte der auswärtigen Arbeitsvergaben in

Argos und Athen, bei Unternehmern, von denen einige auch bei dem Bau
der Tholos von Epidauros nachgewiesen sind[79]. Die Baustoffbeschaffung
hatte einen noch weiteren Einzugsbereich. Steine kamen aus der Gegend
von Korinth und Sikyon, Holz aus Sikyon und Makedonien. Daß man Bauholz von Tannen aus Makedonien statt aus dem Parnaß beschaffte, ist nicht
verwunderlich, denn wir haben sowohl antike als auch neuzeitliche Zeugnisse über deren geringe Eignung als Bauholz. Delphi selbst hatte keinen
Mangel an Steinmaterial; doch zeigen die Bauten und Brüche erst im 4. Jh.
v. Chr. aufwendige Erschließungen, mit denen die Qualität einheimischer
Steinlieferungen sehr gehoben wurde[80]. Einheimische Unternehmen waren auch in der Lage, größere Aufträge von Metallarbeiten auszuführen.

Bei der lückenhaften Erhaltung der Inschriften ist eine zeitliche Bestimmung oft nur indirekt möglich. Die fest datierenden, direkten Angaben
sind recht selten.

Nach der Einrichtung des Kollegiums der Schatzmeister 337/36 v. Chr.
ging die Zuständigkeit für die Abrechnungen vom Rat der Stadt Delphi auf
jene über. In den Schatzmeisterabrechnungen werden die bewilligten Pro-
jekte genauer benannt; doch war damals der Tempelbau so weit gediehen,
daß aus dieser Quelle nur wenige Angaben hierfür zu entnehmen sind. Der
Goldmünzenbetrag (CID II 76)[81], der unter Archon Dion (336/35 v. Chr.)
gesondert verrechnet wurde, kann auf den Zypressenholzkauf in Sikyon
und Korinth bezogen werden (CID II 60)[82].

Eine sichere zeitliche Abfolge von Aufträgen ist dann zu erkennen, wenn
z. B. Steinbrucharbeiten, Land- und Seetransporte bestimmter Bauglieder
verfolgt werden können. Für die übrigen Baumaßnahmen läßt sich eine
mehr oder weniger wahrscheinliche Abfolge annehmen; ist hierbei doch
auch zu bedenken, daß eine vorausschauende Planung verschiedene Vor-
laufzeiten für einzelne Maßnahmen vorsehen konnte.

Folgende feste Daten geben den zeitlichen Rahmen für das Projekt:
Sondersteuern der Amphiktionie für den Wiederaufbau (ἐπικέφαλος
ὀβελός) und Spenden sind seit 362/61 v. Chr. bezeugt. Das Rückgrat unserer
Chronologie ist die Abrechung der Naopoioi über ihr Kreditkonto bei der
Stadt Delphi für die Zeit von 358/57 bis 340 v. Chr. (CID II 31. 32)[83]. 358/57
v. Chr. wurden Triglyphen transportiert und Epistyle bezahlt, 345/44
v. Chr. waren größere Arbeiten an der Peristasis in Gang. Am Ende des
„Heiligen Krieges" 346 v. Chr. standen wohl die Säulen der Peristasis und
lagen Gebälkstücke z. T. schadhaft auf der Baustelle. Unter Archon Kleon
343/42 v. Chr. wurden Ersatzstücke beschafft. Die nicht sicher gedeuteten
σελίδες (CID II 34. 57)[84] gehören zeitlich und sachlich hierher.

Über die Arbeiten für das Dach sind wir über dasselbe Kreditkonto gut unterrichtet. Das Modell der Löwenkopfsima kam unter Archon Chairolas 342/41 v. Chr.; zwei größere Partien von der Marmorausführung wurden unter Archon Aristonymos im Herbst 340 v. Chr. verrechnet. Tannenholz ist (wie man annimmt, für den Dachstuhl) in der 31. pyläischen Session (Herbst 339 v. Chr., CID II 51)[85] und in der 34. pyläischen Session (Frühjahr 337 v. Chr.) (CID II 55)[86] besorgt worden. Die erwähnte Auswechslung der Eckgeisa und der Sekos-Ecktriglyphen würde in diese Zeit passen, so daß in der Abrechnung für die 35. pyläische Session der Namen des Archon Palaios (337/36 v. Chr.) zu ergänzen wäre (CID II 56)[87].

Wohl 337/36 v. Chr. folgte auch, im Verhältnis zu Sima und Dachstuhl recht spät, die Dachziegelbestellung. Eine Anspielung bei Aischines (In Ktes. 115–124, 340 v. Chr.) auf die Befestigung der Marathonschilde an den Metopen hat man gern als Hinweis auf die Vollendung des Baues verstehen wollen; wie man sieht, gibt dieses Datum nur einen sehr ungefähren Anhalt. Ausbau und Ausstattung blieben noch eine ganze Weile in Arbeit: Im Herbst 337 v. Chr. wurde die Fassung eines Säulenvorbaus für den Omphalos mit enkaustischer Malerei (CID II 56)[88] verrechnet. Der erwähnte Zypressenholzkauf steht für 335 v. Chr. fest. 334/33 v. Chr. unter Archon Damochares wurden auch Gefäßweihungen des Kroisos wiederhergestellt, die von den Phokern während des „Heiligen Krieges" eingeschmolzen worden waren (CID II 79. 81. vgl. 102. 108)[89]. Unter Archon Damochares (334/33 v. Chr.) sind nicht näher genannte Bauarbeiten verrechnet worden (CID II 79)[90]. Dieselbe Abrechnung zeigt auch die Aufnahme anderer großer Bauvorhaben, wohl der Gymnasionshalle und der „Hoplothek". Hier dürfte es sich in der Tat um Nachfolgeprojekte des Tempelbaues handeln. 327 v. Chr. war der Tempel aber immer noch Baustelle, da im Herbst unter Archon Kaphis die Giebelfiguren an Androsthenes in Athen bezahlt wurden (CID II 97[91]. 62 mit Komm. S. 206 u. 123).

Dieser Stand der inschriftlichen Überlieferung läßt Raum für wichtige und schwierige Fragen. Umstritten ist, ob die Cella, die für den Orakelbetrieb von besonderer Bedeutung war, vor oder nach der Säulenringhalle aufgeführt wurde[92].

Über den Fortgang des Orakelbetriebes gibt es nur die Nachricht, daß, wie schon erwähnt, für die Konsulenten entlang der Stützmauer des „Ischegaon" ein Schutzdach errichtet wurde (CID II 62)[93].

Die Kunst der Steinbearbeitung und der Versatztechnik an den noch erhaltenen Teilen des Tempels[94] kann den Besucher die desolate Unvollständigkeit des Bauwerks vergessen lassen. Der Bau wurde zur Metallgewinnung so weit abgebrochen, wie man noch Verklammerungen und Verdübelungen fand.

Bei der Euthynterie, die nicht mehr verklammert war, hörte die Zerstörung auf; nur deshalb sind auch die Bodenplatten im Peristyl, Prodomos und Opisthodom mehr oder weniger vollzählig erhalten[95].

Als Baumaterial fanden Steine ganz verschiedener Herkunft Verwendung: Die Fundamente bestehen aus lokalem Kalk und korinthischem Kalksandstein (Poros). Der Stufenbau, der Rost für die Bodenplatten und die Orthostaten wurden aus dem feinen, marmorartigen Kalk der Brüche bei Hagios Elias gearbeitet. Außerordentlich aufwendig und sorgfältig wurden die Blöcke des Stufenbaus und des Bodenplattenrostes mit Doppel-T-Klammern und Dübeln verbunden. Die aufgehenden Teile des Baus bestanden aus korinthischem oder sikyonischem Kalksandstein; die Oberfläche von Mauern, Säulen und Gebälk wurde durch einen feinen Marmorputz veredelt, auf dem die feineren Bauglieder in den oberen Teilen des Gebäudes farbig abgesetzt waren. Giebelfiguren und Sima mit Wasserspeiern in Form von Löwenköpfen (Abb. 48) waren aus pentelischem Marmor gefertigt.

Die Maße des Baues[96] betragen im Stylobat ca. 21,64 x 58,18 m; der Grundriß ist altertümlich lang, mit 6 auf 15 Säulen und schmalem Cellabau von 13,34 x 44,14 m. Die Cella ist in der Art archaischer Grundrisse weder mit den Mauerfluchten noch -achsen auf den Entwurf der Säulenringhalle bezogen, sie „schwimmt". Die Säulenabstände waren, auch das ein alter Zug, nach Giebel- und Langseiten unterschieden: jene hatten ein Achsmaß von 4,13 m, diese eines von 4,08; die Eckjoche waren entsprechend auf 3,71 und 3,66 cm kontrahiert. Vor der Ostseite stieg eine ca. 7 m lange Rampe an.

Von den Säulen sind 107 Trommelstücke erhalten, 75 mit Kanneluren, die auf 20 zu rekonstruieren, aber im Umfang nie mehr als zur Hälfte erhalten sind. In Trommeloberflächen, denen die Kannelierung fehlt, wurden die Horizontalfugen durch Doppel-T-Klammern zusammengehalten; dies und der grobe Putz rühren von einer Reparatur her. Neigung und Entasis sind nicht nachgewiesen. Bei einer Säulenrekonstruktion zu 13 Trommeln käme man mit der durchschnittlichen Höhe der Trommel auf eine Säulenhöhe von 10,59 m. Kapitelle sind verschiedentlich erhalten, vom Architrav 25 Stücke, die so fragmentiert sind, daß nur die Höhe, aber nicht die Länge zu bestimmen ist. Metopen und Triglyphen sind je aus einem Block gearbeitet; eine Metope zeigt die Spur von einem ovalen Schild[97], der von den Persern oder den Galliern stammen könnte.

Von der Cella waren schmale Seitenschiffe abgeteilt: der Abstand der Wandorthostaten von dem Cellasäulen-Stylobat beträgt nur 1,15–1,20 m[98].

Der Tempel hat über sechs Jahrhunderte, allerdings nicht ohne eingreifende Schäden und Wiederherstellungen, gestanden. Zwischen 278 und 270 v. Chr. ist eine Ehrung (für Menedemos von Eretria?)[99] wegen des Transportes einer Tempeltür-Ersatzschwelle datiert. Bei dem Einfall der keltischen Maider (nach Eusebius im ersten Jahr der 158. Olympiade, 84/83 v. Chr.)[100] war der Bau verbrannt; durch die Zerstörung war, wie Plutarch (Numa 9) berichtet, das Heilige Feuer erloschen. Einen Wiederherstellungsversuch hat Antonius mit Vermessungen der Ruine begonnen (Plutarch, Ant. 23), doch erst Domitian[101] hat den Wiederaufbau durchgeführt. Vermutlich hat man, wie auch bei den großen Reparaturen des Zeustempels in Olympia[102], den früheren Zustand wiederhergestellt. In diesen Zusammenhang ist die Überlieferung einzuordnen, Alexander d. Gr. habe einen Neubau dieses und fünf anderer Tempel an prominenten Kultstätten mit dem Aufwand von je 1500 Talenten vorgehabt (Diodor 18,4,4). Diese Art von Heiligtumsfürsorge ist ein historiographischer Topos, der in den „Alexanderplänen" erscheint, die relativ spät fingiert worden sind und Motivverbindungen mit antirömischer Propaganda des 1. Jhs. v. Chr. erkennen lassen[103].

Die Funde von aufgehenden Bauteilen geben ein deutliches Bild des letzten, durch schwere Schäden und notdürftige Reparaturen reduzierten Bauzustandes. Es handelt sich wohl um Brandschäden; die Säulenoberflächen sind zur Hälfte, wohl zur Hitze des brennenden Gebäudes hin, abgeplatzt. In ihrem freien, mittleren Teil sind die Architrave stärker zerstört, weniger dagegen an den Enden, wo sie etwas geschützt auf den Kapitelldeckplatten lagen. Die Triglyphen zeigen Einlassungen für die Balken eines Notdaches unter Verzicht auf das Geison. Säulentrommeln wurden überarbeitet, mitunter hat man aus zwei beschädigten eine neue zusammengesetzt. An Kapitellen wurde mit Stein angestückt, sonst waren fehlende Oberflächen allenthalben mit Putz vervollständigt. Da die Schäden nach einer systematischen Brandstiftung aussehen, handelt es sich hierbei wohl nicht um die Reparatur, für die nach einer Inschrift Cn. Claudius Leonticus, Proconsul von Achaia unter Kaiser Septimius Severus oder Caracalla, sorgte[104], sondern eher um eine Zerstörung im Verlauf von Glaubenskämpfen des 4. Jhs. n. Chr. Einen Hinweis auf solche Auseinandersetzungen geben Inschriftenfunde mit der Nachricht, daß Apollonpriester Flavius Felicianus 342–344 n. Chr. den Schutz des Praefectus Praetorio für das Heiligtum erhielt[105].

Pausanias (10,19,4) verdanken wir außer den Bildhauernamen Praxias

und Androsthenes auch die Überlieferung der Giebelfeldthemen. Dargestellt waren im Osten Leto, Artemis und Apollon zwischen den Musen,
dann gegen Sonnenuntergang [106] Dionysos [107] zwischen den Thyiaden.
Früher glaubte man die Giebelfiguren völlig verloren und nahm an, sie
seien in der Antike weggebracht worden. Inzwischen sind jedoch bereits
150 figürliche Fragmente aus pentelischem Marmor den Giebeln zugewiesen worden. Die Rekonstruktion kam in Gang durch die Anpassung des
lange bekannten Götterkopfes mit einer Binde an einen Torso im Typus des
mit Peplos und Rückenmantel bekleideten Apollon Kitharodos (Abb. 49) [108].
    Die Deutung der Figur im Typus des Apollon Kitharodos ist sehr um-
stritten. Naheliegend ist die Bestimmung als Apollon des Ostgiebels [109];
doch sprechen die Größe der Figur und die Fundstellen im Opisthodom und
bei dem Schatzhaus der Athener sowie der Kopftypus für eine Zuweisung
an den Westgiebel und eine Deutung auf Dionysos, der in seiner Erscheinung Apollon angeglichen ist [110]. Für einen Synkretismus der Göttervor-
stellungen, der zu einer solchen „apollinischen Travestie" des Dionysos
geführt hätte, lassen sich sowohl künstlerische als literarische Zeugnisse
anführen. In römischer Zeit war eine Form des Dionysosbildes sehr verbreitet, die über einen Apollon mit Kithara (wohl des Bildhauers Timarchi-
des) auf den praxitelischen Apollon Lykeios zurückgeht. Das eindrucksvollste Zeugnis für eine entsprechende literarische Gleichsetzung bietet Dion
Chrysostomos' Rede an die Rhodier (I 347,27 [Dindorf]) [111]: καίτοι τὸν
μὲν Ἀπόλλω καὶ τὸν Ἥλιον καὶ τὸν Διόνυσον ἔνιοί φασιν εἶναι τὸν
αὐτόν. Der Herausgeber hat dies im Register prägnant auf die Formel gebracht: „Bacchus: Apollo vel Sol". Auch bei dem Stoiker Kleanthes finden
sich Texte, die in diese Richtung zielen. Für eine unten an der „Heiligen
Straße" gefundene Sitzfigur bietet sich dagegen die Deutung des Apollon
im Ostgiebel an [112].
    Pausanias beschreibt Tempelvorhalle (Pronaos) und Cella (Sekos), war
nach eigenem Zeugnis aber nicht im Adyton. Herodot und einige andere
Autoren des 5. Jhs. v. Chr. machen Angaben zum spätarchaischen Tempel;
doch ging die Ausstattung bei den Zerstörungen von ca. 373 und 84 v. Chr
wohl weitgehend verloren, so daß sich bei Pausanias nur noch wenige ältere
Ausstattungstücke erwähnt finden [113].
    Der Pronaos war durch Gitter verschlossen (Euripides, Ion 1321 f.). Dort
hat Herodot (1,51; vgl. 8,122) den Mischkrug des Kroisos und den Bronze-
mast mit drei goldenen Sternen als Weihgeschenk der Ägineten für den
Seesieg von Salamis gesehen. Im Pronaos standen auch eine Knabenstatue
der Spartaner als Brunnenfigur, von deren Hand das Wasser floß, und die

Abb. 49   Dionysosstatue aus dem Westgiebel des klassischen Tempels.
340/330 v. Chr.

zwei Weihwasserbecken des Kroisos mit einer für die Spartaner gefälschten Weihinschrift.

Pausanias berichtet von einer Homerdarstellung auf oder an einem Pfeiler (10,24)[114], den Sprüchen der Sieben Weisen an den Wänden, darunter das „Erkenne dich selbst" und das berühmte delphische E. In der Cella erwähnt Pausanias den Poseidonaltar, die Statuen zweier Moiren, des Zeus Moiragetes und des Apollon Moiragetes, nahe dem Herd den eisernen Thron Pindars, von dem aus der Dichter in Delphi seine Oden gesungen habe. In das Adyton wurden nach Pausanias nur wenige eingelassen; es sei darin eine zweite Apollonstatue aus Gold, wozu der Leser freilich die Erwähnung der ersten vermißt. Das ewige Feuer bezeugen etwa Aischylos (Choeph. 1037, Eum. 282), der homerische Hestiahymnos und Plutarch (Numa 9), der auch dessen Versorgung mit Tannenholz angibt (De E Delphis 2,385 C). Dort räucherte die Pythia, bevor sie in das Adyton zum Weissagen ging (De Pyth. orac. 6,397 A). Der Omphalos stellte nach einigen Autoren (Varro, Ling. lat. 7 p. 69 S. 304 [Sprengel] und Hesych, s.v. Τοξίου βουνός), das Grab des Erddrachens Python dar.

Für den Dreifuß der Pythia ist als Basis ein freilich eher problematischer Block in Anspruch genommen worden[115]. Er zeigt Einlassungen, die für einen Dreifuß mit Mittelstütze passen, aber auch eine unerklärte Rinne und eine großes quadratisches Befestigungsloch. Eine Cellaausmalung von Aristokleides bezeugt Plinius, der den Künstler allerdings nicht unter die ersten zählt (N. h. 35,11)[116].

Der große Altar tritt über den östlichen Rand der Tempelterrasse zur sog. „Heiligen Straße" vor (Farbtaf. VII; Plan 417). Er liegt nicht in der Achse des Tempels, sondern etwas südlich und leicht aus dessen Richtung gedreht. Aus diesen Abweichungen ist ein Zusammenhang mit älteren Anlagen vermutet, aber noch nicht erwiesen worden. In der antiken Literatur ist der Altar von Herodot als Stiftung der Chioten und als topographischer Bezugspunkt (Herodot 2,135; 9,81)[117] bezeugt; aus Bauformen und Inschriften ist aber zu erschließen, daß der noch vorhandene Altar umfassend und mehr als einmal erneuert worden ist.

Die chiotische Stiftung ist auch in der Weihinschrift hervorgehoben: Χίοι Ἀπόλλωνι τὸν βωμόν (Die Chioten [haben] den Altar dem Apollon [geweiht]);[118]. Die Technik der Verdübelungen und Verklammerungen wird jedoch in das 3. Jh. v. Chr. datiert[119]. Damals also haben nach dem Tempelneubau die Chioten für die Erneuerung ihrer früheren Altarstiftung gesorgt.

Der Kern des Bauwerks besteht aus Parnaßkalk und Poros, die Verklei-

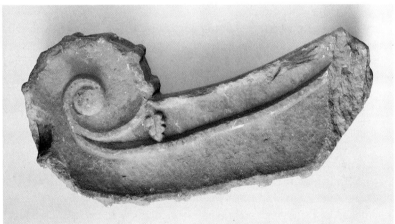

Abb. 50   Altarvoluten. Original zweites Viertel 5. Jh. v. Chr. und jüngeres Ersatz-
stück. Die Voluten standen von den Auflageflächen rechts schräg in die Höhe.

dung aus dunklen Marmorplatten, die am Sockel und oben am Gesims
durch weißen Marmor abgesetzt sind. Die Grundfläche mißt 8,56 auf
2,20 m. Die Höhe von der Euthynterie (die dritte Schicht an der Ostfront)
ist jetzt mit 3,62 m rekonstruiert. Vom Tempelvorplatz führt eine Treppe
von wohl fünf Stufen über 1,75 m Höhe zur Thymele empor. Der Altartisch war etwa um einen weiteren Meter erhöht. Bisher wurde der Altartisch als ein mit dem Unterbau durchgehender Block rekonstruiert, mit
einer an den Seiten offenen Treppe. Diese war aber eher seitlich durch

Wangen geschützt, die aus dem Sockelblock nach vorn gezogen waren. Der Altartisch selbst bildete ein selbständiges, frei auf dem Podest stehendes Bauglied, von dem neuerdings zwei Orthostaten nachgewiesen werden konnten[120].

An den Seiten ragten die ionischen Voluten als Aufsätze vor (Abb. 50). Von diesen sind Fragmente von sehr unterschiedlicher Ausführung erhalten. Die feineren Arbeiten stammen von der originalen Ausführung, wogegen es sich bei den beiden anderen Fragmenten um Ersatzstücke, womöglich sogar von zwei verschiedenen Reparaturen, handelt[121].

Die Inschrift mit der Promantie der Chioten an der Südostecke gehört nach ihren Buchstabenformen in das 3. Jh. v. Chr., könnte aber die Erneuerung eines älteren Rechtes dokumentieren[122]. In dieser Zeit der ätolischen Herrschaft über Delphi wurden die Beziehungen zu Chios besonders gepflegt; die Chioten wurden sogar mit einem Hieromnemonen im Rat der Amphiktionen aufgenommen[123].

An der Ostseite waren Stelen mit Ehreninschriften für einige der Hieromnemonen aus Chios eingelassen[124]. Der Altar bestand wohl bis in das 5. Jh. n. Chr., da damals Dutzende von Kreuzen und anderen christlichen Symbolen auf der Plattenschicht mit der Weihinschrift eingehauen wurden, vielleicht als Provokation gegen den noch bestehenden heidnischen Kult.

Votivgaben und Schätze

Die Weihgaben in Delphi zeigen im Vergleich zu denen im Zeusheiligtum von Olympia sowohl bezeichnende Übereinstimmungen als auch Unterschiede, die für die geschichtliche Entwicklung der Heiligtümer bedeutsam sind[1].

In mykenischer Zeit sind die Kultverhältnisse in Delphi deutlicher als in Olympia. Nach den mythischen Überlieferungen ist das Heiligtum in Delphi von der Erd- und Muttergöttin Gâ an Apollon übergegangen; diese Überlieferung spiegelt sich in den Bodenfunden. Im Hauptheiligtum wie auch in dem der Athena Pronaia sind zahlreiche mykenische Terrakottafiguren gefunden worden, die einer weiblichen Gottheit und die von Tieren, namentlich Rindern[2]. Das Weiterleben des Kultes in den sog. dunklen Jahrhunderten von etwa 1100 bis 800 v. Chr. ist dagegen aus den Funden nicht deutlich, ebensowenig die Zeit, in der Apollon die Erdmutter in Delphi entthront hat; das Aufblühen des Kultes im 8. Jh. v. Chr. leitet den Aufstieg des Orakels unter der Herrschaft Apollons ein.

In Olympia fällt der Reichtum zahlreicher Gaben von ausgesprochen lokalem Charakter schon aus der Zeit vor 800 v. Chr. auf[3]. Eine solche Verwurzelung in der ländlichen Umgebung kommt in den delphischen Weihgaben sehr viel weniger zum Ausdruck. Auch ein zeitlicher Unterschied in der Entwicklung der Heiligtümer ist zu erkennen: Die Dreifüße als die dominierenden Weihgeschenke spätestens seit dem 9. Jh. v. Chr. sind in Olympia mit den altertümlichsten Formen sehr reich vertreten, wogegen die entsprechenden frühesten Funde in Delphi deutlich geringer an Zahl und stilistisch wohl auch etwas jünger sind[4]. Der Dreifuß hat in Delphi jedoch eine besondere Bedeutung als Sitz der weissagenden Pythia, als Symbol und Garant göttlicher Weissagung; das geht so weit, daß mit seinem Besitz die Kraft der Weissagung verbunden ist[5].

Die Überlieferung zu den Weihgaben im Heiligtum ist sehr reich, aber doch sehr zufällig und unvollständig. Vielfach handelt es sich entweder um Kunstwerke, die ihren Namen verloren haben, oder aber um inschriftliche oder literarische Zeugnisse von Werken, deren künstlerische Gestalt nicht erhalten ist. Doch auch diese Zeugnisse vertreten nicht nur die Kunst ihrer Zeit, sondern auch die Geschichte des Heiligtums und seiner auswärtigen Verbindungen.

Die erste Nachricht ist die trotzige Bemerkung des Achill in Homers ›Ilias‹ (9, 404 f.), der die gefangene Briseis nicht um alle Schätze des Heiligtums hergeben will. Die Erinnerung an die altertümlichen Prunkkessel und Dreifüße als dominierende Weihgeschenke anstelle der späteren Statuenweihungen im Heiligtum von Delphi hat Theopomp bewahrt: „Es war in alter Zeit das Heiligtum mit Weihgeschenken, aber nicht mit Statuen, sondern mit Kesseln und Dreifüßen aus Bronze geschmückt[6]." Ähnliches bemerkt auch der Aristotelesschüler Phainias von Eresos, der außer Dreifüßen und Kesseln als altertümliche Weihungen auch noch Dolche anführt.

Außerdem wird von ganz legendenhaften Erinnerungsstücken im Heiligtum berichtet: Nach Euripides (Ion 1144 f. und Suppl. 1197) gingen Votive auf Herakles zurück[7]. Phainias nennt einen Dreifuß, den Diomedes bei den Leichenspielen des Patroklos gewonnen habe; Ephoros oder sein Sohn Demophilos weiß von weiteren mythischen Schmuckweihungen, den Halsbändern der Eriphyle und der Helena; solche Nachrichten von mythischen Weihgeschenken hat Athenaios (6, 232) zusammengestellt. Einen besonderen Einblick in die Pflege solcher Legenden gibt die sog. Tempelchronik von Lindos[8]; auch dort finden sich neben anderen trojanischen Altertümern Schmuckstücke der Helena erwähnt. Mit ihrer typischen Thematik erinnern diese Votivlegenden an christliche Kultreliquien.

In wie kurzer Zeit geschichtliche Gegenstände von märchenhaften Zügen umkleidet werden konnten, zeigen die Legenden vom Tempelbau. Die Funde dagegen geben auf ihre Weise ein Bild von der Weihgeschenkpracht, deren Glanz dem Bild aus den schriftlichen Überlieferungen, seien sie im einzelnen auch durch Erdichtungen verschönt, nicht nachsteht. Die märchenhaften Züge in den Überlieferungen zu den Weihgeschenken sind neuerdings lebendig zusammengestellt worden[9]. Die um den heiligen Ort gewachsenen Legenden sind eine eigene Gedankenwelt mit einer besonderen Typik und Ästhetik.

Die schon in den Legenden dargelegte Weltoffenheit des Heiligtums wird durch Funde von Weihgaben bestätigt, die bis in das 8. Jh. v. Chr. zurückreichen. Die geometrischen Dreifußweihungen bilden hier, wie auch in anderen griechischen Heiligtümern, die stattlichste Fundgruppe der Frühzeit. Die felsigen Hänge waren der Erhaltung dieser Weihungen weniger günstig als das Schwemmtal des Kladeos und Alpheios von Olympia; trotzdem lassen die Dreifußfunde erkennen, daß das Heiligtum einen vergleichbaren landschaftlichen Einzugsbereich hatte; vertreten sind bei den Bronzearbeiten die führenden peloponnesischen Werkstätten, besonders mit den charakteristischen Pferdestatuetten (Abb. 51)[10] und Dreifüßen (Abb. 52)[11], wie auch die attischen Werkstätten mit ihren großen, reichverzierten Dreifüßen (Abb. 53)[12].

Mit dem Aufschwung auch des delphischen Heiligtums im 8. Jh. v. Chr. treten viele gemeinsame Züge zwischen den beiden Heiligtümern hervor: Aus allen Gegenden Griechenlands kommen die Gaben, z.T. wohl sogar ihre Hersteller zusammen. Die ersten Reflexe auf orientalische Motive erscheinen in der Dreifußkunst um die Mitte des 8. Jhs. v. Chr.[13]; nicht viel später setzt ein Zustrom von Votiven ein, die entweder aus dem Orient selbst oder von orientalischen Künstlern und ihren Nachahmern in Griechenland kommen. Das weltoffenste der griechischen Heiligtümer war das der Hera auf Samos[14]; aber selbst aus Olympia im ländlichen Westen der Peloponnes ist eine stattliche Reihe von orientalischen Prunkstücken erhalten[15].

Im Reichtum fremdländischer Weihgaben übertraf Delphi nach den historischen Überlieferungen wohl Olympia. Die Olympischen Spiele als Hauptanziehung des Zeusheiligtums waren der Idee nach rein griechisch, wogegen das Orakel des Apollon ganz kosmopolitisch auch die Verehrung von Etruskern, Ägyptern wie Pharao Amasis und von orientalischen Königen wie Midas, Kroisos und seinen Vorfahren entgegennahm.

Der homerische Apollonhymnos und eine Reihe von Funden geben den

Abb. 51   Bronzestatuette eines Pferdes. Lakonisch, 2. Hälfte 8. Jh. v. Chr.

Hinweis auf die besonderen Beziehungen des Heiligtums zu Kreta. Früher hat man dafür an die Zeit der minoischen Kultur gedacht[16], doch weisen die Indizien eher auf die zweite Hälfte des 8. und das beginnende 7. Jh. v. Chr. Für die frühere Zeit ist der fragmentarische Fund eines Löwenkopf-rhytons aus Kalkstein unter dem Adyton des Tempels angeführt worden[17], ähnlich einem vollständigen Fund der Mitte des 2. Jts. v. Chr. aus Knossos; dazu kommt noch ein Fragment eines marmornen Trichterrhytons[18]. Es dürfte sich tatsächlich um Weihungen in ein mykenisches Heiligtum handeln, aus dem aber sonst keine Funde von vergleichbarer Bedeutung bekannt sind. Freilich ist die Verbindung mit Kreta nicht so eindeutig, wie man bisher annehmen wollte; auch auf dem Festland hat es Produktionen von Steingefäßen, zunächst in Anlehnung an die kretischen, dann mit eigenständigeren Formen, gegeben. Die beiden Steingefäße scheinen daher weniger eine frühe – vielleicht auch nur indirekte – Beziehung zu Kreta, als vielmehr die Bedeutung eines Kultplatzes zu zeigen.

Abb. 52 Ringhenkel eines Dreifußkessels. Argivisch, Mitte 8. Jh. v. Chr.

Abb. 53 Krieger mit korinthischen Helm. Stützfigur eines Dreifußringhenkels.
Athen, bald nach 700 v. Chr.

Abb. 54 Durchbrochenes Relief eines Kesselständers. Zyprisch oder kretisch,
8. Jh. v. Chr.

Mit den Beziehungen zu Kreta steht das Heiligtum von Delphi nicht
allein da; es handelt sich eher um eine in Kult und Religion des 8. und
7. Jh. v. Chr. allgemeine Erscheinung [19]. Kretische Werke sind aber in auf-
fälligerer Menge nach Delphi als in andere griechische Heiligtümer außerhalb Kretas gekommen. So die Dreifußkessel [20], die vierseitigen Untersätze
mit den durchbrochenen Reliefs (Abb. 54) [21] und die bekannte Jünglings-
statuette (Abb. 55) [22]; auch die reichverzierten kretischen Waffen sind mit
einem Helm [23] und möglicherweise zwei Schilden (Abb. 56) [24] vertreten.
Von dem alten Kultbild des Apollontempels, das von kretischen Künstlern
aus Holz verfertigt worden war, berichtet Pindar (Pyth. 5, 51 ff.) [25].
     Nicht nur für kretische Weihungen, auch für Weihungen aus Zypern ist
Delphi nach den Funden und den literarischen Überlieferungen der promi-

Abb. 55   Statuette eines Jünglings. Bronze, kretisch, um 620 v. Chr.

Abb. 56   Schild, orientalisch oder kretisch, 8./7. Jh. v. Chr.

nenteste Fundplatz auf dem griechischen Festland[26]. Soweit wir dabei
Namen fassen können, handelt es sich um Griechen, doch sind auch Ge-
schenke von nichtgriechischen Zyprern, die Beziehungen zur griechischen
Welt pflegen wollten, denkbar.

Zum unmittelbaren Verkehrsbereich von Delphi gehören nach Keramik-
und Bronzefunden seit dem 8. Jh. v. Chr. Thessalien und Euböa[27], Böotien[28] und vor allem Korinth[29]. Keramik aus Athen ist dagegen selten[30].
Der Herkunftsbereich einzelner Votivbronzen reicht in dieser Zeit sogar
schon bis nach Illyrien[31] und Italien[32]. Die Funde werden durch literarische Zeugnisse von frühen Weihgaben aus Korinth[33] und Thessalien[34]
ergänzt.

Die Zeugnisse für die Beziehungen nach Kleinasien gehen mit Midas von

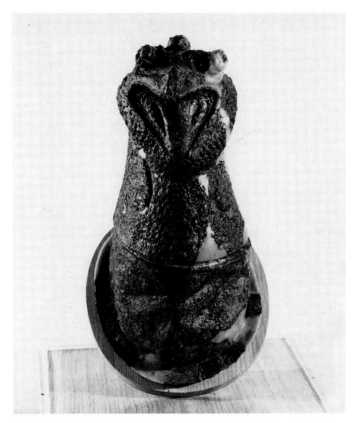

Abb. 57 Greifenprotome aus getriebener Bronze von einem Votivkessel.
Um 700 v. Chr.

Phrygien ebenfalls in das 8. Jh. v. Chr. zurück, im 7. Jh. v. Chr. folgt Gyges
von Lydien mit sechs goldenen Krateren: Herodot (1, 14) beschreibt die
Richterstuhlweihung des Midas, die bei den „Gyges-Geschenken" aufgestellt war. Diese Tradition ist als Fälschung delphischer Priester erklärt worden[35]. Die Funde zeigen aber, daß es frühe Verbindungen nach Kleinasien
gab, auch wenn die Tradition über die königlichen Votive spätere Erfindungen wären. Aus Phrygien stammt eine Gürtelschnalle dieser Zeit[36]. Unter
den mutterländischen Stiftern ragt im 7. Jh. v. Chr. Kypselos von Korinth
hervor[37].

Zu diesen literarischen Zeugnissen treten die Funde von orientalischen
Weihgeschenken der Zeit seit etwa 700 v. Chr., wie die bronzenen Kessel-
verzierungen in Form von Greifenprotomen (Abb. 57)[38] und Sirenenat-

Abb. 58   Doppelköpfige „Sirenenattasche" von einem orientalischen Kessel,
um 700 v. Chr.

taschen (Abb. 58)[39]. Die „phönizischen" Metallschalen[40] sind wohl z. T.
in Zypern hergestellt; dagegen vermutlich eher in den Mutterstädten
der phönizischen Küste die kunstvoll gravierten phönizischen Tridacna-
muscheln, von denen sich in Delphi mehrere Stücke gefunden haben[41].
Dazu kommen manche Weihgaben an Waffen und anderen Geräten aus Gegenden, wo sich orientalische und griechische Kultur begegneten und
mischten, aus Kreta und Zypern. Andere Denkmäler der Zeit sind nicht sicher als orientalische Importe gedeutet, da orientalische Künstler auch in
Griechenland selbst arbeiteten und dort nachgeahmt wurden. Der fein gearbeitete Rinderkopf[42], der einst wohl ein Möbel schmückte, geht auf

Abb. 59   Applik mit dem Kopf eines Rindes. 7. Jh. v. Chr.

orientalische Typen zurück (Abb. 59), ist aber sicher eine griechische Arbeit. Zu den kriegerischen Siegesdenkmälern, mit denen sich das Heiligtum füllte, gehören nicht nur Bauten und große Monumente, sondern
auch die Waffenweihungen.

Die Schilde an den Metopen des Tempels als Weihungen von Marathon
und Plataiai (490 und 479 v. Chr.) könnten zunächst die originalen Beutewaffen gewesen sein. Bei dem Neubau nach 373 v. Chr. erscheint dies fraglich: Die damaligen Schilde sind wohl eher zur Verwendung als Schmuck
am Außenbau eigens angefertigt worden; oder konnten Beuteschilde nachträglich vergoldet und nach über 150 Jahren Anbringung am Außenbau im
Jahr 339 v. Chr. noch für den Neubau wiederverwendet werden[43]? Beute-
waffenweihungen sind in der Halle der Athener und in der Westhalle bezeugt; ob es Tropaia, frei aufgestellte Denkmäler aus Beutewaffen, gab, wie
auf den Stadionwällen von Olympia, ist in Delphi nicht zu ermitteln. Trotz
der im Vergleich zu Olympia ungünstigen Erhaltungsbedingungen sind

Abb. 60　Korinthischer Helm. Frühes 7. Jh. v. Chr.

ansehnliche Waffenfunde zutage gekommen, wie z. B. ein altertümlicher korinthischer Helm (Abb. 60) [44] und Schildteile [45].

Im Verlauf des 7. Jhs. v. Chr. nimmt auch das Bauwesen in Delphi einen großen Aufschwung, an dem auswärtige Stiftungen und Bauleistungen einen bedeutenden Anteil hatten. Die ältesten, großformatigen und im freien aufgestellten figürlichen Denkmäler können wir seit dem Beginn des 6. Jhs. v. Chr. verfolgen.

Im 6. Jh. v. Chr. stehen Alyattes und Kroisos als prominenteste Stifter in der Tradition der Orientverbindungen [46]. Als Relikt der alten Weihgeschenkpracht sah Pausanias noch den Ständer aus Schmiedeeisen, den Glaukos aus Chios für den Silberkrater des Alyattes gefertigt hatte (Herodot 1, 25; Pausanias 10, 16, 1–2) [47].

Die Weihgeschenke des Kroisos bestanden nach Herodot (1, 50 f.) [48] aus unglaublichen Mengen von Gold, Elektron und Silber; der Bericht ist aber so eingehend, daß er auf offiziellen Inventarangaben beruhen muß.

Herodot nennt zuerst einen Löwen von 10 Talenten Gewicht (rund
260 kg) auf vier insgesamt ebenso schweren Sockelplatten (ἡμίπλινθοι), alles
aus Gold; als Basis eine Pyramide von 113 entsprechenden Platten aus Elektron. Beim Tempelbrand von 548/47 v. Chr. waren 3½ Talente vom Löwen
abgeschmolzen. Es folgen zwei Kratere, aus Gold bzw. Silber, rechts und
links vom Eingang des Tempels. Der goldene wog 9½ Talente und 12 Minen,
der silberne faßte 600 Amphoren (ca. 18 000 Liter). Dazu kommen vier Sil-
berkrüge, zwei Perirrhanteria (Weihwasserbecken), eine goldene Frauen-
statue von drei Ellen Höhe, viele andere, nicht beschriftete Votive und Silberschalen sowie Halsschmuck und Gürtel der Gemahlin des Kroisos.

Nur ein Teil der Votive war nach dem Wiederaufbau des Tempels in diesen zurückgebracht worden, andere hat Herodot in den Schatzhäusern der
Korinther und Klazomenier gesehen.

Kroisos hat außerdem nicht nur Stiftungen in das Heiligtum des Apollon, sondern auch in das der Athena Pronaia gegeben; Herodot (1, 92) hat
von ihm dort einen großen goldenen Schild gesehen. Eine aus einem Epigramm bekannte goldschwere Weihung war der Mastbaum, den die Stadt
Kyzikos gestiftet hatte[49]. Zu den königlichen Stiftungen zählt auch der
„sehenswerte" Weihrauchständer des Königs Euelthon vom zyprischen
Salamis im Schatzhaus der Korinther (Herodot 4, 162)[50].

Der größte Stifter von allen Menschen in Delphi war also Kroisos; den
ersten Platz unter den Griechen hatte das sizilische Tyrannengeschlecht der
Deinomeniden inne, allen voran Hieron von Syrakus (Bakchylides 3, 17 ff.
63 ff. Vgl. Athenaios 6, 231 E/F; Diodor 11, 26, 7; Anthologia Palatina
6, 214). Die Vorstellung vom Goldreichtum Delphis hat sogar poetische
Vergleiche geprägt: Ein Hymnenschatzhaus im goldreichen Tal des Apollon nennt Pindar sein Siegeslied für Xenokrates aus Agrigent (Pyth.
6, 5 ff.).

Seit 1939 haben wir nicht nur die literarischen Zeugnisse von diesen
Reichtümern, sondern auch einen Schatzfund, der uns eine Anschauung
von solchen Gold-, Silber- und Elfenbeinschätzen gibt. In zwei Gruben
unter der „Tenne" vor der Athenerhalle waren die Reste von kostbaren
Weihgaben aus Gold, Elfenbein, Silber und Bronze rituell bestattet worden[51]: Eine einzigartige Elfenbeinstatuette (Abb. 61), eine monumentale
Stierfigur aus Silberblech (Farbtaf. X und Abb. 62), drei große Götterbilder
(Farbtaf. VIII. IX Abb. 62), reiche Elfenbeinschnitzereien von Kästchen-
oder Möbelschmuck (Abb. 64) und drei hervorragende Werke der Bronze-
kleinplastik (Abb. 65. 32. 33), daneben aber auch einfache Lanzen- und
Pfeilspitzen. Diese Weihgabenreste dürften Ende des 5. oder Anfang des

Abb. 61 Elfenbeinstatuette des Apollon mit einem Löwen. Ostgriechisch oder
westl. Anatolien, spätes 8.–7. Jh. v. Chr.

Abb. 62   Große Stierfigur aus Silberblech mit Vergoldungen. Wohl ostgriechisch, 600/550 v. Chr.

4. Jhs. v. Chr. nach einer schweren Beschädigung unter die Erde gekommen sein: Die Edelmetallblech-Verkleidungen der Figuren waren ohne ihre Holzkerne plattgedrückt in die Gruben gelegt worden; in diesen wurden Brandspuren gefunden, die wohl eine Verwendung von Feuer bei dieser Bestattung, einen vorhergehenden Brandschaden dagegen nicht sicher erschließen lassen. Die Restaurierungen und die wissenschaftlichen Bearbeitungen wurden durch den Krieg unterbrochen. Die meisten Funde wurden zunächst in der Nationalbank von Athen gesichert. Die Silberbleche der großen Stierfigur blieben dagegen, vor den Kriegswirren schlecht verwahrt, in Delphi zurück. Nach Abschluß der Restaurierung wurde 1977/78 vom griechischen Antikendienst ein eigener Raum für die Funde im Museum von Delphi eingerichtet[52].

Bei der Elfenbeinstatuette eines Gottes[53] mit Löwen und Lanze (Abb. 61) handelt es sich um ein Werk mit deutlichen orientalischen Zügen, wohl aus Kleinasien. Es ist vielleicht nicht griechisch, sondern als westanatolisch, vielleicht phrygisch, zu bestimmen und könnte noch aus dem 8. Jh. v. Chr. stammen.

Die Silberblechfigur (in „Sphyrelaton"-Technik) eines Stiers in natürlicher Größe (Farbtaf. X und Abb. 62) bestand aus etwa 50 Blechstücken verschiedener Formate, die mit Silbernägeln auf Kupferstreifen über einem Holzkern montiert waren. Die Stücke sind in einer Rekonstruktion von

Abb. 63   Goldblechreliefs, wohl die Darstellung eines gemusterten Gewandes einer Götterfigur. Ostgriechisch, Mitte 6. Jh. v. Chr.

2,59 m Länge und 1,46 m Höhe vereinigt. Nach einigen Indizien scheint der Kopf, wie dies auf archaischen Stierbildern durchaus vorkommt, zum Betrachter herausgewendet und gesenkt gewesen zu sein. Vergoldet sind die Hörner, die Stirnzotteln, die Nüstern, die Innenseiten der Ohren, die Wamme, die Hufe und die Hoden. Nach der ornamentalen Stilisierung der Wamme ist die Entstehungszeit auf die erste Hälfte des 6. Jhs. v. Chr. zu schätzen. Die Figur ist sicher eine ostgriechische, ionische, vielleicht chiotische Arbeit[54].

Auch die drei lebensgroßen Götterfiguren[55] mit Gold und Elfenbein hatten Körper aus Holz. Die übriggebliebenen Elfenbeinteile sind im Brand stark kalziniert. Aus dem Elfenbein waren die unbedeckten Körperteile, Hände, Füße und Köpfe, gebildet. In Gold gefertigt waren Diademe und Frisuren. Von den Gewändern stammen vielleicht die prunkvollen Goldblechreliefs mit Darstellungen von Tieren und Fabeltieren[56] (Abb. 63), die von silbernen Nägeln mit emaillierten Köpfen gehalten waren. Die elfenbeinernen Einsatz-Gesichter gehörten aber kaum, wie man zuweilen angenommen hat, zu einer zusammenhängenden Dreigöttergruppe, da die Teile nach ihrem Stil aus ganz verschiedenen Kunstzentren stammen[57].

Eine sehr große Anzahl von Elfenbeinrelieffragmenten (es wurden um 2000 gezählt) gehört zu Reliefs in kleinem Format mit figurenreichen mythologischen Darstellungen. Einzelne Szenen sind benannt worden: Die Boreaden vertreiben die Harpyien, die Ausfahrt eines Kriegers (Abb. 64), vielleicht des Amphiaraos. Wegen des Reichtums der Darstellungen fühlt man sich sehr an den von Pausanias (5,17,5–19,10) beschriebenen Schmuck der Kypseloslade in Olympia erinnert. Die zur Bestimmung herangezogenen Elfenbeinarbeiten aus dem Orthiaheiligtum von Sparta wirken gegenüber dem Raffinement der delphischen Funde insgesamt provinzieller[58].

Dazu kommen noch drei Bronzewerke, die allein für uns schon einen Schatz darstellen könnten: die Statuetten eines Doppelflötenspielers (Abb. 32), die Athletendoppelgruppe (Abb. 33) und die Räucherbeckenträgerin in Gestalt eines peplosgewandeten Mädchens (Abb. 65)[59].

Das Ende der goldreichen Epoche brachte der Phokische, sog. „Dritte Heilige Krieg" (356–346 v. Chr.), in dem alle Schätze des Heiligtums für die Söldner verbraucht wurden. Die Geldnot der Phoker war sogar so groß, daß sie eine schlecht verstandene Wendung bei Homer (Ilias 9,404f.) zum Anlaß genommen haben sollen, unter dem Tempel nach Schätzen zu graben (Diodor 16,56,7–8; Strabon 9,3,8 [420 f.])[60]. Der Ort des Schatzes im Heiligtum ist hier mit οὐδός (Schwelle) bezeichnet, doch ist der Zusam-

Abb. 64   Kästchen- oder Möbelreliefs aus Elfenbein mit Darstellung der Ausfahrt
des Amphiaraos, Mitte 6. Jh. v. Chr.

menhang sicher so zu verstehen, daß die Schätze nicht unter, sondern
innerhalb der Schwelle lagen. Man darf hier Schwelle poetisch als *pars pro
toto* für den Tempel oder das ganze Heiligtum mit allen seinen Schätzen
verstehen. Es gab zwar auch Opferstöcke, die im Boden eingelassen waren
und auf die zur Erklärung der Homerstelle verwiesen worden ist[61]. Diese
Formen von Opferstöcken hatten den praktischen Grund, Gelegenheit für
Geldspenden zu geben und diese zugleich zu sichern. Die großen Reichtümer bestanden dagegen in gewiß wohlverwahrtem, aber doch über der
Erde sichtbarem Prunk.

Die geringe Zahl der erhaltenen großen statuarischen Denkmäler wird
ergänzt durch die Statuetten, die deren Typen in Verkleinerung wieder-
geben. Der Typus des „Kuros" [62] (Jünglings, Abb. 66) kann einerseits Offe-
renten vertreten, wie wohl die zwanzig Figuren des oberen Liparerweihge-
schenkes, ebenso aber auch einen Gott darstellen. Zu einer Gruppe mit
dem Raub des delphischen Dreifußes durch Herakles gehört die Apollon-
statuette[63], deren Stil Funden von der Athener Akropolis nahesteht
(Abb. 67).

Nur für wenige der Stiftungen sind friedliche Anlässe bekannt. Siphnos
hatte sein Schatzhaus vom Zehnten des Gewinns aus den Silberbergwerken

Abb. 65   Karyatide mit Weihrauchgefäß, Bronze, 460/450 v. Chr.

gestiftet, der große Thunfischfang der Kerkyräer ergab ein Stiermonument als Dank. Dazu kommen die Siegesmonumente für die Wettkämpfe zu den Heiligtumsfesten, die Pausanias aber (im Gegensatz zu seinen ausführlichen Beschreibungen in Olympia) bewußt übergeht. Aus friedlichem Gewinn wurden auch Hetärenvotive, die Bratspieße der Rhodopis (Herodot 2, 135) und die Statue der Phryne (s. u. S. 150) dargebracht.

Die große Kroisosweihung stand nach den Berichten Herodots im Zusammenhang mit kriegerischen Unternehmungen, aber nicht als Dankes-

Abb. 66   Statuette eines Jünglings. Bronze, lakonisch, 530/520 v. Chr.

Abb. 67 Statuette des Apollon im Dreifußstreit. Bronze, attisch, 480/470 v. Chr.

weihung, sondern als Bittgeschenk für den glücklichen Ausgang des geplanten Waffenganges gegen die Perser. Die Weihung wurde im Rahmen eines Festes mit Hilfe einer Kollekte von Kostbarkeiten bei den lydischen Vornehmen aufgebracht; die Gaben wurden auf einem großen Scheiterhaufen dargeboten.

Bis in die Zeit Alexanders d. Gr. war die Mehrzahl der prominenten Monumente vorwiegend Ausdruck der kriegerischen Konflikte. Man kann sich vorstellen, daß die Massenhaftigkeit der Siegesweihungen manchmal mehr Last als Ehre für das Heiligtum bedeutete: Wo hat man die 2000 Schilde gelassen, die von den Phokern nach ihrem Sieg über die Thessaler nicht lange vor 480 v. Chr. gestiftet worden sind (Herodot 8,27)? Konnten solche Waffen, wenn sie noch brauchbar waren, etwa wie die Häute von Opfertieren verkauft werden? Eine friedliche Wiederverwendung von Waffenweihungen verdient hervorgehoben zu werden: Es handelt sich nicht um Pflugscharen aus Schwertern (Jes. 2,4), auch nicht um Kochtöpfe aus Helmen oder die anderen Vorschläge des Komödiendichters Aristophanes (Frieden 1210 ff.), sondern um die originelle Wasserleitung aus sieben zusammengesteckten Beinschienenpaaren[64].

Die großen Siegesweihungen des 5. und 4. Jhs. v. Chr. stammen zunächst aus den Kämpfen gegen die Perser[65], Etrusker und Karthager[66], dann aber aus den Konflikten um die Vormacht in Griechenland: Man hat sehr anschaulich von einem „Denkmälerkrieg"[67] gesprochen, der das wechselnde Kriegsglück von Athen, Sparta, Argos, Theben und ihren Verbündeten darstellt. Olympia und Delphi sind sogar als „Museen des nationalen Hasses" apostrophiert worden[68]. Auch in der Zeit der hellenistischen Königreiche fehlt es nicht an Denkmälern sowohl aus innergriechischen Kriegen als auch von einem Abwehrkrieg gegen Eindringlinge von außen. Die wichtigsten sind das aitolische Denkmal für den Keltensieg von 278 v. Chr. (vgl. Abb. 17) und das Denkmal des Achäischen Bundes für Philopoimen nach der Schlacht von Mantineia (207 v. Chr.). Die Errichtung der römischen Herrschaft in Griechenland brachte als letztes kriegerisches Denkmal das des Aemilius Paullus für seinen Sieg über den Makedonenkönig Perseus bei Pydna 168 v. Chr. (vgl. Abb. 18) ins Heiligtum.

Die Weihungen von Statuen in hellenistischer Zeit haben meist nicht mehr den Charakter von Kriegsdenkmälern. Sie sind Ausdruck der Herrscherverehrung, der diplomatischen Beziehungen, teils dabei auch Dank der Stadt, der Amphiktionen oder des Aitolischen Bundes für die dem Heiligtum erwiesenen Wohltaten. Dazu kommt die Gattung des Familiendenkmals[69] mit dem Weihgeschenk des Daochos als prominentestem Beispiel;

die Gedichte auf dem Sockel rühmen friedliche Taten, Wettspielsiege und gerechtes Regiment, kriegerische Tugenden sind nur beiläufig erwähnt. Bei den Weihungen unter der römischen Herrschaft haben kriegerische Erfolge in den Titulaturen der Kaiser nicht mehr die vornehmste Rolle gespielt. Der Baugrund im Heiligtum wurde seit dem 5. Jh. v. Chr. knapp; die letzten Schatzhausbauten stammen aus den 4. Jh. v. Chr. Die Stiftung der Attalosterrasse konnte nur teilweise auf dem Gelände des Heiligtums errichtet werden. Für das Geltungsbedürfnis großer Weihungen wurde das hochragende Pfeilermonument die wichtigste Ausdrucksform. Schon in archaischer Zeit war die hoch auf eine Säule gestellte Figur als Denkmalform geschaffen worden (vgl. Abb. 15. 43. 71. 86); ihre Erscheinung war von freier Leichtigkeit bestimmt. Die hellenistischen Pfeilermonumente verbinden dagegen diese hohen Figurenaufstellungen mit massiveren Trägern, als ob sie sich durch ihre Massivität gegeneinander behaupten wollten.

Die Pflege und Erhaltung des Heiligtums war Sache der Amphiktionen, wie aus den Inschriften zu dem Bau des Tempels, der Temenosmauern und anderer Anlagen zu ersehen ist. Doch wurde wohl auch erwartet, daß Stifter nicht nur für die Schaffung, sondern auch für den Bestand ihrer Monumente sorgten; so haben die Amphiktionen den chiotischen Hieromnemonen Leochides u. a. wegen der Erhaltung des Altares geehrt, den seine Stadt einst gestiftet hatte[70]. Auf die Pflege und Restaurierung schadhafter Denkmäler wurde nicht wenig Mühe verwendet. Erneuerungen von verwitterten Inschriften sind allgemein; bei der Restaurierung des Denkmals für den Astronomen Kallippos aus Kyzikos wurde dabei die Basis auf den Kopf gestellt und umgedreht[71].

Manche der Denkmäler hatten keinen langen Bestand. Ihrem Zerfall legte man gern die Bedeutung von Schicksalszeichen bei; so wurden die heruntergekommenen Monumente Symbole der Eitelkeit und Vergänglichkeit des Machtstrebens (Plutarch, De Pyth. orac. 7f., 397 E/F und Lys. 18). Der Tod des Hieron von Syrakus wurde durch den Sturz seiner Bronzesäule angezeigt. Als Omen für die Niederlage Athens in Syrakus 413 v. Chr. fielen die goldenen Datteln von der Palme, die Kimon nach dem Seesieg am Eurymedon (ca. 465 v. Chr.) gestiftet hatte. Am reichsten wurde der Fall der spartanischen Macht in der Schlacht von Leuktra 371 v. Chr. ausgeschmückt: Die goldenen Sterne der Lysanderweihung für die Schlacht von Aigos Potamos verschwanden, die Statue des Spartaners Hieron verlor ihre Augen, und das Gesicht der marmornen Lysanderstatue wuchs mit Gestrüpp zu.

Eine beliebte Art von moralisierenden Anekdoten beschäftigte sich mit der Zerstreuung der Heiligtumsschätze und den Strafen für deren Raub durch die Phoker in ihrem Krieg 356–346 v. Chr. Hier wurde das Thema des Sprichwortes „Unrecht Gut gedeiht nicht" mit vielen Beispielen variiert. Der Kranz von der Apollonstatue der Knidier ging z. B. durch Philomelos an die Tänzerin Pharsalia. Geschichten dieser Art hat Theopomp in seinem Werk ›Über die in Delphi geraubten Schätze‹ gesammelt (Athenaios 6,233).

Typisch für solche Betrachtungen ist eine merkwürdige Nachricht bei Pausanias (10,2,6), die man sich gut als Erzählung von Fremdenführern für die Heiligtumsbesucher vorstellen kann. Es gab die Figur eines zum Skelett ausgezehrten Kranken und dazu die Geschichte vom phokischen Anführer Phayllos, der im Traum als Unheilszeichen seine Ähnlichkeit mit der Figur bemerkt habe und dann an der dargestellten Auszehrung gestorben sei. Als Erklärung ist die Weihung eines Arztes vermutet worden [72]. Die als Vergleich herangezogene Bronzestatuette (jetzt in Harvard) ist aber neuerdings anekdotisch-literarisch als Liebeskummerdarstellung gedeutet worden [73]. Zu einem solchen Liebhaberthema würden die klassizistischen Züge des Kopfes gut passen; das Motiv gehört aber kaum in ein Heiligtum. Vielleicht handelte es sich dort einfach um eine hellenistische Dichter- oder Gelehrtenstatue, denn es ist bezeugt, daß man durch körperliche Auszehrung das Aufgehen in geistiger Arbeit hat darstellen lassen. Es gab die Statue des hellenistischen Dichters Philitas von Kos [74], der sich nach Athenaios (9,401 E) an einem der megarischen Trugschlüsse zu Tode gesonnen haben soll. Schon im 6. Jh. v. Chr. zeigen die hageren Schreiberfigurweihungen auf der Akropolis in Athen eine Erscheinung, die in deutlichem Gegensatz zum athletischen Ideal der Zeit steht [75].

Angesichts der traurigen Zeugnisse für die Kämpfe von Griechen gegen Griechen läßt Plutarch seine gelehrten Besucher des Heiligtums zu dem Schluß kommen, die Statuenweihung einer Kurtisane, der Phryne, sei weniger anstößig als die Denkmäler für das gegenseitige Blutvergießen (Plutarch, De Pyth. orac. 14. 15,400 F–401 E; vgl. Athenaios 13,591 B).

Schließlich glossierte sogar ein erbauliches Epigramm die wechselnden Geschicke der Denkmäler, ihr Hin und Her zu Reparaturen und Neuaufstellungen: „Alt sind die Weihgeschenke für Apollon hier, doch jung die Sockel: dieser hier ist zwanzig Jahr, der sieben Jahr, der fünf, der zwölf und dieser gar zweihundert Jahre jünger als sein ihn krönendes Standbild: Durch Rechnung hat man die genaue Zahl entdeckt" (Anthologia Palatina IX, 436, im zugehörigen Scholion Theokrit zugeschrieben: „ἀρχαῖα τὠπόλλωνι τἀναθήματα/ὑπῆρχεν; ἡ βάσις δὲ τοῦ μὲν εἴκοσι,/τοῦ

δ'ἑπτά, τοῦ δὲ πέντε, τοῦ δὲ δώδεκα/τοῦ δὲ διηκοσίοισι νεοτέρη ἥδ'
ἐνιαυτοῖς./τόσσος δ' ἀριθμὸς ἐξέβη μετρουμένος" [Übers. H. Beckby]).
Die Veränderungen und Reparaturen sind auch an den Sockeln und ihren
Verklammerungen zu erkennen. Bei größeren Weihgeschenkbasen mußten die Eckblöcke am ehesten nachträglich gesichert werden. Eines der Beispiele ist die Basis des Wagenlenkers[76].

Bei solchen Zuständen mögen sogar Abtransporte als Sicherung und Erhaltung begründet worden sein. Nach Dion Chrysostomos (31, 148) und
Pausanias (10, 7, 1) hat Nero zum Schmuck von Bauvorhaben 500 Statuen
weggebracht. Trotz dieser Wechselfälle war Delphi zur Zeit des Plinius
noch für seinen Reichtum an Statuen und Kunstwerken berühmt (N. h.
34, 36: nicht weniger als 3000 „signa"). Doch ist dies kein genaues histori-
sches Zeugnis. Ausgangspunkt ist der Bericht des C. Licinius Mucianus
von nicht weniger als 3000 „signa" auf Rhodos. Zwar ist im Zusammenhang von großen Bronzewerken die Rede, doch bedeutet „signum" ein
Bildwerk gleich welcher Größe und Technik. Nach Rhodos folgen dieselben
pauschalen Angaben über Delphi, Olympia und Athen, mit dem unbe-
stimmt relativierenden Prädikat „credunt" (man glaubt). Die Bezugszahl
von 3000, die es hierbei zu übertreffen galt, ergab sich aus dem Vergleich
mit der Bühnenausstattung von 3000 „signa", die der Aedil Marcus Scau-
rus für eine temporäre Theateranlage aufgeboten hatte. Zu dieser Art von
Berechnungen paßt auch die Anekdote bei Plinius in demselben Abschnitt,
nach der Lysipp 1500 Statuen gearbeitet haben soll.

Allgemein üblich war in römischer Zeit die Umwidmung älterer Statuen
zur Ehrung von Zeitgenossen, wogegen Dion Chrysostomos seine bekannte 31. Rede an die Rhodier gehalten hat[77].

Es darf aber nicht nur hervorgehoben werden, wie schwer die alten Bauten und Monumente zu erhalten und womöglich weiter zu nutzen waren,
wie sie dabei zum Teil verfielen und verkamen. Es muß auch betont werden, daß in der spätantiken und frühchristlichen Zeit für Delphi neue
Werke von Rang geschaffen wurden. Davon zeugen einige vorzügliche Por-
trätwerke und der prächtige Schmuck der ersten christlichen Kirchen.

Schatzhäuser und Hallen

Die Bauten im Heiligtum sind nach Bauherren und Bestimmung zu
unterscheiden. Die Kultgemeinschaft der Amphiktionen kam für Tempelbauten, Umfriedungen, Terrassierungen, Wege und Wasserversorgung

auf. Der Tempel diente nicht nur als Wohnung des Gottes, sondern auch zur Unterbringungen von Weihgaben. Die Amphiktionie wurde dabei gelegentlich von Stiftern unterstützt, die solche Allgemeinaufgaben übernahmen. Das wichtigste Beispiel ist die Stiftung des großen Altars durch die Chioten.

Die Menge der Weihgaben und die Bedürfnisse der auswärtigen Gemeinden, die am Kult in Delphi teilnahmen, veranlaßten daneben Stiftungen von vielen Bauten, mit denen sich das Heiligtumsgelände nach und nach füllte. In erster Linie handelt es sich um „Oikoi" (Häuser) oder spezieller um „Thesauroi" (Schatzhäuser). Beide Begriffe kommen in der antiken Überlieferung vor und sind nicht genau gegeneinander abzugrenzen. Die geläufige Übersetzung von „Thesauros" als „Schatzhaus" ist wohl zu einseitig, wird hier aber als konventionelle Bezeichnung beibehalten. Bei der Bezeichnung „Thesauros" dachte man auch in der Antike zuerst an die Aufbewahrung von Schätzen. Strabon führt (9, 3, 4) als Zeugen der vergangenen Größe des Heiligtums Schatzhäuser an, „die Staaten und Fürsten errichtet haben, in die sie die geweihten Gelder und die Werke der besten Künstler deponierten"[1]. Pausanias (10, 11, 1) greift das Thema mit der etwas ironischen Bemerkung auf, daß zu seiner Zeit in den Schatzhäusern keine Schätze mehr zu finden waren. Doch ist aus anderen Quellen bekannt, daß „Thesauroi" nicht nur zur Aufbewahrung von Schätzen, sondern auch von praktischem Gerät und Material dienten[2].

Diese Schatzhäuser waren kapellenartige Bauten meist mit Vorhalle oder Vorraum, teils mit reichem Fassadenschmuck durch Säulen und Figuren, teils auch ganz schlicht. Die Stiftungen von solchen Schatzhäusern reichen vom 7. bis in das 4. Jh. v. Chr. Der Bautypus der Halle tritt erst seit dem 5. Jh. v. Chr. im Heiligtum auf. Die offenen Säulenhallen boten Pilgern und auch Weihgaben Wetterschutz. Hierbei sind die offenen Säulenhallen von dem geschlossenen Bau der Knidierhalle (s. u. S. 178 ff.) zu unterscheiden, die im Griechischen „Lesche" (Versammlungshaus) und nicht „Halle" (Stoa) hieß.

Die Menge der Schatzhausbauten[3] bildete einen Inbegriff des delphischen Heiligtums; 28 Fundamente, die hierzu in Frage kommen, sind zu zählen[4]. Selbst Olympia erreichte nicht einmal die Hälfte dieser Zahl. Nur ein kleiner Teil dieser Bauten ist mit Namen, Standort und Aufbau genauer bekannt, doch sind auch die übrigen verstreuten Reste noch eindrucksvoll und aufschlußreich. Die meisten der Schatzhäuser waren aus dem Poros der Gegend von Korinth und Sikyon errichtet. Seit etwa der Mitte des 6. Jhs. v. Chr. kamen einige prunkvolle Bauten der kykladischen Marmorarchitektur hinzu[5]. Als Stifter von kostbaren Marmorbauten trat dann seit dem frühen 5. Jh. v. Chr. Athen auf. Das attische Bauwesen hatte schon im frühen 6. Jh. v. Chr. (vgl. o. S. 104) Anregungen von der kykladischen Baukunst bekommen und im 5. Jh. v. Chr. in der Marmorbaukunst eine führende Stellung erreicht.

Eine ältere Gruppe von Porosbauten wurde durch die Tempelterrasse nach 548/47 v. Chr. überbaut[6]. Nach den Ähnlichkeiten der Bauformen dürften ein Bau westlich vom Athenerschatzhaus, das Knidierschatzhaus und das „Buleuterion" (Plan 228 [IX], 219 [XXV], 221 [XXVI]) in dieselbe Zeit gehören. Eine Vorstellung vom Umfang der Bautätigkeit in dieser frühen Zeit[7] geben die Ziegel aus Ton und Marmor, bei denen 30–40 Dächer zu unterscheiden sind[8].

Die älteste bekannte Stiftung eines Bauwerkes überhaupt ist das Schatzhaus des Kypselos (Mitte bis Ende 7. Jh. v. Chr.), das die Korinther nach dem Sturz der Tyrannis zur eigenen Weihung erklärten (Plan 308 [Oikos XXIV])[9]. Das 6. und das beginnende 5. Jh. v. Chr. ist die Glanzzeit der Schatzhausbauten. Zu dieser älteren Gruppe gehören auch die beiden Bauten von unbekanntem Standort, deren Material, rund 700 Werkstücke, umfassend und systematisch gegen 500 v. Chr. im Sikyonierschatzhaus verbaut worden ist[10].

Die Ausrichtung der Schatzhausfundamente ist weder einheitlich noch streng. Der Verlauf der sog. „Heiligen Straße" erweckt den unzutreffenden Eindruck einer Raumplanung des Heiligtums entlang eines Hauptweges, der vom Eingang im Südosten mit einer Kehre im Westen zum Tempel anstieg. Die Straße ist aber nur im unteren Teil antik, der Anstieg nach der Kehre geht auf die Anlage des byzantinischen Dorfes zurück. Der Zusammenhang der antiken Wege ist hier durch Zerstörungen und Überbauungen sehr verunklärt. Der Heilige Bezirk hatte insgesamt aber (mit dem Theater) neun Zugänge und wohl ein entsprechendes Wegenetz, in das sich die Bauten zwanglos, ohne eine übergreifende Regelmäßigkeit einfügten. Die „Heilige Tenne" bildet ein gewisses Zentrum, um das sich die Bauten der Umgebung in einem weiten Kreis und in lockerer Ausrichtung, teils auf den Platz, teils hangabwärts gerichtet, scharten[11].

Die meisten Schatzhausbauten stammen aus der großen Neubauphase des Heiligtums in der Zeit vom Tempelbrand 548/47 v. Chr. bis zum Beginn des 5. Jhs. v. Chr. Die Gebälke zeigen in ihren Maßen und Ornamenten z.T. noch altertümliche, unkanonische Formen[12]. Wegen der schlechten Erhaltung sind die Bestimmungen der Bautypen oft nicht mehr sicher. Hervorzuheben sind als einzigartige oder seltene Bauformen Tholos, „Monopteros" und der Apsidenbau.

Sowohl die ionischen als auch die dorischen Schatzhäuser lassen eine
Konkurrenz in der Steigerung des künstlerischen Schmucks und in den
ausgesuchten Baumaterialien erkennen. Sie waren zwar klein im Verhältnis zum Tempel [13]; einige von ihnen übertrafen ihn aber durch den
Schmuck ihrer Friese und die allgemeine Verwendung von Marmor, der am
damaligen Tempel nur den einen der beiden Giebel, die Giebelaufsatzfiguren und den Dachrand auszeichnete.

Der im Sikyonierschatzhaus [14] verbaute „Monopteros" ist der älteste
Bau, von dem figürlicher Schmuck erhalten ist. Die Metopenreliefs
(Abb. 68–69) mit den erfrischend erdachten Sagenbildern bestehen aus
feinstem sikyonischen Kalkmergel; die zierliche, zugleich mit verbaute
Tholos ist nach Bauformen und Material eng verwandt. Da diese beiden
Bauten [15] das Baumaterial für die Fundamente des späteren sikyonischen
Schatzhauses geliefert haben, ist auch für sie eine Stiftung aus Sikyon
anzunehmen [16]; man hat dabei an den Tyrannen Kleisthenes gedacht [17].

Die Tholos hatte einen Stylobat von 6,32 m Durchmesser bei einer Cella-
weite von 3,54 m mit einem Kranz von 13 dorischen Säulen. Der Umgang
war schmal, mit ca. 50–60 cm Breite kaum zu begehen. Die Architravblöcke darüber wurden zur Erleichterung trogartig ausgehöhlt. Darauf lag
ein Fries mit je 20 Triglyphen und Metopen. Die Achsen der Säulen
„rutschten" also gegenüber denen der Triglyphen ringsum immer ein
Stückchen weiter. Die Säulenordnung zeichnete sich gegenüber anderen
Bauten der Zeit durch eine große Leichtigkeit aus und erinnert darin an
Bauten, wie sie in Vasenmalereien dargestellt sind. Das Gebälk dagegen ist
insgesamt sehr hoch und schwer; der Architrav (54,5–55,5 cm) fällt gegenüber dem Triglyphen-Metopenfries (64,3–65,5 cm) verhältnismäßig
niedrig aus.

Auch sonst wies der Bau für den dorischen Stil ganz ungewöhnliche Details auf: Die Regulae und die Mutuli des Geisons sind glatt, ohne Tropfen
gearbeitet. Vielleicht hat man wegen des kleinen Formates der Bauglieder
auf diese Details verzichtet. Der „Monopteros" ist in diesen Punkten kano-
nischer; er zeigt auch bei dem „Eckkonflikt" das Bestreben, Säulen und
Triglyphen in ein bestimmteres Verhältnis zueinander zu bringen. Auch in
den Kapitellformen wirkt die Tholos etwas altertümlicher als der „Monopteros".

Bei dem „Monopteros" schließen die geringen Außenmaße (4,18 x
5,47 m) einen geschlossenen Raum innerhalb einer Säulenstellung aus, da
dieser nur noch eine Breite von 0,80 m gehabt haben könnte. Das Bauwerk
muß also die Form eines freistehenden Baldachins [18] gehabt haben. Die Ar-

Abb. 68 Rinderraub der Leukippiden. Metope eines archaischen Schatzhauses,
um 560 v. Chr., um 500 v. Chr. am Sikyonierschatzhaus verbaut.

chitrave sind durch eine Ausnehmung in ihrem oberen rückwärtigen Teil
leichter gemacht, so daß sie mit einem L-förmigen Querschnitt nur nach
vorn und unten ihre volle Stärke haben. In die Ausnehmung dürfte Holz-
werk eingepaßt gewesen sein.

Der Fries war mit ungewöhnlich breiten, figurenreichen Metopen geschmückt (Abb. 68–69). An den Schmalseiten saßen je drei, an den Langseiten je vier von diesen Platten. Sie waren nach dem Abbruch des Baues
mit der Rückseite nach oben südlich des Schatzhauses wie ein Pflaster in
den Grund gebettet worden. Mehr oder weniger vollständig oder doch in
den Hauptzügen rekonstruierbar sind die folgenden Metopenbilder: Europa auf dem Stier (Abb. 69), die Argonauten mit ihrem Schiff (auf drei
Platten verteilt)[19], der Kalydonische Eber (zu dem rechts und links Platten
mit den Jägern zu ergänzen sind) und der Rinderraub der Apharetiden und
Dioskuren (Abb. 68). Zu Phrixos auf dem Widder wird das Fragment mit
den charakteristischen Fellzotteln gehört haben.

Die Rinderräuber sind durch Namensbeischriften erklärt: die Dioskuren

Abb. 69 Europa auf dem Stier. Metope eines archaischen Schatzhauses, um 500 v. Chr. am Sikyonierschatzhaus verbaut.

Kastor und Polydeukes und der Apharetide Idas. Die regelmäßige Komposition erlaubt die Ergänzung seines Bruders Lynkeus im fehlenden linken Teil der Platte. Die beiden Brüderpaare sind hier noch einträchtig vor ihrem tödlichen Streit (um die Beute oder um die Leukippostöchter) gezeigt.

Der Metopenfries des „Monopteros" ist nach auffällig unterschiedlichen Prinzipien komponiert. Einige der Metopen stellen inhaltlich und formal in sich abgeschlossene Bilder dar, wie die Europa auf dem Stier und wohl auch die Phrixosplatte. Wenigstens formal in sich geschlossen ist das prächtige Eberbild, zu dem aber rechts und links wohl je eine Platte mit den Jägern zu ergänzen ist. Bei einer dritten Art der Darstellung wird ein friesartiger Bildzusammenhang durch die vorgesetzten Triglyphen abgeschnitten, als sollte die Darstellung eigentlich unter ihnen durchlaufen. Der kühne Beschnitt der Motive erinnert an Bildkompositionen in der lakonischen Schalenmalerei.

Bei der Rinderraubmetope sind vorn die Lanzen, hinten die letzten Rinder abgeschnitten. Dieser ausschnitthafte Charakter scheint die Menge der Rinder hervorzuheben, deren tiefe Staffelung so wirkungsvoll ausgearbeitet ist. Geradezu verblüffend wirkt der Gegensatz der strengen Profilfigu-

Abb. 70   Karyatide vom Schatzhaus der Knidier, um 550 v. Chr.

ren und der frontalen Rinderköpfe, die über die barriereartigen Lanzen wie aus einem Gehege herausschauen. Noch erstaunlicher ist die Darstellung der Argonauten mit ihrem Schiff, für dessen Länge eine Metope nicht ausreichte und das daher einfach auf drei verteilt wurde[20].

Es folgen die Marmorbauten von vier Schatzhäusern im ionischen Stil[21]: Sicher identifiziert ist das von Knidos, das bereits durch Karyatiden anstelle von Säulen ausgezeichnet war (Abb. 70; Plan 219 [Oikos XXV])[22]; es ist der älteste Bau dieser Gruppe. Es folgen die drei jüngeren Bauten, deren zeitliche Reihenfolge nicht deutlich ist. Eines dieser drei Schatzhäuser, das in der Marmaria, ist wohl richtig als Stiftung der Massalioten bestimmt (Abb. 98 [Mitte]. 101). Von den beiden übrigen erscheint die konventionelle Benennung des einen als Schatzhaus von Klazomenai als angreifbar [23], denn die Bauformen sind jünger als das aus der Überlieferung ersichtliche Baudatum vor dem Tempelbrand von 548/47 v. Chr.; für die erhaltenen Baureste konnte der Standort im Heiligtum noch nicht gefunden werden. Von der Baugruppe am besten bekannt ist dagegen das Schatzhaus von Siphnos.

Es handelt sich um eine stilistisch geschlossene Gruppe von Bauten, die eine Leistung kykladischer Bauhütten darstellt; ihr auffälligstes Merkmal ist die Gestaltung des Frieses nicht als Zahnschnitt, sondern als glatte oder reliefverzierte Verschalung der Deckenbalkenzone, die dann in den attisch-ionischen Baustil übernommen wurde [24]. Das älteste Werk kykladischer Bauleute in Delphi ist die Säule und Sphinx der Naxier. Die Kykladenarchitektur wurde aber nicht nur aus ihrer Heimat nach Delphi geweiht; bis nach Knidos und wohl auch Massalia erstreckte sich der Kreis der Stifter, die Aufträge an kykladische Bauunternehmungen nach Delphi vergeben haben.

Sockel, Mauerabschluß und Dachränder dieser Bauten werden von immer reicheren Ornament- und Bildmotiven umzogen; in den Fassaden können Karyatiden an die Stelle von Säulen treten. Das Palmblattkranz-Kapitell spielt im Stil dieser Gruppe eine besondere Rolle; in Delphi hat von den kykladischen Stiftungen nur die Säule der Naxiersphinx ein ionisches Volutenkapitell. Die Fülle der Figuren- und Ornamentbildungen ersetzt die abstrakten Formen der Bauelemente. Eine innere Verwandtschaft dieses Stiles mit der französischen Spätgotik ist mit der Charakterisierung als «ionique flamboyant» angesprochen worden [25].

Das prächtige Schatzhaus der Siphnier (Abb. 71-77) [26] gilt zu Recht als Inbegriff des künstlerischen Reichtums von Delphi und als Hauptzeugnis für Ehrgeiz und Ruhm der Stifter. Für uns ist es dazu der wichtigste Fixpunkt zur Datierung der griechischen Kunst dieser Zeit [27]. Die beiden wichtigsten antiken Nachrichten beschäftigen sich mit dem Wechsel des Glücks der Siphnier, das mit der Errichtung des kostbaren Baues verbunden war.

Herodot (3, 57) [28] schreibt: „. . . Die Macht der Siphnier aber blühte zu jener Zeit, und sie waren die reichsten unter den Inselbewohnern, da ihnen auf der Insel Gold- und Silberbergwerke gehörten. Sie waren so reich, daß sie von dem Zehnten, der von dort einging, ein so kostbares Schatzhaus in Delphi errichteten, wie es sich nur sehr reiche Leute leisten können. Sie selbst verteilten das in jedem Jahre anfallende Geld unter sich. Als sie das

Abb. 71 Delphi, Altes Museum, südwestlicher Saal: Rekonstruktionen der Sphinxsäule der Naxier und des Siphnierschatzhauses (gegen 524 v. Chr.). Wegen der besseren Erhaltung ist über den Karyatiden statt des Westfrieses der Ostfries angebracht.

Schatzhaus bauten, fragten sie das Orakel, ob das gegenwärtige Glück ihnen lange treu bleiben werde. Die Pythia gab ihnen folgende Antwort: ‚Wird in Siphnos dereinst das Rathaus von leuchtender Farbe, leuchtend weiß auch der Markt, dann tut ein verständiger Mann not, um vor der hölzernen Schar und dem rötlichen Herold zu schützen.'" Dies Orakel wies auf die Plünderung der Insel durch die Samier mit ihren mennigeroten Schiffen hin, die aus ihrer Heimat von Polykrates 524 v. Chr. vertrieben worden waren.

Pausanias (10, 11, 2) gibt eine abweichende Version ohne Intervention der Samier: „Auch von den Siphniern wurde ein Schatzhaus aus folgendem

Grund erbaut. Die Siphnier hatten auf ihrer Insel Goldbergwerke, von deren Erträgen der Gott ihm den Zehnten zu bringen befahl. Als sie aber aus Habgier die Abgabe unterließen, da wurden die Bergwerke vom Meer überflutet und verschwanden."

Nach dem Bericht Herodots ist der Bau durch die samische Geschichte wahrscheinlich auf die Zeit kurz vor 524 v. Chr. datiert. Pausanias übergeht Herodot – der ihm und seinen Leser geläufig gewesen sein muß – mit seinem abweichenden Bericht. Die beiden gleichermaßen moralisch-religiös getönten Versionen wirken widersprüchlich, schließen sich aber nicht unbedingt aus[29]. Unheilankündigung und Ende des Wohlstandes sind bei Herodot nicht im Sinne einer genauen Erfüllung schlüssig. Von der Erpressung durch die Samier in Höhe von 100 Talenten haben sich die Siphnier offenbar wieder einigermaßen erholt. Denn in den Tributlisten des Attischen Seebundes ist die Insel mit hohen Beiträgen von drei, 425/24 v. Chr. sogar neun Talenten veranlagt[30]. Mit Nachforschungen in den Silberbergwerken hat man neuerdings das Ende der Silbergewinnung zu datieren versucht[31]. Das Ende des siphnischen Reichtums scheint jedenfalls durch den samischen Überfall nicht endgültig eingetreten zu sein.

Eine weitere antike Erwähnung, die sich wahrscheinlich, aber nicht sicher auf das Siphnierschatzhaus bezieht, ist das berühmte Chorlied im Ion des Euripides (206ff.) mit der Beschreibung des Weges der Athener Frauen durch das Heiligtum. Hier werden Motive genannt, die man am Tempel, aber auch statt dessen an Schatzhäusern gesucht hat. So kann man die Erwähnung des Gigantenkampfes wohl eher auf den Schatzhausfries als auf den Tempel-Westgiebel beziehen[32].

Der Unterbau des Siphnierschatzhauses (Plan 122 [Oikos III])[33] überragt das spätrömische Niveau der sog. „Heiligen Straße" im Osten um 2,74 m, im Westen um 1,50 m. Das Fundament ist aus statischen Gründen zweiteilig: Das Fundament für den Bau selbst ist horizontal durchgeschichtet, der Terrassenunterbau besteht dagegen aus dem charakteristischen, kurvenpolygonalen Stützmauerwerk. Der bastionsartige Charakter dieser Anlage ist bemerkenswert, ist aber nicht immer richtig beurteilt worden. Für die Annahme einer Toranlage, gar einer Doppelbastion, gibt es keinen Grund; wegen des steilen Gefälles wäre es ein denkbar ungünstiger Platz für einen Eingang. Es handelt sich tatsächlich nur um den Unterbau für das Schatzhaus und seinen Vorplatz. Die Vorplatzterrassierung läßt erschließen, daß die große, vom „Helleniko" gehaltene Terrasse noch nicht aufgeführt war, denn durch sie ist dann, wohl wenig später, die Vorplatzterrassierung überflüssig geworden[34].

Abb. 72   Lesbisches Kyma vom Fries des Siphnierschatzhauses.

Wegen des Anstiegs der „Heiligen Straße" liegt die Eingangsseite nicht wie sonst dem Eintretenden zugewendet, sondern gegen Westen. Das Niveau der Straße ist aus dem Übergang der grob geschichteten Fundamente zu den sorgfältiger behauenen Stein zu ersehen; es ist aber auch zu erkennen, daß man bei Absenkungen des Straßenniveaus mit Nachbearbeitung der veränderten Sichtbarkeit Rechnung getragen hat.

Die künstlerische Leistung basierte auf einer hochentwickelten bautechnischen Organisation, wie schon die Materialbeschaffung zeigt: Außer lokalen Steinen wurden Marmorsorten von drei Kykladeninseln nach ihren unterschiedlichen Eignungen eingeplant und beschafft. Die über einen Meter starken Fundamente sind aus verschiedenen Steinen aus der Umgebung gelegt; die Euthynterie des Schatzhauses ist aus Kalk gearbeitet. Am Oberbau sind die Mauern aus siphnischem Marmor gearbeitet. Die anspruchsvolleren Werkstücke des figürlichen und ornamentalen Bauschmucks bestehen überwiegend aus parischem, in geringerem Umfang auch aus naxischem Marmor. Aus parischem Marmor sind die Bildhauerarbeiten und ein Teil der Bauornamente gearbeitet: der Figurenfries, die Giebelfiguren, die Karyatiden mit Basen und Kapitellen, die Astragale der Mauerbekrönung, die Türkonsolen und vielleicht die Sima. Der naxische Marmor diente für das Türgesims, das ionische Kyma unter und das lesbische (Abb. 72) über

Abb. 73   Götterversammlung und Gespannpferde aus dem Kampf des Achill und
des Memnon (Seite gegenüber), Ostfries des Siphnierschatzhauses.

dem Fries und die horizontalen wie auch die schrägen Geisa. Aus dem ge-
ringeren Marmor von Siphnos sind außer den meisten Mauerquadern
Schwelle, Gewände und Sturz der Tür gefertigt. Dieser Marmor zeichnet
sich durch ein feineres Korn, eine bläuliche Farbe und eine Schichtung
aus, die durch Verwitterung oft glatt wie eine bearbeitete Fläche abge-
sprungen ist[35].

Die Maße des Oberbaues in Form eines Antentempels sind gut 8½ auf
6 m[36]. Die Wandhöhe bis unter das Dachgesims betrug an den Seiten
4,70 m. Die beiden Mädchenfiguren als Karyatiden anstelle von Säulen in
der Fassade sind mit 2,53 m weit überlebensgroß, einschließlich Polos und
Kapitell messen die Figuren sogar 3,24 m. Fundament und Aufbau weisen
gemeinsame bautechnische Merkmale auf. Die Verklammerungen sind mit
Schwalbenschwanzklammern von besonderer Größe ausgeführt, die sonst
in Delphi nicht mehr erreicht wird. Auch die Anathyrose hat eine charakte-
ristische Form mit besonders breitem Rand.

Der Bau ist in allen Teilen reich, mit kraftvollen, z. T. eigenwilligen Formen geschmückt. Der Toichobat unter den Orthostaten trägt als Profil
einen mächtigen Perlstab. Sein Sitz entspricht dem der kleineren Perlstäbe
an den anderen ionischen Schatzhäusern, seine Dimensionen dagegen
deren Torusprofil, das hier allerdings entfällt.

Der Fries ist unten von einem Eierstab über einem Perlstab, oben von
einem lesbischen Kyma über einem Perlstab begleitet. Die herabgebogene
Unterseite der Sima beginnt ebenfalls mit einem Perlstab und hat ein

prächtiges Palmettenornament, ebenso wie die Stirnseite. Zu den Ornamenten tritt in den oberen Teilen der figürliche Schmuck, nicht nur im Fries, sondern auch am Dachrand. An den Schrägsimen der Giebel steht unter den Kästen der Eckakrotere je ein Löwe in Relief vor dem Palmettenornament; diese Löwen marschieren gleichsam die Giebelschräge hinauf, wenden aber ihre Köpfe gegen den Betrachter. An den Traufseiten sitzen im Palmettenband die Löwenköpfe der Wasserspeier. Von den Eckakroteren sind vermutlich die durch Bruch und Verwitterung sehr reduzierten Reste von Niken erhalten; die Einlassungen in den Kästen der Firstakrotere passen dagegen für Figuren wie Kuroi [37].

Die Fassade ist im Aufbau durch die mächtigen Karyatidenfiguren und durch Rosettenschalen am Architrav hervorgehoben. Die Karyatiden sind im Typus der ionischen Korenstatuen mit reich gefälteten Gewändern, Chiton und schräg drapiertem Mantel gehalten. Von dem Figurenpaar sind zwei Stücke der unteren Beinpartie erhalten, die eine symmetrische Bildung beweisen, ein Oberkörper und Kopf mit Polos der einen und ein Kapitellechinus mit Tierkampfrelief der anderen Kore. Die Tür hat eine reiche Rahmung durch ein Palmettenband und einen Perlstab; sie ist außerdem von einem Gesims mit hängenden, reichverzierten Volutenkonsolen bekrönt.

Die Reliefs der Friese (Abb. 73–76) und Giebel wurden insgesamt in Sturzlage um den Bau gefunden, doch sind die Seiten sehr unterschiedlich erhalten. Nord- und Ostseite sind in besserem Zustand, bei den Friesen zu ca. $9/10$ erhalten, wogegen auf der Süd- und Westseite bei den Friesen etwa die Hälfte fehlt. Die Maße des Frieses sind 63 cm in der Höhe und 29,63 m,

Abb. 74 Kampf der Götter und Giganten, Nordfries des Siphnierschatzhauses.

Abb. 75 Detail aus dem Gigantenkampf am Nordfries des Siphnierschatzhauses. Apollon und Artemis kämpfen gegen „Tharos".

d. h. 100 ionische Fuß in der Länge aller vier Seiten. Von den Giebeln ist der östliche relativ vollständig erhalten, der westliche dagegen so gut wie völlig verloren.

Im Ostgiebel schlichtet Zeus den Streit zwischen Apollon und Herakles um den delphischen Dreifuß. Vom Westgiebel stammt wohl ein Fragment mit dem Kopf, der in die Schläfe von einem Pfeil getroffen ist; es könnte sich um die Darstellung des Tityos handeln, der von Apollon und Artemis für seine Zudringlichkeit gegen ihre Mutter Leto bestraft wird; als freie Figurengruppe war dieses Thema von den Chioten etwas unterhalb an der „Heiligen Straße" gestiftet worden.

Die Themen des Frieses sind der Trojanische Krieg im Osten (Abb. 73) und das Parisurteil[38] als seine Vorgeschichte im Westen. Im Nordfries erscheint der Kampf der Götter und Giganten (Abb. 74. 75). Bei der Erklärung der Motive helfen die vielfach erhaltenen Beischriften der Figuren. Diese sind teils im Reliefgrund, teils auf den Standleisten des Ost- und Nordfrieses zu finden. Sie waren ursprünglich mit Farbe verdeutlicht; vorbereitet waren sie durch eine leichte Vorritzung und Vertiefung der Fläche um einige zehntel Millimeter[39].

Der wie der Westfries lückenhafte Südfries (Abb. 76) ist nicht sicher gedeutet. Er zeigt einen Zug von Reitern und Viergespannen, der an einem Altar anhält. Als Handlung ist die Entführung einer Frau zu erkennen, die von einem Helden in einen Wagen gehoben wird. Ein weiteres Fragment mit zwei sehr zerstörten Köpfen könnte zu zwei erschreckten Gefährtinnen der Entführten oder zu einer zweiten Entführergruppe gehört haben. Am wahrscheinlichsten ist die Deutung auf den Raub der Leukippiden.

Der Ostfries zerfällt im Entwurf etwas hart in zwei Szenen, die aber inhaltlich eng aufeinander bezogen sind. Links sitzt die Versammlung der olympischen Götter in zwei Parteien gegeneinander: die den Trojaner freundlichen links, die den Griechen freundlichen rechts. Die rechte Hälfte des Frieses nimmt ein Zweikampf über einem Gefallenen ein. In den sitzenden Gestalten kontrastiert die äußerliche Ruhe der Sitzordnung mit dem Ausdruck von starker Erregung. Zur äußerlichen Ruhe in der linken Frieshälfte treten die Bewegung des Kampfes und die unglaublich lebendig gestalteten Gespannpferde in den größten Gegensatz. Nach den Namensbeischriften handelt es sich um den Zweikampf von Achill und wohl von Memnon[40]; bei der Götterversammlung sind folglich links Eos und rechts Thetis als Fürbitterinnen für ihre Söhne zu erkennen; bei der trojanischen Partei erscheinen noch Ares, Artemis und Apollon, bei der griechischen Poseidon, Athena und Hera. Im unvollständigen Zentrum ist vor dem nur

Abb. 76   Pferdegespanne. Südfries des Siphnierschatzhauses.

teilweise erhaltenen Zeus wohl Hermes zu ergänzen, der dem Göttervater
bei der Psychostasie, der entscheidenden Wägung des Lebens der beiden
Heroen, hilft.

Im Norden schließt der Gigantenkampf an. Er entwickelt sich von Osten
nach Westen mit dem Anstieg der Straße. Am Anfang fertigt Hephaistos
am Blasebalg die Blitze als feurige Waffen für den Göttervater. In den
Kämpfen wechseln die nach rechts vordringenden Götter mit Gruppen von
bedrängten, zurückweichenden oder gestürzten Giganten. Als Schwerpunkte der Komposition sind drei Göttergespanne über den Fries verteilt:
Links wird der Wagen des Dionysos[41] von zwei Löwen gezogen; der eine
reißt einen Giganten wie ein Beutetier durch einen Biß in die Weiche. Er
erinnert an seine packenden Artgenossen in der Löwenjagd Assurbanipals
im Palast von Ninive; hier jedoch erscheint das Tier nicht als vernichtetes
Opfer, sondern als Vernichter. Die Gespanne des Zeus und des Poseidon sind
leider weitgehend verloren.

Nicht alle Szenen können hier, wie sie es verdienten, geschildert werden.
Die Kunst der Komposition soll nur durch einige wenige Hinweise hervorgehoben werden: Sehr wirkungsvoll wird der Raum für die bogenschießenden Letoiden, Apollon und Artemis, durch die Bewegung des fliehenden
Giganten geöffnet und durch eine Phalanx von drei Giganten wieder geschlossen. Mit einem anderen künstlerischen Mittel ist eine gegen die
Richtung der übrigen Götter zurückgewendet kämpfende Göttin hervorgehoben, wohl Hera oder Aphrodite. Sie bückt sich vor dem dichtesten Ge-

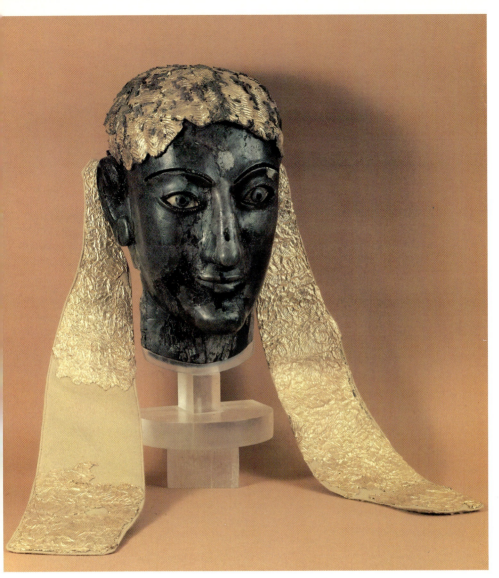

Tafel VIII. Götterfigur mit Elfenbeingesicht und Goldhaar. Wohl korinthisch, Mitte 6. Jh. v. Chr.

Tafel IX. Götterfigur mit Elfenbeingesicht und Diadem aus vergoldetem Silber. Ostgriechisch, Mitte 6. Jh. v. Chr.

Tafel X. Große Stierfigur aus Silberblech mit Vergoldungen, Kopfdetail. Wohl ostgriechisch, 600/550 v. Chr.

Tafel XI. Die Tholos in der Marmaria.

tümmel, um einem Gestürzten einen Lanzenstoß zu versetzen. Dabei ist ihr Kopf so in die Mitte vor einen Rundschild gerückt, daß er wie durch einen großen Nimbus hervorgehoben erscheint.

Sprachliche Form und Buchstaben der Namensbeischriften haben lokalen, phokischen Charakter. Die Gigantennamen sind nicht die in Athen bekannten[42]. Sie drücken Stärke, Trotz und Wildheit aus, wie „Eriktypos"[43] und „Biatas" (der Gewaltätige). Der vor den Letoiden fliehende „Tharos"[44] (frecher Mut) hat auf seinem Helm einen Buschträger in Form eines Kantharos.

Im Süden ist der Frauenraub geschildert, dessen Komposition sich auch von links nach rechts, also hier nach Osten, entwickelt. Im Westen über dem Eingang erscheint in ruhigerer, mehr symmetrischer Komposition das Urteil des Paris mit den Gespannen der Göttinnen, von denen das der Aphrodite links geflügelt ist.

Am Skulpturenschmuck haben verschiedene Meister und Werkstätten gearbeitet; den Stil derselben Werkstatt erkennt man an Ost- und Nordfries. Mit dem Marmor für die Bildhauerarbeiten und für die feineren Ornamente kamen wohl auch die Künstler von den Kykladen, aus Paros oder Naxos, die mit diesem Material vertraut waren. Die Architekturformen zeigen engste Verwandtschaft mit Arbeiten, die dort selbst gefunden worden sind[45]; zu den Stützfiguren der Koren gibt es verwandte Statuen auf Thasos, das ja von Paros aus kolonisiert worden ist[46]. Im Bildprogramm der Friese ist dagegen eher der Einfluß von Delphi als von den kykladischen Auftraggebern zu erkennen[47].

Die beiden Hauptmeister hat Lippold[48] anschaulich gegeneinander gestellt: „Der Meister des Nord- und Ostfrieses komponiert in mehreren Tiefenschichten, bewältigt Schrägansichten, seine Gestalten sind durchaus rund gedacht, die Übergänge vollziehen sich allmählich. Vielleicht sind von ihm auch die Koren. Der zweite – als der Meister der Hauptfront, vielleicht auch des Ostgiebels, nominell wohl der führende – arbeitet in schärfer abgesetzten Raumschichten, ohne Übergänge, auch die Einzelform ist flacher, mehr zeichnerisch. Im Temperament ist er seinem Rivalen mindestens ebenbürtig. Er steht in vielem – so namentlich im Pferdetypus – ostionischer Kunst näher. Doch sind Körper- und Gewandbehandlung, Haltungen und Bewegungen allen Friesen im wesentlichen gemeinsam, die Schule sicher die gleiche. Der Gigantenfries ist das glänzendste Stück, ein Hauptwerk archaischer Kunst."

Einer der Gigantenschilde auf dem Nordfries zeigt eine Künstlersignatur, doch ist leider gerade der Name unlesbar zerstört. Der noch vorhan-

dene Teil der Inschrift besagt, daß der Künstler auch den rückwärtigen Teil
gearbeitet habe[49].

Das Bildprogramm bezieht sich mit der Ostgiebelgruppe, vielleicht auch
mit der des Westgiebels, auf die Mythologie Apollons und Delphis; vielleicht ist die Darstellung vom Dreifußstreit sogar eine Anspielung auf eine
historische Auseinandersetzung um die Herrschaft in Delphi[50]. Die Fries-
darstellungen dagegen haben mit Delphi eine ähnlich freie Verbindung wie
in den Siegesliedern von Pindar die Mythen, die der Dichter zum Lob der
Sieger und des Heiligtums heranzieht. Sie handeln vorzugsweise vom All-
gemeingültigen, von Ruhm, großen Taten, heroischen Genealogien, der
Bewahrung göttlicher und menschlicher Ordnung gegen Gewalt und Unrecht. Durch solche Gedanken-Verknüpfungen fiel Licht auf das Ansehen
der Stifter; erst später wurden Ruhm und Propaganda mit deutlicheren
lokalen Sagenstoffen und historischen, sogar persönlichen Motiven hervorgehoben.

Der andere Marmorschatzhausbau, der heute neben dem der Siphnier
den allgemeinen Ruhm Delphis ausmacht, ist eine Weihung der Athener
(Abb. 77–80; Plan 223 [Oikos XI])[51]. Er hat nicht den Reichtum des ionischen Bauschmucks, vereinigt aber Strenge und Eleganz der Formen mit
einer sonst nicht erreichten, ausschließlichen Verwendung des besten und
kostbarsten Materials, des parischen Marmors. Dieses Schatzhaus übertrifft die Konkurrenzbauten nicht durch Überladung, sondern durch seine
gemessene Vollkommenheit. Im Gegensatz zum «ionique flamboyant» des
Siphnierschatzhauses wäre der Bau eher mit Frührenaissance-Formen zu
vergleichen. Die Strenge des Baukörpers war allerdings durch die luftigen,
frei bewegten Gruppen der Giebelaufsatzfiguren gemildert. Pausanias
(10, 11, 5) erwähnt den Bau nur kurz im Zusammenhang der Schlacht von
Marathon als Anlaß. Weiter wissen wir von einer Stiftung Xenophons in
das Schatzhaus (Anab. 5, 3, 4–5). Nach ihrem Zug mit Kyros gegen Arta-
xerxes hatten die Griechen den Zehnten ihrer Kriegsgefangenen-Löse-
gelder der ephesischen Artemis und dem delphischen Apollon gelobt.
Xenophon führte die Stiftung unter seinem und unter dem Namen seines
gefallenen Mitfeldherrn und Gastfreundes Proxenos aus.

1893 stießen die Ausgräber auf den Bau[52]. Die vielfach mit Inschriften
bedeckten Mauersteine selbst gaben seinen Namen an. Im phokischen Dialekt ist als Ort für die Aufzeichnung vermerkt: „ἐπὶ τὸν τῶν Ἀθηναίων
θησαυρόν" (am Schatzhaus der Athener) oder „ἐν τὸν τοῖχον τοῦ οἴκου
τοῦ Ἀθηναίων" (an der Mauer des Athenerhauses)[53].

Hervorzuheben sind die vielen, z. T. ganz außergewöhnlichen Inschrif-

Abb. 77 Blick gegen die alte Westmauer des Heiligtums mit dem Athenerschatzhaus und den Fundamenten des Siphnierschatzhauses rechts.

tenfunde am Schatzhaus. Auf Marmorstelen wurden Hymnen an Apollon
aufgezeichnet; die beigegebenen musikalischen Notierungen sind in der
Überlieferung ganz einzigartig[54]. Eine andere, größere Gruppe von Inschriften behandelt die Pythaïden, die im 2. Jh. v. Chr. erneuerten, von
Athen veranstalteten Festgesandtschaften.

Der Bau hat ein Fundament aus grauem, weiß geäderten, teilweise auch
rosa getönten Parnaßkalk und ist ganz aus parischem Marmor von vorzüg-
licher Qualität errichtet. Unsicher ist nur die Ausführung des Daches, dem
noch keine Teile zugewiesen werden konnten. Möglich ist ein Marmordach
wie das des Siphnierschatzhauses; denkbar auch ein marmorner Dachrand
um eine Tonabdeckung wie etwa am Aphaiatempel auf Ägina. Die Marmorfiguren, die als Akrotere zuzuweisen sind, sprechen wohl gegen eine
Annahme eines Daches ganz aus Terrakotta. Die Maße des Baus betragen
in der Euthynterie der ersten marmornen Stufe 9,844 auf 6,778 m[55], die
Höhe ist mit ca. 7,59 m rekonstruiert. Die Säulenhöhe beträgt 4,128 m.

Nach Abschluß der großen Grabung wurde 1903 bis 1906 das Schatzhaus
wiederaufgebaut[56]. Wegen der Geländesetzungen seit der Antike mußte
zwischen dem Fundament und dem Aufbau eine niedrige Ausgleichsschicht
aus Zement eingefügt werden. Bei der Rekonstruktion waren die über die

Abb. 78 Herakles bezwingt die Kerynitische Hirschkuh. Metope vom Athenerschatzhaus. Wohl nach 490 v. Chr.

Fugen reichenden Inschriften eine wichtige Hilfe[57]. Weitere Indizien
gaben die Neigung der Außenmauern (im Gegensatz zu der senkrechten
Innenmauer), die leicht differierenden Wandstärken an Nord-, West- und
Südseite, die verschiedenen Schichtenhöhen, das an den Wandenden er-
kennbare Fugensystem und der Sitz von Dübeln und Klammern. Von den
Säulen, Kapitellen und Anten wurde das Fehlende in pentelischem Marmor, von den Mauersteinen das Fehlende in Poros ergänzt. Dafür hat man
einige schlecht erhaltene antike Bauglieder wiederverwendet, wie etwa
Säulentrommeln des großen Tempels, die ihre Kanneluren ganz verloren
hatten[58].

Von den Giebelfiguren ist nur sehr wenig erhalten. Zu erschließen sind
für die Eingangsseite eine ruhige, frontale Gruppe zwischen zwei Gespannen, im Westen eine bewegte Kampfgruppe. Die Maße des Giebelraumes
betragen, vorn und in der Tiefe gemessen, 0,69/0,735 m in der Höhe, 5,36/

Abb. 79   Theseus besiegt die Amazone Hippolyte. Metope vom Athenerschatzhaus.

5,715 m in der Breite. Als Seitenakrotere waren im Osten vom Pferd
abspringende Amazonen dargestellt.

Der Bau veranschaulicht eine wichtige Stufe in der Entwicklung der Re-
liefmetope, die in klassischer Zeit tonangebend für den Schmuck der dorischen Tempelbauten wird. Auf den leicht hochrechteckigen, beinahe quadratischen Bildplatten werden die Motive zu einem klaren Bildaufbau
geordnet (Abb. 78–80). Parallelität, pyramidale Komposition, gleich- oder
gegeneinander gerichtete Bewegungen, freie Aktion im geräumigen Bild-

Abb. 80   Athena und Theseus. Metope vom Athenerschatzhaus.

grund oder auch Beengung und Überschneidung durch den Rahmen dienen
jeweils der prägnanten Formulierung des Bildgedankens. Nicht Reichtum
der Darstellungen und Motive wie bei den Metopen des Sikyonierschatz-
hauses oder am Siphnierfries, sondern Konzentration, Knappheit und Vertiefung werden erstrebt. Sogar die Spannung im handlungslosen Gegen-
überstehen von Göttin und Held wird zum Thema erhoben. Für diese
neuen Kompositionstechniken in der Bauplastik finden wir ältere Vorbilder
in der Kleinkunst, in Vasenmalereien und metallenen Schmuckreliefs von
Geräten. Unter dem erhaltenen Bauschmuck stellen die Metopen des Athenerschatzhauses etwas Neuartiges dar. Sie sehen dabei aber nicht nach
künstlerischen Pionierleistungen aus, mit denen neue Kompositionsweisen

aus anderen Kunstgattungen in den Bauschmuck eingeführt worden wären. Denn die verschiedenen, aber nicht allzu unterschiedlich arbeitenden Meister gehören mit ihrer zierlichen, etwas verkünstelten Formensprache nicht zu den führenden Neuerern ihrer Zeit. Bildwerke ganz auf der Höhe jener Jahrzehnte sind die Figuren vom Aphaiatempel auf Ägina und eine Generation später die kühnen Urformen der Olympiaskulpturen.

Für die Anordnung der einzelnen Metopen gibt es nur wenige Anhaltspunkte. Die Zusammenfügung der Rahmenarchitektur ist dagegen weitgehend zu rekonstruieren. Die Folge der Architravblöcke ist durch Versatzmarken gesichert. Die Verteilung der Triglyphen, der Blöcke hinter den Metopen und der Geisonblöcke ist versatztechnisch zu erschließen. Da aber die Metopen einheitlich in der Größe und hinter die Triglyphenränder eingeschoben sind, fehlen technische Kriterien für ihre Anordnung weitgehend.

Insgesamt waren es 30 Metopen, alle mit Reliefbildern geschmückt, je sechs an den Front- und je neun an den Langseiten. Ihre Höhe betrug 67, ihre Breite 62—63 cm und ihre Dicke nur 4—10,5 cm. Die Plinthenstreifen unten an den Platten waren rot; von der farbigen Fassung sind verschiedene Spuren festgestellt. Auch von der ornamentalen Bemalung der Antenkapitelle, des Innenfrieses und Türsturzes sind schwache Reste erhalten[59].

Nur bei einer Metope erlaubt eine technische Beobachtung deren Verbindung mit der Rahmenarchitektur: Bei der Metope mit Athena und Theseus (Nr. 5, Abb. 80) paßt eine Einarbeitung im Geison zu dem hohen Helmbusch der Athena, dessen unteres Ende relativ hoch auf der Metope zu erkennen ist[60]. Die weiteren Rekonstruktionsversuche für die Anordnung können nur von der inhaltlichen Interpretation ausgehen. Der Anzahl der Metopen an den verschiedenen Seiten, sechs an den Giebelfronten, neun an den Langseiten, muß die Anzahl von Motiven jeweils einer Themengruppe entsprochen haben. Nur besteht hier die Schwierigkeit, daß zwei parallele Zyklen von Heldentaten mit ähnlichen Motiven dargestellt sind, so daß die Zuweisung von mehr oder weniger unvollständig erhaltenen Motiven zu dem einen oder anderen Zyklus schwierig ist. Denn es gibt zwar Motive, die nur dem einen oder dem anderen Zyklus zugeordnet werden können, wenn beispielsweise der Haupthield oder ein besonderes Motiv wie der getötete Wachhund des Geryoneus, Orthros (Metope Nr. 26)[61], zu erkennen sind. Andererseits aber haben beide Helden mit ihren Kameraden gleichermaßen gegen die Amazonen gekämpft. Daher kann man Fragmente von Amazonendarstellungen nicht ohne weiteres dem Herakles- oder Theseuszyklus zuweisen.

Am sichersten ist eine Gruppe von mindesten fünf Motiven, die zu dem Geryoneusabenteuer des Herakles gehört. Zu erkennen sind eine Metope mit dem Helden und dem toten Hund des Riesen, eine weitere mit diesem selbst in Gestalt des wankenden Dreileibigen und drei Metopen mit Rinderdarstellungen (Nr. 20. 24. 26. 27. 23. 25)[62].

Die Platte mit Athena und Theseus (Nr. 5) nahm, wie versatztechnisch erschlossen ist, die Mitte des Südfrieses ein. Die Theseusabenteuer sind nach der literarischen Überlieferung seines Weges von Troizen nach Athen und in die anschließenden Taten zu ordnen[63]. Die Metopen bieten den frühesten erhaltenen Theseuszyklus in der Bauplastik; die z. T. schon etwas früheren Vasenmalereien mit Zyklen zu demselben Thema sind in Auswahl und Abfolge unabhängig. Es ist anzunehmen, daß eine literarische Behandlung des Stoffes vorausging. Das Thema ist künstlerisch weiterentwickelt an den östlichen Langseitenmetopen des Hephaisteion in Athen[64].

Die Datierung des Baues ist strittig. Nach dem Stil der figürlichen Arbeiten neigen viele Forscher dazu, das Schatzhaus um 510–500 v. Chr. und nicht erst nach der Schlacht von Marathon 490 v. Chr. anzusetzen. Das Zeugnis des Pausanias, es sei eine Weihung für diesen Sieg über die Perser, wird als Mißverständnis erklärt; denn auf der Terrasse (Plan 225)[65] vor dem Schatzhaus ist zwar eine entsprechende Inschrift erhalten, doch habe der Perieget diese zu Unrecht auch auf den Bau bezogen. Im Gegensatz hierzu erkennt vor allem die französische Forschung die Nachricht des Pausanias und damit das späte Datum nach der Schlacht von 490 v. Chr. an. Die chronologische Beurteilung der Stilformen ist schwierig; die Figuren zeigen noch den preziösen, eleganten spätarchaischen Stil auf der Stufe der älteren Giebelfiguren des Aphaiatempels von Ägina und nicht die schwereren, ernsteren Formen des jüngeren Ostgiebels.

Die Untersuchungen der Bauformen und der gemalten Bauornamente haben zu weiteren Ergebnissen geführt. Innenfries und Antendekoration sind stilistisch[66] mit Entschiedenheit vor 490 v. Chr. datiert worden. Die Türsturzbemalung[67] ist dagegen deutlich jünger. Nach den Architekturformen hat es zwischen Fries und Geison einen Wechsel zwischen einer altmodischen und eine modernen Werkgruppe gegeben[68]. So dürfte der Bau noch im 6. Jh. v. Chr. begonnen, aber wohl erst nach der Schlacht von Marathon vollendet worden sein; damit könnte die Nachricht des Pausanias vielleicht zum Teil richtig sein.

Die besondere Bedeutung des Baues liegt in seinem Stil und seinem Darstellungsprogramm. Der künstlerische und politische Führungsanspruch Athens schuf sich hier einen neuartigen Ausdruck. Feinheit und Reichtum

Abb. 81 Athenerhalle (480/450 v. Chr.) und Polygonalmauer zu Beginn der großen Grabungen, 1892. Die aufgesetzte Bruchsteinmauer trug die Dorfplatzterrasse.

der kykladischen Marmorarchitektur wurden mit dem strengeren Formenkanon der festländischen dorischen Architektur verbunden, ähnlich wie im Friesschmuck der attische Held Theseus neben den dorischen Helden Herakles tritt: Stil und Inhalt sind in neuartiger Weise programmatisch.

Seit dem 5. Jh. v. Chr. gewannen die Hallenbauten im Heiligtum eine größere Bedeutung. Die Athenerhalle (Abb. 81. 82) steht an einem Platz, der in der Kultgeschichte und im Leben des Heiligtums eine besondere Rolle spielt. Er war durch eine Vielzahl von Monumenten eingefaßt: Im Süden von den Götterstatuen der ersten Phokerweihung, im Osten von einer Treppe und vom Korintherschatzhaus; die Halle selbst war durch eine Reihe von Denkmälern verstellt. Der Platz trug den Namen der „Hálos". Das Wort wird gewöhnlich mit Tenne übersetzt, bedeutet aber auch allgemeiner geebnetes oder bebautes Land, ganz allgemein sogar das Rund, wie bei einem Schild, der Pupille des Auges oder dem Hof, den das Licht von Sonne oder Mond bilden kann. Etymologie und ursprünglicher Sinn sind nicht geklärt. Das erschwert die Feststellung der eigentlichen Bedeutung des Namens an diesem Ort.

Abb. 82　Inschrift an den Stufen der Athenerhalle.

Zu der Deutung auf „Tenne" stimmen Züge des Apollonkultes, die von anderen Orten bekannt sind. Der Gott war mit der Vegetation verbunden; die Zeugnisse hierzu stammen vor allem aus Athen, aber auch von anderen Orten[69]. Nicht zuletzt ist aus Delphi selbst der Beinamen des Gottes „Sitalkas" (Schützer des Getreides) anzuführen[70]. Der Überlieferung ist zweierlei zu entnehmen: Hier war der Sammelplatz für die Festzüge zu den verschiedenen Kultplätzen des Heiligtums und der Ort, an dem alle acht Jahre das Fest der „Septerien" abgehalten wurde.

Die Halle[71] (Abb. 40. 43. 81. 82) ist im Heiligtum nach dem Beitrag zum archaischen Tempelbau und dem Schatzhaus der dritte, durch Lage und Ausführung prominente Bau (Plan 313), der mit dem Ruhm von Athen verknüpft ist. Sie ist an die große Polygonalmauer angelehnt, in der Senke zwischen der Naxiersphinx und dem Anstieg der Straße zum Altar. Gegen die Enden sind die Stufen des Unterbaus daher durch das Gelände angeschnitten. An der Vorderseite der obersten, nicht mehr ganz vollständigen Stufe ist die Weihinschrift eingetragen: „Ἀθεναῖοι ἀνέθεσαν τὲν στοὰν καὶ τὰ ηόπλ[α κ]αὶ τ'ἀκροθέρια ηελόντες τὸν πολε[μίο]ν" (Die Athener haben die Halle, die Waffen und die Heckzier der Schiffe, die sie ihren Feinden abgenommen haben, geweiht).

Das andere antike Zeugnis überliefert Pausanias (10, 11, 6): „Es bauten die Athener auch eine Halle von Geldern, welche sie im Krieg von den Peloponnesiern und den Griechenvölkern, welche deren Bundesgenossen waren, gewonnen hatten; auch sind die Heckverzierungen der Schiffe und bronzene Schilde aufgehängt. Die Inschrift auf denselben zählt die Städte auf, von welchen die Athener die Beute gebracht hatten, die Eleer, Lakedämonier, Sikyon, Megara, Pellene in Achaia, Ambrakia, Leukas und Korinth selbst; auch erwähnt sie, für diese Schlachten sei Theseus und Poseidon auf dem sogenannten Rhion ein Opfer dargebracht worden." Diesen Inschriftenlesungen fügt Pausanias seine Interpretation hinzu: „Nach meiner Überzeugung bezieht sich die Inschrift auf Phormion, des Asopichos Sohn, und dessen Taten" (429 v. Chr.; vgl. Thukydides 2, 80. 84. 92).

Pausanias' Annahme, Hallen- und Schildweihung gingen auf denselben Anlaß zurück, verträgt sich schlecht mit dem deutlich älteren Stil der Inschrift wie auch der Bauformen, die denen des Poseidontempels von Sunion entsprechen. Die Bestimmung der ὅπλα und der „Feinde" der Stufeninschrift ist leider offen. ὅπλα kann beliebiges militärisches Gerät bedeuten, ebenso wie die „Feinde" aus dem Wortlaut nicht zu bestimmen sind. Beifall hat die Erklärung als Dank für den Sieg von Sestos gefunden. Herodot (7, 33–36; 9, 121) berichtet, daß die Taue der sieben Stadien langen Schiffsbrücke von den Athenern als Beute und „in die Heiligtümer" geweiht wurden [72].

Die Halle hat insgesamt eine Länge von 31,60 m und eine Tiefe von 3,73 m. Auf einer vortretenden Fundamentschicht sitzen z. T. auch die später vorgebauten hellenistischen Monumente auf. Die Stufen sind aus grauem und rötlichem Parnaßkalk gearbeitet. Unter der Halle wurde mykenische Keramik und die gebogene Steinsetzung eines vielleicht geometrischen Hauses oder einer Platzbegrenzung gefunden.

Die Beschriftungen der Polygonalmauer als Hallenrückwand läßt Schlüsse über die Aufstellung der inschriftlich bezeugten Heckverzierungen zu: Im Abstand von 60–63 cm sind zunächst 28 Streifen von 31–33 cm Breite frei geblieben, weil hier Träger der Weihungen wohl in Form von Holzpfeilern aufgestellt worden waren. Im 1. Jh. v. Chr. waren allerdings wenigstens 18 davon entfernt, da damals mit Inschriften auf die bis dahin ausgesparten Streifen übergegriffen wurde.

Die Rückwand ist für den Anschluß eines dreistufigen Podestes hergerichtet. Es dürfte sich um eine Sitzstufenanlage[73] für die Zuschauer bei den Feiern auf der „Tenne" und der von hier ausgehenden Festzüge handeln; die späteren Monumente vor dem Bau haben diese Benutzung freilich sehr eingeschränkt.

Die Säulenstellung hat acht Joche und war mit einem Stützenabstand von 3,58 m und einer Höhe von 3,31 sehr leicht und weit. Die Säulen sind mit ihren Basen und Kapitellen aus parischem Marmor. Für das Gebälk wird eine Holzkonstruktion angenommen; doch ist zu bedenken, daß der Ehrgeiz der Marmorarchitekten eher auf die Verwendung von Marmor statt Holz als umgekehrt zielte[74]. Die Basen haben eine alte ionische Form mit geriefeltem Torus über einem glockenförmig geschwungenen Profil[75].

Schwierig ist die Rekonstruktion des wegen der Straße schrägen Abschlusses der Halle im Osten. Die Polygonalmauer zeigt Einarbeitungen für den Anschluß einer Stütze oder Mauer. Die Ecke mit dem stumpfen Winkel ist mit einer schräg verlaufenden Ante oder einem Pfeiler über einem Parallelogramm weniger unbefriedigend vorzustellen als mit einer Säule.

Die „Lesche", die von den Knidiern gestiftete Halle, fand unter allen delphischen Altertümern früher, bis in das 19. Jahrhundert, die größte Beachtung. Sie war mit den berühmten Malereien von Polygnot geschmückt[76], die Pausanias in seiner Reisebeschreibung ausführlich behandelt hat. Er gibt die Lage der Halle oberhalb des Kassotisbrunnens an (10, 25, 1).

Die Bestimmung des Baues als die überlieferte „Lesche" ergibt sich aus der Stiftungsinschrift auf der Terrassenmauer gegen das Tal (Plan 605)[77]. Die Funktion einer „Lesche" könnte man etwa mit Bankett- oder Klubhaus umschreiben. Das Wort wird von λέγω (sprechen, reden) abgeleitet. λέσχη· οἱ τόποι εἰς οὓς συνιόντες διημέρευον (die Orte, wo man sich zum Verweilen zusammenfand) erklärt Phrynichos in seinem Lexikon der attischen Sprache; „der Ort, wo man zum Schwatzen und Plaudern zusammenkam; ein Ort für Müßiggänger und träge Herumtreiber, eine Art Wirtshaus, wo dergleichen Leute auch übernachten konnten" führt W. Pape in seinem Griechisch-deutschen Wörterbuch aus; der arbeitsame Hesiod (Werke und Tage 493) hält eine Lesche nicht für den Aufenthalt von ordentlichen, ehrbaren Leuten.

Es war ein schlichter, geschlossener Rechteckbau von etwa 18,70 x 9,70 m mit Zugang an der Langseite, im Norden von der Peribolosmauer, im Osten und Westen von Terrassenmauern eingefaßt. Erhalten sind vom Bau noch einige Orthostaten aus Poros und im Inneren vier Stützenfundamente, wohl von Holzsäulen. Die bescheidene Ruine des Baues hätte nicht viel Beachtung gefunden, wenn wir nicht durch die antike Beschreibung vieles über die Malereien wüßten, die ihn einst schmückten. Wissenschaftler und Künstler haben sich so sehr um die Vorstellung dieser Malereien bemüht, daß man nicht vergessen darf, wie wenig wir von der genauen Gestalt dieser Werke wissen. Denn von der großen Malerei der Zeit ist nichts erhalten; eine gewisse Vorstellung von ihr geben außer den antiken Beschreibungen nur Vasenbilder, deren Themen und Aufbau Vorbilder von der Art der beschriebenen, aber verlorenen Bilder ahnen lassen.

Der Baubefund hat eine Erneuerung des ursprünglichen Mauerwerks bereits im 4. Jh. v. Chr. ergeben. Da Pausanias im 2. Jh. n. Chr. die Bilder in der Lesche gesehen hat (10, 25 – 31), muß es sich um bewegliche Tafeln, nicht um Wandmalereien gehandelt haben.

Die Malereien trugen, wie uns Pausanias berichtet, erklärende Namensbeischriften und ein Epigramm mit der Nennung des Künstlers („Es malte Polygnot der Thasier, Aglaophons Sohn, der Burg von Ilios Zerstörung"), als Dichter der Verse galt Simonides. Der Bau der Halle ist wohl nach der Schlacht am Eurymedon (um 465 v. Chr.) anzusetzen, die Gemälde bald darauf um 460 v. Chr.

Das Bild von der Zerstörung Trojas und von der Abfahrt der Griechen war rechts vom Eingang. Man sah als Hauptmotive den Abbruch von Zelten, Gefangene, Verwundete und Tote, die Schleifung der Stadtmauer, das hölzerne Pferd, unter den vielen einzelnen Motiven etwa Helena, der ihre Dienerin Elektra die Sandalen anlegt, schließlich rechts ein Schiff auf einem Kieselstrand.

Das andere große Gemälde war die „Nekyia", die Fahrt des Odysseus ins Totenreich, mit der Befragung des Sehers Teiresias wegen der Irrfahrt und Heimkehr des Helden. Odysseus und sein Helfer Elpenor knien über der Grube, an der die schwarzen Widder für die Toten geopfert werden. Die Gestalten in der Unterwelt sind u. a. Helden der Trojasage, aber auch die Frevler, die ihre bekannten Strafen verbüßten, wie Sisyphos und die Danaïden. Von den malerischen Künsten hebt Pausanias die Darstellung des Acheron mit dem Nachen des Charon hervor: Am Fluß stand Schilf, durch das Wasser erschienen die Gestalten von Fischen wie Schatten.

Goethe[78] erkannte schon wichtige Züge des Gemäldes, die nicht perspektivische Anordnung der Figuren in mehreren Ebenen übereinander, wie auch andere Altertümlichkeiten; intuitiv würdigt er Polygnots Malerei durch einen Vergleich mit der Florentiner Malerei des Quattrocento. Wegen der Darstellungen der Charaktere und Gemütszustände faszinierte ihn besonders Helena und ihre Wirkung auf die ihretwegen leidgeprüften Griechen und ihren Gemahl. Es ist die Helena aus dem zweiten Teil der Faustdichtung: „Sie entzückt, indem sie Verderben bringt, das Alter wie die Jugend. . . . Alles ist vergeben und vergessen; denn sie ist wieder da. Der Lebendige sieht die Lebendige wieder und erfreut sich in ihr des höchsten irdischen Gutes, des Anblicks einer vollkommenen Gestalt."

Das Schatzhaus der Akanthier gilt in der literarischen Tradition als Schulbeispiel für ein Denkmal der unrühmlichen Bruderkriege in Griechenland[79], sein Ort im Heiligtum bleibt nicht sicher bestimmt. Aus der Überlieferung geht als Anlaß die Expedition des spartanischen Königs Brasidas nach Thrakien (424–422 v. Chr.) hervor, die den Athenern schwere Einbußen, vor allem durch den Abfall von verbündeten Städten, brachte und die mit dem Tod des Brasidas und des athenischen Führers Kleon endete (Thukydides 5, 11. 16). Brasidas erhielt als Befreier von der athenischen Herrschaft nach seinem Tod sogar heroische Ehren. Wahrscheinlich ist daher die Weihung auch so zu verstehen, daß sie nach dem Tod des Brasidas von den Akanthiern auch in dessen Namen ausgeführt wurde.

Die ungefähre Lage des Schatzhauses im Bereich des Altares geht aus der Überlieferung hervor[80]. Auch über die Weihgaben im Schatzhaus hat Plutarch einige Angaben überliefert: eine Marmorstatue des Lysander, nach alter Tracht mit langem Haar und Bart (Lys. 1), das Modell einer Triere aus Gold und Elfenbein, zwei Ellen lang, Siegesgeschenk des Kyros an Lysander, (Lys. 18) und die Geldsumme von einem Talent, 52 Minen und 11 Stateren (Lys. 18, nach Anaxandrides von Delphi), die Lysander in dem Schatzhaus deponiert habe. Sicher ist aus den Erwähnungen bei Plutarch, daß das Schatzhaus zu seiner Zeit noch aufrecht stand; ob dies zwei Menschenalter später noch der Fall war, ist unsicher, da Pausanias den Bau nicht erwähnt[81].

Rechts am Anfang der sog. „Heiligen Straße", gleich nach dem Stier der Korkyraier und teilweise von der Straße durch die Basis der Arkader abgeschnitten, liegt ein Hallenbau (Plan 108). Seine Länge beträgt etwa 20, die Tiefe etwa 7 m. Breccia ist für das Fundament, teilweise auch für das aufgehende Mauerwerk, Kalkstein dagegen für den Stylobat und Poros für Säulen und Anten verwendet. An den Seitenwänden sind die Anten 0,5 m in die Flucht der Säulen eingewinkelt. Die Spuren an Wänden und Boden lassen eine Basis mit einem langen, schmal eingezogenen Mittelteil und seitlich weit vortretenden Flügeln erkennen[82]. Merkwürdigerweise haben die

Abb. 83   Terrakottasima, Anfang 4. Jh. v. Chr.

Säulen ungleichmäßige Formen und Abstände: Nach Westen hin sind sie schlanker und dichter gestellt, nach Osten zu dagegen dicker und in größerem Abstand. Zugewiesen werden konnte eine Terrakottasima (Abb. 83)[83].

Früher hat man in der Anlage das Lysander- oder Nauarchenmonument erkennen wollen. Doch ist nach Pausanias (10, 9, 7)[84] das Lysandermonument gegenüber dem Tegeaten- oder Arkaderweihgeschenk, d. h. auf der anderen Seite der sog. „Heiligen Straße", zu suchen, nicht dagegen in diesem Hallenbau[85]. Nach der Bautechnik ist die Halle wohl um 400 bis 350 v. Chr. zu datieren. Anlaß und Stifter konnten noch nicht geklärt werden[86].

Die Westhalle (Plan 437) liegt etwas außerhalb, 3 m westlich von der Heiligtumsmauer; das Niveau ihres Vorplatzes liegt 2,63 m über dem des Tempels. Die Maße des Bauwerks sind stattlich: 74 m Länge und 12,5 m Tiefe. Zwischen den Antenmauern standen an der Front und im Inneren je eine Reihe von je 29 Säulen, von denen jedoch nur die Löcher der doppelten Verdübelungen auf dem Stylobat erhalten sind. Fundamente und Wände sind aus Parnaßbreccia gearbeitet, der Stylobat dagegen aus Kalkstein. Die Lage im Areal zwischen Tempel und Theater wirkt wie eine Auszeichnung und ein Hinweis auf die Bestimmung des Baues. Wir wissen freilich nicht genau, wie die Funktion des Baues im Zusammenhang mit den Heiligtumsanlagen zu verstehen ist oder ob er eine mehr eigenständige Rolle gespielt hat.

Über eine Bestimmung des Gebäudes gibt eine Inschrift Auskunft: Hier hatten die Aitoler die Waffen der besiegten Gallier nach den Kämpfen von 278 v. Chr. ausgestellt. Die Inschrift befindet sich an der Rückwand auf einem geglätteten Streifen, der in etwas über 1 m Höhe vom Westen mindestens 18,5 m nach Osten reichte. Zur Anbringung der Waffen haben Holzgerüste gedient, deren Einlassungen sich in vier Reihen über die Rückwand hinziehen[87]. Die Inschrift bezieht sich aber nur auf die Waffenweihung, die Errichtung der Halle kann durchaus älter sein und auf andere Stifter zurückgehen[88].

Außer den Umfassungmauern ist von den aufgehenden Teilen der Halle nichts erhalten; sie scheint nach einer schweren Beschädigung bis auf die Umfassungsmauern abgeräumt worden zu sein. Der Platz blieb wohl einige Zeit frei; im 4. Jh. n. Chr. wurde er aber von privaten Bauten, Villen mit Thermenanlagen besetzt[89]. In den Resten der späten Überbauung des Westendes hat man früher – wohl wegen einiger verschleppter christlicher Marmorarbeiten – eine Kirche erkennen wollen, doch lassen die Mauerzüge eine solche Deutung nicht zu.

Nach einer freilich nicht sicheren Interpretation handelt es sich bei der Halle um den Bau der inschriftlich bezeugten Hoplothek („Waffenlager")[90]: In den Jahren nach der Vollendung der großen Arbeiten am Tempel fällt in den Inschriften der Amphiktionen ein anderes großes Bauprojekt auf, an dem auswärtige Unternehmer beteiligt wurden, das erhebliche Summen gekostet und 13 Jahre Bauzeit gebraucht hat, nämlich die Hoplothek. Eine der Zahlungen[91], die auf die Hoplothek zu beziehen sind, belief sich im Frühjahr 323 v. Chr. auf 24 Talente, d. h. 100 800 äginetische Drachmen. Die Summen zu den in den folgenden Jahren dokumentierten Zahlungen sind nicht erhalten.

Nach Datierung und Größe des Baus kommt die Westhalle tatsächlich am ehesten von allen Bauten in Delphi für die Gleichsetzung mit der Hoplothek in Betracht. Die Halle wäre dann nicht erst durch die Galatertrophäen zu einer Waffenhalle geworden, sondern hätte schon vorher zur Aufnahme von Waffensammlungen gedient. Nicht erst die Aitoler hätten diesen Bau errichtet, sondern es wäre ihnen von den Amphiktionen für ihre Trophäenweihung der Platz eingeräumt worden[92].

Die beiden dorischen Schatzhäuser von Theben (Plan 124 [Oikos VI])[93] und Kyrene (Plan 302 [Oikos XIV])[94] geben ein Nachspiel der dorischen Schatzhausarchitektur. Schlichtheit bis zum äußersten Verzicht auf

Schmuck, größte Konsequenz des Entwurfs und Gediegenheit der Ausführung kennzeichnen den Bau der Thebaner. Auf den ersten Blick ist das Haus mit dem geschlossenen Vorraum ohne Säulen ein karger Kasten. Je mehr man sich aber mit seinem Entwurf und seinen Techniken befaßt, desto größere Faszination geht von dieser spröden Architektur aus[95]. Den Bau der Kyrenäer zeichnen dagegen die leichte Eleganz der Säulenhalle und einige Freiheiten und Besonderheiten in den Formen der Bauglieder aus.

Die letzte große Gebäudestiftung für das Heiligtum waren die Anlagen der Attalosterrasse (Plan 402–405. 502. 503 und Abb. 25)[96]. Hier handelt es sich um einen ganzen Bezirk, der nur teilweise in das Apollonheiligtum einbezogen werden konnte, mit Halle, Terrasse, Altar, Kapelle, Pfeilerdenkmälern und gewaltigen Vorkehrungen für die Ableitung des Wassers. Die Anlage bildet eine lockere Symmetrie zur etwa niveaugleichen Westhalle, die allerdings ganz außerhalb des Heiligtums angelegt ist. Stifter war Attalos I. Soter von Pergamon (241–197 v. Chr.).

Die Überlieferungen zu der Anlage sind besonders lückenhaft: Wohl im Herbst 218 v. Chr. verboten die Amphiktionen den Besuchern das Kampieren, Feueranzünden und das Aufstellen von Votiven in der „Pastas" (Halle); nur der pergamenische König hatte das Recht, Votive aufzustellen[97].

Pausanias referiert das Orakel für Attalos vom „Sieg des gehörnten Stiers über den keltischen Kriegsgott" (10, 15, 2–4), hat aber die Anlage nicht oder nicht so erwähnt, daß eine Identifizierung möglich ist. In römischer Zeit wurde eine Zisterne in die Halle eingebaut.

Die Halle ist mit etwa 33 m Länge nicht sehr groß und hat elf dorische Säulen zwischen Anten. Die Säulen waren lediglich in den oberen beiden Dritteln kanneliert, im unteren Drittel dagegen nur flach abgekantet. Ihre Form ist nur in Abdrücken erhalten, die sich in der Ummauerung der späteren Zisternenanlage gebildet haben.

Balkeneinlassungen in den Wänden lassen eine Vertäfelung für eine Ausmalung erschließen. Die Terrasse erhebt sich über einer kryptaartigen Exedra, die sich auf die Straße zum vierten östlichen Heiligtumstor öffnet; das zweischiffige Tonnengewölbe war im Inneren querlaufend herumgeführt. Es handelt sich um das älteste bekannte Beispiel einer solchen Gewölbeform aus der antiken Architektur. Hinter der Halle fing ein acht Meter tiefer Schacht mit einer Abdichtung von hydraulischem Zement über die ganze Länge des Bauwerks das Wasser vom Berg auf. Schutzabdeckung und Brüstung schützten vor Unfällen. Ein mannshoher Ablaufkanal führte unter der Halle steil hinab vor der Peribolos-Ostmauer entlang. Von den zwölf Säulenjochen der Halle waren die westlichen zehn durch eine lange Basis verstellt [98]. Im Westen standen Pfeilermonumente, das des Attalos und das später zugefügte des Eumenes. Im Osten bildete ein Tempel in Form eines geschlossenen Oikos den Abschluß der Anlage [99].

Die architektonischen Formen zeigen den etwas spröden, sparsamen Klassizismus der frühen pergamenischen Zeit. Die Meisterung der technischen Probleme und die künstlerische Gestaltung dieser kühnen Hangterrassen-Architektur erinnert an die Anlagen am Burgberg von Pergamon [100]. Bestimmung und Namen der Anlage sind nicht überliefert; es gibt Hinweise auf die Identität mit dem von Pausanias erwähnten Neoptolemos-Heiligtum, doch reichen die Zeugnisse für eine sichere Bestimmung nicht aus [101].

Mit dem Alter und der Zahl der Bauten nahm der Bedarf an Neubauten ab, dagegen wuchsen die Lasten der Erhaltung und Erneuerungen, zu denen auch Stiftungen beigetragen haben [102]. Freilich geben die Quellen hierüber nur sehr wenige Auskünfte.

Reparaturen des Tempels und des großen Altars sind aus Bauteilen, Historikerzeugnissen und Inschriften bekannt. Seit dem 1. Jh. v. Chr. hat man aber zunehmend auf die Wiederherstellung von beschädigten Bauten verzichtet, so vor allem auf die Westhalle.

Denkmälerweihungen

Die Denkmälerweihungen im Heiligtum von Delphi sind, jeweils für sich genommen, nicht grundsätzlich von denen an anderen Orten verschieden, doch hat ihre Gesamtheit einen eigenen Charakter. Statuen von Göttern, Dichtern, Philosophen, Sportlern sowie Gruppen von mythischen Szenen oder Familien, Reiter- oder Viergespannbilder gab es auch anderswo; manche der Denkmäler wurden sogar in ähnlichen Anfertigungen aus demselben Anlaß in verschiedenen Orte geweiht [1]. Einen jeweils eigenen *genius loci* von Olympia und Delphi läßt Pausanias bei der Schilderung der Denkmäler spüren: In Olympia wird er nicht müde, in mehreren Rundgängen von den glanzvollen Weihungen der Olympiasieger zu berichten; in Delphi läßt er mit der Ausnahme des Phayllos aus Kroton, von dem er wegen dessen Teilnahme an der Schlacht von Salamis berichtet, die Siegerstatuen ganz beiseite. Hier geben die kriegerischen Denkmäler den Ton an. Die Reihe der Monumente wuchs mit den Wechselfällen in den Kämpfen um die Vorherrschaft; jedes neue Monument war ein letztes, neues Wort

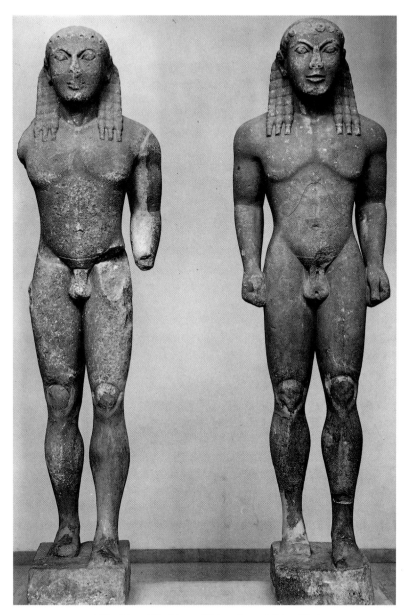

Abb. 84   „Kleobis und Biton", um 580 v. Chr.

in den Auseinandersetzungen, bis schließlich nicht Griechen mit Philopoimen[2] und Perseus (Abb. 18), sondern die Römer das allerletzte Wort mit den Denkmälern ihrer Herrschaft in Griechenland behielten.

Für die griechische Geschichte war Delphi durch die Stellung seines Orakels und als Sitz einer ganz Griechenland umfassenden Kultgemeinschaft wie kein anderes griechisches Heiligtum ein Sammelpunkt solcher Denkmäler. Diese waren außerdem nicht im Gelände zerstreut, sondern bildeten eindrucksvolle Gruppen und Sinnzusammenhänge. Das war kaum Ergebnis einer Gesamtplanung für die Raumgestaltung des Heiligtums; vielmehr haben sich diese Gruppen organisch aus der Baugeschichte des Heiligtums und den jeweiligen Zeitläuften ergeben. Nach Vollendung des archaischen Tempelneubaus stand der Tempelvorplatz für die glanzvollen Monumente der Perserkriegszeit zur Verfügung; die Heiligtumserweiterung um 500 v. Chr. im Süden nahm nach und nach die Denkmäler vom Kampf um die Vormacht in Griechenland auf, so daß diese dem Besucher entlang der sog. „Heiligen Straße" in ihrer zeitlichen und baulichen Abfolge gleichsam wie die Perlen auf einer Schnur entgegenkommen. Spätere Denkmäler mußten dagegen auf dem nun knappen Raum oft sehr dicht an ihre älteren Nachbarn gebaut werden.

Die Reihe der monumentalen statuarischen Weihgeschenke in Delphi beginnt mit einem gut überlebensgroßen Männerpaar[3] aus Inselmarmor, nach den Inschriftenresten auf der Basisoberseite das Werk von zwei Bildhauern aus Argos (Abb. 84).

Dieses außergewöhnliche Statuenpaar wurde bald nach der Auffindung mit der Erzählung von den Brüdern Kleobis und Biton in der Kroisoslegende (Herodot 1,31) verbunden: Darin erklärt Solon einen glücklichen Tod als das größte Glück und den höchsten Lohn, den die Menschen von den Göttern erlangen könnten. Als Beispiel bringt er die Geschichte von den beiden Brüdern in Argos. Diese hatten, da die Zugtiere ausgeblieben waren, den Prozessionswagen mit ihrer Mutter, der Herapriesterin, ins Heiligtum gebracht; auf deren Bitten um göttlichen Lohn schliefen sie dann für immer im Heiligtum ein. Herodot berichtet weiter: „Die Argeier ließen Standbilder von ihnen machen und stellten sie in Delphi auf als Bilder edler und wackerer Männer[4]."

Die Deutung der beiden Statuen ist kontrovers, trotz der naheliegenden Beziehung auf den Bericht Herodots. Die unvollständigen, z.T. auch undeutlichen Inschriften haben zu einer abweichenden Deutung auf die Dioskuren Anlaß gegeben. Deutlich sind aber nur die Reste der Signaturen; was man sonst an Schrift hat erkennen wollen, ist so gering an Erhaltung und

Form, daß Inhalt und Beziehung zu den Signaturen ganz zweifelhaft erscheinen. Wichtig im Sinn der Deutung mit Herodot ist aber die noch lesbare Herkunft der Künstler aus Argos[5].

Eine Stiftung der Naxier aus unbekanntem Anlaß um 570 v. Chr. war ein gewaltiges Werk von noch viel größeren Ausmaßen (Abb. 85). Eine kolossale, sozusagen weit „überlebensgroße" Sphinx[6] hockte hoch oben auf einer schlanken ionischen Säule mit 44 Kanneluren[7], deren Kehlen in altertümlicher Weise nur durch Grate, nicht durch Stege getrennt sind. Ein Kapitellfund aus dem Dionysosheiligtum von Iria auf Naxos erlaubt den Schluß auf dieselbe Werkstätte[8]. Ein ähnliches Monument hatten die Naxier in Delos errichtet; wohl nach dessen Vorbild war im Aphaiaheiligtum von Ägina eine weitere Sphinxsäule aufgestellt worden, allerdings aus einheimischem Kalkstein und wohl als lokale Stiftung[9]. Die Naxier hatten den Marmor für die Säule in Delphi von ihrer Insel herbeigebracht; den Namen der Stifter erschließen wir aus einer späteren Inschrift auf der Basis mit der Bestätigung von 332 v. Chr. für ein altes Promantierecht der Insel[10]. Die Säule blieb sehr lange, bis zum Ende des antiken Heiligtums, aufrecht[11], findet sich aber bei den antiken Autoren nicht erwähnt.

Denkmäler, die nicht auf die allbekannten Ereignisse der großen Geschichte zurückgingen, wurden von den Führern mit besonderer Vorliebe durch gefällige Histörchen erklärt. Ein Beispiel hierfür ist die Darstellung eines Opferzuges. Der Sockel des Denkmals zeigt die Befestigungen für Statuen von neun Opfernden und ihren Tieren in Lebensgröße. Die Gruppe stellte angeblich die glimpfliche Erfüllung eines Gelübdes täglicher Opfer dar, das die Orneaten unvorsichtigerweise geleistet hatten[12].

Ähnlicher Art ist die Erklärung des Bronzestiers (Pausanias 10, 9, 3–4) nahe dem Eingang, einer Weihung von Kerkyra (Plan 104)[13]: Ein Stier habe sich von seiner Weide entfernt und einen ganzen Tag lang am Meer gebrüllt. Dadurch sei der Hirt auf einen Thunfischschwarm von nie gesehener Größe aufmerksam geworden. Die Kerkyraier hätte sich wegen der Thunfische an das Orakel in Delphi gewendet. Auf dessen Geheiß wurde der Stier für Poseidon geopfert und dann nach dem großen Fang je ein Bronzestier vom Zehnten des Gewinns nach Olympia und Delphi gestiftet (Plan 508)[14].

Eine große Gruppe von Denkmälern bildeten die Weihungen aus der Beute von der siegreichen Abwehr der Perser, die freilich mehr durch die literarische Überlieferung als durch ihre materiellen Reste bekannt sind[15]. Das bedeutendste unter ihnen war der goldene Dreifuß auf der Schlangensäule (Abb. 86. 15) von dem Sieg bei Plataiai 479 v. Chr.[16]

Abb. 85　　Naxiersphinx, um 570 v. Chr.

Abb. 86   Istanbul, Schlangenkopf von der Säule des Dreifußvotives für den Sieg
bei Plataiai (479 v. Chr.).

Herodot (9,81) schreibt über den Anlaß: „Als die Schätze gesammelt waren, teilte man den Zehnten davon dem Gott in Delphi zu. Daraus wurde
jener goldene Dreifuß aufgestellt, der auf der dreiköpfigen ehernen
Schlange ruht und ganz in der Nähe des Altares vor dem Tempel steht.
Auch für den Gott in Olympia nahmen sie den Zehnten, woraus der eherne
zehn Ellen hohe Zeus aufgestellt wurde. Das gleiche tat man für den Gott
auf dem Isthmos und stellte den ehernen sieben Ellen hohen Poseidon auf.
Nachdem sie dies entnommen hatten, teilten sie den Rest untereinander
auf. Jeder erhielt, was er verdiente: Nebenfrauen der Perser, Gold, Silber
und andere Wertsachen und Zugtiere. Was sie, welche sich bei Plataiai besonders auszeichneten, noch dazu an Auserlesenem bekamen, konnte mir
niemand sagen; ich glaube aber, daß sie etwas erhielten. Für den spartanischen König Pausanias aber wurde eigens von allem zehnfach ausgewählt:
Frauen, Pferde, Talente, Kamele und auch die anderen Beutestücke."
    Von dem Streit um das Recht, sich als Stifter nennen zu dürfen, berichtet
Thukydides (1,132) [17]: König Pausanias habe sich als Weihenden in einem
Epigramm auf der Basis rühmen lassen (Ἑλλήνων ἀρχηγός, ἐπεὶ
στρατὸν ὤλεσε Μήδων, Παυσανίας Φοίβου μνῆμ' ἀνέθηκε τόδε: Pau-

sanias hat dies Weihgeschenk als Heerführer der Griechen dem Phoibos Apollon errichtet, nachdem er das Heer der Meder vernichtet hatte), doch hätten die Spartaner nach dem Sturz des Königs das Epigramm entfernen und die Namen der verbündeten Städte aufzeichnen lassen, die auf der noch erhaltenen Säule zu lesen sind[18].

Der Perieget Pausanias (10,13,9) beschreibt das Monument, von dem nach dem „Dritten Heiligen Krieg" nur noch die bronzenen Teile übriggeblieben waren. Schließlich wurde auch diese ehrwürdige Reliquie von Kaiser Konstantin nach Konstantinopel gebracht[19]. Die Säule besteht aus drei ineinander gewundenen Schlangenkörpern (Herodot und Pausanias sprechen nur von einer Schlange), deren Dicke nach oben zunimmt, so daß die Spirale nach oben zunehmend steiler wird. Die bekannte, bisher zugeschriebene Basis gehörte zu einem anderen, erst neuerdings erkannten Dreifußmonument, dem von Kroton (Plan 408)[20]. Wahrscheinlich gehörte der Platäerdreifuß auf die südöstlich benachbarte Basis (Plan 407). Vom Aufbau der Basis konnte neuerdings ein versprengter Block ausgemacht werden[21]. In einem quadratischen Sockel von 1,89 m Kantenlänge war eine glockenförmige Basis von 1,69 m Durchmesser eingelassen; auf dem hiervon erhaltenen Fragment ist eine gerundete, nicht konzentrische Spur zu erkennen, die nach Sitz und Größe zu den abgebrochenen Schlangenschwänzen der Säule in Istanbul paßt. Diese Identifizierung löst auch das alte Problem, wie der Dreifuß aussah: Er stand klein hoch oben auf den Köpfen der Schlangen. Damit entfällt die Hypothese, die Säule habe, zwischen den Beinen eines riesigen Dreifußes stehend, nur das Becken getragen. Nach Entfernung der Schlangensäule und ihres glockenförmigen Sockels wurde die quadratische Basis für eine Statuenaufstellung wiederverwendet.

Von dem Denkmal des Marathonsieges haben wir die Nachricht des Pausanias (10,10,2), aber kaum sichere Baureste. Es zeigte Athena, den siegreichen Miltiades und sieben der zehn Heroen der kleisthenischen Phyleneinteilung, dazu anstelle von Aias, Oineus und Hippothoon Theseus, Kodros und Philaios(?). Die Statuen waren Arbeiten des Phidias (Plan 110)[22]. Die Hervorhebung des Miltiades und die Diskrepanz zwischen der offiziellen Heroenliste und den Statuen des delphischen Monumentes könnten eine Demonstration der Alkmeoniden gegen die demokratische kleisthenische Partei sein[23]. In diesem Zusammenhang ist auch die Propaganda der adeligen Familie zu sehen, die den Hoplitensieg von Marathon gegenüber dem Flottensieg von Salamis herauszustellen versuchte. Die Lebenszeit des Phidias als Schöpfer der Gruppe gibt den Hinweis, daß diese

kaum bald nach Marathon geschaffen worden sein kann; wahrscheinlich
hat Kimon mit dem Monument, etwa nach dem Sieg vom Eurymedon (um
465 v. Chr.), den Sieg seines Vater gefeiert. Zugefügt wurden später noch
die Patrone der während der makedonischen Herrschaft geschaffenen Phy-
len: Demetrios und Antigonos. Als letzte Ergänzung kam Attalos I. von
Pergamon 224/23 v. Chr. hinzu; danach wurde das Denkmal nicht mehr
auf den Stand der Ereignisse gebracht. Die Statuen der 200 v. Chr. abge-
schafften makedonischen Phylenheroen hat man stehen lassen, die neuen
Phylenheroen haben dann aber keine Statuen mehr auf dem Monument erhalten. Am Athenerschatzhaus war, wohl bereits früher, eine andere Weihung für den Sieg von Marathon errichtet worden[24].

Die Athena auf dem Palmbaum wurde als Monument für den Sieg der
Athener über die Perser am Eurymedon (ca. 465 v. Chr.) nahe der Nordostecke des Tempels errichtet (Plan 420). Die Basis zeigt noch die tiefe Einlassung für den bronzenen Baumstamm, ähnlich dem Palmenmonument des
Nikias auf Delos[25].

Die Palme ist nicht mit der Katastrophe des benachbarten Tempels von
373 v. Chr. zugrunde gegangen[26], dagegen wird von früheren Beschädigungen berichtet, die als Omen für die Niederlage der Athener in Sizilien
(413 v. Chr.) galten[27]. Pausanias (10, 15, 4–5) und Plutarch (Nik. 13, 3) erwähnen Einzelheiten der Gestaltung: Der Palmbaum trug außer Datteln
eine vergoldete Athenastatue mit Lanze und Eulen. Die Palmblätter müssen eine kapitellartige Form unter der Figur gebildet haben, ähnlich wie das
Blattkapitell für die Tänzerinnen der Akanthussäule.

Die Dreifüße des sizilischen Herrscherhauses der Deinomeniden hatten
einen besonderen Ehrenplatz gleichfalls an der Bergseite des Tempelvorplatzes (Abb. 87. 41; Plan 518)[28]. Von den zeitgenössischen Dichtern (Bakchylides 3, 17 ff. und Simonides[?], 141 B.) waren die Stifter und ihre Geschenke hoch gerühmt worden: „Im Licht strahlt das Gold der hochgebau-
ten Dreifüße vor dem Tempel, wo die Delpher den größten Hain des Phoibos bei der Kastalia pflegen" und: „Ich nenne Gelon, Hieron, Polyzelos
und Thrasybulos, Söhne des Deinomenes, die die Dreifüße geweiht, die
Barbaren besiegt und den Griechen als Bundesgenossen eine helfende,
starke Hand im Kampf um die Freiheit gereicht haben."

Erhalten sind die charakteristischen glockenförmigen Basen[29] auf den
knapp zwei auf zwei Meter großen Plinthen, wie wir sie schon von der
Schlangensäule kennen. Auch hier lassen die Auflage- und Befestigungs-
spuren Dreifüße auf hohen, schlanken Stützen erschließen. Die Gelonwei-
hung war nach Diodor (11, 26, 7; vgl. Athenaios 6, 231 F) aus der Beute vom

Abb. 87   Blick vom Tempel gegen die Basis des Prusiaspfeilers (vor der Wiederauf-
richtung), mit der Plinthe für dessen Reiterfigur (vom Schatten überschnitten), das
große Basis-Geviert des Apollon Sitalkas und die Dreifüße der Deinomeniden
(in dunklerem Stein).

Sieg über die Karthager bei Himera 480 v. Chr. aufgebracht worden; die
verschieden überlieferten Gewichtsangaben sind leider widersprüchlich
und nicht in Einklang zu bringen: Der Dreifuß habe 16 Talente, nach anderer Quelle (Anthologia Palatina 6, 214) als Zehnter vom Zehnten 50 Talente
und 100 Pfund Goldgewicht gehabt[30]. Erhalten ist die schöne Inschrift mit
der Erwähnung des Dreifußes, der Nike und des Künstlers Bion. Leicht
übergreifend steht daneben noch die Basis der Hieronweihung; ihre Inschrift ist so beschädigt, daß gerade noch eine unvollständige Gewichtsangabe („-sieben Minen") zu lesen ist.

Von den Schwierigkeiten für Hieron, den Wert als Gold in Griechenland
zu beschaffen, berichtet Theopomp (bei Athenaios 6, 231 F); nur Architeles
in Korinth habe die nötige Menge zur Verfügung stellen können. Bakchylides (3, 63 ff.) stellt die Goldweihungen des Hieron sogar über alle anderen
Stiftungen griechischen Ursprungs: „Unter den Bewohnern Griechenlands, hochgepriesener Hieron, wird niemand sagen können, ein anderer
von den Sterblichen habe Loxias mehr Gold geschickt als du."

Die im Simonidesepigramm erwähnten Dreifüße des Polyzalos und
Thrasybulos dürften westlich an den des Gelon angeschlossen haben. Zwei

ebenfalls glockenförmige Basen, die wohl in der Gegend gefunden wurden, dürften darauf zu beziehen sein. Pausanias erwähnt die Monumente nicht; sie hatten vielleicht kein Interesse mehr für ihn, da sie ihres Goldes durch die Phoker beraubt waren.

Die Deinomeniden sind in Delphi (wie in Olympia) mit prächtigen Denkmälern als Wagenrennsieger hervorgetreten; zu einem solchen gehört die berühmte, 1896 gefundene Bronzestatue des Wagenlenkers (Titelbild und Abb. 88)[31]. Die Figur ist vorzüglich gearbeitet, starkwandig gegossen und aus vielen Teilen zusammengesetzt[32]; mit Silber, Kupfer, Glasfluß und Stein waren Details wie Zähne, Augen und Siegerbindenmuster eingelegt. Die strenge Wirkung des glatt fallenden, über der Brust verschnürten Wagenlenkergewandes (Xystis) war ursprünglich durch den Wagenkorb mit dem hohen Geländer und die anderen Motive der Gruppe überspielt. In der ursprünglichen Aufstellung hatte die leichte Rechtswendung des Wagenlenkers auch eine ganz andere Wirkung als bei der jetzigen Isolierung der Figur. Von der übrigen Gruppe fanden sich Wagenteile mit Deichsel und Joch, Hinterhandfragmente und Schweif von Pferden, der Arm einer etwas kleineren Begleitfigur sowie ein Basisblock mit Inschrift. Mit 1,80 m Figurenhöhe war die Gruppe deutlich überlebensgroß. Das Denkmal fiel wohl dem Bergsturz zum Opfer, der ca. 373 v. Chr. auch den archaischen Apollontempel zerstört hat[33].

Von der Weihinschrift sind zwei Versschlußhälften erhalten; die ursprüngliche Zahl der Verse ist nicht sicher, zwei oder vier. Außerdem ist das Epigramm in der Antike korrigiert worden. Ein Teil der oberen Zeile steht als Korrektur in der Rasur der ursprünglichen Fassung[34]. Sicher ist in der ersten Fassung die Erwähnung des Polyzelos (dorisch: Polyzalos) als Herrscher in Gela; bei der Korrektur wurde dann die Angabe „Herrscher" unterdrückt. Sieg und Denkmal sind also vor dem Sturz der Tyrannis 466 v. Chr. entstanden; dann wurde die Herrschaftsangabe durch eine politisch neutrale Erwähnung ersetzt. Der Sitz der Inschrift an der Front des Monuments läßt außen neben dem rechten Leinenpferd des Gespanns noch Platz für eine Begleitfigur.

Das Denkmal wird allgemein auf einen möglichen, aber sonst nicht nachgewiesenen Wagenrennsieg des Polyzalos bezogen, doch erlaubt der unvollständige Text auch andere Deutungen. Die Überlieferung zu einem Viergespanndenkmal in Olympia läßt an parallele Denkmäler[35] für Hieron denken, der in beiden Heiligtümern mehrmals in denselben Disziplinen gesiegt hat[36]. Für seinen Wagenrennsieg in Olympia hat sein Sohn Deinomenes, wie wir von Pausanias (6, 12, 1 und 8, 42, 8 ff.)[37] erfahren, die Gruppe

Abb. 88 „Wagenlenker". Von einem Rennsieg-Denkmal des Hieron von Syrakus bei den Pythien von 470 v. Chr (?), von dessen Bruder Polyzalos geweiht.

eines Rennwagens in Begleitung von berittenen Knaben errichtet; ebenso könnte der delphische Wagenlenker für einen der pythischen Rennsiege des Hieron von dessen Bruder Polyzalos errichtet worden sein.

Die Statue ist eines der Musterbeispiele des strengen Stils, der alle Zierlichkeit und Gefälligkeit der spätarchaischen Formen abgelegt hat. Charakteristisch sind genau beobachtete, oft harte Realismen der Details, knappe, feste Rundungen, Beschränkung und Konsequenz in der Anlage der Motive. Die Bestimmtheit hat etwas faszinierend Abweisendes, ist Ausdruck eines hochgestimmten Selbstbewußtseins.

Die sizilischen Tyrannen dominierten die Weihgeschenke der Westgriechen; doch gab es auch andere glanzvolle Weihungen von dort. Die Liparer waren auf ihren Inseln der etruskischen Expansion über das Meer besonders ausgesetzt. Zwei Monumente, die mit besonderen Erinnerungen verbunden waren, bezeugen im Heiligtum ihre Erfolge. Vom unteren Weihgeschenk, das auf das Schatzhaus von Siphnos folgt (Plan 123)[38], berichtet Pausanias nur ganz allgemein (10,11,3), ohne den genauen Anlaß zu bezeichnen[39]. Zum oberen der beiden Weihgeschenke mit 20 Jünglingsfiguren („Kuroi"; wohl auf der Terrassenmauer Plan 329)[40] spinnt Pausanias (10,16,7) das reinste Seemannsgarn. Auf die Anweisung der Pythia seien die Liparer mit möglichst wenigen, nur fünf Schiffen gegen die Etrusker ausgefahren, die ihnen, um nicht als schlechtere Seeleute zu erscheinen, mit der gleichen Zahl von Schiffen entgegengefahren seien. Die Liparer hätten auf diese Weise viermal gesiegt und entsprechend den 20 erbeuteten Schiffen die 20 Jünglingsstatuen nach Delphi geweiht! Wahrscheinlich bekrönten die Figuren, auf 40 m Länge verteilt, die polygonale Terrassenmauer[41].

Die Etrusker erschienen aber nicht nur in der Verliererrolle, sie haben auch stattliche Weihungen nach Delphi geschickt. Bezeugt sind die Schatzhäuser von Agylla (Caere) und Spina[42]; außerdem hat man bei dem Tuff eines archaischen Schatzhausbaus (Plan 342, Oikos X)[43] an eine Herkunft aus Italien gedacht. Schließlich gibt es noch die Basis einer Dreifußweihung (des sog. Cippus der Tyrrhener) mit einer unvollständig erhaltenen griechischen Inschrift, in der von Etruskern (Tyrrhenern) oder etwas Etruskischem die Rede ist[44].

Die lakonische Kolonie Tarent hat zwei große Siegesmonumente aus den Kämpfen mit den benachbarten Stämmen geweiht. Das eine, untere, stand am unteren Teil der „Heiligen Straße" (Plan 114)[45] zwischen dem argivischen Epigonenmonument und dem Sikyonierschatzhaus, das andere schräg gegenüber dem großen Altar (Plan 409)[46].

Das untere Monument war ein Werk des Hageladas; es zeigte auf einer
Basis von 12 m Länge in Bronze gearbeitete Pferde und kriegsgefangene
messapische Frauen (Pausanias 10, 10, 6). Die ursprüngliche Weihinschrift
aus der ersten Hälfte des 5. Jhs. wurde im 4. Jh. v. Chr. erneuert. Sowohl
davon als auch von der ursprünglichen sind einige Reste erhalten.

Das obere, ebenfalls vielfigurige Monument war ein Gemeinschaftswerk
des Onatas und eines anderen Bildhauers, dessen Namen Kalynthos bei
Pausanias nur unsicher überliefert ist (Pausanias 10, 13, 10). Es war aus dem
Zehnten der Beute vom Kampf mit den Peuketern gestiftet. Die Darstellung zeigte aus der Gründungssage der Kolonie einen früheren Kampf mit
diesen Gegnern. Zu sehen waren Krieger zu Fuß und zu Pferd, darunter der
Japygerkönig Opis, der den Peuketern zu Hilfe gekommen war. Er war als
Gefallener dargestellt, auf den als Sieger Phalantos, der Gründer von Tarent, und Taras, der namengebende Heros, traten. In der Nähe erschien
auch der Delphin, der einst den Schiffbrüchigen Phalantos aus dem Golf
von Krisa gerettet hatte. Von der Weihinschrift sind Reste ebenfalls in zwei
Ausführungen erhalten: die ursprüngliche auf der obersten Stufe war
linksläufig, die Erneuerung auf der nächsten Stufe lief entgegengesetzt.

Die Datierung beider Monumente in die erste Hälfte des 5. Jhs. v. Chr.
ergibt sich aus dem Stil der Inschriften und den anderweitig bekannten Lebenszeiten der Künstler. Hageladas gehört einer älteren Generation an als
Onatas, doch ist eine Überschneidung ihrer Schaffenszeiten wohl möglich.
Von den Konflikten, in denen Tarent mit seinen nichtgriechischen Nachbarn stand, gibt es nur wenige und nicht genau bestimmte Nachrichten.
Überliefert sind verlustreiche Kämpfe und eine sehr schwere Niederlage gegen die Japyger und Messaper (Herodot 7, 170; Diodor 11, 52). Wie die beiden Tarentinerweihungen zu diesem Ereignis zeitlich stehen, ist unsicher.
Bemerkenswert ist der Unterschied in der Auffassung der Themen: Das
obere, jüngere Monument stellt den Sieg durch ein mythische Szene dar,
das ältere Monument bringt eine „modernere" Darstellungsweise. Die gefangenen Messaperinnen sind die Vorläufer von Gefangenendarstellungen
auf späteren Siegesmonumenten. Wie sie künstlerisch ausgeführt gewesen
sein mögen, zeigt eine kleine frühklassische Bronzestatuette in Berlin[47]: Es
ist eine Peplosträgerin, der die Hände am Rücken zusammengebunden sind.

Nach der glanzvollen Epoche der Perser-, Karthager- und Etruskerkriege
folgen die Kämpfe um die Vorherrschaft in Griechenland und die Monumente der Siege von Griechen über Griechen. Aus früherer Zeit sind von
solchen Siegen Waffenweihungen mit Inschriften bekannt, nicht aber Bauten und monumentale Denkmäler. Eine besondere Stellung hat ein Denk-

mal der Messenier, die ein anderes schon früher, in archaischer Zeit, gestiftet hatten. Von dem älteren wissen wir wenig[48]. Deutlicher sind die historischen Zusammenhänge um das jüngere Monument. Sein genauer Standort ist zwar im Gelände nicht nachgewiesen; doch deutet die Fundlage der Trümmer auf die Gegend westlich der Athenerhalle, vor der Polygonalmauer, in der Nähe der Naxiersphinx[49]. Von der Weihinschrift sind kleine Reste, aber mit der Erwähnung der Messenier, erhalten: [Μεσ]σανίο[ι]. Es handelte sich um einen dreiseitigen, 9,30 m hohen Pfeiler, ähnlich dem mit der bekannten Paioniosnike in Olympia, die ebenfalls von den Messeniern gestiftet worden war. Auch der Pfeiler in Delphi trug eine marmorne Nike, jedoch als Stützfigur eines Dreifußes, ähnlich wie das Motiv der drei „Tänzerinnen" auf der Akanthussäule. Es liegt nahe, daß es sich bei den beiden Pfeilern in Olympia und Delphi um Parallelweihungen aus demselben Anlaß gehandelt hat.

Die Gemeinde der Stifter war 459 v. Chr. nach ihrer Niederlage gegen die Spartaner von den Athenern nach Naupaktos umgesiedelt worden, nachdem es zwischen den beiden Vormächten zum Bruch gekommen war. Als Anlaß der Weihung in Olympia nennt Pausanias (5, 26, 1; vgl. 4, 25) die Kämpfe gegen Oiniadai und andere Akarnanen infolge der Ansiedlung. Doch ist der Stil der Nikefigur in Olympia zeitlich damit schwer zu vereinbaren. Nach einer anderen Tradition, die Pausanias aus Messenien selbst anführt, handelte sich um eine Weihung nach der Niederlage der Spartaner von Sphakteria (425 v. Chr.). Ein anderer möglicher Anlaß ist der Erfolg der Messenier gegen Ambrakia (426 v. Chr., Thukydides 3, 105–114. Diodor 12, 60), den sie als Verbündete von Athen errangen[50].

Ein guter Teil der sog. „Heiligen Straße" war von Monumenten der Stadt Argos[51] gesäumt. Pausanias zählt vier Gruppen von Statuen auf, die aber wahrscheinlich auf drei Sockel zu verteilen sind. Als erstes erwähnt er (10, 9, 12) das Trojanische Pferd, nach seinem mythischen Erbauer „Dureios Hippos" genannt, als Votiv für den Kampf gegen die Spartaner in der Thyreatis (Plan 111)[52]. Schöpfer dieses Bronzewerkes war Antiphanes von Argos, der vom Ende des 5. bis in das zweite Viertel des 4. Jhs. v. Chr. in Delphi bezeugt ist[53]. Dem Monument werden die Basisreste gegenüber dem Korkyräermonument zugewiesen. Es folgen zwei große, ungefähr halbrunde Basen, die sich wie Pendants gegenüberliegen; sie bildeten aber keine Platzanlage, da die Straße stark ansteigend zwischen den geraden Fronten durchläuft (Plan 112. 113). Die nach den Formen der zugewiesenen Inschrift ältere Basis ist die links zum Tal. Ihr Durchmesser beträgt 12,70 m.

Darauf sind die Erwähnungen weiterer argivischer Monumente durch

Pausanias (10, 10, 3 f.) zu beziehen: Die „Sieben gegen Theben" mit einer
Aufzählung der Helden und der Nennung der Künstler; Anlaß war der
„Sieg, den sie (sc. die Argiver) bei Oinoë (d. h. 456 v. Chr.) in der Argolis
über die Spartaner errangen, sie selbst und athenische Hilfstruppen[54]".
Diesen Sieg hatten die Athener mit Malereien in ihrer Stoa Poikile festgehalten. Die Wahl des Mythos drückt allerdings mehr die Gegnerschaft gegen die Thebaner als gegen die Spartaner aus, mit denen jene damals freilich gegen Athen verbündet waren.

Pausanias schließt die Beschreibung der sog. „Epigonen" an: „Aus der
Beute desselben Ereignisses stellten die Argiver, wie mir scheint, auch die
von den Griechen so genannten Epigonen auf. Denn auch von diesen stehen Statuen da, Sthenelos und Alkmaion … und dazu Promachos und
Thersandros und Aigialeus und Diomedes; zwischen Diomedes und Aigialeus steht Euryalos." Die Epigonen waren die Söhne der „Sieben", die zehn
Jahre nach dem fehlgeschlagenen Feldzug ihrer Väter gegen Theben die
Stadt doch noch bezwungen hatten.[55] In Argos selbst standen bei dem Heiligtum der Horen Pendants zu den beiden delphischen Monumenten mit
den „Sieben" und den „Epigonen" (Pausanias 2, 20, 5), ähnlich wie auch die
Messenier von Naupaktos an verschiedenen Orten, in Delphi und Olympia, die bereits erwähnten parallelen Monumente errichtet hatten. Die gegen Sparta und Theben zugleich gerichtete Wahl des Themas stimmt, wie
Pausanias richtig verstanden hat, besser in die Zeit um 456 v. Chr. als in das
4. Jh. v. Chr., da Argos damals mit Theben gemeinsame Sache gegen Sparta
machte. Für die „Sieben" und die „Epigonen" zusammen kommen außer
der Halbrundbasis keine anderen Konstruktionen in Frage. Daher müssen
die 16 Figuren mit den Gespannpferden des Amphiaraos wohl zusammen
auf dem Monument gestanden haben, das zu seiner Füllung eher diese
Zahl als nur eine der beiden Gruppen von nur sieben Figuren erfordert
hat[56].

Das gegenüberliegende Halbrund war im Durchmesser etwas größer
(13,72 m) und stellte die sog. „Könige von Argos" dar[57]: „Ihnen gegenüber
stehen andere Statuen; diese stellten die Argiver auf, als sie sich an der
Gründung von Messene (369 v. Chr.) mit den Thebanern und Epameinondas beteiligten." Die Benennung der „Könige von Argos" ist modern und
ungenau, es handelt sich vielmehr um die Vorfahren des Herakles. In der
Wahl dieses Themas zeigt sich die neue politische Konstellation; durch den
in Theben geborenen, in Argos beheimateten Herakles ist die Bundesge-
nossenschaft mit Theben gegen Sparta angedeutet[58]. Von den Inschriften-
stufen des Denkmals sind viele Steine erhalten. Sie zeigen eine alter-

tümelnde, von rechts nach links laufende Schrift, die mit der Generations-
folge des dargestellten Königsgeschlechtes gleichläuft. Bei den Namen ist
von rechts her jeweils der Vaters- oder Muttersname voran- statt, wie sonst
üblich, nachgestellt, um diese Abfolge zu verdeutlichen; eine Ausnahme
macht nur Danaos.

Eine weitere Merkwürdigkeit besteht in der ungleichen Verteilung der
Statuenreihe, die gegen das obere Ende der Basis zusammengerückt ist und
die ganze rechte Hälfte freiläßt. Die Vermutung, daß es sich nur um einen
Teil eines nicht vollendeten Statuenprogramms handelt, liegt nahe, ist aber
nicht zu beweisen. Vielmehr erscheint die Reihe der Gestalten in sich the-
matisch geschlossen. Die Inschriften haben auch die Namen der Könige erhalten, die Pausanias nicht ausführlich aufzählen wollte, es waren: Danaos,
Hypermnestra, Lynkeus, Abas, Akrisios, Danaë, Perseus, Elektryon, Alk-
mene, Herakles. Außerdem ist die Signatur des Antiphanes erhalten, der
für die Argiver auch das Trojanische Pferd geschaffen hatte.

Für den Seesieg der Spartaner und ihrer Bundesgenossen über die Athener bei Aigospotamos, der den Peloponnesischen Krieg 405 v. Chr. entschied, hat der spartanische Oberkommandierende in seinem Namen ein
großes Denkmal gestiftet. Durch die Inschriftenreste und die Nachrichten
bei Pausanias (10, 9, 7–10), die sich gegenseitig bestätigen und ergänzen,
sind wir über die Darstellungen, Künstler und Beschriftungen gut unterrichtet: „Gegenüber von diesen (sc. den Statuen vom Weihgeschenk der
Tegeaten) stehen die Weihgeschenke der Spartaner von den Athenern, die
Dioskuren und Zeus und Apollon und Artemis und dazu Poseidon und Lysander, der Sohn des Aristokritos, der von Poseidon bekränzt wird, und
Agias, der damals Seher des Lysander war, und Hermon, der das Admirals-
schiff des Lysander steuerte (Plan 109)[59].“

Es folgt die Aufzählung der dargestellten Admiräle („Nauarchen"), der
Bildhauer und ihres jeweiligen Anteils an den Statuen des Monuments:
Theokosmos von Megara, Antiphanes aus Argos, Athenodoros und Da-
meas aus Kleitor. Die Admiräle standen in einer zweiten Reihe hinter der
Göttergruppe. Pausanias zählt sie auf; es waren elf vom Festland, zwei von
Euböa und elf von den übrigen Ägäisinseln und aus Kleinasien. Alles in al-
lem zählte das Monument 38 Figuren; den inschriftlich bezeugten „Karyx"
(Herold) hat Pausanias übergangen.

Vom Sockel gab es nur verstreute Funde, er ist auf etwa 15,5 m Länge
und 4 m Tiefe zu rekonstruieren. Wegen des Anstieges der Straße überragte er diese im Osten um etwa 3 m, im Westen nur noch um etwa 1 m.
Die hintere Figurenreihe stand um eine Stufe über die vordere erhöht.

Nach den Einlassungen für die Füße waren die hinteren Figuren aber in kleinerem Maßstab (ca. 1,60 gegen 1,90 m) gebildet, wodurch eine einheitliche Kopfhöhe gewahrt blieb.

Die zu großen Teilen erhaltenen Inschriften umfaßten außer den Namen der Admiräle und Künstler ein Gedicht des Ion von Chios zu Ehren der Sieger. Später wurden einige anderweitige Ehrungen dazugeschrieben; aber auch von den Inschriften, die sich auf das Monument beziehen, sind nicht alle ursprünglich. Die Beischriften, die zuerst auf der horizontalen Fläche neben die Statuen eingehauen worden waren, wurden an den Basisvorderseiten erneuert. Zugefügt wurden offenbar auch zwei Epigramme an die göttlichen Zwillinge Kastor und Polydeukes, weil sie als Helfer in der Schlacht erschienen seien [60]. Das Monument der Admiräle war dann noch mindestens fünf Jahrhunderte zu sehen, denn Plutarch (De Pyth. orac. 2, 395 B ff.) hat der prächtigen meeresblauen Patina der Statuen eine längere Behandlung gewidmet.

Hat die Siegespropaganda mit der Bekränzung des spartanischen Admirals Lysander durch Poseidon hoch gegriffen? Bedeutet der Bildzusammenhang Vergöttlichung, oder ist der Meeresgott nur eine schmeichelhafte Metapher für „Seeherrschaft"? Zu dieser Art von Bildhaftigkeit gehört sicher auch eine Ambivalenz, in der Vorstellungen von Vergöttlichungen im späteren Herrscherkult vorweggenommen sind. In der älteren Kunst wurde Göttliches und Menschliches genauer geschieden: Die Siegesgöttin Nike überbrachte den Menschen den göttlichen Sieg.

Ion hält dagegen in seinem Epigramm einen Ton der poetischen Tradition ein: „Sein Standbild weihte Lysander für das Werk, daß er mit den schnellen Schiffen die Macht der Kekropiden vernichtete und Lakedaimon, das schöne Land seiner Heimat, Burg von Griechenland, unzerstört (mit Sieg) bekränzte. Ion vom meerumschlungenen Samos hat dieses Gedicht gemacht [61]."

Von dem künstlerischen Charakter der Statuen geben die Einlassungen und Standspuren nur noch indirektes Zeugnis. Die Bildhauer gehören zur Polykletnachfolge; die Weiterentwicklung der Figurenponderation aus dem polykletischen Kanon ist noch aus den Standspuren auf den Basisblöcken zu erkennen [62]. Das Monument muß ähnlich wie eine unserer systematischen Gipsfigurensammlungen mit einer Abteilung über die Bildhauergeneration nach Polyklet angemutet haben. Die Aufstellung war gewiß rhythmisiert und in den Statuenmotiven abwechslungsreich variiert; es ist aber schwer vorstellbar, wie eine solche Vielzahl von Figuren zu einer Kompositionsidee zusammgefaßt gewesen sein könnte.

Die folgenden Denkmäler bezeugen die neue Macht der Thebaner und den Niedergang Spartas. Der Sieg der Thebaner und ihrer Bundesgenossen von Leuktra (371 v. Chr.) schuf eine völlig neue Lage in Griechenland. Außer dem bereits erwähnten thebanischen Schatzhaus sind Reste von zwei böotischen Denkmälern erhalten. Das eine galt Pelopidas, dem neben Epameinondas wichtigsten Führer. 364 v. Chr. ist er im Kampf mit Alexander von Pherai gefallen[63]. Vor dem Dreifuß des Gelon (Plan 518) wurden unter dem Pflaster der Straße die Reste vom Sockel seines Denkmals gefunden[64]. Er bestand aus einem bläulich schwarzen Marmor und trug wohl eine Bronzestatue, die nach der Inschrift von Lysipp gefertigt war. Nach der Fundlage ist das Denkmal wohl bald nach dem Tod des Epameinondas und dem Zusammenbruch der thebanischen Macht von den Phokern abgeräumt worden. Für die Kunstgeschichte ist das Denkmal wichtig, weil es einen Anhaltspunkt für den Beginn der Karriere des Lysipp ergibt, der früher liegt als zuvor angenommen. Lysipp muß es vor 362 v. Chr. ausgeführt haben und muß damals schon über die Grenzen seiner Heimat bekannt gewesen sein. Zu seinen wohl spätesten Werken gehört das Weihgeschenk des Krateros in Delphi (s. u. S. 207 f.).

Später traten die Böoter wieder hervor: Nach dem Sieg der Amphiktionen über die Phoker (346 v. Chr.) errichteten sie eine neue Weihung (Plan 211): Es ist eine L-förmige Statuenbasis zwischen dem sog. Buleuterion und der Tenne, die mit ihren Inschriften zum Sibyllenfelsen steht. Über dem Fundament aus rosa Konglomerat erhob sich je eine Stufe aus grauem und schwarzem Kalk. Die Weihinschrift war auf der obersten, schwarzen Stufe eingetragen; das Monument wurde später nach und nach mit Ehreninschriften für Böoter bedeckt, zuletzt auch die Stufe mit der Weihinschrift. Pausanias und Plutarch erwähnen das Monument nicht, wahrscheinlich war es bereits abgeräumt[65].

Vom Monument des Arkaderbundes steht noch die Basis rechts bald nach dem Anfang der sogenannten „Heiligen Straße" (Plan 105)[66]. Die Selbständigkeit der Arkader nach der Befreiung von 371 v. Chr. fand ihren Ausdruck in dem Weihgeschenk mit mythisch-genealogischen Statuen zum Ruhm des Stammes: Zu sehen waren die Stammesmutter Kallisto, dann Arkas, von Nike bekränzt, als dessen Nachkommen teils von Erato, teils Laodameia: Apheidas, Elatos, Azan, Triphylos, Erasos. Künstler waren Daidalos von Sikyon, Samolas aus Arkadien und Antiphanes aus Argos.

Der Sieg der Amphiktionen über die Phoker von 346 v. Chr. wurde mit einem Statuenkoloß am Tempelvorplatz westlich neben den Deinomeni-

dendreifüßen gefeiert: Es war der „Apollon Sitalkas", der mit 35 Ellen fast
die Höhe des Tempel erreichte (Plan 521)[67].

Die sog. Tänzerinnen- oder Akanthussäule (Abb. 89; Plan 509)[68] auf der
Terrasse über den Dreifüßen der Deinomeniden dominierte einst den Tempelvorplatz. Über einem dreistufigen Sockel erhob sie sich, aus pentelischem Marmor gearbeitet, als rund neun Meter hoher, gerippter Akanthus-
stengel mit reichem Laubschmuck an Basis, Stengelhüllblättern und Kapitell. Die drei Figuren der Tänzerinnen schwebten darüber um einen weiteren, von Blättern umhüllten Trieb, der auch dem Dreifußbecken darüber
als Stütze diente. Dieser einst in Metall, wohl aus vergoldeter Bronze, zugefügte Dreifuß stand mit Einlassungen auf dem Kapitell auf, erschien aber
wie von den Tänzerinnen mit je einem Arm unter dem Becken getragen.
Insgesamt erreichte das Denkmal eine Höhe von etwa 13–14 m.

Die Tänzerinnen tragen ein typisches Kostüm von korbförmigen Schilf-
blattkronen (nach der Form Kalathiskoi genannt) und kurzen, nur knielan-
gen Gewändern. Mit ihrer Körperhaltung und den im Wind um die Körper
flatternden Gewändern gleichen sie fliegenden Niken. Tanzen denn diese
Tänzerinnen wirklich? Der Kalathiskostanz zeichnete sich durch wirbelnde
Drehung aus, der die kurzen Chitone auseinanderfliegen läßt. Die delphischen Tänzerinnen scheinen dagegen, ohne sich zu drehen, durch die Luft
zu gleiten, wie auch die entspannt hängenden Füße zu erkennen geben.

Was stellt das Denkmal aber dar, und wer hat es geweiht? Der Aufstellungsort ist gesichert (Plan 509); es ist die Basis mit der Unternehmer-
marke ΠΑΝ, des Pankrates von Argos, der auch am Tempel und der Heiligtumsmauer während der 40er und 30er Jahre des 4. Jhs. v. Chr. vielfach beschäftigt war. Die Fundlage der Säulenfragmente gehört nicht zu dem
Schutt der Katastrophe von ca. 373 v. Chr., wie man früher geglaubt hat.
Die Zeit des Pankrates und der Stil der Figuren legen vielmehr eine Entstehung in den 40er bis 30er Jahren des 4. Jhs. v. Chr. nahe. Die neuerdings
entzifferten Inschriftenreste der Basis geben die Athener als Stifter an; die
übrigen Buchstaben sind für eine Lesung zu schlecht erhalten[69]. Als Anlaß
liegt daher eine große Festgesandtschaft nahe, etwa eine Pythaïs[70], wie sie
der Staatsmann Lykurgos veranstaltet hatte, der Athen nach der Niederlage von Chaironeia 338 v. Chr. reformierte.

Für die Benennung der Tänzerinnen sind verschiedene Vorschläge ge-

▶

Abb. 89   Die „Tänzerinnen", Bekrönung der „Akanthossäule" und Stützfiguren
eines Dreifußes. Weihung aus Athen, um 330 v. Chr. Im Hintergrund Statuen des
      Daochos-Weihgeschenks, rechts Sisyphos I., links Sisyphos II.

macht worden; man hat an die im Dionysoskult auf dem Parnaß schwär-
menden Thyiaden gedacht (für die allerdings keine Dreizahl überliefert ist)
oder an die Auglauriden der attischen Sage[71].

Zwei Motive hat der Künstler jedenfalls deutlich gemacht: die kultische
Tracht und die Tripodophorie, d. h. die feierliche Überbringung des Dreifußes durch die Festgesandtschaft. Dieses Ereignis ist also bildlich erhöht
worden, als wäre der Dreifußkessel von himmlischen Geistern durch die
Lüfte getragen worden: sie erscheinen uns den Siegesgöttinnen verwandt,
die auf Vasenbildern als Boten des Sieges mit Dreifüßen geflogen kommen.

Die Daochosweihung (Abb. 89. 90; Plan 511)[72] ist das Denkmal eines
Geschlechts[73], das im thessalischen Pharsalos seit etwa 500 v. Chr. ge-
herrscht hatte. Das Monument war von Daochos II. wohl im Zusammenhang mit seiner Amtszeit als Hieromnemon (338–334 v. Chr.) gestiftet
worden. Es bezeugt Ahnenstolz und Traditionsbewußtsein einer Dynasten-
familie und die Geltung des Daochos im Heiligtum von Delphi als eines
Parteigängers der makedonischen Vormacht unter Philipp II. Zweierlei Leistungen des Geschlechtes werden durch die Motive der Statuen und die er-
klärenden Beischriften vorgeführt: politische und sportliche. Herrscherlich
sind die Posen mit erhobenem, auf Lanze oder Zepter gestütztem Arm und
kriegerischer, feldmarschmäßig kurzer Tracht. Die nackten Athletenfigu-
ren verkörpern dagegen das alte Ideal der adeligen Sportlichkeit des 5. Jhs.
v. Chr. Alle Figuren sind künstlerisch aber in der Sprache ihrer Entstehungszeit gehalten, der Charakter einer Ahnengalerie ist ihnen, auch bei
den Zügen der noch erhaltenen Porträts, nicht anzumerken. Selbst der
Sohn des Stifters als letzter in der Reihe wirkt, ähnlich wie die Grabrelief-
darstellungen der Zeit, eher idealtypisch als individuell.

Das Denkmal[74] umfaßte die Marmorstatuen von acht Vertretern der
Familie aus sechs Generationen. Rechts bildete wahrscheinlich die Statue
eines sitzenden Apollon den Anfang der Reihe. Die erste Figur der Fami-
liengruppe, der Tetrarch Aknonios (wohl um 500 v. Chr.), und die letzte,
der junge Sisyphos II., hatten nur Namensbeischriften, nicht Epigramme
wie die anderen Figuren. Auf Aknonios folgen dessen Söhne Agias, Telemachos und Agelaos, danach Daochos I. (Sohn des Agias), Sisyphos, Daochos II. (der Stifter des Denkmals) und dessen Sohn Sisyphos II.

Die Figuren sind überlebensgroß, um 2 m hoch. Außer Telemachos und
Daochos II. sind alle mehr oder weniger vollständig erhalten. Einige wur-
den unmittelbar neben ihrer Basis liegend aufgefunden, andere im näheren
Umkreis.

Nach den Angaben des Epigramms herrschte Daochos I. 27 Jahre lang

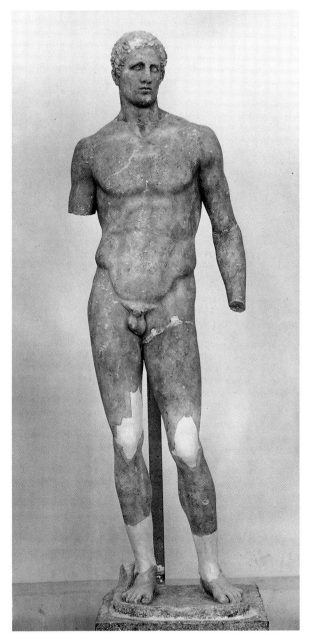

Abb. 90   Statue des Agias, aus dem Weihgeschenk des Daochos.
Um 338–334 v. Chr.

(wahrscheinlich nach 457 v. Chr. und vor 404 v. Chr.)[75] ohne Gewalt über Thessalien. Sein Vater und dessen Brüder werden als siegreiche Athleten gefeiert: Der Pankratiast Agias hatte einmal in Olympia, dreimal in den Pythien und je fünfmal in den Nemeen und Isthmien gesiegt. Der Ringer Telemachos hatte an denselben Heiligtümern Ringkampfsiege errungen; von seinen Gegnern war ein wegen seiner Stärke berühmter Etrusker dabei sogar tot zurückgeblieben. Agelaos schließlich war Sieger im pythischen Stadionlauf der Knaben. Der olympische Sieg des Agias ist zeitlich nicht sicher festgelegt, dürfte aber noch vor 480 v. Chr. fallen[76]. Sisyphos war auf ein Versprechen der Göttin Athena im Traum hin nie vor einem Feind geflohen und nie im Kampf verletzt worden.

Von einem Parallelmonument im Heiligtum der Athena Ithonia zu Pharsalos ist ein inzwischen verschollenes Inschriftenfragment bezeugt[77]. Es läßt sich zu einem Epigramm ergänzen, das dem in Delphi auf den Pankratiasten Agias entsprach, dazu trägt es die Signatur „Lysippos"[78]. Im Unterschied zu dem delphischen Epigramm ist in Pharsalos aber von fünf Siegen auch in den Pythien die Rede. Man hatte wegen der Zurücknahme der Angabe in Delphi die Priorität des Monumentes in Pharsalos erschlossen. Doch ist dieser Schluß keineswegs zwingend[79]. Dazu kommt noch, daß die abweichende Angabe der delphischen Inschrift in einer Rasur steht[80]. Damit haben wir keinen Anhaltspunkt mehr für die Priorität eines der beiden Monumente[81].

Aus der künstlerischen Art der delphischen Figuren ist auf verschiedene mitwirkende Künstler geschlossen worden[82]. Daß in Pharsalos die Signatur „Lysippos" unter dem Epigramm für Agias angebracht war, läßt auch hier die Verteilung der Arbeiten auf verschiedene Künstler vermuten.

Merkwürdig ist die Form der Stützen für einige der delphischen Marmorfiguren. Es sind im Marmor gearbeitete Streben, die eng an der Figur anliegen und möglichst nicht in Erscheinung treten sollten („Fußstützen" und „Gewandstützen"), nicht die marmorgemäßen Baumstützen. Man hat daraus auf Vorbilder aus Bronze schließen wollen, doch sind von Pharsalos keine Anhaltspunkte für die Technik und Ausführung der Statuen bekannt.

Die Anordnung und damit die Benennung der Figuren ist auf verschiedene Weise gesichert: Die Plinthen von Agias und Daochos II. wurden in den Einlassungen der Basis gefunden; die des Aknonios, des Sisyphos I. und II. passen nach ihrer Form eindeutig an ihren Platz; Daochos I. wurde in der Nähe seiner vermutlichen Aufstellung gefunden, Agelaos ist im Ausschlußverfahren lokalisiert. Früher hat man eine Statue für die des Sisyphos II. gehalten, die aber zu groß und stilistisch später zu datieren ist. Das

Monument ist in einem Zug, nicht mit nachträglichen Erweiterungen, aus-geführt worden. Die technisch aufwendig verdübelten Stückungen, vor allem der Arme, sind wohl alle original; sie rühren sicher nicht von Wie-derherstellungsarbeiten nach Beschädigungen her.

Die Gesamtform des Monumentes ist nicht gesichert. Erhalten sind der nördliche und die anschließenden westlichen und östlichen Teile der Funda-mente und Orthostaten aus dem Kalk von Hagios Elias. Die Fundamente scheinen nicht sehr sorgfältig verlegt worden zu sein. Daher ist es wahr-scheinlicher, nicht eine gedeckte Halle oder ein hausartiges Gebäude anzu-nehmen, sondern eine leichtere Konstruktion, etwa eine offene Nische. Nach der Wiederverwendung eines Orthostatenblocks mit einer Inschrift war das Monument bereits im 2. Jh. v. Chr. zerstört[83].

Für uns hat das Daochosmonument einen besonderen Reiz. Die Verbin-dung mit der Lysipp-Signatur in Pharsalos hat großes kunstgeschichtliches Interesse, auch wenn keine der erhaltenen Statuen dem großen Meister zu-geschrieben werden kann. Diese Statuengalerie von Politikern und Sport-lern hat die eigentümliche Stimmung einer sportlich-heroischen, unper-sönlich-idealen Romantik. Die großen Porträtleistungen dieser Jahrzehnte gehören freilich anderen Bereichen an und sind nur in römischen Kopien, nicht in originalen Werken erhalten: Platon und Aristoteles, das Alexan-derbildnis, dazu auch die postumen Porträtstatuen der Dichter Sophokles und Euripides.

Im Hellenismus kommen die statuarischen Monumente mit erzählen-dem, mythischem oder historischem Inhalt aus der Mode; es dominieren die Ehrenstatuen und Ehrenstatuengruppen. Eine prominente erzählende Statuengruppe ist noch aus der Alexanderzeit bezeugt: Über dem West-ende der großen Stützmauer (Ischegaon) oberhalb des Tempels wurde eine Terrasse mit einer großen, rechteckigen Nische von etwa 15,27 m Länge, 6,35 m Breite und mit einem Vorplatz von ca. 3 m Tiefe das „Krateros-Monument" eingerichtet (Plan 540)[84]. Für das niedrigere Niveau seiner Terrasse wurde die Ischegaon-Mauer in der Höhe von zwölf auf fünf Stein-lagen reduziert. Außerdem wurde die Treppenanlage, die westlich in den Verlauf des Ischegaons einschnitt und zum Theater emporführte, verändert (Plan 541). Der Zugang von unten wurde abgeschnitten, die Treppe im obe-ren Teil verbreitert und mit einer Abzweigung zur Terrasse vor dem Monu-ment versehen. Von der Tempelwestseite führte dann kein Zugang mehr zum Theater hinauf, sondern nur vom Vorplatz im Osten über die höherge-legene Terrasse vorbei am Monument des Daochos und den benachbarten Schatzhäusern[85].

Die Nische aus Konglomeratgestein steht noch bis zu 4 m Höhe an. In etwa 3 m Höhe sind zwei Kalksteinplatten mit der folgenden Inschrift zur Erklärung der nicht mehr erhaltenen Figurengruppe, der Löwenjagd des Alexander, eingelassen[86]: „Krateros, Sohn des Alexander, hat dies dem Apollon gelobt, ein geehrter und berühmter Mann. Krateros (sc. der gleichnamige Sohn) hat seinem Vater, der ihn in seinem Palast hervorgebracht und und sterbend zurückgelassen hat, das Versprechen ganz erfüllt, damit diesem, o Fremder, der immerwährende und mitreißende Ruhm der Jagd auf den stiertötenden Löwen zuteil würde. Diesen hat er, als er Alexander, dem vielgerühmten König über Asien, Heerfolge leistete, bei einer Begegnung in der syrischen Wildnis auf diese Weise abgewehrt und getötet." Dieser Löwenjagd war die Bedeutung eines Omens für die Königsherrschaft Alexanders in Asien beigelegt worden; aus diesem Grund hat sie auch ein vielfältiges künstlerisches Echo gefunden. Berühmt ist der sog. Alexandersarkophag von Sidon in Istanbul; das Motiv klingt auch an in einem Relief aus Messene in Paris[87]. Durch den Tod des Krateros ist das Monument in Delphi als ein Spätwerk des Lysipp auf die Zeit nach 321 v. Chr. datiert. Nach der Überlieferung bei Plinius (N. h. 34,64) war die Gruppe von Lysipp, nach der bei Plutarch (Alex. 40) von Lysipp und Leochares geschaffen[88]. Das Monument sollte den Herrschaftsanspruch des Krateros als Nachfolger Alexanders in Asien propagieren; es wurde aber nach dem Tod seines Stifters als Erinnerungsdenkmal vollendet.

In der Zeit gegen 300 v. Chr., in der bereits die Weihungen von Monarchen und Bünden im Heiligtum den Ton angaben, wurde als wohl letztes großes Weihgeschenk eines Stadtstaates von den Rhodiern der Sonnengott Helios auf seinem Pferdegespann geweiht. Er war Hauptgott und Wahrzeichen der Stadt und war dargestellt, wie er aus dem Meer zur Fahrt über den Himmel aufsteigt. Das Gespann stand auf einem hohen Pfeiler östlich vom Tempel, schräg zu seiner Achse, aber auf das mittlere Interkolumnium der Fassade ausgerichtet (Plan 406)[89]. Erhalten sind Fundamentreste *in situ*, verstreute Teile des Aufbaus, ein Teil der Weihinschrift mit der Erwähnung der Rhodier[90] und die Bestimmung über eine Ehreninschrift[91]: Sie sollte aufgezeichnet werden „auf der Basis des goldenen[92] Wagens, der dem Gott (d. h. Apollon) vom Volk der Rhodier geweiht wurde"[93]. Der Fundamentabschluß lag ¾ m über dem des Tempels; die Figurengruppe des Sonnenwagens blieb in etwa 8 ½ m Höhe unter der des Tempelgiebels, überragte aber den platäischen Dreifuß[94]. Verwendet ist der für die Architektur des 4. Jhs. v. Chr. typische Kalkstein von Hagios Elias; auch die Bautechnik entspricht dieser Zeit[95].

Abb. 91   Statue eines Mädchens. 300/280 v. Chr.

Möglicherweise ist auf dieses Monument die Angabe des Plinius (N. h. 34,63) einer „quadriga cum sole Rhodiorum" (Viergespann mit dem Sonnengott der Rhodier) als ein Werk des Lysipp zu beziehen, doch gibt Plinius dazu nicht den Aufstellungsort an[96]. Im Zusammenhang mit der Nachricht über Lysipp hat man als Anlaß für die Weihung den Abzug der großen Belagerung von Rhodos durch Demetrios Poliorketes 304 v. Chr. vorgeschlagen, doch wären auch andere Gelegenheiten im 4. und 3. Jh. v. Chr. denkbar.

Eine neue Stimmung unter den Weihgeschenken vertritt die kleine Statue eine Mädchens (Abb. 91)[97]. Das Familiäre, Menschliche und Private tritt in den Weihungen seit der späten Klassik zunehmend hervor. Kinder-

statuen kennen wir aus verschiedenen Kulten als Erinnerung an Tempel-
dienste von Kindern; für Delphi fehlen uns freilich entsprechende Zeugnisse. Kinderstatuen sind aber auch denkbar als Teile von Familienbild-
weihungen, die im Hellenismus beliebt werden.

Der sog. „Alte" oder „Philosoph" von Delphi (Abb. 92)[98] ist ein Beispiel
packender Bildniskunst aus der frühhellenistischen Zeit, wohl um 270
v. Chr. Hier tritt ein Mann auf, der sich gegen körperliches Alter und die
Last der Jahre behauptet, runzlig, mit hoher Stirn, schütterem Haar und
zottigem Bart, aber festem Blick, trotz nachlassender Spannung von Hals,
Schultern und Brust mit guter Haltung. Er tritt fest mit beiden Füßen auf;
Blick, Gestus der Arme und das vorgesetzte rechte Bein evozieren die Vorstellung, er wende sich an ein Gegenüber, einen Gesprächspartner oder ein
Auditorium. In der intendierten Ansicht bleibt der Betrachter dabei deutlich außerhalb dieser Linie der Raumkomposition. Auch die künstlerischen
Motive vereinigen Gegensätzliches: Die „klassische" Manteldrapierung
mit Motiven des 5. Jhs. v. Chr. und die realistische Darstellung einer nach-
lässigen Barttracht, die eine Gleichgültigkeit gegen modische Pflege spüren
läßt. Man hat daher in dem Alten einen kynischen Philosophen erkennen
wollen. Doch passen Würde und Ernst seiner Erscheinung, die gepflegte
Art des Mantelwurfs und des Schuhwerkes nicht zu der provozierenden,
eher asozialen Art dieser Barfußphilosophen. Außerdem geben andere Sta-
tuenfunde den Hinweis, daß der „Alte" Teil eines Familiendenkmals gewesen sein dürfte, das vermutlich auf der hufeisenförmigen Basis in der Nische westlich des Daochosmonumentes (Plan 514) errichtet worden war[99].
Leider haben wir keine Hinweise für die Benennung dieser Statuen.

Auf Repräsentation des Geistigen zielt in besonderer Weise ein anderes
Werk, von dem der Kopf erhalten ist (Abb. 93)[100], der sog. „Melancholi-
sche Römer". Die Identifizierung mit Titus Quinctius Flamininus, dem
Schützer griechischer Freiheiten gegen die makedonische Herrschaft unter
Philipp V., erscheint möglich, aber nicht sicher. Die hierzu verglichenen
Münzbilder des Flamininus zeigen eine Auffassung, die hellenistischen
Herrscherbildern nähersteht als der verhaltene, feinsinnige, fast sentimen-
tale, wenig offizielle Ausdruck des Marmorbildnisses. Man hat sich bei
dem Kopf auch an klassizistische Züge von Porträts aus der Zeit des Augustus erinnert gefühlt, doch hat der Kopf eine Sonderstellung, die eine
sichere Einordnung erschwert.

Ein Monument (vgl. Abb. 18) hatte sich der makedonische König Perseus für seinen erhofften Sieg über die Römer vorbereiten lassen. Perseus
verlor jedoch die Schlacht bei Pydna am 22. 6. 168 v. Chr., so daß der Sie-

Abb. 92 „Der Alte von Delphi", Statue eines Philosophen? Um 270 v. Chr.

Abb. 93　Porträt des sog. „Melancholischen Römers".

ger, Aemilius Paullus, dem Denkmal seine eigene Reiterstatue aufsetzte [101]. Die Inschrift dazu vermerkt: „L. Aimilius L. f. imperator de rege Perse/ Macedonibusque cepet" (Feldherr Lucius Aemilius, Sohn des Lucius, hat es von König Perseus und den Makedonen erbeutet) [102]. Der Pfeiler befand sich (nach Livius) „in vestibulo" des Tempels, d. h. auf dem Vorplatz [103]. Er hatte einen Sockel aus bläulichem, wohl hymettischem Marmor, der Schaft war aus dem weißen vom Pentelikon gearbeitet. Die Höhe ist auf ca. 9,50 m rekonstruiert. Aus den Einlassungen für die Hinterhand des Pferdes ist seine Haltung zu erschließen. Es erhob sich in einer Levade und bot sich der Ansicht von seiner rechten Seite dar. Der Pfeiler sollte mit den wenig älteren, vom Ätolischen Bund errichteten Monumenten für die Könige Eumenes II. von Pergamon und Prusias II. von Bithynien (Abb. 94) wett-

Abb. 94 Blick vom Tempel zum Prusiaspfeiler und den Weihgeschenken der Deinomeniden. Rechts vor dem Prusiaspfeiler die aufgebrochene Basis der „Palme vom
Eurymedon".

eifern (Plan 416. 524)[104]. Ein Block, in dem man früher wegen der dicht ge-
setzten Einlassungen die Weihung der goldenen Ähren von Metapont
(Strabon 6,1, 15 [264]) erkennen wollte, gehört zum Monument des Prusias; die Darstellung des Feldes gehört zu seinem Reiterdenkmal.

Die Bekrönung des Pfeilers bildete der Relieffries mit der Schlachtdarstellung[105]. Die Ausführung der Reliefs ist künstlerisch nicht sehr an-
spruchsvoll, steht aber über den ungefähr gleichzeitigen Friesen von Lagina
und Magnesia. Die Parteien sind wenigstens teilweise nach ihren Ausrü-
stungen zu unterscheiden[106]. Die Makedonen tragen die Rundschilde, teils
mit Mittelgrat, teils auch mit Rosettenornamenten. Für die römische Partei
ist der hohe, längliche Schild (scutum) mit dem Mittelgrat charakteristisch.
Der Beginn des Kampfes ist durch eine auffällige Episode bezeichnet[107]:
Wegen der ungünstigen Auspizien zögerten die Römer und warteten auf
die makedonische Initiative. Da löste ein aus dem römischen Lager entlau-
fenes Pferd, das ohne Reiter im Zentrum der Darstellung zu erkennen ist,
den Kampf aus. Auf der Gegenseite ist an dem Löwenfell als Satteldecke

seines niedergesunkenen Pferdes der König Perseus zu erkennen[108]. Auf
der Frontseite ist der Boden mit Gefallenen bedeckt, über die wie trium-
phierend ein römischer Reiter hinwegsprengt.

Diese Schlachtdarstellung ist das früheste historische Relief zur römischen Geschichte. Es ist sicher eine griechische Arbeit; sie verbindet typische Motive mit individuellen Begebenheiten, die jeweils im Zentrum der
Langseiten hervorgehoben sind. Das Monument des Aemilius Paullus war
nicht das älteste römische Monument in Griechenland: Älter noch waren
die Denkmäler des T. Quinctius Flamininus und des P. Cornelius Scipio
Africanus in Delphi und Delos[109].

Die Form der Ehrenstatue hoch auf einer Säule oder einem Pfeiler ist bis
zur vergoldeten Bronzestatue des Gorgias von Leontinoi (Lebenszeit ca.
470–370 v. Chr.; Pausanias 10, 18, 7) in Delphi zurückzuverfolgen[110]. Solche Denkmäler waren im Heiligtum reich vertreten. Als Weiterbildung
wurden auch zwei Säulen durch ein Gebälkstück verbunden. In Delphi ist
diese Form seit etwa 270 v. Chr. in der Zeit der aitolischen Herrschaft beliebt. Das älteste Beispiel ist das Familiendenkmal der Aristaineta, der
Tochter des Timolaos, das einst vier Statuen trug. Um 240 v. Chr. folgte das
Zweisäulenmonument mit der Reiterstatue des Charixenos, ein Werk des
Bildhauers Sonikos; später das Denkmal des Lykos und des Diokles. Diese
Form fand im Römischen Reich bis nach Spanien Verbreitung[111]. Von den
römischen Kaisern hat wahrscheinlich Domitian (nicht Augustus) in
Delphi noch ein Pfeilerdenkmal erhalten[112].

Die einzige sicher benennbare Statue aus römischer Zeit stellt einen Son-
derfall dar: Es ist der Antinoos, keine gewöhnliche Ehrenstatue, sondern
eine Kultstatue von heroisch-göttlicher Nacktheit. Ihr Stil evoziert Statuen
der Klassik des 5. und 4. Jhs. v. Chr. Kaiser Hadrian hatte das Andenken
seines 138 n.Chr. verunglückten Freundes durch kultische Ehrungen gepflegt; dieser Initiative waren viele Städte und Kultverbände im östlichen
Teil des Römischen Reiches, wie hier in Delphi, aus Loyalität gegenüber
dem Kaiser gefolgt. Der klassizistische Stil der Statue ist charakteristisch
für die Bestrebungen des philhellenischen Kaisers. Ihre ausgezeichnete Erhaltung verdankt sie ihrer Vermauerung in einer späteren Hausanlage im
Westen des Heiligtums. Sogar die Ganosis, die von der Behandlung mit Öl
schimmernde Oberfläche, hat sich erhalten. Da Antinoos auf römischen
Münzen von Delphi als „Propylaios" benannt ist, könnte sein ursprünglicher Platz am Heiligtumseingang gewesen sein[113].

Vom geistigen Leben in Delphi während der späteren Antike zeugen
noch einige bemerkenswerte Porträts. Von der Herme des Plutarch ist lei-

Abb. 95   Porträtherme eines Philosophen. 260/270 n. Chr.

der nur der Schaft mit der Inschrift geblieben, dafür ist das Porträt eines
Philosophen erhalten, dessen Stil ihn mit der neuplatonischen Richtung
verbinden läßt (Abb. 95)[114]. Der Ausdruck hat ein leises Pathos, eine klassizistische Eleganz von priesterlicher Würde.

Die Spanne der in Delphi mit Statuen und anderen Ehren vertretenen
Persönlichkeiten geht nicht nur aus den verhältnismäßig wenigen erhaltenen Figuren hervor, sondern auch aus den Inschriften und der literarischen
Überlieferung[115]. Die Ehrungen umfassen den Abstand von einem höchsten Vertreter der Geistesgeschichte wie Aristoteles bis zum Gymnasiums-
lehrer, vom großen Poeten Pindar bis zum wackeren Versschmied, vom 24-
köpfigen, 405 v. Chr. gegen Athen siegreichen Admiralskollektiv bis zur ge-
heiligten Würde spätrömischer Kaiser, von der Dame aus Honoratioren-

kreisen bis zur Kurtisane. In dieser Spannweite vertritt das Daochosmonument keinen sonderlich hohen Anspruch; die Statue des „Alten" ruft dagegen die Vorstellung von Persönlichkeiten wie des Menedemos von Eretria hervor, die eine Verbindung von geistigem und politischem Anspruch vertreten [116].

DAS HEILIGTUM DER ATHENA PRONAIA IN DER MARMARIA

Die Ruinenstätte des Athenaheiligtums (Abb. 96)[1] im Osten der antiken Stadt hat den Namen Marmaria nach den Marmorsteinen erhalten, die man von dort für das alte Kastri und das Kloster auf der Gymnasionsterrasse holte. Das Heiligtum hatte der Athena mit dem Beinamen „Pronaia" (die vor dem Tempel, d. h. des Apollon) gehört[2]; nach anderen antiken Quellen lautete dieser „Pronoia" (die Vorhersehende)[3].

Im Areal waren mykenische Idolfiguren vergraben worden[4]. Da auch im Gebiet des späteren Apollonheiligtums Idole gefunden wurden, ist bereits in mykenischer Zeit vielleicht mit zwei Heiligtümern zu rechnen[5]. Das Aufleben des Kultes seit dem 8. Jh. v. Chr. ist ähnlich wie im Apollonheiligtum an den Weihgabenfunden zu verfolgen.

Das Areal (ca. 150 auf 50 m) sowie Größe und Zahl der Bauten sind geringer als im Hauptheiligtum; doch wurden die Kulte im Athenaheiligtum bis in das 4. Jh. v. Chr. so in Ehren gehalten, daß sich die baulichen Ausstattungen der beiden heiligen Bezirke würdig entsprochen haben. Die Fürsorge der Amphiktionen für die Anlagen ist durch das Amphiktionengesetz von 380/79 v. Chr.[6] und mit Reparaturarbeiten im 3. Jh. v. Chr. auch hier inschriftlich bezeugt[7]. Von welcher Zeit an die Amphiktionen auch hier sorgten, ist nur im Zusammenhang mit den Verhältnissen im Hauptheiligtum zu vermuten. Da dort der ältere archaische Steintempel (der des homerischen Hymnos) den Amphiktionen zugeschrieben werden kann, liegt diese Möglichkeit auch für den älteren, der Athena geweihten Porostempel nahe. Auch hier ist das Werk als eine Bauleistung hervorzuheben, die mehr als nur lokale Mittel voraussetzt.

Vom 3. Jh. v. Chr. an erfahren wir lange nichts mehr. Das Heiligtum wurde aber bei der Pflege der amphiktionischen Kulte unter Kaiser Hadrian nicht übergangen, da ihm auch hier eine Statue errichtet worden ist[8].

In der Blütezeit der Kulte bedachten reiche Stifter von weither nicht nur das Hauptheiligtum, sondern auch das der Athena[9]. Da man zur Regelung

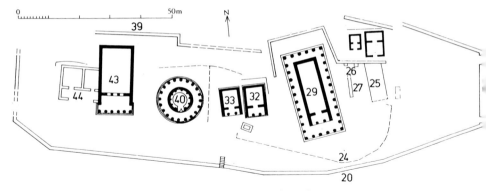

Abb. 96   Plan des Heiligtums der Athena Pronaia.
20: Terrassenmauer, um 500 v. Chr.; 24: Ältere Terrassenmauer; 25: Der große Altar; 26: Altäre der Hygieia und Eileithyia; 27: Älterer Altar; 29: Porostempel, um 500 v. Chr.; 32: Dorisches Schatzhaus; 33: Ionisches Schatzhaus (der Massalieten); 39: Stützmauern um 360 v. Chr.; 40: Tholos; 43: Kalksteintempel, um 360 v. Chr.; 44: Doppelkammerbau unbekannter Bestimmung.

auswärtiger Kultangelegenheiten oft in Delphi anfragte, könnte die Pythia sehr wohl konsultiert worden sein, an welches Heiligtum dort eine Stiftung zu richten sei; jedenfalls würden die Marmorbauten der Tholos und der beiden Schatzhäuser auch im Hauptheiligtum zu den ganz erstrangigen Stiftungen gehören. Die Ausstattung des Heiligtums umfaßte also hervorragende Bauten und kostbares Gerät. Mit Denkmälern war das Athenaheiligtum gegenüber dem überfüllten Apollonheiligtum allerdings spärlich bestückt, so daß statt dessen eine Ausgestaltung als Hain gut denkbar ist[10].

Ein gewisses Abhängigkeitsverhältnis gegenüber dem Hauptheiligtum darf man einerseits aus dem Namen „Pronaia", andererseits aus der mythischen Tradition herauslesen: In dem Hymnos des Aristonoos von Korinth, der auf dem Athenerschatzhaus aufgezeichnet wurde[11], ist die Überlassung des Heiligtums als Anerkennung Apollons für Athenas Hilfe im Kampf gegen den Drachen Python erklärt.

Zur Geschichte des Heiligtums gibt es sonst nur wenige inschriftliche Zeugnisse. Auf Stelen und an Altären sind durch Götternamen kleinere Kulte auf dem Altarplatz bezeugt: Athena Vargana (Athena der Handwerker), Athena Zosteria (die kämpferisch Gegürtete), Zeus Polieus (Zeus als Hüter der Stadt) Hygieia und Eileithyia (Abb. 96: 26)[12]. Auffällig sind diese beiden Göttinnen, die zu Gesundheit und bei Geburten halfen. Wenn das Heiligtum in mykenische Zeit zurückreichte, könnte der Kult der Eileithyia eine Erinnerung an eine mykenische Muttergottheit bedeuten.

Die antiken Historiker geben weitere Nachrichten, die freilich wichtige Fragen offenlassen. Nach Diodor (22, 9, 5) hatte auch Artemis einen eigenen, gleichfalls altangesehenen Tempel bei dem der Athena. Zwei zur Buße nach einem bürgerkriegsartigen Zwist renovierte „untere" Tempel dürften im Heiligtum zu suchen sein. Die Ereignisse sind freilich nicht sicher datiert, auch sonst fehlen nähere Angaben zur Bestimmung dieser Bauten [13].

Besondere Bedeutung hatte das Heiligtum für die lokale Geschichte von Delphi. Hier waren die Perser zurückgeschlagen worden, hier war auch das Denkmal, das die Delpher für ihre Errettung gestiftet hatten (Diodor 11, 14, 3–4) [14]. Herodot (8, 36–39) berichtet, daß die Heroen Phylakos und Autonoos sowie zwei weiße Jungfrauen, in denen die Delpher Athena und Artemis erkannten, durch ihre Erscheinung und durch einen Felssturz die Feinde abwehrten. Diese Angaben deuten auf die hier lokalisierten Kulte, denn auch Phylakos hatte über dem Heiligtum ein (noch nicht sicher festgestelltes) Heroon [15]. Herodot sah auch noch die herabgestürzten Felsen, sagt aber nicht, ob das Heiligtum davon Schaden genommen hatte.

Von einem Schatzhaus der Massalieten (Massalioten), in das die Römer nach der Eroberung von Veji (396 v. Chr.) einen Krater gestiftet hatten, berichten Appian (Ital. 8) und Diodor (14, 93, 2) [16]. Appian schreibt das Schatzhaus nicht nur den Massalieten, sondern auch den Römern zu, sei es, weil die Römer eine Besitzgemeinschaft oder -nachfolge übernommen hätten oder weil ihnen die Unterbringung der Weihung in dem Schatzhaus, das ihnen sonst nicht gehörte, gestattet worden war. Der Standort dieses Schatzhauses geht aus den Zeugnissen nur sehr indirekt hervor [17]. Die Zuschreibung des ionischen Schatzhauses im Athenaheiligtum an die Massalieten hängt von den römischen Kaiserstatuen ab, die Pausanias in einem der „Tempel" des Heiligtums gesehen hat und setzt dabei voraus, daß man die Stiftung der Kaiserstatuen auch in dem nunmehr eher römischen als massalietischen Schatzhaus errichtet habe. Man weist gern auf die gemeinsame östliche Herkunft der Bauformen und der Koloniegründer von Massalia hin; dies schließt freilich andere Bauherren, ganz gleich ob östlicher Herkunft oder nicht, keineswegs aus. Die Standortfrage im Zusammenhang mit dem Krater ist auch dadurch kompliziert, daß die Historiker als Empfänger der römischen Weihung im Schatzhaus von Massalia nicht Athena Pronaia, sondern Apollon erwähnen [18]. Die Massalieten haben im Hauptheiligtum auch eine große Weihung gestiftet, die Apollonstatue vom Seesieg gegen die Karthager (Paus. 10, 10, 7). Die Benennung des Baus hat also eine gewisse Wahrscheinlichkeit, ist aber doch nicht zwingend gesichert.

Pausanias (10, 8, 6–8) ist insgesamt wieder unsere ausführlichste Quelle, doch mochte er sich offenbar nicht lange im Athenaheiligtum aufhalten, da sein Hauptinteresse dem Apollonbezirk galt. Seine Angaben sind knapp, aber trotz einiger präziser Hinweise nicht sicher auf die erhaltenen Baureste zu verteilen[19]. Er erwähnt vier Tempel; bei deren Bestimmung sind kleinere Nebengebäude wohl außer Betracht zu lassen. In Frage kommt daher, vom Altarplatz im Osten her gezählt, die Gruppe der folgenden fünf Bauwerke (Abb. 96: 29. 32. 33. 40. 43)[20]: der Porostempel, die beiden Schatzhäuser, die Tholos und der Kalksteintempel. Den ersten Tempel beschreibt er als leere Ruine; es dürfte sich um den Porostempel handeln, der schon antik mit Stützmauern zwischen Säulen repariert worden war und dessen Ruine 1905 ein schwerer Felssturz zerschmettert hat; Pausanias hätte damit die Reihe der Bauten konsequent vom Eingang und Altar im Osten her und in der Richtung seines Weges nach Delphi beschrieben. Welches der vier übrigen Bauwerke Pausanias nicht erwähnte, etwa weil es nicht mehr bestand oder weil er es nicht als „Tempel" ansah, bleibt offen. Der dritte Tempel diente dem Kaiserkult; die von Pausanias erwähnten Statuen könnten auf einer nachträglich eingebauten Basis im westlichen der beiden Schatzhäuser oder in der Tholos gestanden haben. Der vierte Tempel gehörte nach Pausanias der Athena; von den beiden Statuen der Göttin stand die eine, wie üblich, in der Cella, die andere dagegen, eine Stiftung der Massalieten, im Pronaos. Da man bei dem Rundbau der Tholos kaum von einem geeigneten Pronaos wird sprechen können, wird es sich hierbei eher um den Kalksteintempel im Westen gehandelt haben.

Von den Bauresten bleiben ohne eine wahrscheinliche Erklärung die Tholos[21], wenigstens das östliche der beiden Schatzhäuser, die kleinen kapellenartigen Bauten über dem Altarplatz und der Doppelkammerbau (Abb. 96: 44)[22] westlich des Kalksteintempels; von den Bauten, die bei den Historikern erwähnt sind, konnten der Artemistempel, das Heroon des Phylakos und die beiden sog. Bußtempel, außerdem die in den Inschriften bezeugte „Hoplothek"[23] noch nicht erkannt werden.

Von den beiden Schatzhäusern ist das westlich gelegene, den Massalieten zugeschriebene, ein charakteristisches Beispiel kykladischer Marmorarchitektur.

Der erste Tempel in der Reihe, der aus Poros (auch Tuff genannt, Abb. 96: 29), ist jedenfalls der Athena zuzuweisen; denn wegen seiner Lage unmittelbar seitlich am großen Altar muß er der Herrin des Bezirks gehört haben.

Drei große Ausbauphasen sind an dem Bezirk zu erkennen, ähnlich wie

im Apollonheiligtum: eine frühere archaische wohl um 600 v. Chr., eine
spätarchaische um 500 v. Chr. und eine spätklassische im 4. Jh. v. Chr.
Die erhaltenen Tempel sind nicht geostet; sie stehen vielmehr zusammen mit den anderen Bauten in der gleichen Richtung nach Süden gegen
das Tal mit nur wenig tiefen Vorplätzen bis zur Terrassenbegrenzung.

Die älteste Anlage des Athenaheiligtums hatte eine gerundete Terrasse
von etwa 50 m Ausdehnung mit einer Stützmauer im „älteren Polygonalstil" (Abb. 96: 24); im Zentrum lag der Vorgänger des noch sichtbaren Porostempels. Wahrscheinlich war er ursprünglich auf den Altarplatz im
Osten ausgerichtet und kam erst durch den Neubau um 500 v. Chr. mit
geänderter Richtung quer am Altar vorbei zu liegen[24]. Zwölf dorische Kapitelle und mehrere Säulenschaftstücke kamen aus Fundamenten des Nach-
folgebaus zutage. Der Tempel war also ein Peripteros von kleinen Ausmaßen mit einer Säulenhöhe von wahrscheinlich knapp 3½ m. Die Kapitelle
sind sehr altertümlich flach und weit ausladend. Die Säulenschäfte haben
16 fast platte, kaum eingezogene Kanneluren und erinnern mit ihren mage-
ren, schlanken Formen an Holzpfosten.

Die umfangreiche Stützmaueranlage in der feingefugten, jüngeren Poly-
gonaltechnik (Abb. 96: 20) gehört zu der Ausbauphase mit dem jüngeren
Porostempel um 500 v. Chr. Mit dieser spätarchaischen Terrasse war das
Heiligtum in der Länge und gegen das Tal in seiner endgültigen Ausdehnung festgelegt; im 4. Jh. v. Chr. wurde die Terrasse nur noch gegen den
Berg eingetieft und erweitert. Die spätarchaische Terrassenmauer ist aus
lokalem Kalkstein gearbeitet, zur Abdeckung diente eine Quaderschicht
aus feinerem Kalkstein, von der im Westen einige Stücke erhalten sind.
Diese Terrassenmauern umfassen mit einem Einsprung in den Berg den
spätarchaischen Porostempel, die Schatzhäuser und das Doppelkammerge-
bäude ganz im Westen sowie den Platz der späteren Bauten von Tholos
und Kalksteintempel, bis auf dessen bergseitiges Ende im Norden. Nahe
der NO-Ecke des Porostempels ist der Zusammenstoß der alten, gekappten
Polygonalmauer mit der jüngeren Polygonalmauer zu sehen[25]. In der
Mitte der Terrasse kommt von unten ein kleiner Treppenaufgang, der
Haupteingang war in der Nordostecke des Heiligtums.

Die letzte Erweiterung wurde für den Neubau des Athenatempels aus
Kalkstein im 4. Jh. v. Chr. durch einen Abstich in den Hang, mit Erneuerungen und Ausdehnungen der bergseitigen Stützmauern erreicht
(Abb. 96: 39). Diese sind in Quadertechnik aufgeführt; im Osten folgten
sie teilweise dem Verlauf der Vorgängermauer, im mittleren Teil beließen
sie die spätarchaische Mauer, im Westen erweiterten sie den Platz für den

Tempel in den Hang hinein. Die Quader sind verschieden ausgearbeitet, teils mit gespitzten Spiegeln, leicht eingetieft oder erhaben in glattem Randschlag, teils auch mit kräftiger vortretenden Bossen; gelegentlich wurden Hebebossen stehen gelassen. Der Altar im Osten wurde auch nach dem Neubau des Tempels im Westen beibehalten, letzterer blieb ohne Altar.

Der spätarchaische Tempel der Athena war mit 15 aufrecht stehenden Säulen nach seiner Ausgrabung und Herrichtung 1901 der besterhaltene Tempel in Delphi (Abb. 96: 29; 97)[26]. Am 26. 3. 1905 wurde er durch den Sturz dreier großer Felsbrocken zerschmettert, die nur noch drei der Säulen an der Nordostecke stehen ließen. Die Felsbrocken lagen als eindrucksvolles Naturdenkmal auf der Ruine, sind 1978/79 aber teilweise beseitigt worden[27].

Der spätarchaische Neubau maß etwas über 27 auf 13 m mit zwölf Säulen an den Langseiten und sechs an den Schmalseiten. Die Fundamente bestehen aus Kalkstein, der Aufbau aus rötlichem Poros von Korinth. Altertümlich ist die Beschränkung auf nur eine Stufe zwischen Euthynterie und Stylobat; dabei ist die Stylobatstufe gegenüber der unteren Stufe erhöht. Die Säulenhöhe beträgt etwas über 4½ m, das Verhältnis zwischen unterem Durchmesser und Höhe 1:4,6. Die Abstände der Säulenachsen und die Eckkontraktionen sind nach Lang- und Schmalseiten unterschieden[28]. Im Pronaos stehen zwei Säulen zwischen den Anten, der Opisthodom fehlt. Die Cella ist in der Mitte quergeteilt, doch gehört diese Teilung nach dem Fundamentanschluß nicht zum ursprünglichen Plan. Vielleicht handelt es sich um eine Behelfsmaßnahme nach einer Beschädigung des Baus.

Von diesem spätarchaischen Bau sind nur geringe Reste des Skulpturenschmucks erhalten, die zeigen, daß in beiden Giebeln Figuren aufgestellt waren. Die Fragmente reichen aber nicht aus, sich eine Vorstellung von Komposition und Thema der Giebelbilder zu machen. Stilistisch sind die Arbeiten den Giebelfiguren des ungefähr gleichzeitigen Apollontempels sehr nahe. Bemerkenswert sind die geringe Qualität des für die Figuren verwendeten Poros und die vielen Stückungen bei deren Ausarbeitung. Es hat den Anschein, als ob hier ein großes, beide Heiligtümer umfassendes Bauprogramm zu einem hastigen, vom Material her minderwertigen Abschluß gebracht worden sei[29]. Die Reste einer marmornen Athenastatue sind als Kultbild des Tempels zu deuten[30].

Der Kalksteintempel (Abb. 96: 43; 104) wurde wohl als Nachfolgebau des Porostempels westlich von der nur wenig älteren Tholos errichtet; nach dem Zeugnis des Pausanias dürfte er der Athena geweiht gewesen sein;

Abb. 97   Der alte Athenatempel in der Marmaria vor dem Felssturz von 1905.

fraglich ist, ob in ihm der von Diodor (22, 9, 5) erwähnte Artemistempel zu
suchen ist[31]. Er besteht aus dem vorzüglichen marmorartigen sog. Elias-
Kalkstein. Es handelt sich um einen Bau von ungewöhnlicher Form mit
Vorhalle und Gebälk der dorischen Bauordnung[32] und einer ionischen
Halbsäulenarchitektur in der Cellaeingangswand. Die Raumbildung ist
licht und weit; der Pronaos war nicht, wie sonst üblich, durch freistehende
Säulen zwischen den Anten unterteilt, die weite Cella (9,60 m breit) erhielt
durch drei Türen ungewöhnlich viel Licht.

„Fast metallische Präzision" und die „höchste Steinmetzkunst"[33] cha-
rakterisieren den Bau. An den Längsseiten ist eine Kurvierung mit einem
Stich von 3 bzw. 2 cm von den Stufen bis in das Gebälk zu verfolgen. Die
Säulen sind mit Entasis gearbeitet, ihre Kanneluren haben eine korbbogen-
förmige Kehlung. Säulen und Wände sind ca. 1 % nach innen geneigt, die
Frontsäulen außerdem noch zur Mittelachse des Tempels.

Die Ecklösung der Vorhallenarchitektur verbindet eine leichte Kontrak-
tion der Säulenachsen mit einer Verbreiterung der Metopen und Triglyphen, die konsequent auch hinten über den Wandecken der Cella wieder
auftritt. Der Grundriß hat die Maßverhältnisse wie für einen Ringhallen-
tempel von sechs auf zehn Säulen.

Die Steine zeigen keine Spuren von Putz und Bemalung; möglicherweise

Abb. 98   Die beiden Schatzhäuser und die Tholos nach der Ausgrabung.

waren Ornamente in farbiger Fassung direkt auf den Stein, wie bei dem
Schatzhaus von Theben, aufgebracht.

Nach den Kapitellformen ist der Bau später als die benachbarte Tholos
und steht dem Thebanerschatzhaus im Hauptheiligtum sehr nahe. Dieses
ist nach Entwurf und Bauformen so verwandt, daß es auf dieselbe Bauhütte
zurückgehen muß. Dabei ist der Tempel nach der Klammertechnik (Pi-
Form) jünger als das Schatzhaus (Klammern in Doppel-T-Form) und in die
Zeit um 360 v. Chr. zu datieren.

Die Tholos (Abb. 96: 40; Farbtaf. XI und Abb. 98–100)[34] ist von ihrem
Architekten Theodoros von Phokaia in einer eigenen Schrift als Musterbau
behandelt worden; von der Schrift ist jedoch nur der Titel in einer Erwähnung des Vitruv (VII praef. 12) erhalten.

Der Bau war über den Fundamenten hauptsächlich aus pentelischem
Marmor errichtet. Dazu kamen die Metopen aus parischem Marmor und
einige Gliederungen aus schwarzem Kalkstein und Marmor vor allem in-
nen, aber auch im Außenbau. Die Feinheiten des Entwurfs sind mit größter
Exaktheit ausgeführt. Dazu gehören, ähnlich wie die Kurvatur bei rectek-
kigen Tempeln, eine Aufwölbung des Bodens und eine leichte Neigung der
Säulen nach innen. Die drei Stufen des Unterbaus sind nach Höhe und
Breite unterschieden, sie wachsen nach oben an[35]. Die beiden unteren Stu-

Abb. 99   Gebälk der Tholos. Um 380 v. Chr. (1937 wieder aufgerichtet).

fen sind unten durch eine Faszie gerandet, die oberste Stufe ist als Stylobat
durch eine doppelte Faszie hervorgehoben.

Der Stylobat hat einen Durchmesser von 13,50 m; im Pteron standen 20
sehr schlanke Säulen von 5,93 m Höhe [36]. Der Durchmesser als Breite des
Baues verhielt sich zur Höhe ähnlich wie die Proportionen der Giebelseiten
von dorischen Tempeln. Durch die ungewöhnlich schlanken, im Verhältnis
zur Höhe eng stehenden Säulen wirkt der Bau dabei sehr viel leichter als
andere dorische Bauten seiner Zeit. So ist auch das Gebälk mit nur einem
Viertel statt einem Drittel der Säulenhöhe außergewöhnlich leicht propor-
tioniert.

Die Toichobatkante unter den Orthostaten der Cellawand war durch
schwarzen Stein hervorgehoben, darüber leitet ein lesbisches Kyma zur Wand
über. Dieses Detail ist aus der Formensprache der ionischen Architektur hier
in die sonst ganz dorisch gehaltene Ordnung des Außenbaues eingefügt.

Die Pterondecke hatte nur Kassetten ohne Balken. Dies wurde eine für
Rundbauten kanonische Lösung, denn Balken hätten bei gleichbleibender
Stärke in den zentrierten Linien der Deckenteilung zu Entwurfsschwierig-
keiten geführt. Die Kassetten sind rhombenartig auf die Gebäudemitte ausgerichtet. Die Größe des Metopenfrieses im Umgang über der Cellawand
beträgt ⅝ des äußeren Frieses über dem Pteron.

Die je vierzig Metopen (Abb. 99. 100)[37] zeigten außen über den Säulen
Amazonen- und innen über der Cellawand Kentaurenkämpfe. Die Figuren
waren nahezu vollrund ausgearbeitet und weitgehend vom Grund gelöst;
entsprechend sind die Stücke auch sehr zerbrochen. Man hat auch daran
gedacht, Fragmente dem Fries über der Cellainnenwand zuzuordnen, doch
hat dieser wohl keine figürliche Dekoration gehabt.

Von der Bedachung wurden zweierlei Reste gefunden, deren Schmuck-
motive und Stil keine wesentliche Unterschiede erkennen lassen. Die eine
Serie der Fundstücke gehört zu einer Dachform mit acht radialen, gegen die
Traufe auslaufenden Graten, die an ein Zelt oder einen Schirm erinnert.
Die Werkstücke sind verhältnismäßig schwer gearbeitet und wenig verwittert. Die andere Serie gehört zu einer gleichmäßig gerundeten Form; die
Werkstücke sind leichter gearbeitet und z.T. stärker verwittert. Man hat
früher die beiden Serien zu einer Rekonstruktion in einem gestuften Dach
vereinigt: Außen über der Säulenhalle sei das Runddach, im Inneren über
der Cella sei das Faltdach angeordnet gewesen. Die Maße des Daches sind
nach den Fragmenten nicht so genau zu berechnen, daß diese Rekonstruktion bestätigt oder widerlegt werden könnte. Nach den Indizien des Stils
und Erhaltungszustandes haben wir aber mit einer Dacherneuerung bald
nach der ersten Vollendung des Baues zu rechnen; wahrscheinlich mußte
das schwere, gefaltete Dach aus statischen Gründen sehr bald durch das
leichtere Runddach ersetzt werden[38].

Die etwas über 2 m breite Cellatür hat Drehpfannen für die Angeln, die
innerhalb der Cellainnenwand liegen, so daß sich ein etwa einen Meter tie-
fes, in den Innenraum hineinstehendes Gewände ergab. Die unschönen
Zwickel waren wohl durch eingestellte Säulen der Innenarchitektur ka-
schiert. Vor der Türschwelle war ein Gitter angebracht, das die wahrscheinlich kostbar ausgeführte Tür außer Reichweite hielt und das zugleich den
Einblick ohne Eintritt erlaubte. Nach den Maßen von Türbreite und -tiefe
wird es sich um eine vierflügelige Falttür gehandelt haben.

Der Innenraum hatte eine lichte Weite von knapp 7 m. Als Wandsockel
lief eine breite, in schwarzem Kalkstein ausgeführte Bank herum. Sie trug
außer den an die Wand gestellten, hinten leicht angeschnittenen korinthischen Säulen auch Gegenstände mit größerer Ausladung, wahrscheinlich
Statuen.

Es ist nicht ganz leicht, mit der stilistischen Datierung den Besonderheiten dieses einzigartigen Werkes gerecht zu werden. Die Formen der korinthischen Kapitelle sind altertümlicher als die des „Normalkapitells" der
Tholos in Epidauros. Die schlanken Proportionen der dorischen Säulenord-

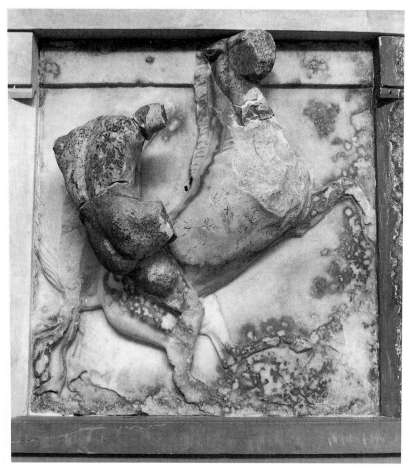

Abb. 100   Metope der Tholos: Roßbändiger. Um 380 v. Chr.

nung entsprechen schon denen des späten 4. Jhs. v. Chr., etwa am Tempel von Nemea. Der Stil der Metopen ist für das späte 5., aber auch für das frühere 4. Jh. v. Chr. vorstellbar. Man neigt zu einer Datierung um 380/70 v. Chr., ohne Anhaltspunkte für Anlaß und Auftraggeber zu haben. Das Steinmaterial und künstlerische Züge lassen an Attika denken, doch schließt das anderweitige Auftraggeber und Mitwirkende nicht aus.

Die beiden Schatzhäuser (Abb. 96: 32. 33; 98. 101. 102)[39] zwischen dem Porostempel und der Tholos waren in ihren aufgehenden Teilen ganz aus parischem Marmor errichtet. Es handelt sich um reich ausgeführte, musterhafte Bauten der ionischen und der dorischen Baukunst, vergleich-

Abb. 101 Kapitell des Schatzhauses von Massalia. Um 520 v. Chr.

bar den Schatzhäusern der Siphnier und der Athener im Hauptheiligtum. Hier standen die beiden „Muster" aber wie zum Vergleich unmittelbar nebeneinander. Nach seinen Bauformen stammt das dorische aus der Zeit um 470 v. Chr.; es ist deutlich jünger als das Athenerschatzhaus im Hauptheiligtum.

Die beiden Bauten stehen nicht ganz parallel zueinander und fluchten ungefähr mit ihren Rückseiten. Das dorische reicht mit 10½ m Länge beinahe 2 m über das ionische nach vorn. Mit diesem Vorsprung wurde die Wirkung der etwas niedrigeren Fassade mit den gedrungenen, 20fach kannelierten dorischen Säulen gegenüber der höheren Front mit den schlanken, 22 fach[40] kannelierten ionischen Säulen gesteigert.

Das ionische Schatzhaus ist wegen seiner Kapitellform mit einem Blattkranz (Abb. 101) als äolisch bezeichnet worden. Die Bezeichnung „äolisch" sollte aber einer anderen Kapitellform vorbehalten bleiben, der mit den zwei getrennt aufwachsenden Voluten[41]. Die Säule mit dem Blattkranzkapitell gehört neben den Karyatidenstützen und den eigentlichen ionischen Kapitellen zum Formenrepertoire der kykladischen Baukunst, zu der auch das ionische Schatzhaus im Athenaheiligtum zählt[42]: Aufbau, Schmuckformen und Bautechnik mit zweischaligen Mauern und Klammerformen weisen die engsten Analogien zu der Architektur des Schatzhauses von Siphnos auf.

Das dorische Schatzhaus muß mit dem Reichtum und der Qualität seines

Abb. 102   Gemalte Ornamente aus dem dorischen Schatzhaus, um 470 v. Chr.

Bauschmuckes (Abb. 102)[43] dem Athenerschatzhaus entsprochen haben. Der Stil der Architektur und des Bauschmucks waren gegenüber dem Athenerschatzhaus jedoch neu, nicht mehr spätarchaisch zierlich, sondern frühklassisch, „streng". Die zugewiesenen Reste erlauben keine Rekonstruktion eines Programmes oder von Motivzusammenhängen, lassen aber die hohe künstlerische Qualität erkennen. Die bekannte Statue eines laufenden Mädchens hat man dem Bau, allerdings kaum zu Recht, als Akroter zuweisen wollen (Abb. 103)[44].

Der Bezirk der Athena als „Vorheiligtum" zu dem des Apollon hat diesem gegenüber einige eigene bemerkenswerte Züge, in denen ein lokaler Charakter stärker hervortritt.

Hier erhielten die Götter Verehrung, die insbesondere Delphi als Stadt und ihre Bewohner beschützten: Zeus Polieus ist der Hüter der ganzen Stadt, Athena Vargana beschützt ihre Handwerker, Eileithyia ihre Frauen und die Geburten. Athena, Artemis und Phylakos hatten die Perser abgewehrt; hier war wohl auch der Ort, wo großer Bürgerzwist mit einer Stiftung gesühnt wurde.

Daß hier auch auswärtige Stiftungen dargebracht wurden, ist für ein griechisches Lokalheiligtum nichts Außergewöhnliches. Hervorzuheben ist dagegen die Fürsorge der Amphiktionen. Erstaunlich sind die Bauleistungen im Athenaheiligtum, oft im engen zeitlichen Zusammenhang mit

Abb. 103   Statue eines eilenden Mädchens, um 470 v. Chr.

den großen, nur mühsam finanzierten Projekten im Hauptheiligtum. Dies
gilt im 4. Jh. v. Chr. für den Kalksteintempel[45] (Abb. 104), dessen Bauzeit
sich mit der des Apollontempel-Neubaus überschnitten hat. Auch die beiden spätarchaischen Tempel sind gegen Ende des 6. Jhs. v. Chr. im engsten
zeitlichen Zusammenhang entstanden, obwohl die Delpher ihren Anteil
am Apollontempel nur mit Hilfe auswärtiger Kollekten hatten aufbringen
können. Die Kassen der Stadt müssen ziemlich geleert gewesen sein, als
man außerdem noch den Athenatempel errichtete. Es ist unwahrscheinlich,
daß das Heiligtum aus normalen Einkünften oder aus seinem eigenen Vermögen den Bau bestritten hat; wahrscheinlicher haben auch hier schon die
Amphiktionen mitgewirkt.

Abb. 104   Geison vom klassischen Kalksteintempel der Athena. Um 370 v. Chr.

DIE ERFORSCHUNG DER ANTIKEN STÄTTEN

Die neuere Erforschung von Delphi beginnt mit den Reise-Beschreibungen der Besucher[1]. Der erste war 1438 Cyriacus von Ancona[2]. In seinem anschaulichen Bericht erwähnt er das Theater, das Stadion als vermeintliches Hippodrom, Gräber, Statuen und Inschriften[3]. Den Apollontempel identifizierte er mit einem Rundbau und prägte so dessen Darstellungen in der neueren Kunst[4]. Erst 1676 sind wieder Reisende in Delphi bezeugt, George Wheler und Jacob Spon. Von der Mitte des 18. Jhs. an mehrten sich die Besuche in Delphi[5].

Die ersten systematischeren Ausgrabungen wurden 1837/38 durch den Regierungsarchitekten Edmund Laurent[6] in der Marmaria und im antiken Friedhof östlich von dort unternommen. Der berühmteste Fund damals war der Meleagersarkophag (Abb. 29). Das Kloster der Panagia auf dem antiken Gymnasion diente bis 1860 als Museum[7]. Danach wurde die Sammlung in Häuser des Dorfes und in das Schulhaus verlegt[8].

Für die Inschriftenforschungen der Berliner Akademie begann Otfried Müller 1840[9] die Freilegung der Polygonalmauer. Der Forscher erkrankte jedoch über dieser Arbeit und starb bald darauf in Athen[10]. Der Wunsch nach Ausgrabungen in Delphi wurde in der Folge oft mit Anträgen und Gutachten, doch ohne Erfolg vorgebracht; Ausdruck dieser Bestrebungen ist die Umbenennung des Ortes von Kastri auf den antiken Namen „Delphi", die 1858 vorgenommen wurde[11]. Die erste französische Grabung führte Paul Foucart[12] 1860 allein, zwei weitere dann 1861 und 1862 zusammen mit Charles Wescher durch. Das Unternehmen hatte zwar die Unterstützung Napoleons III., blieb aber zunächst in einem bescheidenen Rahmen. Die große Polygonalmauer wurde ein Stück weit verfolgt, außerdem konnte die Lage des Tempels festgestellt werden, indem sein Stufenbau angeschnitten wurde. Die Frage nach einer großen, planmäßigen Ausgrabung stellte sich nach den Erdbebenzerstörungen von 1870; doch konnten die nötigen Mittel zur Enteignung und Verlegung des Ortes nicht aufgebracht

werden[13]. Eine vierte Kampagne, bei der die Athenerhalle freigelegt
wurde, führte B. Haussoullier 1880 im oberen Bereich der „Heiligen
Straße" durch.

Die französischen Bemühungen um einen Staatsvertrag über die Ausgrabung in Delphi[14] waren durch eine Kopplung mit Handelsproblemen und
durch die finanziellen und rechtlichen Schwierigkeiten der Enteignung
sehr verzögert worden. Sie führten nach einem amerikanischen Ein-
mischungsversuch schließlich 1891 zum Erfolg[15], so daß man noch im sel-
ben Jahr die Verlegung des Dorfes beginnen konnte, um das Heiligtumsareal zu räumen[16]. 500 000 Franken wurden in Paris bewilligt; die Leitung
der «grande fouille» erhielt Théophile Homolle[17]. Die Freilegungen wurden energisch vorangetrieben; dazu wurde die abgehobene Erde mit einer
zweigleisigen Feldbahn abgefahren. 1894 war bereits ein sehr großer Teil
des Heiligtums aufgedeckt: Die Tempelterrasse, die sog. „Heilige Straße"
und die an ihr gelegenen Schatzhäuser[18]. Mit den anschließenden Grabungen im Gymnasion und im Athenaheiligtum der Marmaria[19] zog sich die
Grabung der «grande fouille» bis 1903 hin. Das Museum im alten Dorf war
bald nach dem Beginn der Grabungen auf Kosten der griechischen Regierung durch ein neues Gebäude an der Stelle des heutigen Museumsbaues
ersetzt worden; 1894 fingen die Ausschachtungen an. Bald folgte die Erweiterung durch zwei Flügelbauten, die als Vermächtnis des Philanthropen
und Mäzens Andreas Syngros[20] errichtet und 1903 eingeweiht wurden.
Die Ausstellungen zeichneten sich durch die großen Rekonstruktionen aus,
zu denen Originalfundstücke und Gipsergänzungen vereinigt waren (Abb.
71)[21]. Einen Mittelpunkt bildete das Siphnierschatzhaus; es war nach zwei
Anfertigungen von 1900 und 1901 für die Weltausstellung und die Universität[22] in Paris die dritte Gips-Rekonstruktion dieses Baues. Im Gelände
wurde 1903–1906 das Athenerschatzhaus durch den Grabungsarchitekten
Joseph Replat wieder aufgerichtet[23]. 1904 übernahm Antonis D. Keramopoullos für den griechischen Antikendienst die Direktion der Ausgrabungs-
stätte. Sein Helfer und Nachfolger, dessen Leben ganz in der archäologischen Arbeit von Delphi aufging, war Alexandros Kontoleon[24].

Die Bearbeitung der Inschriftenfunde hat eine eigene Geschichte. Eine
unglückliche Gestalt hierbei war Hans Pomtow[25]. 1887 hatte ihn der
Auftrag der Berliner Akademie, die Inschriften von Delphi herauszugeben,
zu einer weitergehenden Erforschung der Stätte angespornt; unbeküm-
mert um die schwebenden französischen Bemühungen, die Grabungs-
rechte zu erhalten, legte er den Eingang zum Heiligtum frei[26]. Die Eröff-
nung der französischen Ausgrabungen schuf aber eine neue Lage, so daß

die Pariser und Berliner Akademien für die Inschriftenherausgabe eine Zusammenarbeit vereinbarten. Pomtow hatte von Anfang an seine Anliegen
eher kämpferisch als diplomatisch vertreten[27]; Pomtows Interessen sind
dann einem unglücklichen Verlauf der Zusammenarbeit geopfert worden.
Die Akademien von Paris und Berlin hatten 1900 vertraglich vereinbart,
daß Paris die Publikation tragen würde und daß innerhalb der Publikation
der delphischen Inschriften Pomtow für die alten und Homolle für die
neuen Inschriftenfunde gemeinsam als Herausgeber auftreten sollten.
Wegen Verzögerungen und Kürzungen in der Ausführung des Projektes
gab Pomtow 1904 die von ihm abgeschlossene Arbeit und die Herausgeber-
rechte ab[28].

Das schwierige Erbe Homolles trat bei den Inschriften[29] Emile Bourguet
an. Der Ausbruch des Ersten Weltkrieges tat ein übriges zu dem Konflikt.
Pomtow hat die Arbeit der Ausgräber mit vorgreifenden Veröffentlichun-
gen und so feindseliger Kritik bedrängt[30], daß über seine Schriften schließlich für lange Zeit in französischen Publikationen eine regelrechte *dam-
natio memoriae* verhängt wurde. Die „Affäre Pomtow" ist inzwischen
Geschichte[31].

Nach einer Kampagne in der Marmaria 1920–1922 wurden die Ausgrabungen erst in den 30er Jahren wiederbelebt[32]. Die nach der «grande
fouille» und weiterhin angewachsenen Funde und die neuen Erkenntnisse
zu den alten Rekonstruktionen erforderten eine Umgestaltung des Museums. Der Bau wurde 1935/36 erneuert und vergrößert; 1937 begann
Pierre de La Coste-Messelière die Neueinrichtung. Die neue Aufstellung
vermied die weitgehenden Gipsergänzungen, um das tatsächlich Erhaltene
hervorzuheben. 1934–1937 wurde im NO des Heiligtums, vor allen in den
älteren Siedlungsschichten, gegraben[33], seit 1936 auch im Gymnasion.

Nach den umfangreichen Schäden durch den Bergsturz von 1935 wurden
im Anschluß an die Wiederherstellungen auch weitere antike Bauten teilweise wiedererrichtet: 1938 Säulen und Gebälk der Tholos und 1938–1941
(mit Unterbrechung) die Säulen der Ostfront des Apollontempels. 1939 gelang Pierre Amandry der aufsehenerregende Fund von Gold- und Elfenbeinarbeiten in zwei Gruben unter der „Heiligen Tenne" vor der Halle der
Athener, dazu kamen 1942 nicht weit davon aus einer Schicht unter der
Treppe zu der „Heiligen Tenne" einige Funde aus demselben kostbaren
Material.

Der Krieg störte die Arbeiten und unterbrach sie schließlich ganz[34]. Die
Kleinfunde wurden in Kisten verpackt und in antiken Gräbern vermauert.
Die Marmorstatuen kamen in einen tiefen Graben bei dem Museum unter

den Schutz von Balken und Betonplatten, der Wagenlenker wurde im
Nationalmuseum und der Schatzfund von 1939 in der Nationalbank von
Athen geborgen. Wegen ihrer Größe mußten im Museum zurückbleiben:
die Naxiersphinx, die Tänzerinnen von der Akanthussäule, die Giebelfiguren
des Apollontempels und die Gipsrekonstruktion der Fassade des Siphnierschatzhauses[35].

Während der Besatzungszeit versah die französische Schule in Athen
nicht nur ihre wissenschaftlichen, sondern auch in Vertretung der geschlossenen Botschaft humanitäre Aufgaben[36]. Trotz der schwierigen Verkehrs-
und Versorgungslage wurde in Delphi weitergearbeitet. Hervorzuheben
sind der Abschluß der Wiedererrichtung der Tempelsäulen, die Grabungen
im Tempeladyton und die erst nach dem Krieg publizierten Forschungen
von Jean Bousquet. In große Gefahr kam der Ort, als Italien am 8. September 1943 gegenüber den Alliierten kapitulierte und deutsche Streitkräfte
die italienische Besatzung entwaffnen sollte. In dieser Lage griffen die griechischen Widerstandskämpfer ein, die den Ort besetzten und für kurze Zeit
halten konnten[37]. 1944 mußten die Arbeiten unter dramatischen Umstän-
den abgebrochen werden[38].

Nach dem Weltkrieg, aber noch während des anschließenden Bürger-
kriegs wurden Ausgrabungen 1946–49 im Südwesten des Heiligtums aufgenommen, 1949 zwischen Tempel und Altar[39]. 1956/57 klärten Sondagen
zur Erforschung der Architektur des Siphnierschatzhauses die Mauern und
Schichtbildungen in den umliegenden älteren Terrassierungen[40]. 1978
konnten nach den langwierigen Restaurierungen die Schatzfunde von 1939
und 1942 ausgestellt werden. 1970–1981 folgte eine Grabungspause zur Bearbeitung und Pflege der Stätte und Funde[41]. Diese Arbeiten werden auch
weiterhin verfolgt und bringen wichtige neue Ergebnisse, dazu kommen
die neueren Untersuchungen mit Nachgrabungen im Gymnasion.

Schwerpunkte der gegenwärtigen Arbeiten[42] sind die abschließende
Publikation der Inschriften im «Corpus des inscriptions de Delphes»[43], die
Bearbeitung der reichen Architekturfunde[44] und eine umfassende Darstellung der Weihgeschenke[45]. Geplant ist eine systematische Erforschung der
Wohnstadt[46]. Zur Klärung der frühen Heiligtumsgeschichte geben einige
Situationen mit intakten Fundschichten Möglichkeit, da die «grande
fouille» nur um die späteren Monumente herum, aber nicht unter ihnen
gegraben hat. 1991 wurde daher das Monument der Rhodier abgebaut und
darunter ein Stück der alten Heiligtumsmauer freigelegt[47].

Neben den Forschungen spielen Erhaltung und Restaurierung eine zunehmend wichtige Rolle. Die verschiedenen Rekonstruktionen dienen

nicht nur der Anschaulichkeit, sondern auch der Erhaltung der Fundstücke. Die in der «grande fouille» allgemein zu tief abgesenkten Oberflächen werden wieder in das richtige Verhältnis zu den freigelegten Monumenten gebracht.

1972 wurde Delphi zum „Archäologischen Gelände" erklärt und der Landschaftsschutz verfügt. 1986 konnte durch nationale und internationale Proteste ein Aluminiumwerk unweit von Delphi verhindert werden; es sollte in Agia Euthymia am Golf von Itea errichtet werden. Auf diese Weise ist wenigstens der direkte Ausblick von der heiligen Stätte erhalten geblieben. Durch die Bauxitgewinnung im Tagbau ist allerdings das benachbarte Bergland der Giona über große Gebiete verwüstet. 1988 ist Delphi in die 1972 begründete UNESCO-Liste der „Kulturgüter von universalem Rang" aufgenommen worden[48].

Schwierig ist das Verhältnis der Denkmäler zur Natur. Landschaft und Bewuchs verleihen dem Ort einen großen Reiz, bringen aber auch Bedrohungen und Schäden, denen man nur bis zu einem gewissen Grad vorbeugen kann[49], wenn man die Einheit der Antiken mit der großartigen Natur nicht zerstören will.

«Pour qui ont-ils donc travaillé, ces admirables hommes? Hélas! pour le vent qui souffle, pour l'herbe qui pousse, pour le lierre qui vient comparer ses feuillages aux leurs, pour l'hirondelle qui passe, pour la pluie qui tombe, pour la nuit qui descend[50].»

ANMERKUNGEN

Das Orakel

[1] P. Wolters, AM 12, 1887, 378 ff. Taf. 12. M. N. Tod / A. J. B. Wace, Catalogue of the Sparta Museum (1906), 181 Nr. 468 Abb. 59. E. Simon, Opfernde Götter (1957), 96 Anm. 4. H. V. Herrmann, Omphalos (1959), 16 mit Anm. 24 Taf. 2, 1. W. Lambrinoudakis, LIMC II 2 (1984), 267, s. v. Apollon Nr. 679 b Taf. 238. Es sind zwei Omphaloi in Delphi erhalten, doch beide sind kaum das eigentliche Kultmal, das möglicherweise im Opisthodom des Tempels stand (Amandry 1991).

[2] Schober 1931, 135 Nr. 225 (weitere Nachweise). Herrmann a. a. O. 29 f.

[3] Lauffer 1963, bes. 576 ff.

[4] Vgl. Delcourt 1955, 255 ff.: Defradas[1/2] 1954/1972, 30 ff.

[5] P. Amandry RevPhil 30, 1956, 268 ff. (rez. Defradas[1] 1954).

[6] Delcourt 1955, 7.

[7] Zum Folgenden vgl. M. P. Nilsson, Geschichte der griechischen Religion[2] I (1955. HAW V, 2), 629 ff.

[8] M. Maaß, Die Prohedrie des Dionysostheaters (1972), 103 f. Defradas[1/2] 1954/ 1972, 206 f.

[9] Crahay 1956, 180 f. Fontenrose 1978, 164 f.

[10] Morgan 1990, 148 ff.

[11] Vgl. B. Snell, Leben und Meinungen der Sieben Weisen (1952), bes. 14. 108 ff. Lexikon der Alten Welt (1965), 2794 f., s. v. Sieben Weise (O. Gigon). EAA 7 (1966), 223 f., s. v. Sette sapienti (P. E. Arias). S. R. Hauser, Spätant. u. frühbyz. Silberlöffel (1992), 70.

[12] Snell a. a. O. 12 f.

[13] Vgl. O. Gigon, Sokrates (1947), 98. Crahay 1956, 39 f.

[14] Robert 1968, 421 ff.

[15] 1840, 76. – Zusammenstellung der Lit. zum „delphischen E": Hodge 1981.

[16] H. Diels, Die Fragmente der Vorsokratiker (1907), II 520: Flacelière 1941, 12 ff.; weitere Verweise: H. Müller-Karpe, Vom Anfang Roms (RM ErgH. 5, 1959), 91 (Hinweis E. Simon).

[17] Herrmann 1982 und 1984. Amandry 1986 (Fschr. Mylonas).

[18] Fontenrose 1959, 13 ff.

[19] Sourvinou-Inwood (1987) schließt daraus, es habe kein Vorgängerorakel gegeben und die diesbezüglichen Überlieferungen seien Fiktionen des 5. Jhs. v. Chr. Nach den archäologischen Funden hat Apollon aber sicher eine andere Gottheit verdrängt; ob diese Gottheit, wohl Gâ, schon ein Orakel besaß, bleibe als Frage der Überlieferungskritik dahingestellt; im 5. Jh. v. Chr. konnten die Dichter dies aber jedenfalls behaupten.

[20] K. Schefold, Die Göttersage in der klassischen und hellenistischen Kunst (1981), 43 Abb. 44/45. W. Lambrinoudakis, LIMC II 1 (1984), 301 ff., s. v. Apollon, Nr. 989–1002; II 2 Taf. 269.

[21] Pausanias 10, 5, 6; Strabon 8, 6, 14. Amandry 1950, 60. 117. 202. 209 f. S. Villate, Apollon-le-dauphin et Poseidon l'Ébranleur; structures familiales et souveraineté chez les Olympiens; à propos du sanctuaire de Delphes, Mélanges P. Lévêque, I (1988), 307 ff. Jacquemin 1991*.

[22] Parke/Boardman 1957, 277 ff.

[23] Càssola 1980. Tausend 1986.

[24] Antikenmuseum, Stiftung Preuß. Kulturbesitz: FR Taf. 140. CVA 3 Taf. 114. 115. 3–4. 121. 1. ARV^2 1268, 5. Para 471. Add 177 (Kodros-Maler). Vgl. Amandry 1950, 66 f. 201 ff.

[25] Amandry 1986 (Fschr. Mylonas).

[26] La Coste-Messelière / Flacelière 1930, 283.

[27] Defradas$^{1/2}$ 1954/1972, 30.

[28] Forrest 1957, bes. 165. E. Simon, Die Götter der Griechen^3 (1985), 132, Anm. 19 (S. 331). Vgl. Crahay 1956, 109 ff., bes. 145 ff. Die Rolle Delphis darf aber nicht so prinzipiell wie dort verneint werden.

[29] Kritzas 1986. Rougemont 1989.

[30] Amandry 1950 (Mant.).

[31] Amandry 1950 (Mant.), 57 ff.

[32] Pouilloux 1952. Roux 1990*.

[33] Rougemont 1977.

[34] Fontenrose 1978, 218 ff.

[35] Daux 1936 (Delphes), 187 ff.; 1943, 49 ff.

[36] Parke 1978, 214.

[37] A. P. Oppé, JHS 24, 1984, 233. Birot 1959, 267.

[38] Oppé a. a. O. 217 ff. Will 1942–43. Amandry 1950 (Mant.), 216 ff. Fontenrose 1978, 197 ff.

[39] Johannes Chrysostomos: Amandry 1950 (Mant.), 256, Nr. 78.

[40] Diesen Aspekt hebt Amandry 1950 (Mant.) hervor.

[41] Flacelière 1950, bes. 308 ff. Hauptzeugnisse: Platon (Phaidr. 244 A/B, Ion 533 ff., Tim. 71 E-72 B, vgl. Sympos. 202 E, über das Dämonische in der Weissagung); weiterhin Plutarch (Amat. 16. 18; 759 A/B. 763 A). Theatralisch-ekstatische Züge im Sinne dieser Traditionen stellt die Figur der Pythia dem Publikum in der Pariser Oper zur Schau: Melas 1990, 62, Abb. 21.

[42] Amandry 1950 (Mant.), 19 ff.

[43] Vgl. W. W. Tarn, Alexander The Great (1948 [dt. Ausg.: Alexander der Große, 1968]), I 7. II 338 ff. [5. 657 ff.].

[44] Scholion ad. loc.

[45] Amandry 1950 (Mant.), 61. Vgl. Jacquemin 1991*.

[46] Vgl. die Sammlungen von Parke/Wormell 1956 und Fontenrose 1978.

[47] SIG³ 204. Amandry 1950 (Mant.), 151 ff. (es handelt sich um eine Auseinandersetzung um Land des Heiligtums von Eleusis; vgl. G. Daverio Rocchi, Frontiera e confini nella Grecia antica [1988], 186 ff.).

[48] Parke/Wormell 1956, I 380 f. Fontenrose 1978, 113. 118 f. 179. 180. 212 Q 92.

[49] Crahay 1956, 48.

[50] Amandry 1950 (Mant.), 120 f. Fontenrose 1978, 212 (z. B. Herodot 1, 65, 2; 5, 92, 2; 1, 47, 2).

[51] Vgl. Fontenrose 1978, 212 ff. (Strabon 9, 3, 5 [419]).

[52] Jacoby, FGrHist III B, S. 300.

[53] Vgl. Parke/Wormell 1956 und die gegen die Überlieferung strengere Auffassung bei Fontenrose 1978. Legendenbildungen haben nachweislich sehr bald nach den historischen Ereignissen eingesetzt, vgl. die Überlieferung zum vierten Tempelbau und die Kroisoslegende. Amandry (a. a. O.) denkt an die lokalen Traditionen, die von den Fremdenführern ausgeschmückt wurden, als eine Quelle der Legendenbildungen.

Ereignisse und Legende können sogar zugleich entstehen: G. Daux hat («Puissance du mythe: l'aviation fasciste dans le ciel de France en Juin 1940», S. 389 ff. in: Mélanges Helléniques offerts à Georges Daux [1974], dafür ein erstaunliches Beispiel gebracht. Es zeigt, daß Versuche der Rechtfertigung und Schuldabwälzung, auch das Verhalten von Schuldigen und Betroffenen historische Phänomene sind.

[54] Vgl. Crahay 1956, bes. 23 ff. und 40 ff.

[55] Delcourt 1955, 7: «Delphes est le seul centre divinatoire qu' ait une existence littéraire. C'est même une des raisons pour quoi il est si difficile d'en écrire l' histoire» ... 254: «Delphes a peu donné et reçu beaucoup»; 280: «Platon apparaît ici moins comme témoin que comme auteur» Amandry (s. o. Anm. 5, S. 237) faßt zusammen: «Pindare et Platon sont beaucoup moins qu'on ne le dit les témoins une réalité delphique, ils en sont les auteurs» ... «Sa plus belle conquête, Apollon a faite en s'emparant de l'esprit des écrivains ... Delphes est un foyer d'appel beaucoup plus qu'un foyer d'émission; à toutes les époques, il a donné moins qu'on ne se l'est imaginé, mais aussi qu'il n'a reçu.»

[56] Fontenrose 1978, 111 ff.

[57] Vgl. Crahay 1956 und Fontenrose 1978 passim.

[58] Vgl. Crahay 1956, 294 und 301.

[59] Eindringende formale Analysen geben Crahay 1956, 46 ff. und Fontenrose 1978, passim.

[60] Fauth 1963, 521 f. gibt eine Zusammenstellung über die Traditionen von Korruption oder Nötigung der Pythia.

[61] Crahay 1956, 161 ff.

[62] Plutarch, De def. or. 438 C (vgl. Ausg. Flacelière 1974 mit Komm. S. 196).

[63] Defradas[1/2] 1954/1972, 208 ff. Fontenrose 1978, 111 ff. 212 (Q 99–103). Parke 1984.

[64] Crahay 1956, 201 f.

[65] Zu den Überlieferungen dieses Spruches: E. Leutsch / F. G. Schneidewin, Corpus Paroemiographorum Graecorum I (1839), App. I 80 f.

[66] J. A. S. Evans, What Happened to Croesus?, Classical Journal 74, 1978, 34 ff.

[67] B. Snell, Gyges und Kroisos als Tragödienfiguren, ZPE 12, 1973, 197 ff. Vgl. T. Hölscher, Griechische Historienbilder des 5. und 4. Jh. v. Chr. (1973), 30 f. Beazley, ARV[2] 238, 1. Para 349. Add 100 (Myson). E. Simon, Die griechischen Vasen (1976), Taf. 132 f. Flower 1991, 75 f. – In Korinth sind von einer etwas jüngeren Hydria Reste eines Theaterbildes mit einer Scheiterhaufenszene erhalten, die auf Kroisos gedeutet werden kann: Beazley, ARV[2] 571, 74 (Hesp. 25, 1955, Taf. 85).

[68] Parke/Wormell 1956, I 165 ff. Crahay 1956, 290 ff. Fontenrose 1978, 319 f. (Q 154).

[69] Delcourt 1955, 261 ff.

[70] Vgl. Amandry 1950 (Mant.), 190 ff.

[71] Amandry a. a. O.

[72] Vgl. v. a. Pouilloux 1983*, bes. 261 ff.

[73] E. R. Dodds, Pagan and Christian in Age of Anciety (1965), 120.

[74] R. J. Lane Fox, Pagans and Christians (1987), 169 ff. und D. Potter, JRA 1, 1988, 209.

[75] Vgl. Amandry 1950 (Mant.), 158.

[76] Bousquet 1956, 550 f. Roux 1971, 12 (Dank für ein kräftiges und gesundes Kind mit schönem Haar).

[77] Amandry 1950 (Mant.), 155 Nr. 6.

[78] Fontenrose 1978, 5 (Cod. Theod. 16, 10, 9; Cod. Just. 1, 11, 2; cf. Cod. Theod. 16, 10, 13 mit der Schließung der Tempel im Jahre 400).

[79] Parke/Wormell 1956, I 289 ff. II 194 ff. Nr. 476. Bowra 1959. Fontenrose 1978, 5. 56. 207 (Q 263). Gregory 1983. J. Bidez, Philostorgios (1913, Die griechischen christlichen Schriftsteller der ersten drei Jahrhunderte, 21), 77, 22.

[80] Vatin 1962.

[81] Parke 1978, 214 mit Anm. 38 und Gregory 1983.

[82] Protrept. Migne 8, 69; wörtlich übereinstimmend Euseb., Praep. evang. Migne 21, 119, vgl. Parke 1978, 210. Fontenrose 1978 (Vorsatzblatt) führt diesen Gedanken aus John Milton, On the Morning of Christ's Nativity XIX, an.

[83] Vgl. Amandry 1950 (Mant.), 131 und app. LXXVII.

[84] Die Omphalosweihung in das Apollon-Pythios-Heiligtum in Argos ist inschriftlich bezeugt: W. Vollgraf, BCH 27, 1903, 270 ff., Zeile 7. Zu den beiden Omphaloi im Heiligtum des Apollon Patroos in Athen, der dort dem Apollon Pythios gleichgesetzt war: H. A. Thompson, Hesp. 6, 1937, 112. 173. E. Simon, Opfernde Götter (1953), 18.

[85] L. Robert, TürkAD 8, 1, 1958, Taf. 32, 6. und 9,1, 1959, Taf. 34, 3. – R. S. Lane Fox, Pagans and Christians (1986), 175. – M. Flashar, FAZ 2. 12. 1992, Nr. 28, S. N6.

[86] J. Mlynarzyk, RDAC 1980, 239 ff. die Münzen: Taf. 34,3.

[87] Schon nach Psalm 73, 12 ist Jerusalem als Stätte des Heils Mitte der Welt. Zum Omphalos in der Grabeskirche: A. Heisenberg, Die Grabeskirche in Jerusalem (1908), 188 ff. 215 ff. 221 und A. Parrot, Der Tempel von Jerusalem, Golgatha und das Heilige Grab (1956), 148. – Die Vorstellung von Kultzentren als Weltmitte oder -nabel ist weit verbreitet: Defradas[1/2] 1954/1972, 102 ff. Der sog. „Omphalos" aus dem sudanischen Napata gehört dagegen nicht hierher, sondern ist als reliquiarartiges Behältnis eher mit indischen Stupas zu verbinden: I. Hofmann, Der sog. Omphalos von Napata, JEA 56, 1970, 187 ff.

[88] Parke/Wormell 1956, II Nr. 518. Fontenrose 1978, Q 250. Vgl. Q 268.

[89] B. Snell, Leben und Meinungen der Sieben Weisen (1952), 158 ff.

[90] Basili Magni homilia VI in hexamerem, J. P. Migne, Patr. Graeca. 29 (1857), p. 117. – S. Ioannis Chrysostomi Archiep. Constantinop. homiliae, Migne, Patr. Graeca 50 (1862), p. 422; 51 (1862), p. 76; 425; 53 (1862), p. 519; 54 (1862), p. 687.

Landschaft, Besucher und Umgebung

[1] Vgl. Dodwell 1819, 188 f.

[2] Dodwell 1819, 166: "The very locality breathed the presence of Apollo."

[3] Œuvres complètes de Gustave Flaubert, Notes de Voyage II . . . (Paris 1910), 10, am 7. Jan. 1851; Eliot 1967, 289. Ähnlich am 10. Feb. 1851 aus Patras an Louis Bouilhet: „Die Wahl Delphis zur Unterbringung der Pythia war ein genialer Zug. Es ist eine Landschaft für religiöse Schrecken, ein enges Tal, zwischen zwei fast senkrechten Bergen, der Hintergrund voll von dunklen Ölbäumen, die Berge rot und grün, das Ganze von Schluchten durchzogen, im Hintergrund das Meer und am Horizont schneebedeckte Berge." (Reisebriefe, ed. E. W. Fischer, Potsdam 1921, 292 f.).

[4] Zur Geologie und Geomorphologie des Parnaßmassivs vgl.: Pomtow 1907, 262 ff. A. Philippson, Die griechischen Landschaften. 1. Der Nordosten der griechischen Halbinsel, 2. Das östliche Mittelgriechenland und die Insel Euböa (1951), 389 ff. Birot 1959. P.-Y. Péchoux in: L'Antre Corycien I (1981, BCH Suppl. 7), 1 ff. V. Jacobshagen, Geologie von Griechenland (1986), insbes. S. 90, Abb. 44. A. u. H. Jacquemin 1990. – Für Hinweise und Rat bin ich Barbara Alberts, Geol. Landesamt Nordrhein-Westfalen, dankbar.

[5] Audiat 1933, 8: Am Athenerschatzhaus 3 cm auf 9,844 m Länge, am Tempel (trotz aufwendigster Verklammerungen) auf 34 m der Nordseite 3,3 cm, auf der Südseite insgesamt 12 cm, an der großen Polygonalmauer auf 29 m Länge sogar 57 cm.

[6] BCH 64/65, 1940/41, 213 ff. Hansen 1960, 387 f.

[7] Lerat 1938, 207 f.

[8] BCH 64/65, 1940/41, 258 f. Vgl.: C. Neeft, Observations on the Thapsos Class, MEFRA 93, 1981, 7 ff. u. addendum; app. 1, der ein Erdbeben um 730 v. Chr. und die zeitweilige Aufgabe der Siedlung annimmt.

[9] J. Schmidt, Vulcane und Erdbeben (1881), Bd. II, S. 112 ff. (5. 8. 1870). Julius Schmidt war mit einer Regierungskommission angereist, die aus Athen zur Hilfe in das Katastrophengebiet entsandt worden war.

[10] BCH 60, 1936, 461 f., Abb. 5 f., Taf. 55–57. Eindrucksvoll zeigt eine (technisch allerdings sehr unvollkommene) Aufnahme von der Kirphis aus den Weg des Bergsturzes durch das Heiligtum: EFA 40008. Vgl. auch J.-F. Bommelaer / E. Pentazos / O. Picard, in: Picard 1992, 229 ff.

[11] BCH 60, 1936, 461–462, Taf. 55–57.

[12] Amandry 1981, 709.

[13] Amandry 1981, 713.

[14] GdDMus 12 ff.

[15] E. W. Kase, Mycenaean Roads in Phokis, AJA 77, 1973, 74 ff. und P. A. Mountjoy, BSA 85, 1990, 254. Müller 1991: stärkerer thessalischer Einfluß ist in der Keramik des benachbarten Anthedon deutlich.

[16] Diese Angabe entspricht etwa den 16 Straßenkilometern nach dem heutigen Hafen von Itea; Pausanias 10, 37, 4 gibt nur 60 Stadien an, was einem direkteren Weg entspricht.

[17] Zu dieser altgriechischen Bezeichnung von Kalkstein vgl.: R. Ginouvès / R. Martin, Dictionnaire méthodique de l'architecture grecque et romaine, I (1985), 40, s. v. POROS.

[18] Kase/Szemler 1984, 111 und Abb. 1A. O. Psychoyos, Deplacements de la ligne de rivage et sites archéologiques dans les régions côtières de la mer égée, au néolithique et à l'age du bronze (Diss. Univ. Paris I Panthéon-Sorbonne, 1986 [1988], 25 ff.).

[19] Zur politischen Konstellation im 8. Jh. v. Chr. vgl. Forrest 1957.

[20] N. G. L. Hammond, The Main Road from Boeotia to the Peloponnese through the Megarid, BSA 49, 1954, 101 ff., bes. 119 f.; s. o. S. 27.

[21] Déroche/Maniatis/Mandi/Nikolaou 1989.

[22] Ihr Name war ξένις, zu übersetzen mit „Fremden-" oder Fernstraße: SIG[3] 634, 24 (F. Sokolowski, Lois sacrées des cités grecques [1969] Nr. 79).

[23] Bourguet 1914, 330 f., Abb. 116. Amandry 1981, Abb. 41. GdDSite 221, Abb. 96. Die Straße erscheint auf den Plänen von Pomtow 1889, Taf. 1 und Convert, BCH 21, 1897, Taf. 14/15; s. o. S. 70.

[24] CID II 47 A und 59 I. Jacquemin 1991*.

[25] Krause 1841, 43, Anm. 3. Amandry 1990, 297.

[26] H. Collitz, Griechische Dialektinschriften II (1899), 1684–2342 ([J. Baunack] hauptsächlich Polygonalmauer und Theater). Thalheim, RE VII 1 (1910), 95 ff., s. v. Freigelassene. Bloch 1915. G. Busolt–H. Swoboda, Griechische Staatskunde (1920/25), 288 ff. FdD III 1, 565–572; 2. 119–133; 3, 262–295 (Attalospfeiler). 296–297,

300–333 (Eumenespfeiler). 334–375: passim. 385–441 (Rhodierwagen); 4,70–73 (Pfeiler des Aemilius Paullus). 78 (des Prusias). 479–509; 6,5–139: passim (Theater). Bommelaer 1981, 461 ff. Mulliez 1983. 1984. 1986. Thémélis/Mulliez 1989. Vgl. insbesondere Daux 1936 (Delphes), 490–496. Eine Ausgabe der Freilassungsinschriften für das CID ist von D. Mulliez in Vorbereitung; rund 1340 Urkunden sind ganz oder teilweise erhalten.

[27] OGI 262, 23–4; vgl. H. Seyrig, Syria 28, 1951, 195 ff. Zu den Einkünften aus der Sklavenverkaufssteuer und anderen Abgaben: Ch. Habicht, Eine Urkunde des Akarnanischen Bundes, Hermes 85, 1957, 86 ff., bes. 106.

[28] CID II 5 I 26 ff. u. 53 ff.: Gruppen aus Megalopolis und Nisyros.

[29] Vgl. Fontenrose 1978, L 57 (s. o. S. 81 mit Anm. 18).

[30] P. Amandry, in: GdDMus 247.

[31] Nach Antigonos von Karystos, vgl. U. v. Wilamowitz-Moellendorff, Antigonos von Karystos. Phil. Unters. 4 (1881; repr. 1965 und 1966), 98: Ἀλεξίνου γοῦν πολλὰ καταπαίζων καὶ σκληρῶς ἐπισκώπτων, ὅμως αὐτὸν εὖ ἐποίησε, τὴν γυναῖκα παραπέμψας ἐκ Δελφῶν ἕως Χαλκίδος, εὐλαβουμένην τὰς κλοπείας τε καὶ τὰς καθ᾽ ὁδοῦ λῃστείας. – Vgl. K. v. Fritz, RE 15, 1 (1931), 788 ff., s. v. – (9).

[32] Valavanes 1980.

[33] Pouilloux 1983*, bes. 263. 266 ff.

[34] Amandry 1990, 288 ff. Für die Inschriften der Theorodokoi ist ein eigener Band von Jacques Ouhlen in den CID vorgesehen.

[35] A. Brelich, Paides e parthenoi (1969), 387 ff., bes. 401 ff.

[36] ἐπαινέσας οὖν τόν τε δρόμον καὶ ἀγορῶν καὶ κρηνῶν τὸ ἄστυ καὶ Κασταλίαν αὐτήν, ἣν δὲ καὶ περιρραντήριον ἐποιησάμην, ἐπὶ τὸν νεὼ ἔσπευδον.

[37] Ch. Habicht, Hermes 85, 1957, 101 (Z. 40 der Inschrift).

[38] Vgl. IG II 545. II² 1126. SIG² 145.

[39] M. Carroll-Spillecke, KEPOS – Der antike griechische Garten (1989), 15 ff.

[40] Voutiras 1982, bes. 232: Weitere Reliefs mit ähnlichen delphischen Motiven, die auf Pilgerfahrten, Festbesuche und Orakelbefragungen zurückgehen können: Abb. 1 und Zagdoun 1977, 55 ff.

[41] Jacoby FGrHist III B, S. 297 ff., Nr. XVII, Delphi, führt hierzu an: Historiker (Melissos, Apolas Pontikos, Apollonios, Theopomp von Chios, Anaxandrides von Delphi, Polemon von Ilion, Alketas, Aristoteles, Pausanias Lakon; dazu hat Pherekydes delphische Legenden behandelt, Jacoby, FGrHist III, Frgt. 36), Forschungen über das Orakel und Sammlungen seiner Sprüche (Mnaseas von Patara, Alexandros Polyhistor), Redner, die sich in oder über Delphi produziert haben (Gorgias von Leontinoi, Menaichmos von Sikyon) und die Spezialschrift eines Architekten (Theodoros von Phokaia).

[42] Pausanias erhielt in Olympia durch den Exegeten Aristarchos historische Erklärungen.

[43] ἐπέραινον οἱ περιηγηταὶ τὰ συντεταγμένα μηδὲν ἡμῶν φροντίσαντες δεηθέντων, ἐπιτεμεῖν τὰς ῥήσεις καὶ τὰ πολλὰ τῶν ἐπιγραμμάτων (Die Frem-

denführer fuhren mit ihrem Programm fort und kümmerten sich nicht um unsere Bitten, ihre Reden und die Erklärungen der vielen Inschriften abzukürzen).

[44] Aithiop. 2, 26, 1: πυνθανόμενος δέ τινα Δελφοὺς Ἑλληνίδα πόλιν ἱερὰν μὲν Ἀπόλλωνος, θεῶν δὲ πολλῶν ἄλλων τεμένη, ἀνδρῶν τε σοφῶν ἐργαστήριον, θορύβου τε δημώδους ἐκτὸς ἀπῳκισμένην ἔστελλον εἰς ταύτην ἐμαυτόν (Ich hatte erfahren, daß Delphi eine heilige Stadt des Apollon in Griechenland sei, mit Heiligtümern vieler anderer Götter und Wirkungsstätte weiser Männer, fernab vom Volkslärm; dorthin begab ich mich). 2, 27, 2: οὐκ ὀλίγος δὲ ὁ τοιοῦτος βίος συρρεῖ περὶ τὸν νεὼν τοῦ Πυθίου καὶ μουσεῖόν ἐστιν ἀτέχνως ἡ πόλις ὑπὸ μουσαγέτῃ θεῷ φοιβαζουμένη (Dieses Leben kommt in nicht geringem Maße um den Tempel des Pythiers zusammen und die Stadt erstrahlt unter dem Anführer der Musen als Herrn als eine Stätte der Musen). Das griechische Wort „Museion" umfaßt nach dem Vorbild des Museions in Alexandria Musenheiligtum, Akademie, Bibliothek und Hochschule. Sicher hat man auch an die Kunstschätze im Heiligtum im Sinn unserer „Museen" gedacht, doch ist dies hier nur ein Nebenaspekt.

[45] Fontenrose 1978, 18 (L 57–59).

[46] Nilsson (s. o. Anm. 7 zu S. 2), 648.

[47] G. Berthiaume, Le rôle du mágeiros. Etudes sur la boucherie, la cuisine et le sacrifice dans la Grèce ancienne (1982), 87.

[48] Vgl. Crahay 1956, 84 ff. – Die Reliefdarstellung eines alten, bärtigen Denkers mit Knotenstock im delphischen Heiligtum ist auf Aisop gedeutet worden: Atlantis Antiquities, New York, Greek and Roman Art (1990), Nr. 14 („ca. 100 B. C."). Vom Heiligtum werden gezeigt: Omphalos mit Adler, Pfeilermonument, Baum mit daran gehängtem Köcher, zinnenbekrönte Mauer. Diese Motive tragen freilich keine Züge der Aisoplegende bei. Denkbar wäre auch die Erklärung als eines der Sieben Weisen, die ja in besonderer Beziehung zu Delphi standen.

[49] Vatin 1966; vgl. Fr. Salviat / Cl. Vatin, Inscriptions de Grèce Centrale (1971), Nr. 7, S. 95 ff.

[50] FdD III 1, 295; Salviat/Vatin a. a. O., Nr. 3, S. 45 ff.

[51] F. Sokolowski, Lois sacrées des cités grecques. Supplement (1962), 37. Berthiaume a. a. O. 88 mit Anm. 41.

[52] Hierzu die schöne allgemeine Charakterisierung bei J. Burckhardt, Griechische Kulturgeschichte 2 (Gesammelte Werke 1956/57, 6), 283: „außerdem aber hatte die Götterverehrung alle Lebensfreude in den Dienst ihrer Feste genommen: ... in Gestalt von musischen, gymnastischen und hippischen Wettkämpfen, von Fackelläufen und prachtvollen Auszügen, sowie von gewaltigen Volksspeisungen."

[53] Hom. Apollonhymnos 535 f.; Athenaios 173 D (= Aristoph. fr. 684 K).

[54] Vgl. Paean 6, 61 (fr. 52 f.). Dazu S. L. Radt, Pindars zweiter und sechster Paean (1958), 116 mit Anm. 1. Vgl. Nemeen 7, 46 mit Schol. 68 a: γίγνεται ἐν Δελφοῖς ἥρωσι ξένια. Dazu Vollgraff 1924, 106; 1926, 120 f.; 1927, 436 f.

[55] A. Jacquemin weist mich in diesem Zusammenhang auf zwei archaische Grab-

steine von Fremden in Delphi hin: Apellis von Massalia, SIG[3] 12. Gras 1987, 170, vermutet einen Werkmeister, der am ionischen Schatzhaus in der Marmaria gearbeitet hätte; Archedamos aus Selinus: J. Bousquet, BCH 88, 1964, 380 ff., Abb. 1.

[56] Der Dichter des 27. Psalms hat eine ähnliche Sehnsucht nach immerwährender Geborgenheit im Heiligtum besungen: „Nur eins erbitt' ich vom Herrn, danach trag' ich Verlangen, daß ich weilen möge im Hause des Herrn mein ganzes Leben hindurch." Das Motiv des Hinscheidens aus religiöser Exaltation erinnert an das Canticum Simeonis (Nunc dimittis . . .; Lukas 2,25 ff.); auch Heinrich von Kleist und Henriette Vogel nahmen in ihrem Freitod das Motiv des Hinscheidens aus letzter Lebenserhöhung auf: „. . . daß ich die ganze Herrlichkeit . . . ermessen habe und . . . sterbe . . ."

[57] Defradas[1/2] 1954/1972, 220 ff.

[58] Abies cephalonica, mit alter Verbreitung auf der Peloponnes und im mittleren Griechenland; zuerst beschrieben nach dem Vorkommen auf dem Berg Enos (Insel Kefallinia; für diesen und andere wichtige Hinweise danke ich Prof. Arne Strid, Kopenhagen). Die heutigen Tannenbestände gehen freilich auf eine Aufforstung in den 30er Jahren zurück (J.-M. Luce, BCH 115, 1991, 697 ff.).

[59] Ulrichs 1840, 118.

[60] La Coste Messelière/Flacelière 1930.

[61] Dieser Baum ist hier nicht heimisch und bringt die Gefahr von schneller Brandausbreitung: Amandry 1981, 763 ff., Abb. 84.

[62] J.-M. Luce, BCH 115, 1991, 698.

[63] Foucart 1865, Plan.

[64] Der unterirdische Abfluß (Katavothre) kommt als Quelle (Záleska) im Pleistosgrund am Unterlauf der Kastalia wieder zutage. Der Getreideanbau in höheren Regionen war eine antike Ackerbaumethode: J.-M. Luce, BCH 115, 1991, 698, mit Verweis auf Prophyr. De abstin. 2, 17,2.

[65] Amandry 1972. Pasquier 1977. L'Antre Corycien I/II (1981/84, BCH Suppl. 7/9). GdDSite 43 ff. GdMus 241 ff.

[66] Fontenrose 1959, 406 ff.

[67] E. Simon, Die Götter der Griechen[3] (1985), 132 ff.

[68] Ulrichs 1840, 119.

[69] Brit. Mus. Cat., Coins, Head, Central Greece Taf. 4, 14. O. Picard in: GdDSite 36.

[70] R. J. Lane Fox, Pagans and Christians (1987), 41 ff.

[71] Luftbild der Zufahrtswege: L'Antre corycien I (1981), 9, Abb. 4 re.

[72] P.-Y. Péchoux, S. 3 ff. in: L'Antre corycien I (1981).

[73] Für das Holzstück aus einer tiefen Sondage wurde das altsteinzeitliche Alter von etwa 40000 Jahren durch Radiocarbonmessung bestimmt, doch sind die entsprechenden Schichten nicht weiter erforscht: Amandry 1972, 256.

[74] 40–60000 Fundstücke.

[75] Bourguet 1914, 334 ff. Amandry 1981, 714 ff. GdDSite 245 ff. Man findet die Brüche über neuere Fahrwege, wenn man von der Straße Delphi–Itea zwischen km

59,5 und 60 zum Kloster abbiegt und unmittelbar danach links die alte Teerstraße nach Chrysso nimmt; nach ca. 400 m dreht man scharf nach rechts auf einen unbefestigten Fahrweg, der nach weiteren rund 400 m direkt zu den Brüchen führt. Statt dessen kann man auch aus Chrysso auf der alten Straße nach Delphi 400–500 m vom Ortsschild die Abzweigung nach Profitis Elias nehmen, um nach weiteren 1900 m die erwähnte Abzweigung des unbefestigten Fahrweges zu erreichen. Die Brüche liegen auf einem Rücken unter den Felsabstürzen des Parnaßmassives, die Senke dominierend, die sich zwischen zwei vorspringenden Spornen in der Richtung nach Itea zur Ebene öffnet. Vgl. den Plan bei Skorda 1991.

[76] Péchoux 1991.

[77] Bourguet 1914, 339 u. Abb. 121. Sie wurden neuerdings wieder identifiziert und freigelegt (Skorda 1991).

[78] Amandry 1981, 718 f., Abb. 36 f. GdDSite 247.

[79] Amandry 1981, 720, Abb. 38. GdDSite 217 f., Abb. 93.

[80] Amandry 1977, 182, Anm. 3.

[81] Stikas 1979 (479) hat Stein von dort zur Restaurierung des großen Altars der Chioten verwendet. Der entsprechende Stein am Altar stammt dagegen wohl ursprünglich aus Chios: R. Lepsius bei Pomtow 1907, 282, Nr. 110 und Amandry 1986 (Chios), 206 mit Anm. 2.

[82] Keramopoullos 1917, 100, Anm. 3. Jannoray 1953, 76. M.-D. Nenna, BCH 114, 1990, (Chronique) 876. Der Stein wurde seit dem 4. Jh. v. Chr. verwendet.

Geschichte des Ortes und des Heiligtums

[1] Die antike Überlieferung kennt auch die Schreibung Amphiktyonie. Die erste Schreibweise bedeutet „Umwohner", die zweite würde sich nach ihrer antiken Erklärung auf einen Heros Amphiktyon beziehen. Vgl. M. Casewitz, Le vocabulaire de la colonisation (1985), 62 ff.

[2] Forrest 1956.

[3] Vgl. allgemein: G. Busolt / H. Swoboda, Griechische Staatskunde II (1926), 1292 ff. (über die pyläisch-delphische Amphiktionie und ihre Geschichte; auch für die hier folgenden Abschnitte). Jannoray 1937. Sordi 1953, 320 ff. Forrest 1956. Robertson 1978. Roux 1979 (Amph.). Zum sog. „Ersten Heiligen Krieg" insbesondere: Lehmann 1980. Càssola 1980. Tausend 1986. Die zuverlässigsten Zeugnisse finden sich in den antiken Erklärungen zu den Siegesliedern des Pindar (Hypoth. Pyth. b und d; Nem. IX inscr.). Robertson 1978 hat die Geschichtlichkeit dieses kirrhäischen Krieges zu Unrecht bezweifelt.

[4] Die von 457, 448 und 356–346 v. Chr., Càssola 1980, 415.

[5] Das Datum ist mit den Namen der in diesem Jahr jeweils in Athen und Delphi regierenden Archonten, Simonides (oder Simon) und Gylidas (oder Eulidas), überliefert; Miller 1978, 146 mit Anm. 75.

[6] Sordi 1953, 320 ff.

[7] So die ionisch-attische Namensform, sonst: Alkmaion.

[8] Parke/Wormell 1956, I 165 ff., auch zum Folgenden.

[9] Vgl. Meritt 1947. W. W. Tarn, Alexander The Great (1948 [dt. Ausg.: Alexander der Große, 1968]), II 274 [561], hält an der Plünderung Delphis durch die Perser fest; dagegen sprechen aber die von Kroisos gestifteten Schätze, die Herodot noch gesehen hatte und die erst durch die Phoker geraubt worden sind.

[10] Vgl. G. Busolt, Griechische Geschichte III² 1 (1897), 322; 333; 419 f.; 424. D. Lewis, The Origin of the First Peloponnesian War. Studies in Honour of Malcolm Francis McGregor. G. S. Shrimpton and D. J. McCargar, eds. (1981), 71 ff.

[11] Zum Folgenden vgl.: Svoronos 1896. Brit. Mus. Cat., Coins, Head, Central Greece, 24 ff., Taf. 4. E. Babelon, Traité des monnaies grecques et romaines II 1 (1907), 987 ff., Nr. 1392–1409. B. C. Head, Historia Nummorum² (1911), 340 ff. Geltung des äginetischen Münzfußes: Roux 1979, 236. Amphiktionische Prägung: Franke-Hirmer, Die griechische Münze (1961), Taf. 147 oben; Roux 1979, 129 ff. Zusammenfassend O. Picard, in: GdDSite 33 ff. Der Negerkopf auf Münzen des 5. Jh. v. Chr. ist nicht der Heros Delphos, sondern stellt einen der frommen Aithioper dar, an deren Opfer sich die Götter besonders erfreuten; auch andere Münzmotive geben Motive des Opferkultes: L. Lacroix, Études d'archéologie numismatique, 1974, 37 ff., vgl. E. Simon, LIMC III 1 (1986), 369 ff., s. v. Delphos.

[12] Homolle 1926. Fr. Salviat / Cl. Vatin, Inscriptions de Grèce Centrale (1971), Nr. 2, S. 35 ff. Carrière 1984, 163 ff.

[13] Vgl. auch SIG³ 175–178 (175: IG II² 109. SEG 16, 1959, 47. – 178: FdD III 5, 15–18). J. Buckler, Philip II and the Sacred War (1989), 9 ff.

[14] Carrière 1984, 157 ff. Zweifelhaft erscheint allerdings, daß private Vermögen zum Bau von stattlichen Tempeln ausgereicht haben könnten.

[15] Pomtow 1913 (dagegen Homolle 1926, 104 f.).

[16] J. Buckler a. a. O., bes. 145.

[17] Zusammenfassend: A. W. Pickard-Cambridge, CAH³ Bd. VI, S. 256 ff. (Kap. IX, IV).

[18] Athen, Nationalmuseum, Münzkabinett: P. R. Franke – M. Hirmer, s. o. Anm. 11.

[19] Flacelière 1937 (Ait.). Nachtergael 1977.

[20] Vgl. Flacelière 1937 (Ait.), 75 f.

[21] Auf diese Ereignisse hat man den Lakedaimonierfriedhof mit einem Kriegerdenkmal an der Grenze des Heiligen Landes (SIG³ 636, 23 ff.; 826, E III 32 [FdD III 4, 280]) zurückgeführt. Als Anlaß denkbar wäre auch die spartanische Kampagne von 448 v. Chr.; vgl. Flacelière 1937 (Ait.), 84 mit Anm. 2.

[22] Vgl. Reinach 1911 und Habicht 1985, 83 ff., 102 f., 106 f., 135. Bearzot 1989, 71 ff.

[23] Für patriotische französische Gelehrte des vorigen Jahrhunderts war es ein besonderes Anliegen, was die Gallier (Foucart 1865, 208: »nos pères«) auf ihren Feldzügen geleistet und wie sie von den antiken Geschichtsschreibern behandelt worden waren.

[24] „τὸ δὲ ἱερὸν διαπεφυλάχθαι τε καὶ ἐπικεκοσμῆσθαι τοῖς ὑπὸ τῶν ἐπι-
στατευσάντων ὅπλοις". Vgl. Segre 1927/1929 und Amandry 1978*, 571 ff.

[25] Courby 1927, 288 ff., Abb. 231–236.

[26] A.-J. Reinach, L'Étolie sur les trophées Gaulois de Kallion, Journal intern.
d'arch. numismatique (Διεθνὴς ἐφημερὶς τῆς νουμισματικῆς ἀρχαιολογίας) 13,
1911, 180 ff. Taf. 5. Vgl. W. Bloesch, Münzkabinett der Stadt Winterthur. Griech.
Münzen im Westen, 1. Spanien, Gallien, Italien, Sizilien, Moesien, Dakien . . .
(1987), Nr. 1861 u. 1864, Taf. 83; unsere Abb. nach: G. K. Jenkins / M. Castro Hipólito, A catalogue of the Calouste Gulbenkian Collection of Greek Coins, II.
Greece to East (1989), Taf. 84, Nr. 616. GdDSite 223/5. Vgl. auch Jacquemin 1985*.

[27] Flacelière 1937 (Ait.), 224 ff. und 371 f.

[28] Zur Geschichte der römischen Zeit vor den Kaisern vgl.: Hiller v. Gaertringen
1901, 2573 ff. Roussel 1932. Daux 1936 (Delphes), 259 f.

[29] Bousquet 1981.

[30] Daux 1936 (Delphes), 317 f.

[31] Schober 1931, 104 f., Nr. 166. Kähler 1965. Jacquemin/Laroche 1982, 207 ff.
(gegen die Lokalisierung auf Plan 418). GdDSite 235. GdDMus 124 ff., Abb. 92.

[32] Daux 1936 (Delphes), 372 ff.

[33] Pomtow 1896. Daux 1936 (Delphes), 392 ff. Pigagnol 1937. Amandry 1989,
36 f., Anm. 8.

[34] Zur Geschichte in der römischen Kaiserzeit vgl.: Hiller v. Gaertringen 1901,
2576 ff. Bourguet 1905. Pouilloux 1971 und 1980. Unveröffentlicht ist die Disserta-
tion von Cl. Vatin, Delphes à l'époque impériale (Paris, Sorbonne I, 25. 5. 1965).

[35] Vgl. Roux 1979, 15 ff.; Habicht 1985, 101 mit Anm. 27.

[36] Flacelière 1971.

[37] M. Rostovtzeff, The Social and Economic History of the Roman Empire[2]
(1957), 254 mit Anm. 98.

[38] Vgl. Rousset 1991.

[39] Die Lebenszeiten Plutarchs stehen nicht genau fest; er muß nach diesem
Zeugnis aber als über 80jähriger noch so lange unter der Regierung des Kaisers
Hadrian gelebt haben, daß die Bemühungen um die Heiligtümer solche Früchte
tragen konnten. Vgl. Flacelière 1971.

[40] Vgl. die Ausgabe mit Übersetzung und Kommentar von R. Flacelière (1941).
Plutarch hat Theon als Sprecher des Dialoges gewiß seine eigenen ganz persönlichen Worte in den Mund gelegt, Flacelière 1937, 10.

[41] Vgl. Flacelière 1937, 10 f.

[42] Flacelière 1937, 10 f. hat den Kaiser Hadrian vermutet; doch haben diese und
andere Erklärungen bisher ungelöste Schwierigkeiten: S. Schröder, Plutarchs
Schrift De Pythiae oraculis (1990, Beitr. z. Altertumsk., 8), 15 ff.

[43] Kahrstedt 1954, bes. 25 ff.

[44] Pouilloux 1983*, 274.

[45] Libanios, Rede 30, 6: „Konstantin hat die Reichtümer der Heiligtümer genommen, um seine Stadt zu bauen, aber in Kultdingen nichts geändert; in allen Heilig-

tümern regierte die Armut, aber man konnte an den Veranstaltungen der Riten teilnehmen." Lanzani 1940, 182 erwägt die Möglichkeit des Geschenkes von Seiten der Delpher; wenn dem so gewesen sein sollte, wird es kaum gern gegeben worden sein. Die Ehrung des Kaisers gehört nicht in diesen, sondern in einen späteren Zusammenhang, vgl. Vatin 1962, 232 mit Anm. 2.

[46] Vgl. Homolle 1896, 705. 709. 712 ff. 723 ff. Vatin 1962.

[47] Parke 1978, 211 ff.

[48] Zitiert nach Rauschen bei A. Lippold, Theodosius der Große und seine Zeit (1968), 111.

[49] Spieser 1976. Die Rolle der Gewalt und der sozialen Konflikte beim Übergang vom Heiden- zum Christentum behandelt für Brennpunkte in Syrien und Ägypten: Johannes Hahn, Gewalt und religiöser Konflikt. Studien zu den Auseinandersetzungen zwischen Christen, Heiden und Juden im Osten des Römischen Reiches in der Spätantike (ca. 312–451 n. Chr.), Habil.-Schr. Heidelberg 1992.

[50] Audiat 1933, 32. 33. 91: Ἀμαχίων ὁ τόπος, Κ(ύριε) βωήϑι αὐτοῖς: Platz der Pfandleiher, Herr sei ihnen gnädig.

[51] Bousquet 1952, 75 f.

[52] Zum frühchristlichen Delphi vgl. S. 252 unten, Anm. 1.

[53] F. Gregorovius, Die Geschichte der Stadt Athen im Mittelalter (1889, Neudruck 1980), 112 ff.

[54] Gregorovius a. a. O. 204.

[55] Gregorovius a. a. O. 331.

[56] Vgl. A. E. Bakalopoulou, Ἱστορία τοῦ νέου Ἑλληνισμοῦ, I (1974), 152/153. Gregorovius (a. a. O. 462) faßt darüber zusammen: „In Salona herrschte damals noch Helena Kantakuzena, Witwe des letzten Fadrique oder vielmehr es schaltete dort als verhaßter Tyrann ihr Geliebter, ein Priester. Ein Teil der Griechen stand mit den Türken im Bunde; der Erzbischof von Phokis, Seraphim, soll der Verräter seines Landes gewesen sein und den Sultan in diese schönen Jagdgründe herbeigerufen haben. Kaum erschienen die Türken, so öffnete Helena ihnen die Tore der Stadt. So endete das Haus der Grafen von Salona; diese Stadt wie die Landschaft Phokis wurden türkisch."

[57] J. P. Migne, Patr. Graec. Bd. 159 (1866), p. 74.

[58] F. C. H. L. Pouqueville, Voyage dans la Grèce (2ᵉ éd. 1826), IV 111.

[59] „. . . und an Delphi, das in der Spätzeit des Reiches vergessen war, hat erst Chalkondyles wieder erinnert, der uns davon unterrichtet, daß eine katalonische Prinzessin es an Mohammed II. verlor. Die Erbin der Stätte Apollons und ihre Tochter alterten und starben als Gefangene im Harem unter den Odalisken des Zerstörers von Griechenland."

Die Stadt. Die Siedlung und ihre Brunnenanlagen

[1] Foucart 1865, 10.

[2] Daux 1938.

[3] Zum Folgenden allgemein: Amandry 1958, 339 f. und 1981, 721 ff. GdDSite 42 ff.

[4] Pouilloux/Roux 1963, 11. GdDSite 218 ff.

[5] Deroche/Rizakis, BCH 108, 1984, 861 ff.

[6] Amandry 1981, 736, Abb. 58. GdDSite 191 ff.

[7] GdDMus 8 ff.

[8] P. Darques, BCH 115, 1991, (Chronique) 689 f.

[9] Eine zusammenhängende Dokumentation über die Stadt selbst steht noch aus, doch ist ein Atlas der Umgebung als Ergänzung zu dem Atlas des Heiligtums geplant: BCH 108, 1984, 867 mit Abb. 19.

[10] Vgl. IG II 545. II² 1126. SIG² 145.

[11] Orlandos 1960. Amandry 1977 und 1978. – Vgl. F. Glaser, Antike Brunnenbauten in Griechenland (1983), 97 ff., Nr. 68, Abb. 182–185. GdDSite 81 ff.

[12] Jacquemin 1991*, mit Verweis auf Fr. Hundertwasser, Der Klang und der Sprung. Kastalia und die Rheintöchter (Wien 1928) und G. P. Reck, Hundertwasser or Classics as Painting, Studi in onore di P. Rossi (Perugia 1982).

[13] Vgl. Ulrichs 1840, 39 f., 48 ff. mit Anm. 30–46; Amandry 1950 (Mant.), 135 ff.

[14] Glaser a. a. O. 155.

[15] Vgl. P. Corssen, Das Heiligtum der Ge und der Schauplatz des Drachenkampfes in Delphi, Sokrates 1, 1913, 501 ff. und: Die ursprüngliche Lage des delphischen Orakels AA 1928, 215 ff. Fontenrose 1959, 17 f. W. Lambrinoudakis, LIMC II 1 (1984), 302, s. v. Apollon, Nr. 991.

[16] Ulrichs (1840, 37) beschrieb: „Vom Stadion sich nach Osten wendend, stößt man erst auf eine Grabnische, dann auf die Quelle Kerná, die unterhalb einer überhangenden Wand derselben Felsmasse mit reichem Wasser entspringend, die Gärten des Dorfes wässert und die Herden tränkt."

[17] Die Architektur der antiken Brunnenanlage ist noch nicht eingehend publiziert. BCH 74, 1950, 330 f., Abb. 44; BCH 90, 1966, 934, Abb. 1.2; Amandry 1981, 709 mit Abb. 70 bis, Glaser a. a. O. 98 ff., Nr. 69, Abb. 187. 190. 230. GdDSite 213/5, Nr. 701, Abb. 90.

[18] Homolle 1899, 560 ff. Jannoray 1937 und 1953. Neuere Grabungen, bisher vor allem mit Befunden der Spätzeit: BCH 110, 1986, 774 ff.; 111, 1987, 722 ff.; 112, 1988, 609 ff. GdDSite 72 ff., Nr. 52. Vgl. J. Delorme, Gymnasion (1960), 282 ff., 374 ff. u. ö. – Jannoray 1937, 55, zieht das Gymnasion von Pergamon gegen die These von Flacelière (1935) heran, nach der das inschriftlich erwähnte „untere" Gymnasion eine weitere, uns unbekannte Anlage gewesen sei; der Ausdruck meint also wohl nur einen Teil der bekannten Anlage.

[19] R. Ginouvès, Balaneutikè (1962), 125,12; 126,3; 130; 131; 133; 135.

[20] FdD III 5, 48 I 33 f.

[21] FD III 5, 58.

[22] BCH 23, 1899, 564 ff. Pouilloux 1977.

[23] Jannoray 1953, 85 mit Anm. 4. Vgl. Pouilloux 1983*, 270.

[24] BCH 20, 1896, 720; 23, 1899, 574. 576; SIG II³ 516 f., Nr. 823 B. Handbuch der Bibliothekswissenschaften (begr. von Fritz Milkau, 2. Aufl. herausg. von Georg Leyh), Bd. 3, 1 (1955), S. 40 ff. über griechische Gymnasionsbibliotheken (C. Wendel / W. Göber).

[25] Delorme a. a. O. 77 f.

[26] Jannoray 1953, 81 f., Anm. 3.

[27] Jannoray a. a. O.

[28] BCH 110, 1986, 782 u. Abb. 22 (S. 783).

[29] Vgl. Jannoray 1953, 82. Roux (BCH 111, 1987, 774) vermutet es in einem Felsenheiligtum am Nordwestende der Anlage. GdDSite 79.

[30] Die Deutung hat Roux 1980, 134 ff. geklärt. Es handelt sich also nicht, wie man im Gymnasion von Delos feststellen wollte, um Trainingsräume für Boxer, indem man die „σφαῖρες" (Bälle) als gepolsterte Übungshandschuhe für Boxer interpretierte (vgl. J. Tréheux, Une nouvelle lecture de l'inventaire du gymnase à Délos, BCH 111, 1987, 583 ff.).

[30a] Vgl. W. Schilbach, Olympia, die Entwicklungsphasen des Stadions, S. 33 ff., in: Proceedings of an International Symposium on the Olympic Games, Athens 5.–9. September 1988 (ed. W. Coulson / H. Kyrieleis, Athen 1992).

[31] Ginouvès 1952.

[32] Amandry 1981, 724, Abb. 45: ähnlich ist die byzantinische Agora in Sardis (H. S. Crawford, The Byzantine Shops at Sardis [1990]). GdDSite 89, Nr. 99.

[33] Amandry 1981, Abb. 46–48; vgl. BCH 109, 1985, (Chronique) 863. GdDSite 89, Nr. 98.

[34] Amandry 1981, 724, Abb. 44. GdDSite 196 ff., Nr. 399.

[35] Nach der Freilegung zur Konservierung wieder zugeschüttet.

[36] Amandry 1981, 729 ff., Abb. 52.

[37] GdDSite 144.

[38] Amandry 1981, 729, Abb. 51.

[39] Amandry 1981, 733 und Abb. 55. GdDSite 238 f. mit Abb. 107.

Die Stadt. Befestigungen

[1] Amandry 1981, 740 ff., Abb. 61a–c. 62. GdDSite 217.

[2] Amandry 1981, 742 ff., Abb. 64. 65a–c. GdDSite 44. 73 f., Nr. 51.

[3] Dodwell 1834, Taf. 36. 37. BCH 103, 1979, (Chronique) 575. Valavanes 1980. GdDSite 41.

[4] Keramopoullos 1917, 51 Anm. 2. BCH 107, 1983, (Chronique) 860 f. Rousset 1991. Zu dieser Art von Türmen, die Verkehrswege und bebautes Land schützten,

vgl.: A. Koutsoukou / Chr. Kanellopoulos, BSA 85, 1990, 155 ff., bes. 172 und Skorda 1991.

Die Stadt. Nekropolen

[1] Amandry 1981, 723, Abb. 42.

[2] Bourguet 1914, 331, Abb. 116. M.-C. Hellmann bei Picard 1992, 45, Abb. 38 (nach E. Landron, gegen 1845).

[3] Amandry 1981, 75, Abb. 43. Die Legende: Dodwell 1819, 195 und etwas abweichend Ulrichs 1840, 44. Vgl. GdDSite 42 und M.-C. Hellmann bei Picard 1992, 45, Abb. 39 (nach E. Landron, gegen 1845).

[4] Zagdoun 1977, 126, Abb. 117–119. GdDSite 41 f.

[5] Abb. nach AEphem 1842. K. G. Fiedler, Reise durch alle Theile des Königreiches Griechenland (1840/41), I 135 f. Zagdoun 1977, 107 ff., Nr. 30 Amandry 1981, 722, Anm. 75. GdDMus 130 f., Abb. 96.

[6] Zagdoun 1977, Nr. 3. GdDMus 64 ff., Abb. 24.

[7] Etwas außerhalb der westlichen Temenosmauer und südlich vor der Flucht der Polygonalmauer der Tempelterrasse wurde ein mykenisches Felsen-Kuppelgrab mit Dromos (Plan H. Convert, BCH 21, 1897, Taf. 14. 15, Nr. 290, Perdrizet 1908, 6, Abb. 15) gefunden. Vgl. GdDSite 15.

[8] Sie stammt aus einer Grube, in der man um die Mitte des 4. Jh. v. Chr. ältere Bestattungen, die wohl bei Neubauprojekten hatten weichen müssen, gesammelt hat. Konstantinou 1970. Metzger 1977. J. Mertens, Attic White Ground (1977), 181, 64; 184 f. O. Palagia, LIMC II 2 (1984), s. v. Apollon, Nr. 455, Taf. 219. GdDMus 231 ff., Abb. 7.

[9] Amandry 1981, Abb. 39 (das nach einem französischen Archäologen sog. „Heroon Blum"). GdDSite 221. Delphes, aux sources d'Apollon . . . Nr. 49.

[10] Amandry 1981, Abb. 40.

[11] Amandry 1981, Abb. 42.

Die Stadt. Frühchristliche Denkmäler

[1] Lit. zu christlichen Monumenten: Laurent 1897 und 1899. Goffinet 1962. Spieser 1974. Amandry 1981, 736 ff. Sodini 1982. BCH 107, 1983, 858 ff., Abb. 6–8 (antike Spolien in christlichen Bauten). Déroche 1989 und 1991.

[2] Dyggve 1948, 17.

[3] Amandry 1989, 27.

[4] G. Daux, BCH 84, 1960, (Chronique) 752 ff.

[5] Vgl. G. Daux, BCH 84, 1960, 752 ff. P. Asimakopoulou-Atsaka, Eisegeseis tou Dekatou Diethnous Synedriou Christianikes Archaiologias, Thessalonike 1980, 230 ff. 238 ff. M. Spiro, Critical Corpus of the Mosaic Pavements in the Greek

Mainland, Fourth-Sixth Centuries (1978), 229 ff., Taf. 240–286. Künstlerisch nahe stehen andere in Theben, Hypate, Aigion und Megalopolis.

Feste und Festplätze

[1] Vgl. Krause 1841, 6 ff.

[2] Rolley 1969, Nr. 183, Taf. 35. GdDMus 222 f., Abb. 39.

[3] Hervorzuheben ist die eindringende und anschauliche Behandlung von Amandry 1990.

[4] Miller 1978, 139. 144. – Schol. Pindar, Pyth. Hypoth. und Marmor Parium, IG XII 5, 444, Z. 52–54 (F. Jacoby, Das Marmor Parium [1904]): [ἀφ' οὗ 'Α]μ[φικτ]ύ[ονες ἔθ]υ[σαν κ]αταπο[λεμήσα]ντες Κύρραν, καὶ ὁ ἀγὼν ὁ γυμνικὸς ἐτέθη χρηματίτης ἀπὸ τῶν λαφύρων, ἔτη ΗΗ[Η]ΔΔΠΙΙ, ἄρχοντος 'Αθήνησιν Σίμο-[ν]ος (die Zählung bezieht sich auf das Datum der Abfassung des Marmor Parium, 264/3 v. Chr.). Vgl. auch: K. Brodersen, ZPE 82, 1990, 25 ff. und Amandry 1990, 281 mit Anm. 7.

[5] Vgl. Miller 1978, 146 mit Anm. 71.

[6] Mit demselben Lorbeer wurden nach Plinius auch die römischen Triumphatoren bekränzt. Die Siegeskränze in Olympia waren vom wilden Ölbaum, in Isthmia von Eppich, in Nemea von Fichte.

[7] Pausanias (10,7,2–8) gibt eine Liste der Einführungsdaten: 1. Pyth. (Ol. 48,3) 586 v. Chr.: Kithara (Sieger: Kephallen, S. d. Lampos); Gesang und Flötenspiel (Echembrotos aus Arkadien); Flötenspiel (Sakadas aus Argos) und die damals in Olympia vertretenen Disziplinen, außer Viergespannrennen: Stadionlauf, Stadion-Doppellauf, Fünfkampf, Faustkampf, Pferderennen, Pankration, sowie Lauf, Ringen, Faustkampf und Fünfkampf der Knaben.

2. Pyth. (Ol. 49,3) 582 v. Chr.: Viergespannrennen

8. Pyth. (Ol. 55,3) 554 v. Chr.: Leierspiel ohne Gesang

23. Pyth. (Ol. 90,3) 422 v. Chr.: Waffenlauf

48. Pyth. (Ol. 95,3) 398 v. Chr.: Synoris

53. Pyth. (Ol. 100,3) 378 v. Chr.: Fohlenviergespann

61. Pyth. (Ol. 108,3) 346 v. Chr.: Knabenpankration

63. Pyth. (Ol. 110,3) 338 v. Chr.: Fohlenrennen

69. Pyth. (Ol. 116,3) 314 v. Chr.: Fohlenzweigespann.

[8] Vgl. Miller 1978, 139 ff. Bousquet 1984** und 1985. Bouvier 1985, 130. Spoerri 1988. Amandry 1990, 313.

[9] Rolley 1969, Nr. 198, Taf. 41–43. GdDMus 223 ff., Abb. 40.

[10] Vgl. SIG³ 402. 408. FdD III 2, 140. Nachtergael 1977. Amandry 1986 (Chios), 220.

[11] Amandry 1990, 290 ff.

[12] Vgl. Krause 1841, 51 mit Anm. 2.

[13] Krause 1841, 52 ff.

¹⁴ Zagdoun 1977, 79 ff., Nr. 24, Abb. 65–87. GdDMus 126 f., Abb. 93.

¹⁵ Vgl. H. A. Harris, Greek Athletes and Athletics (1964), 179 ff. J. Jüthner / F. Brein, Die athletischen Leibesübungen der Griechen, 2 (1968), 40.

¹⁶ Quellen: SIG³ 541. 637. 696–699 und Schol. Sophokles, Oid. Kol. 1047. Daux 1936 (Delphes), 525 ff. L. Deubner, Attische Feste (1932), 203 f. F. Lasserre, Lexikon der Antiken Welt (1965), 2491 f. s. v. Pythaïs. Bommelaer 1977. Pouilloux 1977. Tracy 1969, 1975, 1982, 1990.

¹⁷ R. J. Buck, AJA 5, 1889, 472, Nr. 11, Taf. 11, 1. Voutiras 1982, 229 ff.

¹⁸ Fontenrose 1978, 377 L 57 (Porphyrios, De abst. 2, 15). Pouilloux 1983*, 276 mit Anm. 86. Zu Legende und Kult des Neoptolemos: Fontenrose 1960; E. Simon, AntK 3, 1960, 11 ff. Pouilloux/Roux (1963), 102 ff.

¹⁹ Zum sprachlichen Verständnis der Urkunden ist hervorzuheben, daß „ἀγονίζομαι" nicht nur die ursprüngliche Bedeutung von „an einem Wettkampf teilnehmen" hat, sondern auch die allgemeinere Bedeutung von „öffentlich auftreten". Belegt ist diese Bedeutung für Auftritte von Rednern, vgl. z. B. Platon, Conv. 194 A; Xenophon, Mem. 3, 7, 4; doch wird man sie mit gleichem Recht für die Musik gelten lassen.

²⁰ Zu der Höhe von Künstlerhonoraren vgl. Ch. Habicht, Hermes 85, 1957, 103.

²¹ Bemerkenswert die Inschriften für einen Orgelspieler aus Kreta 90 v. Chr. und eine Harfenspielerin aus Theben (wohl 86 v. Chr., SIG³ 737. SIG³ 738. [FdD III 3, 249]). Unklar ist, warum in den Inschriften für diese beiden Künstler der ursprüngliche Vermerk des „Kranzgeldes" getilgt worden ist: Daux 1936 (Ait.), 438 f. und BCH 63, 1939, 170 f.

²² Z. B. in Delphi selbst: FdD III 3, 238, 5 (vom Gymnasion zum Altar zum Fest der Eumeneia).

²³ Eine ähnliche Bedeutung hatte das Feuer in Delos. Das Feuer im Prytaneion von Olympia hatte dagegen keine so weite Bedeutung wie das delphische, jedenfalls erfahren wir nichts Vergleichbares aus den Überlieferungen, vgl. H.-V. Herrmann, Olympia: Heiligtum und Wettkampfstätte (1972), 32. 68. 70.

²⁴ Vgl. Nilsson (s. o. Anm. 7 zu S. 2), 97, Anm. 6.

²⁵ „. . . Ἑστίη, ἥτε ἄνακτος Ἀπόλλωνος Ἑκάτοιο/Πυθοῖ ἐν ἠγαθέῃ ἱερὸν δόμον ἀμφιπολεύεις, . . ." (Übers. von Thassilo v. Scheffer).

²⁶ Daux 1936 (Ait.), 718 ff.

²⁷ M. Maaß, Die Prohedrie des Dionysostheaters (1972), 121.

²⁸ Krause 1841, 53 ff. Wörrle 1992.

²⁹ Vgl. Pomtow 1924, 1296. Pfister, RE A 2 (1923), 1553 ff., s. v. Septerion. E. Simon, Opfernde Götter (1957), 108, Anm. 138. Fontenrose 1959, 20 f. 87. 453 ff. Roux 1971, 152 f. GdDSite 146 ff.

³⁰ R. J. Lane Fox, Pagans and Christians (1987), 42 mit Anm. 52.

³¹ Eine Zusammenfassung der in Delphi bezeugten Kulte: Pomtow 1912. Roux 1973, 151 ff. G. Rougemont bei GdDSite 27 ff. Amandry 1992*.

³² Bouvier 1985, 124.

33 SIG[2] 438, nicht in der dritten Auflage. GdDSite 84f.

34 Ch. Habicht, Hermes 85, 1957, 103 mit Quellen, die hierzu von anderen Orten bekannt sind: Zu dem gemeinsamen Fest der Dionysien und Demetrien zählten die vier veranstaltenden Städte von Euboia im frühen 3. Jh. v. Chr. eine „Stargage" von 600 Drachmen, etwa zwei gewöhnlichen Jahreslöhnen.

35 Robert 1929, 433ff. A. Chaniotis, Zur Frage der Spezialisierung im griechischen Theater des Hellenismus und der Kaiserzeit, Ktema 14, 1992 (im Druck)

36 Daux 1936 (Ait.), 356ff. 564ff. 722ff.

37 H.-V. Herrmann, Olympia: Heiligtum und Wettkampfstätte (1972), 163. 168, Anm. 253. 658.

38 Rührend pathetisch spricht dagegen das Grabepigramm eines in Olympia verunglückten Faustkämpfers die Todesgefahr an: G.-M. M.-J. te Riele, BCH 88, 1964, 186f., Abb. 16 und 89, 1965, 585f.; SEG XXII 1967, Nr. 354: ... ἐν τῷ σταδίῳ ἐτελεύθα· εὐξάμενος Ζηνὶ ἢ στέφος ἢ θάνατον (im Stadion starb er; Zeus hatte er Sieg oder Tod gelobt). Die Tradition eines die sportlichen Wettkämpfe ablehnenden Zweckdenkens reicht freilich bis in das 6. Jh. v. Chr. zurück: D. G. Kyle, Athletics in Ancient Athens (1987), 124ff. 127ff.

39 Krause 1841, 51ff.

40 Pouilloux 1977, 118. Aupert 1979. Die literarischen und die ergiebigeren inschriftlichen Zeugnisse sind dort übersichtlich zusammengestellt (149ff., Nr. 8ff.). – Über den Zugang zum Stadion: Pouilloux 1983. GdDSite 214ff., Nr. 800.

41 S. G. Miller, Turns and Lanes in the Ancient Stadium, AJA 84, 1980, 159ff., bes. 164ff.

42 „PSALIS", Pouilloux 1977 und 1983.

43 Nach Aupert 1979.

44 BCH 96, 1972, 898 und Aupert 1979, 81f., Abb. 20. 21. 148, Taf. 23. 24. Glaser a. a. O. 42 Nr. 33, Abb. 79–81.

45 Aupert 1977 und 1979, 20ff., Abb. 2. Glaser a. a. O. 188.

46 Daux 1936 (Delphes), 684/86. FdD III 3, 237–239. N. Valmin, FdD III 6. P. Lévêque, BCH 75, 1951, 247ff. Roux 1971, 161, Anm. 308f. M.-C. Hellmann, ZPE 80, 1990, 170. GdDSite 207ff. Bommelaer 1991. Bélis CID III.

47 Pouilloux 1977, 118.

48 Perdrizet 1897. Lévêque 1951. Sturgeon 1978. Jacquemin 1985. GdDMus 128ff.

49 Bourguet 1914, 272.

50 Sikelianos 1884–1951. Βίος, ἔργα, ἀνθολογία, κριτικὲς εἰκόνες, βιβλιογραφία (1981, Ἑταιρεία Λευκαδικῶν σπουδῶν). Das Haus des Dichters in Delphi wird als Museum und Gedenkstätte eingerichtet. Zu den Veranstaltungen vgl.: Lamer 1930. Kyriazi 1930 und die folgenden Anmerkungen.

51 Keramopoullos 1935, Abb. 33. G. Tarsouli, Delphoi (Athen o. J., gegen 1966), Abb. 44. 45.

52 Keramopoullos 1935, Abb. 39 (Waffenlauf und -tanz). Tarsouli a. a. O., Abb. 52.

Das Apollonheiligtum. Anlage

[1] Zum Modell im Metropolitan Museum (Dodge Fund 1930, Acc. No. 30.141.2): Alexander 1932.

[2] J.-M. Luce, Grabungsbericht im Colloque P. Perdrizet, Strasbourg 1991. J.-F. Bommelaer / E. Pentazos / O. Picard, in: Picard 1992, 261. Vgl. auch GdDSite 94. 227 und Abb. 29 auf S. 96. Die früheren Hypothesen: Hansen 1960, 423 ff.; La Coste-Messelière 1969, 737 ff. hielt eine Datierung bereits Ende des 8. Jh. v. Chr. für möglich.

[3] Lerat 1938. Pouilloux 1960, 12. 13. La Coste-Messelière 1969, 732. 738. 741. Vgl. GdDSite 43.

[4] Nachgrabungen 1956 und 1957: Hansen 1960, 390 f.

[5] La Coste-Messelière 1969, 740.

[6] Hansen 1960, 426, Anm. 1, Abb. 67; vgl. auch 1974, 175.

[7] Hansen 1960, 410.

[8] Hansen 1960, 431 ff.

[9] Hansen 1960, Abb. 71–74.

[10] Bousquet 1952, 26 ff. Hansen 1960, 432. Bousquet, CID II, Nr. 81, S. 181.

[11] Laroche 1988, 300.

[12] Zu der Gestaltung der Mauerkronen und den Niveaus vgl. Hansen 1960, Abb. 31. 32. 34. 59. 60. 61a. Laroche 1988, 202, Abb. 8.

[13] Amandry 1981, 688, Abb. 10.

[14] Nach Hansen 1960 (432) verteilen sich die drei Abschnitte auf Süd-, Ost- und Nordmauer, nach Bousquet, CID II 81, S. 181 und Jacquemin 1991 auf Abschnitte innerhalb der Ostmauer.

[15] Courby 1921, 163 ff. La Coste-Messelière/Flacelière 1930, 287 ff.

[16] Bousquet 1954, 430. CID II, S. 182.

[17] Pomtow 1906, 442, Taf. 24a; ders. 1924, 1203 f. Die Annahme einer Toranlage zwischen den Schatzhäusern von Siphnos und Theben hat Hansen 1960, 402, Anm. 1, widerlegt. Vgl. GdDSite 128. 155. 162. 194. 196. 221.

[18] GdDSite 150 ff.

[19] Die Technik und ihre Vorzüge hat Hansen 1974 anschaulich erklärt. Zur Polygonalmauer selbst vgl. bes. 169 mit Abb. 16.

[20] Hansen 1974, 170, Abb. 16. Über die Inschriften, mit denen die Mauer bedeckt ist: S. 26. Vgl. Wescher/Foucart 1863, Pomtow 1889, Taf. III (Verteilungsplan), H. Collitz, Griechische Dialektinschriften II (1899), 184 ff. (J. Baunack). Bourguet 1914, 141 ff.

[21] Die Höhe des gequaderten Teils ist diskutiert: Laroche bei GdDSite 149, Abb. 57 nimmt wegen einer horizontalen Terrassenfläche um den Tempel eine hohe Quadermauer an, Hansen 1991 dagegen ein geböschtes Gelände mit einer niedrigen Mauer.

[22] Hansen 1974, 165 ff., Abb. 12 ff. GdDSite 172, dazu Abb. 84.

[23] Bourguet 1914, 184. 222 ff. u. ö. Courby 1927, 215 ff. FdD III 5, 25. Pouilloux

1960, 89 ff. Vgl. Bommelaer 1983, 196 (Bedenken gegen die Benennung). GdDSite 171 f.

[24] Nach Pausanias war die „Kassotis" in dieser Gegend. Pouilloux/Roux 1963, 89. Roux 1971, 132. F. Glaser, Antike Brunnenbauten in Griechenland (1983), 26 ff., Abb. 48–50. Mit dem Kult dieses nach Pausanias weissagekräftigen Wassers sind Opfervorschriften in dem Gesetz des Priestergeschlechtes der Labyaden zu verbinden. In dem Beinamen „Βουπύγα" (die mit dem Rinderhinterteil) sind wohl alte Vorstellungen von kentaurenhaften, teilweise rindergestaltigen Wassergottheiten erhalten (Kritzas 1986, 615, nach Bousquet 1966, 90). – Als Erinnerung an die antike Tradition trug der Brunnen des alten Ortes Kastri ebenfalls den Namen der „Kassotis". Er wurde von der Kerna gespeist und befand sich bei der Kirche dort, wo jetzt die Reste der beiden Theaterschatzhäuser zu sehen sind (XVIII, XIX, Plan 531, 532; vgl. den Plan von A. Tournaire, BCH 20, 1896, Taf. 16). Ein Inschriftenstein gab den Namen und die Datierung von 1868 an (Pouilloux/Roux 1963, Abb. S. 99).

[25] Ulrichs 1840, 37.

[26] Pouilloux 1960, 17 ff. Pouilloux/Roux 1963, 88 ff. La Coste-Messelière 1969, 737.

[27] GdDSite 187.

[28] Bourguet 1914, 213 ff. Courby 1921, 171 ff., Abb. 133; Pouilloux/Roux 1963, 81 ff.; Roux 1971, 126 ff. La Coste-Messelière 1969, 736 f., bleibt skeptisch gegen die vorgebrachten Erklärungen und Benennungsversuche („Ältere Kassotis" oder „Musenbrunnen"). Glaser a. O. 22 ff., Abb. 42. 43. Nr. 15. GdDSite 229 f. vgl. 204 f.

[29] Amandry 1981, 701 ff. (nicht bei Glaser). Antike Brunnenanlagen können sehr verschiedene Formen haben. Die Breite der Mauerzüge würde für Hallen und Becken ausreichen, doch ist die Bestimmung aus den allein erhaltenen Fundamenten nicht zu ersehen. GdDSite 205 schlägt für diese Anlage die Identifizierung mit der „Kassotis" vor.

[30] Plan 343. GdDSite 231 f.

[31] Amandry, BCH 64/65, 1940–41, (Chronique) 259 f.; 66/67, 1942–43, (Chronique) 342 ff. (Amandry hatte ursprünglich eine sehr viel ältere Entstehung des Kanals angenommen). AA 1942, 116, 1943, 306 f. La Coste-Messelière 1969, 736. Glaser a. a. O. 28 f., Abb. 51. 52. 223. BCH 111, 1987, (Chronique) 616. GdDSite 232 f.

[32] La Coste-Messelière 1936, 72 f. und 1969, 736 f.

[33] BCH 95, 1973, 510, Abb. 13. Glaser a. a. O. 117.

[34] Glaser a. a. O. 155.

[35] Vgl. z. B. R. Tölle-Kastenbein, Antike Wasserkultur (1990), 132, Abb. 86 (bronzene Löwenköpfe, Korinth); Olympia III 226, Taf. 7–10; H. Gabelmann, Studien zum frühgriechischen Löwenbild (1965), 22 ff., Nr. 2, Taf. 1, 2. 3 und A. Mallwitz, Olympia und seine Bauten (1972), 89, Abb. 77 (Löwenfigur, Olympia, dazu etwa die bekannte Darstellung eines Brunnens mit zwei solchen Figuren aus der

Tomba dei Tori, Tarquinia); H. Buschor, Altsamische Standbilder III (1934/35), 57, Abb. 213. 216. 217 (Frosch auf Löwenkopf) und E. Diehl, Die Hydria (1964), 230 f., bes. T. 246 (Reiterfigur).

Das Apollonheiligtum. Apollontempel und Altar

[1] E. L. Schwandner bei Gruben[2] 1976, 74.

[2] J. G. Frazer, Pausanias's Description of Greece (1898), V 239. Parke/Wormell 1956, Nr. 613.

[3] A. Rumpf, Bienen als Baumeister, JbBerlMus 6, 1964, 5 ff.

[4] M.-C. Hellmann / P. Fraisse, Le monument aux Hexagones et le portique des Naxiens. Exploration Archéologique de Délos 32 (1979), Taf. 10 f. und P. Bruneau / J. Ducat, Guide de Délos (1983), 152 f., Nr. 44, Abb. 32.

[5] E. Hofstetter, Sirenen im archaischen und klassischen Griechenland (1990), 25.

[6] In dieser Interpretation des homerischen Hymnos schließe ich mich Roux 1966* an.

[7] Diese Idee hatte U. v. Wilamowitz, Pindar (1922), 76. Gruben[3] 1980, 74.

[8] Πεντελησίων ist dort die schlechtere Lesung gegenüber πέντε und E', Wilamowitz a. a. O. 76, Anm. 2.

[9] Vgl. B. Hederich, Gründliches mythologisches Lexikon (1770, repr. 1967), 1027 f. 132 f. 2409 f., s. v. Erginus, Agamedes, Trophonius. Overbeck, SQ 57 ff. C. Jacob, LIMC I 1 (1981), 255 f., s. v. Agamedes. R. Vollkommer, LIMC III 1 (1986), 818 f., s. v. Erginos.

[10] T. W. Allan / W. R. Halliday / E. E. Sikes, Homeric Hymns (1936), 243, zu v. 296: "More probably the architects laid the first courses (OUDOS) of the whole building, which was finished by other workmen".

[11] Bei späteren Bauten wiederverwendet, im Brunnen der Tempelterrasse und in den Umbauten an den Fundamenten des Tempels: Courby 1921, 192 ff., Abb. 147–150. La Coste-Messelière 1969, 731. 732, Anm. 1.
Für die Steinmetzeninschrift Courby 1921, 190, Abb. 146, hat Daux 1937, 59 f., Taf. 7 die vollständige Lesung gefunden: Σεϙυϝόνιος. Der Block gehört aber nur möglicherweise, nicht sicher zum ersten Steintempel. An eine „wahrscheinlich korinthische Bauhütte" hat Gruben 1972, 17, gedacht.

[12] La Coste-Messelière 1969, 731 gegen 1963, 649 ff., Anm. 3.

[13] Le Roy/Ducat 1967, 21 ff., Taf. 2–4. 106–108. Billot 1977. Vgl. La Coste-Messelière 1969, 731 f.

[14] Ohnesorg, S. 172 ff., bes. 174 in: Bautechnik und Antike. Kolloquium Berlin 1990 (1991) und Inselionische Marmordächer (1993, Denkm. Ant. Architektur, 18, 2). Von einem Schatzhaus könnte ein anderer archaischer Marmordachrest stammen: Hansen 1960, 410, Abb. 54 (freundliche Mitteilung von A. Ohnesorg).

[15] P. Lévêque / P. Vidal-Naquet, Clisthène l'Athénien[1/2] (1964/83) 40. Roux 1979, 116.

[16] Plassart 1940.

[17] Simon 1984.

[18] La Coste-Messelière 1946.

[19] Courby 1915, 92 ff. Amandry 1981, 689 ff., Abb. 11 f.

[20] Amandry 1981, Abb. 12 bis.

[21] Amandry 1981, 691 ff. GdDSite 225 f.

[22] Amandry 1981, Abb. 12.

[23] Maße nach Courby 1915 und GdDSite 182.

[24] La Coste-Messelière 1931, 16: «ronde bosse accolée». Vgl. GdDMus 54 ff.

[25] La Coste-Messelière/Marcadé 1953, 368.

[26] Vgl. Plassart 1940. E. Simon, LIMC III (1986), 369 ff., s. v. Delphos.

[27] La Coste-Messelière/Marcadé 1953, 370 f. G. M. A. Richter, Korai. Archaic Greek Maidens (1968), Nr. 110.

[28] La Coste-Messelière 1931, 67 ff.; 1946, 271 ff.; 1969, 744. Gauer 1968, 55. 133. Amandry 1988, 609. R. Tölle-Kastenbein, AW 23, 1992, 138. Vgl. auch M. Zahrnt, ZPE 76, 1989, 297 ff.

[29] L. Shoe, Profiles of Greek Mouldings (1936), 34, Taf. 18, 13; 52, 6; La Coste-Messelière 1946.

[30] Bousquet 1942–43, 101 ff., Abb. 3–7.

[31] Bousquet 1988, 18: «le temple s'est abattu comme un château de cartes sur lui-même».

[32] Der Spartaner Prothoos schlug statt fester Steuerumlagen freiwillige Beiträge einzelner Städte vor. Dieser Vorschlag war ein politischer Schachzug, der den spendebereiten Städten in Böotien Gelegenheit geben sollte, autonom, ohne die Bevormundung im böotischen Bund durch Theben aufzutreten (Roux 1979, 142 ff.; vgl. Sordi 1957, 41 ff.).

[33] Vielleicht war die Behandlung des Tempels durch Pausanias an zwei verschiedenen Textstellen (10, 5, 13 und 19, 4) ungünstig für die Ordnung und Vollständigkeit des Textes; die mythischen Tempelbauten stehen am Anfang der Beschreibung von Delphi, der bestehende Tempel folgt im Rundgang durch das Heiligtum. Amandry 1989, 26, traut Pausanias die Unterscheidung zwischen einem Bau des 6. und des 4. Jh. v. Chr. nicht zu.

[34] Roux 1990*.

[35] Vergleichbare inschriftliche Nachrichten sind von Tempelbauten in Athen, Eleusis, Epidauros, Lebadeia, Delos und Didyma erhalten: R. Martin, Manuel d'architecture grecque I (1965), passim, bes. 163 ff.

[36] CID II 4.

[37] Roux 1979, 137 ff.

[38] Vgl. Pouilloux 1949. Den Nummern des CID II sind hier in den Anmerkungen zur leichteren Orientierung in den früheren Publikationen die Numerierungen der alten Ausgabe von Bourquet 1932, FdD III 5 beigegeben (hier findet der Leser auch Zeilenangaben). Die Probleme der Chronologie können hier nicht näher dargelegt werden, ich folge der von Bousquet, CID II (1989), vgl. dort S. 7 f.

39 Roux 1979, 164 ff.

40 Roux 1979, 95 ff.

41 FdD III 5, 27 I. Roux 1979, 155. 207. Bousquet 1988 (Études), 61. 63. 66.

42 Themelis 1979, 518.

43 FdD III 5, 33, C 3; 38, 9; 26, II 34; 25, II A 13.

44 SIG³ S. 322.

45 Xenodoros, FdD III 5, 19, 61. 88; 23, I 51. 76. II 38. 67. Daraus errechnet sich ein Tagelohn von (nicht ganz genau) einer bzw. zwei Drachmen. Vgl. Roux 1979, 197 f. Die ungleichen Halbjahreszahlungen erklären sich aus den Versammlungsterminen für die längeren Herbst- und kürzeren Frühjahrspylaia zu sieben bzw. fünf Monaten, Bousquet 1989 (CID II), 104.

46 FdD III 5, 33 C 3; 38, 9; 26 II 34; 25 II A 13, daraus errechnet sich ein Tageslohn von vier Obolen.

47 FdD III 5, 26 I A 38. 49; 27 I 8.17/18; 27 III 9.

48 Keineswegs so bestimmt, wie Pomtow. SIG³ 236 zu verstehen geben möchte.

49 FdD III 5, 27, 5–13; 25 I A 6 f.; 39, B II 5; 32 A I; 25 II B 64 ff. und III A 1 f.

50 Bousquet 1942–43, 84.

51 Bousquet 1988 (Études), 147. 22.

52 Roux 1979, 236. Marchetti 1988. Bousquet 1989 (CID II), 123.

53 Bousquet 1989 (CID II), 4 II.

54 Vgl. Roux 1979, 164 ff. Bousquet 1988 (Études), 155 ff., bes. 160 ff. FdD III 5, 14.

55 Roux 1979, 172 ff. Bousquet, CID II 43. 44 FdD III 5, 19. 20.

56 Bousquet 1971: Der Fundort liegt zwischen dem Athener Schatzhaus und dem „Buleuterion", das wegen der hier gefundenen Inschriften so benannt worden ist, wohl aber eher ein Schatzhaus war.

57 FdD III 5, 21. 22.

58 Roux 1979, 210.

59 FdD III 5, 38, 4; 41 B III 7–14; 25 III B. Roux 1979, 210. 212 f. Zu den antiken Nachrichten über Holzverwendung in Delphi: R. Meiggs, Trees and Timbers in the Ancient Mediterranean World (1982), 430 ff.

60 FdD III 5, 19, 29 (358 v. Chr.).

61 FdD III 5, 19, 45 ff. (353/2 v. Chr.).

62 Luce 1990, 29.

63 FdD III 5, 19, 87; Bousquet 1988 (Études), 152.

64 Zu Steinbruch-, Transport-, Steinmetz- und Versatzarbeiten: M. Korres, Vom Penteli zum Parthenon. Kat. Ausst. München 1991.

65 Vgl. auch zu dem Folgenden die Übersicht: Bousquet 1988 (Études), 60 ff.

66 FdD III 5, 27; Bommelaer 1983, 210.

67 FdD III 5, 31; Bousquet 1988 (Études), 127 f.

68 FdD III 5, 25 I A 2–6.

69 FdD III 5, 26 I A 33–41. Bousquet 1988, 80 f. (gegen Roux 1979, 208 ff.).

70 Flacelière 1935, 13, Anm. 3 und 1937 (Ait.), 211.

[71] FdD III 5, 19, 106; 20, 10 f.

[72] Vgl. CID II, Register s. v. Nikodamos.

[73] Bousquet 1984*, 696 ff.

[74] Roux 1979, 203. 220 f.

[75] Komm. S. 123: datiert nach 336/5 v. Chr. FdD III 5, 25 II A 5–13.

[76] Bousquet, CID II, S. 123 f.

[77] Zu Elfenbeinpreisen, die nach Alexander d. Gr. in Griechenland sehr nachgaben, vgl. R. D. Barnett, Ancient Ivories in the Middle East and Adjacent Countries (1982), 65. Welche Bedeutung Tempeltüren beigemessen wurde, geht aus andernorts bezeugte Aufwendungen hervor: In Epidauros machte die Tür des Thrasymedes von Paros fast ein Viertel der gesamten Bausumme des Asklepieiontempels aus (Roux 1979, 220).

[78] SIG³ S. 386–88. Amandry 1981, 683 ff. und CID II, Namensregister.

[79] So der bereits erwähnte Molossos: SIG³ 241, Anm. 66; Roux 1979, 216, Anm. 3.

[80] Die Steinbrucharbeiten von Nikodamos und Pankrates für Orthostaten des Tempels sind hier anzuführen: CID II 47A (FdD III 5, 39, 5–9) + 47D (FdD III 5, 40) + 47A (FdD III 5, 44) + Inv. 7499; Bommelaer 1983, 207. Von den „Steinmetz"-bzw. Unternehmermarken auf Hagios-Elias-Kalkblöcken des Tempel kann vielleicht nur „ΔAM" genauer mit Damon, Sohn des Kallikrates, identifiziert werden, dessen Sohn in Delphi Ratsmitglied wurde.

[81] FdD III 5, 50.

[82] FdD III 5, 36.

[83] FdD III 5, 19. 20.

[84] Wohl Kassetten-Deckenplatten der Peristasis; FdD III 5, 23 I 42. 47; FdD III 5, 30, 15 (unter Archon Damoxenos, Frühjahr 344 v. Chr.). Vgl. Roux 1989.

[85] FdD III 5, 25 III B 6; die Inschriftenlücke hat Platz für einen Archontenamen mit acht Buchstaben im Genetiv, etwa „Ἐτυμόνδα".

[86] FdD III 5, 38, 4. Vgl. Roux 1979, 212 f.

[87] FdD III 5, 26 I A, 7 ff.

[88] FdD III 5, 26 I 30. Möglicherweise sind Teile eines entsprechenden Baldachins aus dem Vorgängertempel erhalten: Daux 1937, 73 ff.

[89] FdD III 5, 48 + 63 A 123; 62 A 6, vgl. 61 +, II A 5; 80, 27.

[90] FdD III 5, 48 + 63 A 6 f. Bousquet 1988 (Études), 67 (Tab.).

[91] FdD III 5, 58, 12–15; Bousquet 1988 (Études), 103 ff. und 54 f.

[92] Roux 1966. 1979. 1989 hat die These, die Cella sei zuerst gebaut worden, aufgestellt und mehrfach verteidigt (gewöhnlich ging man bei Tempelbauten in umgekehrter Reihenfolge vor, doch sind Ausnahmen von dieser Regel wie Klaros, Sardis und Samos nicht selten); die Gegenargumente: Bommelaer 1983.

[93] FdD III 5, 25 I A 12–15, vgl. Roux 1979, 203 und Bommelaer 1983, 193 f. Anm. 7.

[94] Courby 1915. Daux, 1937, 167 f. mit Anm. 4. La Coste-Messelière 1942–43. Amandry 1969. 1981. 1989. Gruben 1980.

[95] Vgl. Amandry 1989, 27.

⁹⁶ Nach Courby 1915 und GdDSite 177 f.

⁹⁷ Amandry 1978*, 578 u. Abb. 7; 1989, Taf. 5, 1.

⁹⁸ Ein ionisches, von Courby der inneren Ordnung zugewiesenes Kapitell ist durch Joseph Replat einem Säulenmonument zugeschrieben worden, BCH 46, 1922, 435 ff.

⁹⁹ Pomtow 1921, 190.

¹⁰⁰ Nach Piganiol 1937 aber wahrscheinlicher 87 v. Chr.

¹⁰¹ FdD III 4, 120: 84 n. Chr. Bousquet 1954, 428 V: Weihinschrift auf Stein vom Gewände der alten Tempeltür, θύρωμα(?).

¹⁰² W. B. Dinsmoor, AJA 45, 1941, 399 ff. P. Grunauer, BJb 171, 1971, 114 ff.; ders., 25. Tagung Koldewey-Gesellschaft, Speyer 1969 (1971), 13 ff. und Olympiabericht 10 (1981), 256 ff.

¹⁰³ W. W. Tarn, Alexander The Great (1948 [dt. Ausg.: Alexander der Große, 1968]), II 382 [722]. 396 f. [744 f.].

¹⁰⁴ FD III 4 (3), 269, vgl. auch 270. 271.

¹⁰⁵ Pouilloux 1980, 205, Anm. 18; Inschr. Inv. 1647 + 4077; vgl. Amandry 1989, 43. Einen friedlichen Übergang nehmen dagegen Déroche 1989 und für das Heiligtum in Olympia Spieser 1976 an.

¹⁰⁶ So ist der überlieferte Text, nach dem der Sonnenuntergang dargestellt gewesen sei, überzeugend von Croissant 1986 verbessert worden.

¹⁰⁷ BCH 96, 1972, 888. Marcadé 1977. Stewart 1982. Croissant 1986. GdDMus 77 ff., Abb. 38. 43.

¹⁰⁸ Chronique des fouilles, BCH 96, 1972, 888. Die Richtigkeit der Anpassung ist von Croissant (1986, 197) gegen die Zweifel von O. Palagia (LIMC II, 1 [1984], 201, Nr. 101, Taf. 192, s. v. Apollon) bekräftigt worden. Von der architektonischen Rahmung der Giebel sind keine Reste erhalten. Courby (1915) hat die Tympanonmaße plausibel mit einer Breite von 18,40 m und einer Höhe von 2,30 m rekonstruiert. Die Giebelfiguren haben im Osten und Westen etwas verschieden großes Format, die dionysischen Figuren im Westen sind 10 bis 15 cm größer als die apollinischen Figuren im Osten.

¹⁰⁹ Marcadé 1977.

¹¹⁰ Croissant 1986, 190.

¹¹¹ Näheres bei Stewart 1982. Vgl. W. F. Otto, Dionysos (1933), 193, auch E. Simon, Opfernde Götter (1957), 55 f. Zur Angleichung des Dionysosbildes an Apollon vgl. auch C. Gasparri, LIMC III 2 (1986), 277 ff. Taf. 325, Nr. 278a., s. v. Dionysos, vor allem aber auch C. Augé / P. L. de Bellefonds, LIMC III 1 (1986), 516 ff., Nr. 12–13. 24–26. 37. 65. 92, s. v. Dionysos (in peripheria orientali). Die bekannteste bildliche Angleichung des Dionysos durch diese Tracht an Apollon erscheint in der Versammlung eleusinischer Gottheiten auf der „Regina Vasorum", E. Gabrici, MonAnt 22, 1913, Taf. 101 re. O. Neverov, Kultura i isskustvo antičnogo mira (1981), Taf. 15.

¹¹² Themelis 1976. Croissant 1986 und die Diskussionsbeiträge dort. GdDMus 79 u. Abb. 40.

[113] Ulrichs 1840, 75 ff. Schober 1931, 121 ff.

[114] Zur Frage ob es sich um ein Standbild auf oder um ein Reliefbild an einem Pfeiler handelte: R. Vallois, Le basrelief en bronze de Délos, BCH 45, 1921, 242 ff.; Guillon 1938.

[115] Poulsen 1924, 52 ff.; Holmberg 1979, 46, Abb. 7.

[116] „Hactenus indicatis proceribus, non silebuntur et primis proximi."

[117] Bratspieße der Hetäre Rhodopis hinter dem Altar gegenüber dem Tempel (ὄπισθεν μὲν τοῦ βωμοῦ τὸν Χίοι ἀνέθησαν, ἀντίον τοῦ νηοῦ); „in unmittelbarer Nähe befand sich auch der platäische Dreifuß" (ἄγχιστον τοῦ βωμοῦ).

[118] Courby 1921, 119 ff., 139 ff. Schober 1931, 69 ff., Nr. 125. Stikas 1979, Amandry 1986 (Chios), 205 ff. GdDSite 172 ff. Mit einer Stiftung der Insel Chios wurde der Altar 1920 durch Jean Replat wieder aufgebaut; ein zweites Mal wurde er vom griechischen Antikendienst durch E. Stikas erneut durchgreifend restauriert.

[119] Amandry 1986 (Chios), 215 f., Abb. 8–12: Klammern in Pi-Form, Dübel mit Gußkanälen. Genauere Beobachtungen bei Laroche 1991.

[120] Laroche 1991, 105 ff., Taf. 20b. 21a.

[121] Gruben 1972, 24, Abb. 22. Amandry 1986 (Chios), 210, Abb. 5 li. Gruben (mündlich) hält die älteren Stücke für die Originale, nicht etwa für einen hellenistischen Ersatz. Übersicht über die Fragmente: Laroche 1991, Taf. 21.

[122] SIG³ 19.

[123] Vgl. FdD III 3, 214, 171–2 u. BCH 83, 1959, 475 ff.; Amandry 1986 (Chios), 219, Anm. 35.

[124] Vgl. SIG³ 545. 553. 579.

Das Apollonheiligtum. Votivgaben und Schätze

[1] Vgl. C. Rolley, Les grandes sanctuaires panhelléniques, S. 109 ff., in: The Greek Renaissance of the Eighth Century B.C.: Tradition and Innovation. Proceedings of the Second International Symposium at the Swedish Institute in Athens, 1.–5. June 1981 (1983). Morgan 1990, bes. 45 ff., 106. 137 ff. U. Sinn, Olympia. Die Stellung der Wettkämpfe im Kult des Zeus Olympios, Nikephoros. Zsch. f. Sport und Kultur im Altertum 4, 1991, 31 ff. I. Kilian-Dirlmeyer, Fremde Weihungen in griechischen Heiligtümern vom 8. bis zum Beginn des 7. Jahrhunderts v. Chr., JbZMusMainz 32, 1985, 215 ff. hat den Fundbestand in Pherai, Perachora, Olympia und Samos analysiert; eine entsprechende Untersuchung für Delphi wäre sehr zu wünschen.

[2] GdDMus 10 f.

[3] W. D. Heilmeyer, Frühe olympische Tonfiguren. OF 7 (1972), bes. 93: ders., Frühe olympische Bronzefiguren. Die Tiervotive. OF 12 (1979), bes. 194. – H.-V. Herrmann, Wagenvotive, Olympiabericht 10 (1981), 59 ff., Taf. 3, Abb. 40–44 und BJb 132, 1982, 613 ff. – J.-L. Zimmermann, Les chevaux de bronze dans l'art géome-

trique grec (1989), 63 ff. (Olympia) und 216 ff. (Phokis). Vgl. auch die mit den olympischen übereinstimmenden Funde des Artemisheiligtums von Kombothekra: U. Sinn, AM 96, 1981, 25 ff.

[4] Vgl. Rolley 1977 (FdD V 3), bes. Nr. 274 ff. und M. Maaß, Die geometrischen Dreifüße von Olympia, OF X (1979), Nr. 7 ff. Zusammenfassend und mit Korrekturen auch: M. Maaß, Die geometrischen Dreifüße von Olympia, AntK 24, 1981, 6 ff., Taf. 1–3. GdDMus 141.

[5] Vgl. o. S. 4 und 7. Vgl. auch A. u. H. Jacquemin 1990.

[6] F. Jacoby, FGrHist II B 115 F 193: „ἦν γὰρ τὸ παλαιὸν τὸ ἱερὸν κεκοσμημένον χαλκοῖς ἀναθήμασι οὐκ ἀνδριᾶσι, ἀλλὰ λέβησι καὶ τρίποσι χαλκοῦ πεποιημένοις".

[7] Vgl. Defradas 1954 ([2]1972), 215.

[8] Chr. Blinkenberg, La chronique du temple lindien (1912). Chr. Blinkenberg / K. F. Kinch, Lindos. Fouilles de l'acropole 1902–1914, II (Inscriptions) 1 (1941), Nr. 2, Z. 70, S. 166.

[9] Lacroix 1992.

[10] Rolley 1969 (FdD V 2), Nr. 61. Vgl. J. L. Zimmermann, Les chevaux de bronze dans l'art géometrique grec (1989), 124. 162 LAC 153.

[11] Rolley 1977 (FdD V 3), Nr. 468, Taf. 47.

[12] Der Ringhenkelhalter: Rolley 1969 (FdD V 2), Nr. 15. – Gegen Morgan 1990, 45 f. habe ich durchaus (a. a. O. 1979, 94, Anm. 91 und 1981, 18 mit Anm. 76) attische Dreifüße in Olympia angenommen.

[13] Maaß a. a. O. (1979), 18, mit Anm. 43 f.; 38; 42; Nr. 105. 116. 141; Beil 7. 11. 14. Vgl. dazu Heilmeyer a. a. O. (1979), 197 (Bronzeskarabäen).

[14] U. Jantzen, Ägyptische und orientalische Bronzen, Samos VIII (1972). H. Kyrieleis, Führer durch das Heraion von Samos (1981), 30 ff. 142. I. Kilian-Dirlmeyer s. o. Anm. 1

[15] G. Daux, BCH 84, 1960, 717, Abb. 6. – E. Kunze, Delt. 17, 1961/62, Chron. 115, Taf. 129; ders., Delt. 19, 1964, Chron. 168, Taf. 172; ders., BCH 90, 1966, 819, Abb. 11. – H.-V. Herrmann, Olympiabericht 5 (1956), 81 ff., Abb. 37. 38; ders., Die Kessel der orientalisierenden Zeit, I. Kesselattaschen und Reliefuntersätze. OF 6 (1966), bes. 30 ff., 132 ff., 161 ff.; ders., Die Kessel der orientalisierenden Zeit, II. Kesselprotomen und Stabdreifüße. OF 11 (1979), 137 ff.; ders., Eine orientalische Löwenprotome, Olympiabericht 10 (1981), 72 ff., Taf. 4–7, Abb. 45. 46. – A. Mallwitz, Olympiabericht 10 (1981), 49, Abb. 34. – A. Mallwitz / H. V. Herrmann u. a.: Die Funde aus Olympia (1980), Taf. 23. 24. – G. Markoe, Phoenician Bronze and Silber Bowls from Cyprus and the Mediterranean (1985), Nr. G 3– 6. – H. Philipp, Ein archaischer Pferdebehang aus Zypern, Olympiabericht 10 (1981), 91 ff., Taf. 10 f.

[16] Vgl. Guarducci 1943–46, bes. 90 u. 95. Bei Flower 1991, 60, ist ein Weihgeschenk des Minos nach Delphi erwähnt, doch muß es heißen: Midas.

[17] Perdrizet 1908 (FdD V), 3 ff. Guarducci 1943–46, 91 ff. Rolley 1990, 9, Abb. GdDMus 7 f., Abb. 1. 2.

[18] Vgl. A. Dickers, Spätbronzezeitliche Steingefäße des Griechischen Festlands. SMEA 28 (1990) 125 ff., bes. 164. 169.

[19] Vgl. W. Burkert, Die orientalisierende Epoche in der griechischen Religion und Literatur, SbHeidelberg 1984, 63 f. Morgan 1990, 142 f.

[20] Rolley 1977 (FdD V 3), Nr. 338–344. 458–461. Meine älteren Angaben in: Kretische Votivdreifüße, AM 92, 1977, 33 f., Anm. 8, sind danach zu ergänzen und zu berichtigen.

[21] Amandry 1944–45, 56 ff., Taf. 4, 1. Rolley 1977 (FdD V 3), 115 ff., Nr. 503–511 und RA 1989, II, 345, Abb. 1. GdDMus 159 f., Nr. 24, Abb. 24.

[22] Rolley 1969 (FdD V 2), Nr. 172, Taf. 28. 29 GdDMus 162 f., Nr. 26, Abb. 26 f.

[23] Marcadé 1949.

[24] Amandry 1944–45*, 45 ff., Abb. 8. 9, Taf. 3, 1. BCH 75, 1951, 140, Abb. 36. F. Canciani, Bronzi orientali e orientalizzanti a Creta nell' VII e VII sec. a.C. (1970), 48, mit Anm. 88. Lerat 1980, 108 ff., Abb. 18–20 (kretisch oder unter kretischem Einfluß). GdDMus 160, Nr. 25, Abb. 25.

[25] Vgl. Roux 1962.

[26] Schilde: E. Gjerstad, SCE IV, 2 (1948), 377 f. Zyprisch wohl die Schilde vom „Herzsprung"- bzw. „Idalion"-Typus bei Lerat 1980, 93 ff., Abb. 1–3 und (wenn nicht kretisch) der Kesselständer bei Rolley 1977 (FdD V 3), Nr. 503. GdDMus 160, Nr. 25, Abb. 25. – Weitere zyprische Votive und Künstler in Delphi: Dreifußweihung des Hermaios: Rolley, BCH 95, 1971, 295 ff.; Gewandweihung des Helikon von Salamis: Athenaios 2, 48 B (E. Gjerstad, SCE IV 2 [1948], 472 f.); Weihung des Königs Nikokreon von Salamis für die Erlegung eines Hirsches mit vier Geweihstangen: Aelian, Hist. anim. 11, 39–40; Bildhauer Hestiaios und Kallikrates aus Salamis: J. Marcadé, Recueil des signatures de sculpteurs grecs I (1953), 49. Vgl. Pouilloux 1976. V. Karageorghis, Cyprus from the Stone Age to the Romans (1982), 136. 168. 173. – Zu den sonst seltenen zyprischen Funden auf dem griechischen Festland (reich sind dagegen Samos und Rhodos): H.-V. Herrmann, RLA (1972–75), 311, s. v. Hellas. Vgl. o. Anm. 15.

[27] Morgan 1990, 112 mit Anm. 8. 141 ff.

[28] Perdrizet 1908 (FdD V), 133 f., Nr. 1, Abb. 500. Morgan 1990, 112 mit Anm. 9. Aus dem 6. Jh. v. Chr. stammt eine bemerkenswerte Gruppe von Kesseln mit böotischen Inschriften: Rolley 1977 (FdD V 3), Nr. 267–273.

[29] Morgan 1990, 45 f., 116 u. ö. GdDMus 22 ff.

[30] Amandry, BCH 74, 1950, (Chronique) 322, Taf. 39, 1 oben, 2. Gef. von rechts.

[31] Rolley 1977*.

[32] K. Kilian 1977. Vgl. I. Kilian 1974 zu einem Kesselwagen des „nordischen Typus" (bisher bekannte Verbreitung Mitteleuropa, Italien, Bosnien, Transsylvanien) in Delphi.

[33] Seesiegweihung aus der 2. H. des 8. Jh. v. Chr.: Forrest 1957, 166 mit Anm. 1 (Eumelos Frgt. 11 [Kinkel]).

[34] Forrest 1957, 166: Die Weihung des Echekratidas von Larissa war nach Pausanias (10, 16, 8) eine der ältesten Weihungen im Heiligtum.

[35] Crahay 1956, 207 ff.

[36] GdDMus 158, Nr. 22, Abb. 22.

[37] Zu dessen Schatzhaus s. o. S. 153.

[38] Lerat 1938, 224 f., Taf. 4. U. Jantzen, Griechische Greifenkessel (1955), Nr. 12. H.-V. Herrmann, OF 11 (1979), 57. 147, Anm. 1. 151. Die Herkunft der frühesten Exemplare aus dem Orient ist strittig, nicht aber die der frühesten Sirenenattaschen. Vgl. GdDMus 155 f.

[39] Perdrizet 1908 (FdD V), Nr. 367, Taf. 12, 4, vgl. H.-V. Herrmann, OF 6, 1 (1966), 57 f., Nr. 37–49 u. ö. Vgl. GdDMus 153 ff.

[40] E. Gjerstadt, SCE IV, 2 (1948), 407 f. B. Borell, Attisch geometrische Schalen (1972), 78, Nr. Or 94. G. Markoe, Phoenician Bronze and Silber Bowls from Cyprus and the Mediterranean (1985), 123. 150. 156. 205 G 4 u. ö. C. Rolley, Museum of Delphi. Bronzes (o. J.) 28 f., Abb. 35 f. GdDMus 156 ff., Nr. 21, Abb. 21.

[41] Perdrizet 1908 (FdD V), 22 f., Abb. 98. 98 a. R. Stucky, The Engraved Tridacna Shells, Dedalo 19, 1974, 1 ff., Nr. 72–74, Taf. 48 f.

[42] Perdrizet 1908 (FdD V), Nr. 373, Taf. 14, 1; 15, 1. Rolley, BCH Suppl. 1, 1973, 515 mit Anm. 61 und BCH 107, 1983, 119. 132, Nr. 82. H. Kyrieleis, AM 92, 1977, 84 f., 89, Taf. 38. GdDMus 153 ff., Nr. 17, Abb. 17.

[43] Gauer 1968, 26. Der Streit um ihre Wiederanbringung am Tempelneubau (s. o. S. 119) ist ein wichtiges Ereignis in der Vorgeschichte des „Vierten Heiligen Krieges". An einer Metope ist eine Ovalschildbefestigung erhalten, die auf den Sieg über die Kelten 278 v. Chr. zurückgehen dürfte (s. o. S. 120 mit Anm. 97).

[44] E. Kunze, Olympiabericht 7 (1961), 71, Nr. 9, Abb. 29. 30. GdDMus 171, Nr. 38, Abb. 38.

[45] Außer den erwähnten orientalischen Schilden vgl. E. Kunze, OF 2 (1950), 235 u. ö. Taf. 50; P. C. Bol, OF 17 (1989), 146, Nr. XXIV 38 b. GdDMus 172, Nr. 40, Abb. 40.

[46] Parke 1984.

[47] Amandry 1986 (Chios), 226.

[48] Vgl. H. Büsing, JdI 97, 1982, 1 ff., Roux 1990 und Flower 1991, 68 ff.

[49] Roux a. a. O.

[50] Vgl. V. Karageorghis, Cyprus from the Stone Age to the Romans (1982), 154.

[51] Amandry 1939. GdDMus 191 ff. J.-F. Bommelaer / E. Pentazos / O. Picard, in: Picard 1992, 233 ff.

[52] BCH 103, 1979, 578. Zu unterscheiden sind in der Ausstellung die Funde von 1939 und die von 1942 unter der Treppe zur Heiligen Tenne (BCH 66–67, 1942–43, 339 f., Taf. 18); weiter ist auch der hypothetische Charakter der Zuordnung verschiedener Teile der Hauptfigur (eine der zwei vergoldeten Silberschalen, Goldblechreliefs) zu beachten (Amandry 1981, 752).

[53] Amandry 1944–45*. E. Simon, Die Götter der Griechen (1969), 130, Abb. 126. W. Lambrinoudakis, LIMC II 1 (1984), 222 f., Nr. 322, Taf. 209, s. v. Apollon. J. B. Carter, Greek Ivory-Carving in the Orientalizing and the Archaic Periods (1985), 216 ff., Abb. 82. GdDMus 199 ff., Abb. 9. 10.

54 Amandry 1977* und 1986 (Chios), 228 f. GdDMus 202 ff., Abb. 11–13.

55 Amandry 1986 (Chios), 231 f. M. Dumas, LIMC II 1 (1984), 265, Nr. 666, Taf. 238, s. v. Apollon. G. Dontas in: Archaische und klassische griechische Plastik (ed. H. Kyrieleis, 1986), 191, Taf. 79. F. Croissant, BCH 112, 1988, 124 ff., Abb. 60–65. GdDMus 206 ff., Abb. 14–19.

56 Amandry 1962. GdDMus 215 ff., Abb. 30–32.

57 Croissant a. a. O.

58 Croissant a. a. O., 141/45, Abb. 77. Carter 1989. GdDMus 219 ff.

59 Will 1944. Rolley 1969 (FdD V 2), Nr. 183. 198. 199. GdDMus 222 ff., Abb. 39–41. Bei dem Thymiaterion stehen Miniaturform der figürlichen Griffstütze und reale Größe des Räucherbehälters in einem starken Kontrast.

60 Erhardt 1966.

61 G. G. Porro, Il tesoro dell' Asklepieion di Lebena, Studi Romani 2, 1914, 373 ff., bes. 377. Der Dichter hatte aber für Achilleus sicher nicht nur an einen Opferstockinhalt, sondern an den ganzen Besitz des Gottes gedacht.

62 Rolley 1969 (FdD V 2), Nr. 182.

63 Rolley 1969 (FdD V 2), Nr. 197, Taf. 40. 41. GdDMus 162 f., Nr. 29, Abb. 29.

64 Amandry 1938, 312 ff., Abb. 5–7. Eine ähnlich merkwürdige Verfremdung bei der Wiederverwendung stellt der Abdruck der Ornamente eines gehämmerten Dreifußbeines in der Bleidichtung der Wasserleitung zum alten Kastaliabrunnen dar: Amandry 1977, 206 f., Abb. 34 und Rolley 1977 (FdD V 3), Nr. 487.

65 Gauer 1968 und 1980.

66 Bousquet 1943. Colonna 1984. Pallottino 1985 (Etrusker). Amandry 1987, 80 ff. (Karthager).

67 T. Hölscher, Die unheimliche Klassik der Griechen (1989, Thyssen-Vorträge 8), 9.

68 J. Burckhardt, Griechische Kulturgeschichte 1 (Gesammelte Werke, Ausgabe Darmstadt 1956/57, 5), 284.

69 „Syngenikon" nennt Plinius (N. h. 35, 134) Familienbilder.

70 Amandry 1986 (Chios), 205.

71 Bousquet 1992, 180 ff.

72 Pomtow 1918, 306 ff. im Anschluß an Pausanias.

73 The Gods Delight. The Human Figure in Classical Bronze, Kat. Ausst. Cleveland, Los Angeles, Boston 1988/89, Nr. 25.

74 U. v. Wilamowitz, Hellenistische Dichtung zur Zeit des Kallimachos (1924), I 114.

75 M. S. Brouskari, Musée de l'Acropole (1974), Taf. 112 (Nr. 629) und 207 (Nr. 144).

76 Pouilloux/Roux 1963, 10.

77 H. Blanck, Wiederverwendung alter Statuen als Ehrendenkmäler bei Griechen und Römern (1969).

Das Apollonheiligtum. Schatzhäuser und Hallen

[1] Vgl. Pomtow 1924, 1248.

[2] L. Ziehen, RE VI A 1 (1936), 1 ff., s. v. Thesauros.

[3] Zuerst zusammenfassend behandelt von Dinsmoor 1912/1913.

[4] M.-D. Nenna, «Etudes sur les trésors en poros à Delphes», Kolloquium IFEA Istanbul 23.–25. 5. 1991, über «Les grands ateliers d'architecture dans le monde égéen du VIe siècle av. J.-C.» Die folgenden Angaben verdanke ich M.-D. Nenna, die mir das Manuskript ihres Vortrages zur Einsicht überlassen hat. Vgl. auch Laroche/Nenna 1991.

[5] Gruben 1972.

[6] Die Zählung der „Oikoi" von Dinsmoor und La Coste-Messelière 1936, Taf. 50, ist der von Hansen (Plan am Ende des Buches) beigegeben: 310 (XXIII), 337 (XXVII), 338 (XXII); dazu gehören zeitlich 328 (XXVIII) und der Apsidenbau 336 (XXIX), die aber eher Kapellen als Schatzhäuser gewesen sein dürften.

[7] La Coste-Messelière 1969, 741, Abb. 3: „Wenigstens 15 neue Bauten zwischen 586 und 548 v. Chr.".

[8] Le Roy/Ducat 1967. Billot 1977. Le Roy 1990. Der Überschuß an Dächern im Verhältnis zu den übrigen Bauelementen derselben Epoche kann wohl z. T. durch Reparaturen erklärt werden. Ähnlich sind die Verhältnisse in Olympia: K. Herrmann, Die Schatzhäuser in Olympia, S. 25 ff., in: Proceedings of an International Symposium on the Olympic Games, Athen, 5.–9. September 1988 (ed. W. Coulson / H. Kyrieleis, Athen 1992).

[9] Herodot 1, 14; 1, 50 f.; Plutarch, Quaest. conviv. VIII 4, 724 B; De Pyth. orac. 12, 399 F; Sept. sap. conviv. 21, 164 A; Pausanias 10, 13, 5. – Pomtow 1909, 317 ff. und 1924, 1325 ff. Bourguet 1912. La Coste-Messelière 1936, 479. Bousquet 1970 (inschriftliche Erwähnung der Korinther am Bau, wohl Promantiebestätigung)! GdDSite 95. 140. 153 ff.

[10] Laroche/Nenna 1990.

[11] La Coste-Messelière 1969, 732 f., Abb. 3 f.

[12] An Fundamenten sind aus dieser Zeit erhalten: Plan 121 (III), 226 (VII), 227 (VIII), 342 (X), 209 (XII), 306 (XV), 303 (XVI), 506 (XVII), 531 (XVIII), 532 (XIX); die zeitliche Bestimmung der Fundamente 216 (V), 428 (XX), 345 (XXI) erscheint unsicher (Nenna a. a. O.).

[13] Der kleinste Bau ist der „sikyonische" „Monopteros", mit 5,47 × 4,18 m (im Gebälk), der größte das Thebanerschatzhaus mit ca. 13 × 8 m; die gewöhnliche Größe beträgt ca. 8–9 auf 6–7 m (wie bei den Schatzhäusern der Siphinier und Athener).

[14] Pausanias hat den Bau (Plan 121, Oikos III, GdDSite 118 ff.) bei seinem Rundgang als ersten gesehen. Es war ein Antentempel mit zwei Säulen. Nach der Entwicklung der Heiligtumsbebauung und der frischen Erhaltung der in den Fundamenten wiederverwendeten hocharchaischen Bauteile dürfte er etwa um 500 v. Chr. errichtet worden sein.

[15] Pomtow 1909/10. Courby 1911. 1921–1924 wurde der Bau zur Aufnahme der älteren Bauglieder von Georges Daux und Joseph Replat auseinandergenommen und wieder zusammengesetzt, BCH 45, 1921, 521; 46, 1922, 510; 48, 1924, 480; CRAI 1922, 68 ff.; 1924, 106 f. La Coste-Messelière 1936, 41 ff. H. Kähler, Das griechische Metopenbild (1948), 49 ff., Taf. 38–41. La Genière 1983. Salviat 1984. Szelinga 1986. Seiler 1986, 40 ff. Laroche/Nenna 1990. GdDSite 118 ff. GdDMus 42 ff., Abb. 8.

[16] Die Herkunft des Baumaterials ist nicht entscheidend; man sieht an den Abrechnungen im 4. Jh. v. Chr., daß es keine Rolle spielte, auf wessen Rechnung die Steinbrüche arbeiteten. Triftiger ist die Überlegung, daß es wohl niemand als dem Stifter oder seinem Rechtsnachfolger erlaubt gewesen sein kann, zwei komplette Bauten zur Fundamentierung eines Neubaues zu verbrauchen.

[17] La Coste-Messelière 1936, 77 ff.

[18] Pomtow (1909, 350 und 1910, 118) hätte gern die Monopteros-Architektur als Vorhalle zur Tholos rekonstruiert, vgl. Dinsmoor 1912, 445. Dagegen und zum Vorschlag, den Monopteros als Antentempelchen mit Vorhalle zu ergänzen: Courby 1911, 147 f. und La Coste-Messelière 1936, 46. Laroche/Nenna 1990, 243.

[19] Salviat 1984.

[20] Der „Monopteros"-Baldachin könnte nach seiner Größe gut eine Rennwagenweihung des Tyrannen Kleisthenes geschützt haben. Von einem anderen, wohl in den alkmeonidischen Tempel für einen Rennsieg gestifteten Wagen, den des Arkesilas IV. von Kyrene, wissen wir durch Pindar (Pyth. 5, 45–56). Dazu Roux 1962. Wagenräder im Inneren des Apollontempels erscheinen auf einer Darstellung der Orestsage: A. Kossatz-Deissmann, Dramen des Aischylos auf westgriechischen Vasen (1978), Taf. 22, 1. A. D. Trendall / A. Cambitoglou, The Red-Figured Vases of Apulia, I. Early and Middle Apulian (1978), Kap. 7/13.

[21] Allgemein: Dinsmoor 1913. 1923. La Coste-Messelière 1936, 237 ff. Gruben 1972. – Die einzelnen Bauten: Plan 219. 122. [33] (Oikoi XXV. III und ion. Schatzhaus in der Marmaria). GdDSite 141 ff. 122 ff. 60 ff. GdDMus 38 ff. 44 ff. – Siphnos: Daux/Hansen 1987.

[22] G. M. A. Richter, Korai (1968), Nr. 87, Abb. 282. Salviat 1977. GdDSite 141 ff. GdDMus 39 mit Abb. 5.

[23] La Coste-Messelière 1936, 273 und 481. Vgl. GdDSite 159 f.

[24] Vgl. vor allem Gruben a. a. O., sowie AA 1972, 370 ff., Abb. 31 f. und AA 1982, 224 ff. mit Abb. 14 sowie die geplante Publikationsreihe mit den Ergebnissen der Ausgrabungen und Forschungen von G. Gruben und Mitarbeitern, in: Denkm. Ant. Arch., 19, Architektur auf Naxos und Paros, mit dem bisher ersten Band von M. Schuller, Der Artemistempel im Delion von Paros. Mit einem Beitrag von A. Ohnesorg (1991); s. o. S. 104 mit Anm. 14.

[25] La Coste-Messelière 1936, 279.

[26] Zum figürlichen Schmuck des Schatzhauses: La Coste-Messelière 1936, 284 ff. Gruben 1972. Moore 1977 und 1985. Simon 1984. Brinkmann 1985. Daux/Hansen 1987. Amandry 1988, 593 ff. GdDMus 44 ff., Abb. 9 ff.

[27] E. Langlotz, Zur Zeitbestimmung der strengrotfigurigen Vasenmalerei und der gleichzeitigen Plastik (1920), 69 ff. Amandry 1988, 593 ff.

[28] Vgl. 44–47 und 56–59. Suidas, s. v. Siphnioi.

[29] Parke/Wormell 1956 (I,150 ff.) haben aber darauf hingewiesen, daß das Unglück und dessen Orakelankündigung bei Herodot nicht im Sinne einer genauen Erfüllung schlüssig sind. Das Orakel habe mit seinem Spruch darauf hingewiesen, wie sehr die Reichtümer der Insel Angriffen zur See ausgesetzt seien; die wahre Ursache für den bleibenden Ruin sei aber eher in der Erklärung des Pausanias, nämlich im Versiegen der Quellen des Reichtums, zu suchen.

[30] B. D. Meritt / H. T. Wade-Gery / M. F. McGregor, The Athenian Tribute Lists I (1939), 406 f. u. ö.

[31] H. Matthäus, Sifnos im Altertum (1985), 45.

[32] Simon 1984, 4.

[33] Daux/Hansen 1987. GdDSite 122 ff. GdDMus 44 ff. Der Ausgräber, Théophile Homolle, hatte zuerst spontan die naheliegende Identifizierung des Baues nach Pausanias mit dem Schatzhaus ausgesprochen, sich dann aber zeitweilig für die Bestimmung als Schatzhaus der Knidier entschieden (Homolle 1896, 581 ff. und 1898, 586 ff.). Die Bestimmung ist durch die hervorhebenden Angaben bei Herodot in Verbindung mit denen von Pausanias und durch den siphnischen Ursprung der Mauersteine eindeutig entschieden. Auch in der klassischen Inschrift mit der Promantieerneuerung auf dem Türsturz ist am besten der Name der Siphnier zu ergänzen. Bei kaum einem anderen Monument sind Herkunft und Datum so gut gesichert wie bei diesem Schatzhaus.

[34] Hansen 1960, 404.

[35] Daux/Hansen 1987, 26 f.

[36] In den als Abschluß des Fundaments erhaltenen beiden oberen Schichten 8,54 auf 6,13 m, also etwa ein Verhältnis von 3 : 4; zum Problem genauerer Messungen vgl. Daux/Hansen 1987, 11.

[37] Daux/Hansen 1987, 221 mit Abb. 131.

[38] Moore 1985.

[39] Brinkmann 1985, 131 ff.

[40] Die Deutungen von Reisch 1909 und 1930 sind durch die Inschriftenlesungen von Brinkmann 1985 weitergeführt worden.

[41] Früher als Herakles verkannt, zuerst wohl von Reisch 1930 (63) und Lippold, PhW 1938, 312, richtig angesprochen, vgl. auch Lenzen 1946 und Brinkmann 1983.

[42] Simon 1984, 3 f. mit Anm. 12.

[43] Brinkmann 1985, Nr. N 10, der mit dem „mächtigen Schlag".

[44] Brinkmann 1985, Nr. N 5. Verführerisch war die Lesung „Kantharos", doch hat der verfügbare Reliefgrund Platz nur für „Tharos". Sicher hat die Darstellung aber doch Sinn, indem der Name des Giganten durch das Gefäß kommentiert wird.

[45] Gruben 1972.

[46] Holtzmann 1977.

[47] Simon 1984, 3.

[48] Hb. d. Arch. IV (1950), 71.

[49] Vgl. SIG³ 16, Komm.; Pomtow hat nach geringen Resten und dem Versrhythmus des erhaltenen Teils D?[eimach]o?[s] als Künstlernamen ergänzt, der sonst freilich nicht zu fassen ist. Wohl aber ist in Delphi ein parisches Brüderpaar, das seinen Vater Charopinos, nicht aber sich selbst in Weihinschriften genannt hat, bekannt. Hier könnte es sich um eine parische Bildhauerfamilie handeln, von der die Söhne in Delphi ansässig blieben und sich des phokischen Dialekt für ihre Inschriften bedienten. Vgl. La Coste-Messelière 1936, 16 mit Anm. 1, 415 mit Anm. 2. FdD IV 2, 82 f., Abb. 35. M. Guarducci, Studi in onore die Luisa Banti (1965), 167 ff. E. D. Francis / M. Vickers, JHS 103, 1983, 66. Simon 1984, 2 mit Anm. 7.

[50] Parke/Boardman 1957.

[51] Homolle 1894, 169 ff. Colin, FdD III 2, 1 ff., Taf. 1. A. Keramopoullos, AEphem 1911, 162. Colin 1913. E. Langlotz, Zeitbest. (1920), 72 ff. Chronique des fouilles, BCH 46, 1922, 510 ff. (J. Replat). Pomtow 1924, 1300 (Wilamowitz und Weickert). W. R. Agard, The Date of the Metopes of the Athenian Treasury at Delphi, AJA 27, 1923, 174 ff. La Coste-Messelière 1931, 78 ff. 102 f. 259 ff. Audiat 1933. L. Shoe, Profiles (1936), 104 f., Taf. 52, 8; 53, 15–16. Picard 1937; ders., Manuel, Sculpture II (1939), 24 ff. Dinsmoor 1946. H. Kähler, Metopenbild (1948), 102 f. Hodge 1954. La Coste-Messelière 1957. Gauer 1968 und 1980. Bommelaer 1977. Hoffelner 1988. GdDSite 133 ff. GdDMus 57 ff., Abb. 21.

[52] 1894 folgten weitere Funde nach Zurücknahme des Bahnkörpers der Feldeisenbahn, wie auch noch bei Säuberungen von 1895 bis 1898.

[53] Colin, FdD III 2 (1909–1913), Nr. 20, 17; Nr. 139, 18; Nr. 47, 37; Nr. 50, 14; Nr. 140 II 13; Nr. 89, 15.

[54] Zu zweien der drei Gedichte sind die Autorenangaben erhalten: Aristonoos aus Korinth und Philodemos aus Skarpheia. Zur Qualität eines der Gedichte bemerkte Weil 1893 (nach Ovid., Am. 1, 15, 14; Quint., Inst. 1, 8, 8.) allerdings etwas anzüglich: «L'auteur de cette composition élégante est de ceux auxquels on peut appliquer le mot: Quamvis ingenio non valet arte valet.»

[55] Angaben nach Text Audiat 1933, 17 ff., im Plan leicht abweichende Angaben.

[56] Die Stadt Athen hatte hierzu 35 000 Drachmen bewilligt.

[57] Bommelaer 1977.

[58] Die Arbeit Replats hat Audiat (1933, 4) gegen die übertriebenen Vorwürfe Pomtows in Schutz genommen. Vgl. den zusammenfassenden Bericht von J.-F. Bommelaer/E. Pentazos/O. Picard, S. 210 ff. in: Picard 1992.

[59] Audiat 1933, Taf. 22; Dinsmoor 1946, 90, Abb. 3; Büsing 1979, Taf. 5, 3.

[60] La Coste-Messelière 1957: Unsicherer erscheinen die Versuche, auf Architravblöcken Spuren von abgelaufener roter Farbe auf bestimmte Unregelmäßigkeiten des Erhaltungszustandes bei den Metopen zu beziehen (31 mit Anm. 4).

[61] Nach der Zählung bei La Coste-Messelière 1957.

[62] Unter diesen Voraussetzungen hat Hoffelner (1988, Übersicht Beil. 5) Überlegungen angestellt, die einiges für sich haben. Bei der Frage, ob je einem der beiden Helden zwei Front- oder zwei Langseitenfriese, oder aber über Eck je ein Front- und

Langseitenfries gewidmet waren, wird man mit Hoffelner wohl eher der ersten Möglichkeit zuneigen. Es wären dann über dem Eingang sechs der Heraklestaten gewesen: die Kämpfe mit dem nemeischen Löwen, dem Kentaur, die Bezwingung der kerynitischen Hirschkuh, der Amazonenkampf (?), die Bezwingung des diomedischen Rosses und der Kampf gegen Kyknos (Nr. 15. 16. 19. 22. 17. 21). Der später kanonische Zyklus von zwölf Taten wie später erstmals bei den Metopen des Zeustempels in Olympia kann hier nicht vorausgesetzt werden; die Künstler hätten auf eine andere, auch größere Auswahl zurückgreifen können.

63 Vgl. F. Brommer, Theseus (1982) passim.

64 Hoffelner 1988, 122, Abb. 39. Die Zuordnung und Benennung einzelner fragmentarischer Motive ist freilich nicht sicher. Sechs dieser acht Motive sind mehr oder weniger gut erhalten: Periphetes (?), Sinis, der marathonische Stier, Minotauros, Kerkyon und Prokrustes (?), oder wie er auch genannt ist, Prokoptas (Nr. 4. 1. 6. 7. 5. 3. 2). Dazu werden die krommyonische Sau und Skiron (Nr. 30. 77?) kaum gefehlt haben. An die Nordseite gehörte dann wohl der Fries mit dem Amazonenkampf. Dargestellt sind Zweikämpfe, in denen die Frauen mit einer Ausnahme unterliegen; von rechts eilen eine Bogenschützin, eine Trompetenbläserin und eine abspringende Reiterin ihren Kameradinnen zu Hilfe (Nr. 28. 14. 29. 11. 8. 12. 13. 9. 10).

65 GdDSite 136 f.

66 Dinsmoor 1946.

67 Büsing 1979.

68 Bankel 1988 und 1990.

69 E. Simon, Die Götter der Griechen[3] (1985), 121 mit Anm. 4.

70 Zur Erklärung des Namens Sitalkas (Schützer der Feldfrucht) verweist N. D. Papachatzis (Pausaniou Ellados Periegesis, Boiotika kai Phokika [1981], 355, Anm. 1 und Eliaka [1982], 267 Anm. 4) auf den Beinamen Smintheus, der den Gott als Beschützer vor den schädlichen Mäusen hervorhebt. Vgl. jetzt auch Lambrinoudakis 1992.

71 Haussoulier 1881. Koldewey 1884. La Coste-Messelière 1936, 49, Anm. 3; 1946*. Amandry 1946, 1953, 1978*, 582 ff. Kuhn 1985. Walsh 1986. GdDSite 147 ff. Die vorgeschlagenen Datierungen und Anlässe reichen vom Sieg der Athener über die Böoter und Chalkidier 506 v. Chr. (der aber nach Herodot 5,77 wohl doch nur zu Land erfochten wurde), über den Konflikt zwischen Athen und Ägina vor 480 v. Chr., die Seeschlacht von Salamis 480 v. Chr., die Siege von Mykale und Sestos 479 u. 478 v. Chr., den vom Eurymedon um 465 v. Chr. bis zum (modern sogenannten) ersten Peloponnesischen Krieg 459–453 v. Chr.

72 Amandry 1953. Vgl. Gauer 1968, 37. Wo und wie man diese mächtigen Taue verteilte und ausstellte, ist unbekannt. Gegen eine Beziehung auf einen Sieg über die Perser könnte sprechen, daß man deren Namen auf den Siegesmonumenten in der Regel offenbar gern erwähnte und daß der allgemeine Ausdruck „Feinde" Zurückhaltung nach innergriechischen Kämpfen bedeutete. Die namentliche Nennung der Perser kann man aber nicht als feste Regel beweisen; andererseits ist die

entsprechende Zurückhaltung gegenüber den Mitgriechen wenigstens später oft nicht gewahrt worden.

[73] Kuhn 1985, 281 ff.

[74] G. Gruben, Weitgespannte Marmordächer in der griechischen Architektur, Architectura 15, 1985, 105 ff.

[75] Die Basen waren nicht im Stylobat verdübelt; einige zeigen gleichwohl Dübellöcher, die aber unterschiedlich sind und von späteren Wiederverwendungen stammen müssen. Säulenschäfte, Basen und Kapitelle waren dagegen unter sich verdübelt. Pomtow (1911/12, 43) hatte irrtümlich ein aus pentelischem Marmor gearbeitetes Kapitell mit unpassenden Dübelmaßen zugewiesen, das bis 1942 auf einer der Säulen aufgesetzt war. Von den zugehörigen Kapitellen aus parischem Marmor hat R. Martin Reste gefunden.

[76] Robert 1892 und 1893 gibt ausführlich Bericht von den Rekonstruktionsversuchen: Schon Graf Caylus hat 1757 eine Rekonstruktion nach der Beschreibung des Pausanias versucht. Am bekanntesten sind die Zeichnungen der Brüder Franz und Johannes Riepenhausen aus Göttingen und die Gegenentwürfe der Weimarer Kunstfreunde, die Goethe durch seine ausführliche Behandlung (s. u.) veranlaßt hatte.

[77] SIG[3] 290. Schober 1931, 140, Nr. 235. Pouilloux 1960, 120 ff. Plan 18–21, Taf. 62–72. Kebrič 1983 (rez. T. Hölscher, Gnomon 30, 1988, 465 ff.). GdDSite 202 ff.

[78] „Polygnots Gemälde in der Lesche zu Delphi", Jenaische Allgemeine Literatur-Zeitung, Extra-Beilage zum 1. Januar 1804 (Goethe-Gedenkausgabe Bd. 13, Schriften zur Kunst [ed. E. Beutler 1954], 364 ff.).

[79] Plutarch; Lys. 1: „ὁ Ἀκανθίων θησαυρὸς ἐν Δελφοῖς ἐπιγραφὴν ἔχει τοιαύτην· Βρασίδας καὶ Ἀκάνθιοι ἀπ᾽ Ἀθηναίων." (Das Schatzhaus der Akanthier in Delphi hat die folgende Inschrift: Brasidas und die Akanthier haben es von den Athenern geweiht). – De Pyth. or. 15: „οὐδ᾽ οἰκτίρεις τοὺς Ἕλληνας ἐπὶ τῶν καλῶν ἀναθημάτων αἰσχίστας ἀναγιγνώσκων ἐπιγραφὰς Βρασίδας καὶ Ἀκάνθιοι ἀπ᾽ Ἀθηναίων..." (findest du nicht die Griechen bemitleidenswert, wenn du auf den schönen Weihgeschenken Inschriften liest wie: 'Brasidas und die Akanthier von den Athenern...').

[80] Plutarch, De Pyth. or. 14: „ἐπεὶ δὲ τὸν Ἀκανθίων καὶ Βρασίδου παρέλθουσιν οἶκον ἡμῖν ἔδειξεν ὁ περιηγητὴς χωρίον, ἐν ᾧ Ῥοδώπιδος ἔκειντό ποτε τῆς ἑταίρας ὀβελίσκοι σιδηροί" (als wir nun an dem Haus der Akanthier und des Brasidas vorbei waren, zeigte uns der Führer den Ort, wo einst die eisernen Bratspieße lagen, die von der Hetäre Rhodopis gestiftet worden waren). Nach Herodot (2, 135) hatte die Bratspießweihung ihren Platz in der Nähe des großen Altars; in der Beschreibung bei Plutarch folgt es auf das Schatzhaus der Korinther, das unter der Biegung der Heiligen Straße vor dem großen Altar lokalisiert ist.

[81] Pouilloux/Roux 1963, 69 ff. und Bommelaer, GdDSite 160 f. haben das Fundament Plan 303 (Oikos XVI) vorgeschlagen, das nach der Lagebeschreibung von Plutarch, nach der zeitlichen Bestimmung der bautechnischen Merkmale und nach der

Zeit seines Bestehens besser als das Fundament Plan 506 (Oikos XVII) für die Zuschreibung paßt.

[82] Bommelaer (in «Chronique», BCH 108, 1984, 856 ff.) hat neuerdings Teile der Anten identifiziert und eine Säulentrommel auf den Stylobat plazieren können. Die Steine der Anten und der Säulentrommeln sind mit doppelten Dübeln untereinander befestigt. Vgl. GdDSite 106 ff.

[83] Bommelaer 1978.

[84] Pouilloux/Roux, 1963, 19 ff.

[85] Der Bau wurde früher für eine offene Nische mit einer Statuengruppe gehalten. Die Basisfragmente des Lysandermonumentes standen nach ihrer Verwitterung eher im Freien als unter einem Hallendach; sie passen in der Höhe auch nicht zu den Spuren der Basis an den Wänden der Halle. Die Beobachtung der Bodenschichtung hat nicht zur erhofften Klärung der Datierung geführt, vgl. Bommelaer 1973, 503 ff. und BCH 108, 1984, 856.

[86] Vatin (1981, 453 ff.) hat in den stark verwitterten Stylobatoberflächen schwache Inschriftenreste mit der Nennung von Weihungen der Tegeaten erkennen wollen; doch ist der Befund nicht nachprüfbar veröffentlicht.

[87] Amandry 1978*, 576 ff.

[88] Jacquemin/Laroche 1992, 251, Anm. 59.

[89] La Coste-Messelière 1925, 75 ff. Deroche/Rizakis BCH 108, 1984, 861 ff. GdDSite 218 ff.

[90] Bousquet 1985*. Die Frage ist dadurch unklar, daß andere Erwähnungen besser zu einer Hoplothek in der Marmaria passen: G. Roux, Gnomon 62, 1990, 325 ff. (rez. zu Bousquet, CID II); möglicherweise ist mit zwei Hoplotheken zu rechnen.

[91] FD III 5, 61 II B 13–15; CID II 102.

[92] Bousquet a. a. O. nennt die Halle ein «Musée de l'Armée» und vergleicht sie mit der Stoa Poikile in Athen, wo Schlachtengemälde und Waffenaufstellungen sich zu einer «Galerie de Bataille» vereinigten.

[93] Michaud 1974. Bommelaer 1979. GdDSite 129 ff.

[94] Nach Laroche 1988 nicht Plan 203 (Oikos XII). Bousquet 1952. GdDSite 156 ff. Zu Bousquets Theorien mathematischer Proportionen: W. B. Dinsmoor, AJA 61, 1957, 402 ff., vgl. auch Bommelaer in der vorigen Anm. zu derselben Frage bei dem Schatzhaus von Theben.

[95] W. Hoepfner, Gnomon 50, 1978, 195, spricht von „überaus herben und konsequent rasterartig entwickelten dorischen Formen".

[96] Pomtow 1911/12, 219 ff.; ders. (1924), 1420 f. Roux 1952. J. J. Coulton, The Architectural Development of the Greek Stoa (1976), 234. Roux 1987. Jacquemin 1990. GdDSite 190 ff. Jacquemin/Laroche 1992.

[97] SIG^3 532.

[98] 27 × 3,56 × 2,10 m; früher als Statuenbasis erklärt, doch vielleicht Altar.

[99] Darin die Weihinschrift.

[100] In diesem Sinn hat Roux 1987, 3, den Entwurf gewürdigt: «Par l'ampleur

de la conception, l'harmonie ingénieuse du plan, l'originalité de ses constructions, la terrasse d'Attale, aménagée face à la vallée, sur une pente raide, dans uns situation familière aux architectes de Pergame, illustre les qualités les plus typiques de leur art.»

[101] Jacquemin 1990 zu der bisherigen Annahme, der Bezirk Plan 507 sei das Heiligtum gewesen. Vgl. auch Jacquemin/Laroche 1992.

[102] Zu Stiftungen von Reparaturleistungen sind einige Ehreninschriften erhalten: Flacelière 1937 (Ait.), 217ff. 329. Oft werden auch die Stifter oder deren Nachfolger für die Erhaltung von Gebäuden gesorgt haben, wie die Chioten für den großen Altar (s. o. S. 124).

Das Apollonheiligtum. Denkmälerweihungen

[1] Beispiele in Delphi: Weihungen der Messenier und des Daochos, s. u.

[2] Philopoimen (gest. 183 v. Chr.) hat den Ehrennamen des „letzten Griechen" erhalten; vgl. FdD III 1, S. 21 f. Pouilloux/Roux 1963, 37 ff. Roux 1969, 29 ff. GdDSite 106.

[3] Höhe der vollständigeren Figur von Fuß bis Scheitel 1,97 m. Die Figuren wurden nordwestlich des Athenerschatzhauses gefunden; ein Basisfragment war dagegen weiter verschleppt und im römischen Bad nahe dem Heiligtumseingang verbaut. G. M. A. Richter, Kouroi. Archaic Greek Youths (1960), Nr. 12, Abb. 78–83. 92. Faure 1985. A. Hermary, LIMC III 1 (1986), 572 f. s. v. Dioskouroi, Nr. 56; vgl. P. E. Arias, ebd. 119 f. s. v. Biton et Kleobis, Nr. 10. GdDMus 33 ff., Abb. 2 a/b.

[4] Pausanias, der die Statuen in Delphi nicht gesehen oder beachtet hat, berichtet dagegen von einem Relief in Argos mit der Darstellung der Brüder, wie sie den Wagen ziehen (2, 20, 3).

[5] Vatin 1977 (vgl. 1982) hat dabei freilich mehr lesen wollen als andere verifizieren konnten; auf den Figuren selbst sind keine Beschriftungen nachzuweisen; vorsichtiger ist die Dokumentation von Faure 1985. In der Beurteilung der Frage schließe ich mich Kyrieleis 1992 an.

[6] Höhe bis zu den Flügeln 2,32 m. Gesamthöhe des Monumentes 13,70 m vom Felsen und 15,50 m über Bodenniveau der benachbarten Athenerhalle. Bemerkenswert ist ein altertümliches bautechnisches Detail: die Lagerflächen der Säulentrommeln sind 7,6–43,6, meist um 20 cm tief ausgehöhlt. Diese Höhlungen erleichterten den Stein, ähnlich wie bei den trogförmig gehöhlten Architravblöcken der alten Tholos. Foucart 1865, 90 ff., Taf. 11. Homolle 1909, 41 ff. Amandry 1953. G. Gruben, AM 80, 1965, 170 ff. GdDMus 31 ff., Abb. 1.

[7] Für das Verhältnis von Radius und Kannelurenbreite wurde wohl 22/7 als Näherung für die Zahl Pi verwendet.

[8] Amandry 1953, 21, Taf. 17, 5–7; V. K. Lambrinoudakis / G. Gruben, AA 1987, 571, Abb. 3 a/b.

[9] G. Gruben, AM 80, 1965, 170 ff. Beil. 65–75, Taf. 1–4.

¹⁰ Amandry 1953, Taf. 6, 5: Δελφοὶ ἀπέδωκαν/Ναξίοις τὰν προματείαν/κατ' τὰ ἀρχαῖα ἄρχοντος/Θεολύτου βουλεύοντος/Ἐπιγένεος.

¹¹ Nach dem Einsturz blieben die meisten Stücke am Ort liegen. Die ersten Funde: Foucart 1865, 90 ff., Taf. 11.

¹² Courby 1927, 284 ff., Abb. 228. GdDSite 225. Zu erwägen ist, ob dies Motiv in Delphi für ein oder für zwei Denkmäler Verwendung gefunden hatte. Pausanias (10, 18, 5) berichtet von der Weihung der Stadt Orneai (in der Argolis); auf der erhaltenen Basis sind dagegen Inschriften der Stadt Pallene (in Achaia) erhalten. Zur Geschichte des künstlerischen Motives von Opferzügen: John H. Kroll, Archaeological Notes: The Parthenon Friese as a votive Relief, AJA 83, 1979, 348 ff., bes. 351.

¹³ FdD III 1, 2, Taf. 1, 2. Daux 1936 (Paus.), 77 f. Amandry 1950*, 10 ff. F. Eckstein, Anathemata (1969), 50. Pouilloux/Roux 1963, 8 ff. Bommelaer 1973, 501 ff. und BCH 108, 1984, 853 ff. Vatin 1981, 450 ff. Habicht 1985, 76 ff. Jacquemin/Laroche 1988, 242, Anm. 15. GdDSite 103 f.

¹⁴ Als Künstler gibt Pausanias Theopropos an. Von diesem ist eine Signatur erhalten, die aber wohl zu einem älteren Monument der Zeit um 500 v. Chr. gehört. Die Kerkyräerbasis muß nach Klammerformen und Standort in der Bebauung aus späterer Zeit stammen. Die Pi-förmigen Klammern weisen in das 4. Jh. v. Chr. – Außerdem hat es noch eine andere stattliche Korkyraierweihung gegeben. Die Reste ihrer Inschrift gehörten wohl zu einer beinahe 8 m langen Basis östlich über dem Tempel: Pouilloux 1960, 39 ff. GdDSite 198 f.

¹⁵ Gauer 1968: Athenerschatzhaus: 45 ff. – Marathonweihungen: 25. 65 f. („Phylenheroen", Werk des Phidias, s. o. S. 190); 26. 36 (Pferd des Kallias, Pausanias 10, 18, 1); 26 f. (Goldene Schilde am Apollontempel). – Seesiegweihungen: 71 f. (Apollon von 12 Ellen [5,35 m] mit Schiffsakroter in der Hand, für Salamis, Hdt. 8, 121; Pausanias 10, 14, 5; [vgl. Jacquemin/Laorche 1988, GdDSite 169 f., Nr. 410 b]); 73 f. (Eherner Mastbaum mit drei goldenen Sternen der Ägineten, Herodot 8, 122); 74. T 4 auf S. 134 (Apollon [?] der Peparethier, Inschr. mit Sign. des Diopeithes); Weihungen für den Sieg von Plataä: 74 Anm. 312. 75 ff. (Dreifuß); 100 f. (Stier der Platäer, Pausanias 10, 15, 1); T 2 auf S. 134 (Goldene Schilde von Medern und Thebanern, Aischines, Ktes. 116). – 101 (Weihungen von Sestos und Kardia in der Athenerhalle [?]) – Xerxeskrieg-Weihung: 102 (Apollon [?] der Epidaurier, von den 'Medern', Pausanias 10, 15, 1). – Eurymedon-Weihung: 105 ff., 41 f. (mit Palladion auf Palmbaum, Plut. Nik. 13, 5; De Pyth. or. 8, 397 F; Pausanias 10, 15, 4–5; Diod. 11, 62, 3). – Weihungen von Teilnehmern und aus der Zeit der Kriege gegen die Perser, aus unsicherem Anlaß: 109. T 9 auf S. 134 (Hermioneer, Demeter/Kore, Werk des Klymenos?); – 110. T 10 auf S. 134 (Chioten, Altar); 100. 110. T 11 auf S. 134 (Apollon der Samier); 113 f., Abb. 5 (Kuh mit Kalb der Karystier, angeb. aus den med. Kriegen, Pausanias 10, 16, 6; doch wurde die Stadt von den Persern zum Bündnis-Beitritt gezwungen und von den Griechen zerstört).

¹⁶ SIG³ 31. P. Devambez, Grands bronzes du musée de Stamboul (1937), 9 ff. Ménage 1964. Gauer 1968, 75 ff. Laroche 1989. GdDSite 165 ff.

¹⁷ Ähnl. auch Demosthenes, Neair. 97.

[18] SIG[3] 31. L. H. Jeffery, The Local Scripts of Archaic Greece (1961), 102. 104, Nr. 15, Taf. 13. R. Meiggs / D. Lewis, A Selection of Greek Historical Inscriptions to the End of the Fifth Century B.C. (1969), 57 ff.

[19] Thukydides-Scholion zu 1,132; Sozomenos, Hist. eccl. 2,5; Eusebius, Vit. Contant. 3,54; Socrates, Hist. eccl. 1,16; Paulus Diaconus, Hist. misc. 11,228. Seit dem Jahr 1399/1400 ist die Säule im Hippodrom (At Meidan) wiederholt, auch durch Zeichnungen, bezeugt. Die drei Köpfe stürzten im Jahr 1700 ab. Höhe der verbliebenen Säule 5,34 m. 1848 fand der Architekt Fossati das bekannte Schlangenkopffragment. 1855 legte Newton den unteren Teil der Säule frei, auf dem die Namen der verbündeten Städte eingetragen waren. 1927–28 weitere Freilegung des Monumentes mit seiner Basis und den zugehörigen Kanalisationen. Nach Reiseberichten hatte die Säule als Wasserspiel mit den Schlangenköpfen als Mündungen gedient (Ménage 1964).

[20] Jacquemin/Laroche 1990. Die im Folgenden beschriebene Schlangensäulenbasis paßt nicht auf die Einlassungen dieser Basis Nr. 408. Vielmehr gehört dazu als oberste Basisstufe der Stein, auf dem die Erwähnung der Krotoniaten erhalten ist (FdD III 1,1). Durch eine ungesicherte Ergänzung wurde er früher mit dem siegreichen Athleten und Salamiskämpfer [Phay]llo[s] aus Kroton verbunden, doch sind die übrigen Buchstabenreste nicht auf seinen Namen, sondern den des [Apo]llo[n] zu ergänzen.

[21] Laroche 1989, 190 ff.

[22] Amandry 1960. Gauer 1968, 25. 69 f. Raubitschek 1974. GdDSite 110 f.

[23] Vidal-Naquet 1989, 248 ff.

[24] Sockel an der Südseite des Athenerschatzhauses, angeschoben, nicht mit diesem im baulichen Verband. Die jetzt deutliche Weihinschrift „᾽Αθεναῖοι τ[ō]ι ᾽Απόλλον[ι ἀπὸ Μέδ]ον ἀκ[ροθίνια τες Μαραθ[ō]νι μ[άχες]" (die Athener haben die Trophäen dem Apollon von der Schlacht bei Marathon geweiht, FdD III 2,1) wurde über den Resten einer gleichen oder ähnlichen erneuert. Der Sockel zeigt die Standspuren von zwei Statuenserien mit unterschiedlicher Befestigungstechnik, die aber beide nicht zur ursprünglichen Anlage gehören dürften; La Coste-Messelière 1942/43*. Gauer 1968, 24 f. 45 ff.

[25] Amandry 1947 und 1954. Gauer 1968. GdDSite 186. Die Mastbaumweihung der Ägineten, die für eine solche Einlassung auch in Frage käme, stand jedoch nicht hier, sondern im Pronaos des Tempels. Die Palme kommt in der herrscherlichen Ikonographie der Achämeniden vor: K. Stähler, Fschr. für Jale Inan Armagani (1989), 307 ff., Taf. 132.

[26] Noch Pausanias hat sie gesehen; außerdem ist am benachbarten Prusiaspfeiler (wohl 182 v. Chr.) zu erkennen, daß in der Nähe der Palme die Oberfläche ausgespart wurde, als man sonst überall Inschriften einhieb. Außerdem ist der Sockel des Prusiaspfeilers so knapp, sogar leicht übergreifend angebaut, daß damit der damalige Bestand des Palmenmonumentes gesichert ist.

[27] Plutarch (De Pyth. orac. 8,397 F) und Pausanias (10,15,4–5) berichten nach dem Historiker Kleidemos die Anekdote vom zerstörerischen Rabenschwarm.

[28] SIG^3 33–35. Amandry 1987, 80 ff., Abb. 1–5.

[29] Amandry 1987, a. a. O.

[30] Die Gewichtsangaben entsprechen wohl kaum dem mutterländischen Standard von einem Talent zu rund 26 kg, sondern eher einem leichteren sizilischen (wofür 1637,4 g angenommen worden sind) mit der Unterteilung durch 120 Litren (Pfund) zu je 13,444(?) g; vgl. Festus, ed. Th. Mommsen, AbhBerlin 1864, 69 und H. Willers, RhMus 60, 1905, 357. Für Hinweise und Kritik zu diesen Fragen danke ich K. Hitzl. Vgl. die Gewichtsangabe eines wohl goldenen Dreifußes auf dem „Cippus der Tyrrhener", Bousquet 1954, 428 f.: 1 Talent, 11½ Minen, 2 Statere, 10 Obolen, 1 Tetartemorion, 1 Chalkous.

[31] Homolle 1897 und 1897*. Pomtow 1907*. Hampe 1941. FdD III 4,452. Chamoux 1955. Rolley 1990. GdDMus 180 ff., Nr. 51, Fig. E, Abb. 51 a–f.

[32] Vgl. C. C. Mattusch, Greek Bronze Statuary (1988), 128 ff. u. ö.

[33] Pouilloux/Roux 1963, 10. Reparaturen an der Basis deuten auf eine längere Zeit seines Bestehens, doch reichen die rund 100 Jahre bis ca. 373 v. Chr. zur Erklärung aus. Die Zusammengehörigkeit der miteinander gefundenen Teile ist, aber wohl kaum zu Recht, bezweifelt worden: Schober 1931, 115 f., Nr. 200 nimmt Anstoß an den Größenverhältnissen; die Pferdebeine seien für den Wagenlenker zu klein. Dazu kann aber etwa auf den Parthenonfries verwiesen werden, wo die Pferde im Verhältnis zu den menschlichen Gestalten auch recht klein sind. Ein früher als Radspeiche erklärtes Fragment hat Rolley 1990, 286, Abb. 1 als Dreifußbein erkannt.

[34] Die Lesung der radierten Inschrift hat O. Washburn, BPhW 25, 1905, 1358 ff. und AJA 10, 1906, 151 ff. sehr gefördert. Die Ergänzungen des Fehlenden sind unsicher: [- - -Γ]έλας ἀνέ[θ]εκε[ν] ἀ[ν]άσσο[ον],/[υἱὸς Δεινομένεος, τ]ὸν ἄεξ᾿ εὐόνυμ᾿ ῎Απολλ[ον] ([– in G]ela Herrscher, hat es geweiht; ihm sei Apollon mit dem heiligen Namen immer günstig). Die Korrektur in der ersten Zeile lautet: [- - - Π]ολύζαλος μ᾿ανέθεκ[εν] ... (–P]olyzalos hat mich geweiht...); vgl. Chamoux 1955, 26 ff.

[35] Homolle 1897, bes. 178 und 190; Pomtow 1907*, 287 ff.; Rolley 1990, 292.

[36] Pferderennen: zu den Pythien von 482 und 478 v. Chr. und zu den Olympiaden von 476 und 472 v. Chr.; Wagenrennen: zu den Pythien von 470 v. Chr. und zur Olympiade von 468 v. Chr.

[37] Das Epigramm lautete: Δῶρα ῾Ιέρων τάδε σοι ἐχαρίσσατο, παῖς δ᾿ ἀνέθηκεν/Δεινομένης πατρὸς μνῆμα Συρακόσιος

[38] GdDSite 126.

[39] Von diesen Auseinandersetzungen berichtet eine Überlieferung: Die Etrusker hatten einmal Lipari erobert; dabei kam es zu der schrecklichen Opferung des gefangenen Theodotos als Erfüllung eines Gelübdes für den etruskischen Sieg. Dieses Ereignis ist mit der Zeit Hierons I. von Syrakus in Verbindung gebracht. Vgl. Kallimachos, Aitia fr. 93 (mit Komm. von A. Pfeiffer).

[40] Bourguet 1918, 233, Anm. 2. Courby 1921, 142 ff. Bousquet 1943, 40 ff. und CID II S. 182. GdDSite 152. 223. Wie öfter, sind auch hier die ursprünglichen In-

schriften auf den Oberseiten der Plinthen im 4. Jh. v. Chr. an den Vorderseiten erneuert worden.

[41] Die Figurensockelreihe aus Kalkstein zeigt Inschriftenreste mit der Erwähnung eines Seesieges. In Frage kommt freilich auch eine Marmorplattenserie, auf der noch „20" und „[Λιπ]αραιοι" zu lesen ist (Bousquet a. a. O.).

[42] Strabon 5,214 und 220; 9,421; Plinius, N. h. 3,16. La Coste-Messelière 1936, 476 ff.

[43] GdDSite 231 f.

[44] Bousquet 1943. Colonna 1984. Pallottino 1985: eine Weihung der „Etrusker" an Apollon ist schwer vorstellbar, da die etruskischen Stadtstaaten ebensowenig wie die griechischen zu einem Gemeinwesen organisiert waren. Es könnte statt dessen eine griechische Weihung an einen (sonst nicht bekannten) „etruskischen Apollon" gegeben haben.

[45] FdD III 1,128. 130, Taf. 3,3. La Coste-Messelière 1948. Schalles 1981. Beschi 1982. GdDSite 117.

[46] Amandry 1949. GdDSite 163 f.

[47] Beschi 1982.

[48] Sein Platz dürfte nordwestlich des Daochosweihgeschenkes (Plan 511) gewesen sein; FdD III 4,451. Daux 1936 (Paus.), 181, Anm. 1 und 1937, 67 ff. Pouilloux 1960, 142 ff. Pausanias hat beide nicht erwähnt.

[49] Pomtow 1896*, 1922 und 1924, 1308 ff., Nr. 54. SIG[3] 80. 81. FdD III 4,1. Pouilloux/Roux 1963, 9 f. Vgl. K. Herrmann, Der Pfeiler der Paionios-Nike in Olympia, JdI 87, 1972, 232 ff.; das delphische Monument: Jacquemin/Laroche 1982, 191 ff. GdD 233 ff.

[50] Die Athener hatten auf ihrer Akropolis ebenfalls Siegesmonumente mit Nikefiguren errichtet, eines für den Sieg von Sphakteria, ein anderes für den Feldzug nach Ambrakia, Olpai, Korkyra und Anaktorion (426/25 v. Chr., Thukydides 3,107); das letztere wurde etwa 350–320 v. Chr. renoviert: IG II[2] 403,7.

[51] FdD III 1,91. 573. Pouilloux/Roux 1963, 60 ff. GdDSite 111 ff. Zuletzt zusammenfassend: Bommelaer 1992.

[52] Ein Monument mit derselben Darstellung, Werk des Bildhauers Strongylion, stand auch auf der Athener Akropolis: Pausanias 1,23,8; A. E. Raubitschek, Dedications from the Athenian Acropolis (1949), Nr. 176.

[53] Daher und weil des Heiligtumsareal hier erst im 5. Jh. v. Chr. ausgebaut wurde, kann das Votiv nicht, wie Pausanias meinte, auf den Sieg um 546 v. Chr. zurückgehen. Daher ist es mit späteren Ereignissen, vielleicht dem Sieg von 414 v. Chr. (Thukydides 6,95) oder wahrscheinlicher noch mit den Kämpfen von Argos und Theben gegen Sparta im 4. Jh. v. Chr. zu verbinden.

[54] „In der Nähe des Pferdes stehen auch andere Weihgeschenke der Argiver, die Führer derjenigen, die mit Polyneikes gegen Theben zogen, Adrast, der Sohn des Talaos, und Tydeus, Oineus' Sohn, und Eteoklos, der Sohn des Iphis, und Polyneikes und Hippomedon, der Sohn einer Schwester des Adrast, und Amphiaraos; von Amphiaraos ist auch der Wagen in der Nähe dargestellt und Baton auf dem Wagen

stehend, der Lenker der Pferde und dem Amphiaraos auch sonst verwandtschaftlich nahestehend; der letzte von ihnen ist Halitherses. Diese sind Werke des Hypatodoros und Aristogeiton, . . .".

⁵⁵ Die Liste der Epigonen ist in verschiedenen Zusammenstellungen überliefert; die Auswahl für das Denkmal stimmt nicht zur Auswahl der „Sieben", die als die Väter der Epigonen dargestellt waren.

⁵⁶ F. Poulsen, Bull. Ac. Danemark 1908, 404 ff. Bommelaer 1992, 279.

⁵⁷ FdD III 1, 69–71, Taf. 3, 2. Daux 1936 (Paus.), 92 ff. Pouilloux/Roux 1963, 46 ff., Abb. 14 f. G. Daux, BCH 108, 1984, (Chronique) 857. Zu den Inschriften: G. Daux, BCH 83, 1959, (Chronique) 790 f., Abb. 1 (die rechtsläufige Inschrift des Danaos hat Georges Roux in einem Fragment erkannt).

⁵⁸ Salviat 1965, bes. 311 ff.

⁵⁹ FdD III 1, 50–68, Taf. 2, 1. 2. SIG³ 115. La Coste-Messelière 1953, 182 ff. Pouilloux/Roux 1963, 55 ff. Habicht 1985, 72 ff. Die früher umstrittene Lokalisierung ist durch die genaue Lesung der Angaben des Pausanias entschieden. Es handelt sich nicht um die Halle gegenüber auf der Bergseite, sondern um die Fundamentreste gegenüber auf der Südseite der Straße. Roux/Pouilloux haben hier die alte Auffassung wieder zu Ehren gebracht; den Streit hat Habicht übersichtlich dargestellt.

⁶⁰ Dafür war noch eine besondere Weihung von goldenen Sternen errichtet worden, die freilich zum Untergang der spartanischen Macht nach der Schlacht von Leuktra 371 v. Chr. auf wunderbare Weise verschwanden (Plutarch, Lys. 18 und Cicero, De divin. 1, 34, 75).

⁶¹ SIG³, S. 115, Anm. 2. FdD III 1, Nr. 50. „Εἰκόνα ἐὰν ἀνέθηκεν [ἐπ'] ἔργῳ τῷδε, ὅτε νικῶν/ναυσὶν θοαῖς πέρσεν Κε[κ]ροπίδαν δύναμιν/Λύσανδρας, Λακεδαίμονα ἀπόρθητον στεφανώσα[ς], Ἑλλάδος ἀκρόπολι[ν κ]αλλίχορομ πατρίδα,/Ἐξάμσ(υ) ἀμφιρύτου τεῦχε ἐλεγεῖον· Ἴων." In einem anderen, unvollständig erhaltenen Epigramm hat man die Erwähnung des Admirals Arakos ergänzen wollen, doch handelt es sich nach neuerer Lesung um das Epigramm für Polydeukes, den göttlichen Helfer in der Schlacht.

⁶² Bommelaer 1971; vgl. für die Statuenbasen in Olympia: D. Arnold, Die Polykletnachfolge. JdI ErgH 25, 1969.

⁶³ Vgl. Plutarch, Pelop., Diodor 15, 80, 5 und J. Buckler, The Theban Hegenomy (1980) passim, bes. 130 ff. und 180 ff.

⁶⁴ Bousquet 1939; BCH 87, 1963, 206 ff.; E. Sjøquist, in: Lectures in Memory of Louise Taft Semple, 2nd ser., 1966–70 (Norman, Okla., 1973), 10 f. Buckler a. a. O. 180 mit Anm. 53. Die Weihinschrift ist in Distichen abgefaßt, die Buchstaben sind nicht nur Stoichedon (in waagrechten und senkrechten Reihen) angeordnet, sie stehen außerdem noch in einem eingeritzten Quadratnetz.

⁶⁵ FdD III 3, S. 61 ff., Nr. 77 (und 78–116). Roesch 1984. GdDSite 144.

⁶⁶ Pausanias 10, 9, 5. – Pomtow 1906, 461 ff., Taf. 24. 24 a. b. FdD III 1, 3–11. Pouilloux/Roux 1963, 5. 12 ff. 17. 23 ff. 42. Pomtow 1924, 1206 ff. GdDSite 104 f. Pausanias hat das Denkmal mit einer nicht zutreffenden Nachricht bei Herodot ver-

bunden und zu früh angesetzt; die Künstlernamen und die durch Lokalheroennamen angedeutete Ausdehnung des arkadischen Bundesgebietes schließen frühere Datierungen als nach dem Sieg von 371 v. Chr. aus.

[67] GdDSite 187 f. Pausanias 10, 15, 1–2. Plutarch, De Pyth. or. 15 gibt den Wortlaut der Inschrift: Ἀμφικτύονες ἀπὸ Φωκέων (Die Amphiktionen von den Phokern). GdDSite 187. Zur Bedeutung des Namens vgl. o. S. 42 mit Anm. 1.

[68] Pouilloux 1960, 60 ff. Pouilloux/Roux 1963, 123 ff. Chamoux 1970. Marcadé 1974. Frel 1978/79. GdDSite 199 f. GdDMus 84 ff., Abb. 46–48.

[69] Vatin 1983 hat mehr erkennen wollen; vgl. GdDMus 90.

[70] Es kann sich dabei freilich nicht um die handeln, von der die Basis einer anderen Dreifußweihung mit Inschrift erhalten ist (SIG³ 296; FdD III 1, 3, Nr. 511).

[71] Bousquet 1964.

[72] Homolle 1899, 421 ff., Taf. 9–12. 24–26. Gardiner/Smith 1909. Preuner 1900. SIG³ 274. Schober 1931, 133 f., Nr. 222. Will 1938. L. Moretti, Iscrizioni agonistiche greche (1953), Nr. 29. Pouilloux 1960, 67 ff. Plan 11. 12, Taf. 33–38. Dohrn 1968. J. Ebert, Griechische Epigramme auf Sieger an gymnischen und hippischen Agonen, Abh. Leipzig 63, 2 (1972), Nr. 43. 44. 45. 47. Themeles 1979. Amandry 1981, 753 ff., Abb. 73. Zum historischen Hintergrund: M. Sordi, La lega tessala (1958), 290 f.

[73] Man hat hierzu auf einen Begriff bei Plinius (N. h. 35, 134: „Syngenikon" Familienbild) hingewiesen, doch sollte man zwischen dem dort gemeinten Familienbild und dem hier zutreffenden Begriff einer Ahnengalerie unterscheiden.

[74] Themelis 1979 und Croissant 1986.

[75] M. Sordi a. a. O. 114 ff.

[76] Moretti a. a. O. 71 f.

[77] O. Kern, IG IX 2 (1908), 249. Preuner 1910.

[78] J. Marcadé, Recueil des signatures de sculpteurs grecs I (1953), 66 s. v. Lysippos I.

[79] Moretti a. a. O. 70.

[80] Wie G. Lippold, PhW. 48, 1928, 93 f. als erster gesehen und Miller (1978, 140, Taf. 1, 2. 3) genauer beschrieben hat.

[81] GdDSite 221 scheint offen zu lassen, ob es sich in Pharsalos um ein mehrfiguriges Denkmal wie in Delphi oder um die einzelne Statue des Agias gehandelt hätte. Die Signatur der Statue dort bedeutet nicht, daß das Monument nicht auch andere Statuen getragen hätte, da sonst oft verschiedene Künstler Aufträge zu mehrfigurigen Denkmälern erhielten. Angesichts des Monuments in Delphi wäre es auch kaum zu verstehen, warum Daochos II. in Pharsalos die Statue nur seines Urgroßvaters hätte aufstellen lassen.

[82] Dohrn 1968.

[83] Pouilloux 1960, 78. Pouilloux/Roux 1963, 11.

[84] GdDSite 225 ff.

[85] Amandry 1981, 691 ff. GdDSite 225 ff.

[86] Homolle 1897, 599. FdD II 248: „υἱὸς ᾿Αλεξάνδρου Κράτερος τάδε τὠ-
πόλλων[ι]/ηὔξατο τιμάεις καὶ πολύδοξος ἀνήρ,/στᾶσε, τὸν ἐν μεγάροις ἐ-
τεκνώσατο καὶ λίπε παῖδα/πᾶσαν ὑποσχεσίαν πατρὶ τελῶν Κράτερος, ὄφρα
οἱ ἀΐδιον καὶ ἁρπαλέον κλέος ἄγρα,/ὦ ξένε, ταυροφόνου τοῦδε λέοντος ἔχοι·/
ὅμ ποτε, ᾿Αλ[εξάν]δρου τότε ὅθ᾿ εἵπετο καὶ συνεπόρθει/τῶι πολυαιν[έτωι
τ]ῶιδε ᾿Ασίας βασιλεῖ,/ὧδε συνεξαλάπαξε καὶ εἰς χέρας ἀντιάσαντα/ἔκτανεν
οἰονόμων ἐν περάτεσσι Σύρων". Vgl. Voutiras 1984, 58 f.

[87] Louvre 858, G. Loeschke, JdI 3, 1888, 189 ff., Taf. 7; Lippold, Plastik 284,
Anm. 8.

[88] Overbeck, SQ 1490/91. Schober 1931, 135 f., Nr. 226. Picard, Manuel 443.
Bousquet 1939. Vgl. auch V. v. Graeve, Der Alexandersarkophag und seine Werkstatt, IstForsch. 28, 1970, bes. 68 ff.

[89] Pomtow 1924, Nr. 112. Jacquemin/Laroche 1986, 289 ff. und Abb. 1. GdDSite
167 f.

[90] FdD III 3, 378.

[91] FdD III 3, 383, Z. 35 – 36 SIG³ 614. Pausanias erwähnt das Monument nicht,
wahrscheinlich hat er es nicht mehr in Delphi sehen können.

[92] Gemeint ist sicher die übliche Vergoldung von bronzenen Figuren.

[93] Oder mit einer anderen Ergänzung des Fehlenden: „. . . des goldenen Wagens
des Sonnengottes, der von dem Volk der Rhodier geweiht wurde".

[94] Jacquemin/Laroche haben ihre Rekonstruktion (a. a. O.) etwas korrigiert:
Der Sockel hatte zehn, nicht acht Schichten von Quadern (BCH 111, 1987, 609).

[95] Ein Stein mit den Formen von Meereswogen ist früher auf das obere Monument der Tarentiner mit der Delphindarstellung bezogen worden, gehört aber zu
dem aus dem Meer auftauchenden Sonnenwagen: Jacquemin/Laroche 1986, 293 ff.,
Abb. 4. 5.

[96] Die Vermutung (J. F. Crome, BCH 87, 1963, 209 ff.), die Pferde von San
Marco in Venedig stammten von dem Monument, ist durch deren späteren, römi-
schen Stil widerlegt. Vgl.: Die Pferde von San Marco. Kat. Ausst. Berlin 1982. Zur
Sonnenquadriga auf Rhodos und dem Kultbrauch, jährlich ein Viergespann ins
Meer zu stürzen, vgl. GdDSite a. a. O. (Dio Cassius 47, 33 und Festus p. 190, 28
[Lindsay]).

[97] Chr. Vorster, Griechische Kinderstatuen (1983), 56. 139 ff. 232 f., Taf. 4. 4 u.
25, 4, Kat.-Nr. 44. H. Rühfel, Das Kind in der griechischen Kunst (1984), 218,
Abb. 88. GdDMus 110 f., Abb. 67.

[98] Poulsen 1946. W. Fuchs, Die Skulptur der Griechen (1969), Abb. 119.
GdDMus 100 ff., Abb. 59. 61. 62. Vgl. demnächst A. Lewerentz, Stehende männliche Gewandstatuen im Hellenismus (Diss. Heidelberg 1992).

[99] Pouilloux 1960, 80 ff. GdDSite 201. GdDMus 103 ff.

[100] FdD IV, Taf. 73. J. Sieveking, RM 487, 1933, 304 ff. L. Laurenzi, Ritratti
Greci (1941), 133, Nr. 104, Taf. 42. B. Schweitzer, Bildniskunst der römischen
Republik (1948), 69, mit Anm. 3. La Coste-Messelière/Miré 1957, Taf. 193–195.
Chamoux 1965. GdDMus 112, Abb. 69.

[101] Plutarch, Aem. 28,2, Polybios 30,10,2 und Livius 45,27,7. Das Monument für Perseus war möglicherweise nicht als hoher Pfeiler geplant, den vielleicht erst Aemilius Paullus auf den unteren Sockelteil der früheren Planung hat aufsetzen lassen (Jacquemin/Laroche 1982, 207 ff.). GdDSite 235. GdDMus 124 ff.

[102] FdD III 4,29 ff. 32, Taf. 5. CIL III Suppl. 14203.

[103] Gegen den früheren Vorschlag der Lokalisierung auf Plan 418: Jacquemin/ Laroche 1982, 215 ff.

[104] Courby 1927, 275 ff., Abb. 211 und 262 ff.; FdD III 4,117 ff., Taf. 18. SIG^3 628 und 632. Jacquemin/Laroche 1986*, 785 ff. GdDSite 175. 185.

[105] Der Fries mißt im Grundriß 2,20 auf 1,05 m bei einer Höhe von 0,45 m.

[106] Kähler 1965, dazu Einwendungen von Jacquemin/Laroche 1982, 212 und Vacano 1988.

[107] Der Schlachtenbericht des Polybios ist nur indirekt durch Livius 44,40 ff. und Plutarch, Aem. 17 ff. überliefert.

[108] Vacano 1988.

[109] Habicht 1985, 98 mit Anm. 16, mit Verweis auf Plut. Flam. 12, 11–12 und Daux 1936 (Delphes), 599 f. In Olympia hatte Pausanias aber die jüngere Weihung des Memmius für die älteste römische Weihung in Griechenland erklärt.

[110] Kähler 1965, 8 ff.

[111] Bourguet 1911. A. Garcia y Bellido / J. Menéndez Pidal, El distylo sepulcral Romano de Iulipa (Zalamea). AEsp, Anejos 3 (1963).

[112] Jacquemin/Laroche 1986*, 785/8. GdDSite 185.

[113] Bourguet 1914, 219 ff. La Coste-Messelière/Miré 1957, Taf. 204 f. Chr. W. Clairmont, Die Bildnisse des Antinous (1966), 29. 34. GdDMus 135. Delphes, aux Sources d'Apollon . . . Nr. 31.

[114] Poulsen 1928. M. Bergmann, Studien zum römischen Porträt des 3. Jh. v. Chr. (1977), Taf. 20,3–4. GdDMus 135 f., Abb. 101.

[115] Bouvier 1978 und 1985. Vgl. Flacelière 1977.

[116] Menedemos hat nicht nur zu Hause öffentlich gewirkt, er wurde auch als Vertreter seiner Heimat in den Rat der Amphiktionen gewählt.

Das Heiligtum der Athena in der Marmaria

[1] Daux/Demangel 1923. GdDSite 46 ff.

[2] Vgl. Roscher, ML 4 (1909), s. v. Pronaia (Höfer).

[3] Demosthenes, Aristog. 34.

[4] Diese antike Bergung läßt nach Pascal Darque (GdDSite 48) offen, ob es sich um Votive aus einem Heiligtum oder um eine „Wiederbestattung" von Beigaben aus gestörten Gräbern handelte; es handelt sich um eine Menge von rund 20 vollständigen Stücken und rund 50 Torsen, dazu rund 100 Fragmente von Köpfen und Füßen, vgl. GdDMus 12.

[5] Demangel 1926. E. Bourguet, REG 43, 1930, 6, Anm. 1. Ch. Picard, ebd. 276,

Anm. 2. La Coste-Messelière/Flacelière 1930, 291. Herrmann 1984. Amandry 1986 (Fschr. Mylonas).

[6] IG II² 47. SIG³ 145. CID I 10, 37.

[7] CID II 125.

[8] GdDSite 65.

[9] Herodot (1, 92) erwähnt einen goldenen Schild als Stiftung des Kroisos.

[10] GdDSite 65.

[11] Weil 1893.

[12] Demangel 1926, 49 ff., Abb. 58. GdDSite 55 f., Abb. 7 (Nr. 26); die Stelen waren nicht mehr in situ gefunden worden.

[13] Aristoteles, Pol. 5, 1303 B. Plutarch, Praec. ger. reipubl. 32 (825 B-C); s. o. S. 46.

[14] Meritt 1947. GdDSite 64.

[15] Vgl. Demangel 1930. Settis 1967–68. Widdra 1965. GdDSite 52.

[16] Er war aus Gold, wog 8 Talente (ca. 200 kg) und war von den Phokern (s. o. S. 46. 143) eingeschmolzen worden; nur der bronzene Ständer war übriggeblieben (Plutarch, Camillus 8, 3; vgl. auch Livius 5, 25, 10).

[17] Lerat 1985, 258 mit Verweisen auf frühere Diskussionen.

[18] Das westlich der Kastalia nachantik verbaute Gebälkstück mit der Inschrift . . . Μα]σσαλ[ιέταις . . . (?) kann zu dem Schatzhaus im Athenaheiligtum gehört haben. Daux 1936 (Paus.), 11, Anm. 2. 62 Anm. 2. La Coste-Messelière 1936, 455 ff. Salviat 1981. Amandry 1984, 178 ff. Zum griechischen Sieg über Etrusker und Karthager von Alalia als möglichen Hintergrund der reichen Weihungen aus Massalia: Gras 1987. GdDSite 63 ff.

[19] Die „Rätsel" der Marmaria (Énigmes de Marmaria, Lerat 1985) sind in der Literatur vielfach behandelt worden, konnten aber nur teilweise geklärt werden; vgl. zuletzt GdDSite 50 f.

[20] Zählung nach GdDSite Abb. 4. Nach Lage und Größe kommen die kapellenartigen Bauten (Nr. 17. 18) auf der Terrasse über dem Altarplatz weniger in Betracht.

[21] Prytaneion: Pomtow 1912, 306; Bourguet 1914, 324 ff. – Heiligtum eines chthonischen Kultes: F. Vallois, REG 41, 1928, 217; La Coste-Messelière BCH 34, 1930, 283 ff.; C. Picard, REA 34, 1932, 251; F. Robert, Thymélè (1939), 410 ff. – Heroon des Phylakos: Widdra 1965.

[22] Als Erklärungen wurden vorgeschlagen: Tempel, Heroon, Priesterhäuser, Bankettbau für Opferfeste (s. o. S. 178), Hoplothek (s. die folgende Anm.), Bauhütte der Tholos; vgl. Boukidis 1983. Bousquet 1984. GdDSite 70 f. – Der Bau wurde bei der Errichtung des Kalksteintempels zumindest beeinträchtigt, vielleicht sogar ganz aufgegeben.

[23] Gebäude zur Aufbewahrung von Waffen, vgl. CID II 125.

[24] GdDSite 56 ff.

[25] Demangel, in: Daux/Demangel 1923, Abb. 62.

[26] FdD II 1–3, Taf. VI, Abb. 6.

[27] Vgl. Demangel, in: Daux/Demangel 1923, Abb. 6 und 7. Amandry 1981, 712 f., Abb. 31 mit Anm. 65.

[28] Die Langseiten haben die Maße 2,421 und 2,285 m, die Schmalseiten größere Achsweiten mit 2,49 und 2,345 m.

[29] Daux/Demangel 1923. La Coste-Messelière 1931, 1 ff., bes. 10 ff. (Skulpturen) und 1963 (Kapitelle).

[30] Marcadé 1955, 379 ff.

[31] Michaud 1977. Vgl. GdDSite 68 ff., Nr. 43.

[32] Säulenhöhe 5,28 m, Verhältnis des unteren Durchmessers zur Höhe 1 : 5,93, also weniger hoch und schlank als bei der Tholos.

[33] W. Koenigs, Gnomon 52, 1980, 477 ff.

[34] Charbonneaux 1924 und 1925. Amandry/Bousquet 1940/41. Roux 1952*. 1965. Bousquet 1960. Seiler 1986, 56 ff. Bernard/Marcadé 1961. Marcadé 1977, 1979, 1986, 1986* und 1991. GdDSite 65 ff., Nr. 40. GdDMus 66 ff., Abb. 26 (Fragments/Sculptures).

[35] Die Höhen betragen 20,7/22,6/23,8, die Breiten 28,3 und 30 cm.

[36] Unterer Durchmesser: 86,8 cm (das Verhältnis unterer Durchmesser zu Höhe beträgt 6,83). Die Säulen waren ähnlich dicht gestellt wie bei anderen Tempeln auch: das Interkolumnium mißt 1,27 untere Säulendurchmesser.

[37] Amandry 1981, 757, Abb. 76. GdDMus 66 ff., Abb. 26. 27a.

[38] Laroche 1991*. J.-F. Bommelaer / E. Pentazos / O. Picard, in: Picard 1992, 239.

[39] GdDSite 62 ff.

[40] Vgl. die 44 Kanneluren der Naxiersäule, s. o. S. 188.

[41] Dinsmoor 1923, bes. 171. Dort auch die Widerlegung der Rekonstruktion Pomtows (1912, 1043 ff.; 1913, 203. 236 ff. 240 ff.) mit zwei übereinandergestellten Blattkränzen.

[42] Dinsmoor 1913. Gruben 1972.

[43] Amandry 1984, 192 ff., Abb. 14.

[44] Marcadé 1955, 416 ff., Abb. 28. Walter-Karydi 1976, 6, mit Anm. 10. 11 ff., Abb. 8, 2. GdDMus 62 f., Abb. 23.

[45] Michaud 1977.

Die Erforschung der antiken Stätten

[1] Eliot 1967. M.-C. Hellmann, in: Picard 1992, 14 ff.

[2] E. W. Bodnar, Cyriacus of Ancona and Athens (1960, Collection Latomus 43), 33. J. et L. Robert bei: J. Colin 1981, 531 ff.

[3] Unter den Abschriften befinden sich auch zwei aus Herodot bekannte Orakeltexte, die Cyriacus als Inschriften gefunden haben will. Diese Behauptung ist schon lange bezweifelt worden: vgl. A. Boeckh, in CIG I (1828), p. 847, zu Nr. 1724.

[4] Wie Dodwell 1819, 177 bemerkt, der mit Hilfe von antiken Münzdarstellungen den Tempel als rechteckig bestimmt.

[5] Robert Wood, Richard Chandler, Nicholas Revett, William Pars, Marie Gabriel Auguste Florens Comte de Choiseul-Gouffier, Louis François Sébastien Fauvel, François Charles Hugues Laurent Pouqeville, Edward Daniel Clarke, Edward Dodwell, William Gell, George Gordon Lord Byron, Charles Cockerell u. a.

[6] Ed. Gerhard, Annali 99, 1837, 130 f.; Ephem 1842, Nr. 1026 und 1027; Foucart 1865. Vgl. E. Pentazos, in: Picard 1992, 55 ff.

[7] Conze/Michaelis 1861. Jannoray 1953, 82, Anm. 3 zu S. 81.

[8] Die Anwesen Frangos und Botilias, nach freundlicher Auskunft von R. Kolonia. Pomtow (1889) gibt Abbildungen und Lage des Museum nach seiner Grundstückszählung unter Nr. „117": 11 Anm. 2, 24, Anm. 2, Taf. 6, 11 und 9, 20 (= Zagdoun 1977, 17, Abb. 11). Die Nr. 117 auf dem Plan von Pomtow 1889, Taf. 1 ist die Nr. 340 auf den Plan von Convert, BCH 21, 1897, Taf. 14/15.

[9] Curtius 1843.

[10] H. A. Stoll / G. Löwe (Hrsg.): Entdeckungen in Hellas. Reisen deutscher Archäologen in Griechenland, Kleinasien und Sizilien (o. J.), 171 ff. 371 ff.

[11] E. Pentazos in Picard 1992, 60.

[12] Foucart 1865, vgl. außerdem zum folgenden: G. Radet, Histoire de l'École Française d'Athènes (1901), bes. 301 ff. und den Nachruf auf P. Foucart im BCH 51, 1926. Ihm wird das Verdienst an einer «renaissance épigraphique» zugeschrieben, die den Forschungen in Delphi ein besonderes Gepräge gegeben hat. Der Nachruf a. a. O. hebt Foucarts «vigueur âpre et serrée» und die «autorité rude, mais salutaire» hervor. Daß sich der Abschluß des Grabungsvertrages über das Ende seiner Amtszeit hinauszog und daß ihn sein Nachfolger nicht an dem Unternehmen beteiligt hat, war zweifellos eine große Enttäuschung für Foucart (P. Amandry in: Picard 1992, 111 mit Anm. 32).

[13] D. Skorda in: Picard 1992, 61 ff.

[14] Nach Vorbild des Vertrages von 1875 über die deutsche Olympiagrabung, vgl. P. Dassios in: Picard 1992, 129 ff.

[15] Vgl. P. Amandry, P. Dassios u. D. Skorda, in: Picard 1992, 77 ff. 129 ff. 61 ff. Deutsche Interessen waren offiziell nicht vorgebracht worden (Amandry a. a. O. Anm. 25 zu 102, gegen Radet a. O. 305, Anm. 8); die Grabung von H. Pomtow (s. u.) scheint keinen offiziellen Charakter gehabt zu haben.

[16] Aus Sorge über die Unzufriedenheit wegen zögernder Entschädigungszahlungen durch die griechische Regierung wurde die Ausgrabung anfänglich durch Militär geschützt: Th. Homolle, BCH 17, 1893, 184 f. Über die Erforschung Delphis bis zu der «grande fouille» zusammenfassend auch: Keramopoullos 1917, 309 ff.

[17] Nachrufe von S. Reinach, RA 5. Sér. Bd. 22, 1925, 136 ff. und BCH 50, 1926, 1 f. Zur Dokumentation der Grabung und den ersten Reaktionen: A. Jacquemin, G. Radet und G. Réveillac, in: Picard 1992, 149 ff., 164 ff., 180 ff.

[18] Vgl. die Zeichnungen des Grabungsarchitekten Albert Tournaire, in: Paris–

Rome–Athènes. Le Voyage en Grèce des architectes français aux XIXe et XXe siècles. Kat. Ausst. Paris–Athen–Houston 1982/83, 290 ff.

[19] Dort wurde in mehreren Kampagnen gegraben: 1901 von Th. Homolle, 1907 von A. D. Keramopoullos, 1912 von J. Replat, 1920–26 von Th. Homolle, G. Daux und R. Demangel.

[20] Vgl. Keramopoullos 1908, 6 ff. und 1935, 100. Amandry 1981, 750 ff., Abb. 71. 72. Für nähere Hinweise danke ich R. Kolonia.

[21] Vgl. die Abbildungen bei Keramopoullos 1935, 100 ff., insbes. Abb. 64 (unsere Abb. 71). 85. 87.

[22] Von der Weltausstellung wurde die Rekonstruktion in den Louvre und in die Académie des Beaux Arts verbracht; seit 1976–78 sind Teile davon und von der Rekonstruktion für die Universität im Musée des monuments antiques de Versailles vereinigt. Vgl. Ch. Pinatel, Reconstitutions des façades Est et Ouest du trésor de Siphnos au Musée des monuments antiques de Versailles, et provenances des moulages réutilisés, RA 1984, 29 ff. Delphes, aux sources d'Apollon. Un siècle d'archéologie française en Grèce. Ausst. Athen–Paris 1992/93, Nr. 52.

[23] J.-F. Bommelaer / E. Pentazos / O. Picard, S. 210 ff., in: Picard 1992.

[24] J.-F. Bommelaer / E. Pentazos / O. Picard, S. 206 f. und 219 ff., in: Picard 1992.

[25] Nachruf von F. Hiller v. Gaertringen, Klio 20, 1926, 127 f. Für Beratung und eingehende Mitteilungen bin ich K. Hallof außerordentlich zu Dank verpflichtet. Unterlagen: Akademie der Wissenschaften zu Berlin, Archiv der Inscriptiones Graecae, Sign. II–VIII 89.

[26] P. Amandry, in: Picard 1992, 102 mit Anm. 25.

[27] Seine Publikation von 1889, mit all ihrem ungeduldigen Vordrängen und ihrer unduldsamen Kritik, ist im Licht dieses Interesses zu sehen. Vgl. auch R. Kolonia, in: Picard 1992, 194 ff.

[28] Vgl. U. v. Wilamowitz, SbBerlin 1906, 80 und 1914, 111. Zur Haltung von Wilamowitz (Akademieleiter seit 1902) vgl. W. Calder (III) (Hrsg.), Berufungspolitik innerhalb der Altertumswissenschaften im wilhelminischen Preußen, Briefwechsel Wilamowitz–Althoff (1989), 128 (Hinweise zur Geschichte der Inscriptiones Graecae). 132. 150.

[29] Die Publikation der delphischen Inschriftenfunde hat sich daher wie folgt entwickelt: Funde vor 1892 bei H. Collitz, Griechische Dialektinschriften II (1899); in SIG^3 (1915 ff.) auch Neufunde im Vorgriff auf die französischen Erstpublikationsrechte. Die Publikation durch die Ausgräber ist in drei Stufen erfolgt: seit 1893 laufende Fundberichte und Vorlagen im «Bulletin de Correspondance Hellénique», seit 1908 mit topographischer Ordnung der Neufunde seit 1892 im dritten Teil der «Fouilles de Delphes», seit 1977 systematisch nach Gattungen im »Corpus des inscriptions de Delphes«.

[30] Vgl. die Verteidigungen von Bourguet 1914*, bes. 421; 1918, bes. 212; Kritik an architektonischen Untersuchungen Pomtows: Dinsmoor 1923, 169.

[31] Bousquet (1971, 77; vgl. 1988, 20; 1989, 1) beschönigt für die Nachwelt die

Bitterkeiten zu sehr mit der eleganten Bemerkung: «Bourguet . . . est aujourd'hui, à n'en pas douter, réconcilié dans les champs Élysées avec Pomtow, et j'espère que tous deux savent enfin le nom de l'archonte de 344/3 qui a huit lettres au génitif. Ce mystère nous est encore caché . . .» Pomtow braucht aber jedenfalls nicht mehr ignoriert zu werden, ist jedoch mit großer Vorsicht zu lesen, auch sein Anteil an den SIG[3].

[32] J.-F. Bommelaer / E. Pentazos / O. Picard, in: Picard 1992, 229 ff.

[33] Lerat 1938.

[34] J.-F. Bommelaer / E. Pentazos / O. Picard, in: Picard 1992, 244 ff.

[35] Wegen der militärischen Lage wurde den französischen Ausgräbern die Teilnahme an der Bergung nicht gestattet; von Kontoleon, der die Bergung mitorganisieren mußte, berichtet R. Demangel 1944: «Contoléon . . . mourut peu de temps après, de tristesse et de faim dans une Grèce martyrisée.»

[36] Vgl. Nachruf R. Demangel, BCH 76, 1952, 289 f.

[37] J.-F. Bommelaer / E. Pentazos / O. Picard, S. 246, in: Picard 1992.

[38] Vgl. J.-F. Bommelaer / E. Pentazos / O. Picard 1992, S. 244 ff., in: Picard 1992, CRAI 1944, 254 f.

[39] Bericht über die Arbeiten von 1938 bis 1953: Amandry 1958.

[40] Hansen 1960.

[41] Mit der Ausnahme kleinerer Sondagen im Osten des Heiligtums während der Jahre 1971 und 1972: BCH 96, 1972, 899 ff. und 97, 1973, 510 ff. Über die Arbeiten seit 1970 hat Amandry 1981 berichtet.

[42] Vgl. J.-F. Bommelaer / E. Pentazos / O. Picard, in: Picard 1992, 205 ff.

[43] Bisher: Rougemont 1977 und Bousquet 1989. Bevorstehend: Ausgabe der inschriftlich überlieferten Hymnen, durch A. Bélis und der Theorodokenlisten durch J. Ouhlen.

[44] An neueren Werken hervorzuheben: Hansen (u. Mitarb.), Atlas 1975; Michaud 1974 und 1977; Daux/Hansen 1987; Roux/Callot 1989. Zu nennen sind auch die neueren Forschungen zum Tempelbau, vgl. Amandry 1989 (bes. 27, Anm. 1). Die Reste der zahlreichen archaischen Porosbauten bearbeitet M.-D. Nenna.

[45] Arbeiten von A. Jacquemin und D. Laroche. Abgeschlossen ist die Arbeit von A. Jacquemin: Offrandes monumentales à Delphes. Typologie et fonctions (Diss. Paris, Sorbonne I, 1993).

[46] BCH 108, 1984, (Chronique) 867, Abb. 19.

[47] J.-M. Luce, Colloque P. Perdrizet, Strasbourg 1991. J.-F. Bommelaer / E. Pentazos / O. Picard, in: Picard 1992, 259 ff.

[48] Für diese und die vorhergehenden Hinweise danke ich R. Kolonia sehr herzlich.

[49] Die Sicherung der Felsen über der Kastalia wird mit Hilfe der UNESCO seit 1990 vom griechischen Antikendienst durchgeführt. Die Felsen werden mit tiefen Veränderungen stabilisiert; zum Problem der Aufforstungen vgl. o. Anm. 61 zu S. 36.

[50] Victor Hugo, in «Le Rhin», über die Ruinen des Heidelberger Schlosses; nach

der Ausgabe aus dem Besitz des Dichters Sikelianos in der Bibliothek des französischen Grabungshauses zu Delphi. „Für wen haben sie also gearbeitet, diese bewundernswerten Menschen? Ach, für den Wind, der bläst, für das Gras, das sprießt, für den Efeu, dessen Blattwerk ihren Ornamenten gleicht, für die Schwalbe, die darüber hinstreicht, für den Regen, der fällt, für die Nacht, die niedersinkt."

LITERATUR

Die bibliographischen Abkürzungen entsprechen den für die Publikationen des Deutschen Archäologischen Instituts in Berlin empfohlenen.

Außerdem bedeuten GdDMus und GdDSite: Guide de Delphes, Le musée bzw. Le site; vgl. hier unter Bommelaer 1991 und Picard 1991

Die folgenden Schriften werden in den Anmerkungen mit Verfassernamen und Erscheinungsjahr angeführt; wo zur weiteren Unterscheidung nötig, ist ein Stern oder eine kurze Zusatzbezeichnung beigegeben.

Am Ende wird eine Übersicht der Inschriftensammlungen gegeben:

Alexander, Chr.: Models of Delphi and Olympia, BMetrMus 27, 1932, 12–13

Amandry, P./Bousquet, J.: La colonne dorique de la Tholos de Marmaria, BCH 64–65, 1940–41, 121–127.

Amandry, P.: Vases, bronzes et terres cuites de Delphes, BCH 62, 1938, 305–331

– Rapport préliminaire sur les statues chryséléphontines de Delphes, BCH 63, 1939, 86–229.

– Petits objets de Delphes, BCH 68–69, 1944–45, 36–74

– Statuette d'ivoire d'un dompteur de lion découverte à Delphes, Syria 24, 1944–45*, 86–119

– Le portique des Athéniens à Delphes, BCH 70, 1946, 1–8

– Le palmier de bronze de l'Eurymédon, CRAI 1947, 466–468

– Notes de topographie et architecture delphiques: II. Le monument commémoratif de la victoire des Tarentins sur les Peucétiens, BCH 73, 1949, 447–463

– La mantique apollinienne à Delphes (1950); zitiert als Amandry 1950 (Mant.).

– Notes de topographie et architecture delphiques: III. Le taureau de Corcyre, BCH 74, 1950*, 10–21

– La colonne des Naxiens et le portique des Athéniens. Relevés et restaurations par Y. Fomine, K. Tousloukof et R. Will. FdD II (1953)

– Notes de topographie et architecture delphiques: IV. Le palmier de bronze de l'Eurymédon, BCH 78, 1954, 295–315

– Recherches à Delphes (1938/1953). – Acta Congressus Madvigiani 1 (1958) 325–340

– Sur les «épigrammes de Marathon», S. 1–8 zu: Theoria, Fschr. W.-H. Schuchhardt (1960)

- Plaques d'or de Delphes, AM 77, 1962, 35–71
- Notes de topographie et d'architecture delphique: V. Le temple d'Apollon (1) BCH 93, 1969, 1–38
- Les fouilles de l'antre corycien près de Delphes, CRAI 1972, 255–267
- Notes de topographie et d'architecture delphique: VI. La fontaine Castalie. Études Delphiques, BCH Suppl. IV (1977) 179–228
- Statue de taureau en argent. Études Delphiques, BCH Suppl. IV (1977*) 273–293
- Notes de topographie et architecture delphiques: VII. La fontaine de Castalie (compléments), BCH 102, 1978, 221–241
- Les consécrations d'armes galates à Delphes, BCH 102, 1978*, 571–586
- Chronique delphique (1970–1981), BCH 105, 1981, 673–769 Abb. 1–85
- Notes de topographie et d'architecture delphique: VIII. Éléments d'architecture archaïque et classique, BCH 108, 1984, 177–198: 1. Larmier du temple archaïque d'Athéna. 2. Parpaing du trésor des Massaliètes, 178. 3. Epistyle du trésor dorique du sanctuaire d'Athéna, 183. 4. Chapiteau dorique de poros, 194
- Chios and Delphi, in: Chios, A Conference at the Homereion, 1984 (1986) 205–233; zitiert als: Amandry 1986 (Chios)
- Sièges mycéniens tripodes et trépieds delphiques, Φίλια ἔπη, Fschr. G.E. Mylonas (1986), 167–184; zitiert als: Amandry 1986 (Fschr. Mylonas)
- Trépieds de Delphes et du Péloponnèse, BCH 111, 1987, 79–131
- A propos de monuments de Delphes. Questions de chronologie, BCH 112, 1988, 591–610
- La ruine du temple d'Apollon à Delphes, Académie Royale de Belgique, Bulletin de la Classe des Scienes Morales et Politiques, 75, 1989, 1–2, 26–47
- La fête des Pythia, Praktika tes Akademias Athenon 65, 1990, 279–317
- Où était l'omphalos?, Colloque P. Perdrizet, Strasbourg 1991
- Fouilles de Delphes et raisins de Corinthe, S. 77–128 in: O. Picard (Hrsg.), La redécouverte de Delphes (1992)
- La vie religieuse à Delphes: Bilan d'un siècle de fouilles, Colloque École française d'Athènes 17.–20. 9. 1992 «Delphes cent ans après. Essai de bilan»*

Audiat, J. (mit P.E. Hoff, J. Replat, L. Stephensen und Y. Dupuy): Le trésor des Athéniens. FdD II (1933)

Aupert, P. (und O. Callot): Le stade. Relevés et restaurations. FdD II (1979)

Bankel, H.: The Athenian Treasury as Dated by its Architecture, in: Resumés des 13. Intern. Kongr. f. Klass. Arch. Berlin, 24.–30. Juli 1988, 95

- The Athenian Treasury as Dated by its Architecture, Akten des XIII. Internationalen Kongresses für Klassische Archäologie, Berlin 1988 (1990) 410–412

Bearzot, C.: Fenomeni naturali e prodigi nell'attacco celtico a Delfi, 279 a.C. Fenomeni naturali e avvenimenti storici nell'antichità (1989), 71–86

Bernard, P. / Marcadé, J.: Sur une métope de la Tholos de Marmaria à Delphes, BCH 85, 1961, 447–473

Beschi, L.: I donari tarantini a Delfi. Alcune osservazioni.- Aparchai. Nuove ricerche e studi sulla Magna Grecia e Sicilia antica in onore di P. E. Arias (1982), 227–238

Billot, M.-F.: Notes sur une sima en marbre de Delphes, Études Delphiques, BCH Suppl. IV (1977), 161–177

Birot, P.: Géomorphologie de la région de Delphes, BCH 83, 1959, 258–274

Bloch, M.: Die Freilassungsbedingungen der delphischen Freilassungsinschriften. Diss. Straßburg 1915

Bommelaer, J.-F. / Pentazos, E. / Picard, O.: Un siècle de travaux, S. 205–261 in: O. Picard (Hrsg.), La redécouverte de Delphes (1992)

– Le site aujourd'hui: essai de bilan, S. 262–291 in: O. Picard (Hrsg.), La redécouverte de Delphes (1992)

Bommelaer, J.-F.: Note sur les Navarques et les successeurs de Polyclète à Delphes, BCH 95, 1971, 43–64

– Delphes. Premier secteur de la voie sacrée. Travaux de l'École Française en 1972, BCH 97, 1973, 501–510

– Dossiers des Pythaides et socle du trésor des Athéniens. Études Delphiques, BCH Suppl. IV (1977), 139–157

– Simas et gargouilles classiques de Delphes, BCH 102, 1978, 172–197, Farbtafel

– Architecture et mathématique. Arithmetique ou géometrie?, REG 92, 1979, 208–219

– Quatre notes delphiques, BCH 105, 1981, 461–481: I. Affranchissement sur marbre bleuté (461) – II. Cimier de casque en bronze (463) – III. Hauteur des monuments 113 à 118 (474) – IV. Inscriptions de la niche B (n° 117)

– La construction du temple classique de Delphes, BCH 107, 1983, 192–215

– Guide de Delphes. Le site. Dessins de D. Laroche (1991, École Française d'Athènes, Sites et monuments VII)

– Observations sur le théâtre de Delphes, Colloque P. Perdrizet, Strasbourg 1991

– Monuments argiens de Delphes et d'Argos, S. 265–293 in: Polydipsion Argos. Argos de la fin des palais mycéniens à la constitution de l'état classique, Coll. Fribourg (Suisse) 7.–9. 5. 1985, BCH Suppl. 22 (1992)

Boukidis, N.: The Priest's House in the Marmaria at Delphi, BCH 107, 1983, 149–155

Bourguet, E.: De rebus delphicis imperatoriae aetatis (1905)

– Les ruines de Delphes (1914)

– Variétés. Les inscriptions de Delphes et M. Pomtow, RA 4e sér., t. 23, 1914 I, 413–424

– Les inscriptions de Delphes dans la troisième édition de la Sylloge Inscriptionum Graecarum, RA 5e sér., t. 6, 1918 II, 209–251

Bousquet, J. (und Y. Fomine): Le trésor de Cyrène. FdD II (1952)

Bousquet, J.: Une statue de Pélopidas à Delphes signée de Lysippe, RA 1939, II, 125–132

– Delphes. Comptes du IVe siècle, BCH 66–67, 1942–43, 84–123

– Les offrandes delphiques des Liparéens, REA 45, 1943, 40–48

- Variétés. FD III 4, n°s 87 à 279, BCH 78, 1954, 427–437
- Inscriptions de Delphes, BCH 80, 1956, 547–597
- La destination de la tholos de Delphes, RH 223, 1960, 287–298
- Delphes et les Aglaurides d'Athènes. BCH 88, 1964, 655–675
- Le cippe des Labyades, BCH 90, 1966, 82–92
- L'inscription du trésor de Corinthe, BCH 94, 1970, 669–673
- Les comptes delphiques du IVe siecle. Acta of the Fifth International Congress of Greek and Latin Epigraphy, Cambridge 1967 (1971), 77–80
- Le roi Persée et les Romains, BCH 105, 1981, 407–416
- L'atélier de la Tholos de Delphes, BCH 108, 1984, 199–206
- Inscriptions de Delphes, A. Les sculptures tympanales du temple delphique d'Apollon (IVe s.) et les comptes de Trésoriers. Le change des hectés de Phocée, BCH 108, 1984*, 695–701
- Delphes et les «Pythioniques» d'Aristote, REG 97, 1984**, 374–380
- L'anagraphè des Pythioniques d'Aristote (Vortrags-Zusammenfassung), REG 98, 1985, X/XI
- L'hoplothèque de Delphes, BCH 109, 1985*, 717–726
- La reconstruction du temple d'Apollon à Delphes au IVe siècle avant J.-C., S. 13–25 in: D. Knoepfler / N. Quellet (Hrsg.), Comptes et Inventaires dans la Cité Grecque (Mélanges J. Tréheux), Actes du colloque international d'épigraphie tenu à Neuchâtel du 23 au 26 septembre 1986 (1988)
- L'amende des Phocidiens, S. 83–89 ebenda
- (mit Index von D. Mulliez): Études sur les comptes de Delphes (1988. Bibl. des Écoles d'Athènes et de Rome, 267); zitiert als: Bousquet 1988 (Études)
- Inscriptions de Delphes, BCH 116, 1992, 177–196

Bouvier, H.: Hommes et récompenses à Delphes, ZPE 30, 1978, 101–118
- Hommes de lettres dans les inscriptions delphiques, ZPE 58, 1985, 119–135

Bowra, C.M.: "EIPATE TOI BASILEI", Hermes 87, 1959, 426–435 (= On Greek Margins [Oxford 1970], 233–253)

Brinkmann, V.: Die aufgemalten Namensbeischriften an Nord- und Ostfries des Siphnierschatzhauses, BCH 109, 1985, 77–130

Büsing, H.H.: Ein Anthemion in Delphi. Fschr. H. v. Blanckenhagen (1979), 29–36

Carrière, J.C.: La révolution de Cratès à Delphes et la reconstruction des temples du sanctuaire d'Athéna Pronoia (Plutarque, Préceptes politiques, 825 B–C). Hommages à L. Lerat (1984), 145–179

Carter, J.B.: The Chest of Periander, AJA 93, 1989, 355–378

Càssola, F.: Note sulla guerra crisea S. 413–439 in: Φιλίας Χάριν, Miscellanea di Studi Classici in honore di Eugenio Manni (1980) Bd. II

Chamoux, F.: L'aurige de Delphes. FdD IV 5 (1955)
- Un portrait de Flaminius à Delphes, BCH 89, 1965, 214–224
- Un portrait de T. Quinctius Flaminius, BAntFr 1965 (1966), 58–59
- Trépieds votifs à Caryatides, BCH 94, 1970, 319–326

Charbonneaux, J.: Note sur la tholos du «Hiéron» d'Athéna Pronaia à Delphes (Marmaria) BCH 48, 1924, 209–216

– (und G. Gottlob): La tholos. FdD II (1925)

Colin, G.: L'auteur du deuxième hymne musical de Delphes, CRAI 1913, 529–532

Colin, J.: Cyriaque d'Ancone (1981), 531–541

Colonna, G.: Apollon, les Étrusques et Lipara, MEFRA 96, 1984, 557–578, bes. 561–568

Conze, A. / Michaelis, A.: Rapporto d'un viaggio nella Grecia nel 1860, Ad'I 33, 1861, 5–90, Nr. 27 über Delphi: S. 63–79

Courby, F.: La Tholos du Trésor de Sicyone à Delphes, BCH 35, 1911, 132–148

– La terrasse du temple. FdD II (1915–1927, 3 Fasc.: Temple 1–117 [1915]; Autel, terrasses 119–213, Taf. I-XIII und 4 S. Add. zu Fasc. 1 [1921]; Petits monuments 215–333 und Vorwort I-III [1927]) – (Angaben nach La Coste-Messelière 1969, 758 Anm. 1)

Crahay, R.: La littérature oraculaire chez Hérodote (1956)

Croissant, F.: Les frontons du temple du IVe siècle à Delphes. Esquisse d'une restitution, S. 187–197 in: H. Kyrieleis (Hrsg.), Archaische und klassische griechische Plastik, 2 (1986)

Curtius, E.: Anecdota delphica (1843)

Dassios, Ph.: Les péripéties de la convention vues de Grèce, S. 129–142 in: O. Picard (Hrsg.), La redécouverte de Delphes (1992)

Daux, G. / Demangel, R.: Le sanctuaire d'Athéna Pronaia. 1: Les temples de tuf. Les deux trésors. FdD II (1923)

Daux, G. / Hansen, E. (und M.-Chr. Hellmann): Le trésor de Siphnos. FdD II (1987)

Daux, G.: Delphes au IIe et au Ier siècle depuis l'abaissement de l'Étolie jusqu'à la paix romaine 191–31 av. J.-C. (1936); zitiert als: Daux 1936 (Delphes)

– Pausanias à Delphes (1936); zitiert als: Daux 1936 (Paus.).

– Inscriptions et monuments archaiques de Delphes, BCH 61, 1937, 57–72; Kléobis et Biton 61–66; Décor ionique 73–78

– Plutarque, Moralia 409 A-B et le prétendu faubourg delphique de ,Pylaia', RA 6e sér., t. 11, 1938 I, 3–18

Defradas, J.: Les thèmes de la propagande delphique (1954), [2](1972)

Delcourt, M.: L'oracle de Delphes (1955)

Delphes, aux sources d'Apollon. Un siècle d'archéologie française en Grèce. Ausst. Athen–Paris 1992/93

Demangel, R.: Topographie du sanctuaire. Le sanctuaire d'Athéna Pronaia. FdD II (1926)

– Note concernant le ,temenos' du héros Phylakos à Delphes, REG 43, 1930, 21–25

Déroche, V. / Maniatis, Y. / Mandi, V. / Nikolaou, A.: Identification de marbres antiques à Delphes, BCH 113, 1989, 403–416

Déroche, V.: Delphes: La christianisation d'un sanctuaire païen, Actes du XIIe congrès international d'Archéologie chrétienne, (Lyon, Vienne, Grenoble, 21. – 28. Sept. 1986), Studi di antichità cristiane 41, 1989, 2713–2726

– Les chapiteaux ioniques romains et paléochrétiens à Delphes, Colloque P. Perdrizet, Strasbourg 1991

Dinsmoor, W.B.: Studies of the Delphian Treasuries, BCH 36, 1912, 439–493 und 37, 1913, 5–83

– The Aeolic Capitals of Delphi, AJA 27, 1923, 164–173

– The Athenian Treasury as Dated by its Ornament, AJA 50, 1946, 86–121

Dodwell, Edward: A Classical and Topographical Tour through Greece During the Years 1801, 1805 and 1806, 2 Bde. (1819), I 162–193

– Views and Descriptions of Cyclopian, or, Pelasgic Remains, in Greece and Italy . . . (1834)

Dohrn, T.: Die Marmorstandbilder des Daochos-Weihgeschenkes in Delphi, AntPl 8 (1968) 33–53

Dyggve, E.: Les traditions cultuelles de Delphes et l'église chrétienne, CArch 3, 1948, 9–28

Eliot, C.W.J.: Lord Byron, Early Travellers and the Monastery at Delphi, AJA 71, 1967, 283–291

Erhardt, Ch.: The Fate of the Treasures of Delphi, Phoenix (Toronto) 20, 1966, 228–230.

Faure, P.: Les Dioscures à Delphes, AntCl 56, 1985, 56–65

Fauth, W.: RE 24 (1963), 515–547, s.v. Pythia

Flacelière, R.: Inscriptions de Delphes du IIIe siècle av. J.-C., BCH 59, 1935, 7–35

– (ed.): Plutarque, Sur les Oracles de la Pythie (Ann. Univ. Lyon, 3e sér. lettres, fasc. 4, 1937)

– Les Aitoliens à Delphes. Contribution à l'histoire de la Grèce centrale au 3e siècle (1937); zitiert als: Flacelière 1937 (Ait.).

– (ed.): Plutarque, Sur l'E de Delphes (Ann. Univ. Lyon, 3e sér. lettres, fasc. 11, 1941)

– Le délire de la Pythie est-il une légende?, REA 52, 1950, 306–324 (Rez. zu Amandry 1950 [Mant.])

– Hadrien et Delphes, CRAI 1971, 168–185

– Cicéron à Delphes? Études Delphiques, BCH Suppl. IV (1977), 159–160

Flower, H.I.: Herodotus and Delphic Traditions about Croesus, S. 57–77 in: Georgica. Greek Studies in Honour of George Cawkwell (1991, Bull.Suppl. 58)

Fontenrose, J.: Python, A Study of Delphic Myth and its Origins (1959)

– The Cult and Myth of Pyrrhos at Delphi (1960)

– The Delphic Oracle (1978)

Forrest, W.G.: The First Sacred War, BCH 80, 1956, 33–52

– Colonisation and the Rise of Delphi, Historia 6, 1957, 160–175

Foucart, P.: Mémoire sur les ruines et l'histoire de Delphes, in: Archives des missions scientifiques et littéraires, 2. sér., vol. 2 (1865), 1–230

Frel, J.: Le sculpteur des danseuses, GettyMusJ 6/7, 1978/79, 75–82

Gardiner, E.M. / Smith, K.K.: The Group Dedicated by Daochos at Delphi, AJA 13, 1909, 447–476

Gauer, W.: Weihgeschenke aus den Perserkriegen. IstMitt Beih 2 (1968) passim
– Das Athenerschatzhaus und die marathonischen Akrothinia in Delphi, in: Forschungen und Funde, Fschr. Bernhard Neutsch (1980), 127–136

Ginouvès, R.: Une salle de bains hellénistique à Delphes, BCH 76, 1952, 541–561

Goffinet, E.: L'église Saint-Georges à Delphes, BCH 86, 1962, 242–260

Gras, M.: Marseille, la bataille d'Alalia et Delphes, DialHistAnc 13, 1987, 161–177

Gregory, T.E.: Julian and the Last Oracle at Delphi, GrRomByzSt 24, 1983, 355–366

Gruben, G.: Kykladische Architektur, MJb N.F. 23, 1972, 7–36
– Die Tempel der Griechen (1966), $^{2/3}$(1976/1980), 66–99

Guarducci, M.: Creta e Delfi. Studi e materiali di storia della religione 19–20, 1943–46, 85–114

Guillon, S.P.: La stèle d'Homère à Delphi, Revue de Philologie, 1938, 15–20

Habicht, C.: Pausanias und seine „Beschreibung Griechenlands" (1985)
– Delphi and the Athenian Inscriptions, Colloque École française d'Athènes 17.–20. 9. 1992 «Delphes cent ans après. Essai de bilan»

Hampe, R.: Der Wagenlenker von Delphi, in: BrBr Taf. 786–790 S. 1–43 (1941)

Hansen, E. (mit G. Algreen-Ussing und A. Bramsnaes): Atlas. FdD II (1975)

Hansen, E.: Les abords du trésor de Siphnos à Delphes, BCH 84, 1960, 387–433
– Emploi de pierres brutes dans les constructions, surtout à Delphes, in: Mélanges Helléniques offerts à Georges Daux (1974), 159–180
– Autour du temple d'Apollon, Colloque P. Perdrizet, Strasbourg 1991

Haussoullier, B.: Fouilles de Delphes (1880). Le portique des Athéniens et ses abords, BCH 5, 1881, 1–19

Hellmann, M.-C.: Voyageurs et fouilleurs à Delphes, S. 14–54 in: O. Picard (Hrsg.), La redécouverte de Delphes (1992)

Herrmann, H.-V.: Zur Bedeutung des delphischen Dreifußes, Boreas 5, 1982, 54–66
– Zum Problem des mykenischen Ursprungs griechischer Heiligtümer: Olympia und Delphi, S. 151–172 in: Forschungen zur aegaeischen Vorgeschichte. Das Ende der mykenischen Welt. Akten des internationalen Kolloquiums 7.–8. Juli 1984 in Köln

Hiller von Gaertringen, F.: RE IV 2 (1901), Sp. 2517–2583, s. v. Delphoi

Hodge, A.T.: A Roof at Delphi, BSA 49, 1954, 202–214
– The Mystery of Apollo's E at Delphi, AJA 85, 1981, 83–84

Hoffelner, K.: Die Metopen des Athener Schatzhauses. Ein neuer Rekonstruktionsversuch, AM 103, 1988, 77–117 Beil. 5

Holmberg, E.J.: Delphi and Olympia (1979)

Holtzmann, B.: Siphnos – Thasos – Paros. Études Delphiques, BCH Suppl. IV (1977), 295–304

Homolle, Th.: in BCH 18, 1894, u. a.: Les métopes du trésor des Athéniens. Communication 169–171

– in BCH 20, 1896, u. a.: Le temple de Delphes. Son histoire. Sa ruine, 702–732
– in BCH 21, 1897 u. a.: Communication: Ex-votos de Delphes: L'aurige de Polyzalos, 579. La colonne de Naxos, 585–588. Le trépied de Gélon, 588–590. Statues du Théssalien Daochos et de sa famille, 592–598. La chasse d'Alexandre, 598–600. Les danseuses de Caryatis et la colonne d'Acanthe, 603–614. L'offrande des Messeniens de Naupacte, 616–620. L'ex-voto de Paul Émil vainqueur à Pydna, 620–623.
– L'aurige de Delphes, MonPiot 4, 1897*, 169–208
– in BCH 22, 1898, u. a.: Nouvelles remarques sur les Trésors de Cnide et Siphnos, 586–593
– in BCH 23, 1899, u. a.: Lysippe et l'ex-voto de Daochos, 421–485. Communication: Le gymnase de Delphes, 560–583. Le stade de Delphes, 601–615. Les caryatides du trésor de Cnide, 617–635
– Les dernières fouilles de Delphes: Le temple d'Athéna Pronaia, Revue de l'art ancien et moderne, 1901, 2ᵉ semestre, tome 10, 361–377
– Art primitif. Art archaïque du Péloponnèse et des Iles. FdD IV. 1 (1909)
– La lois de Kadys sur le prêt à intérêt, BCH 50, 1926, 3–106

Jacquemin, A. u. H.: La découverte de Delphes, Les Dossiers d'Archéologie 151, 1990, 4–13

Jacquemin, A. / Laroche, D.: Notes sur trois piliers delphiques, BCH 106, 1982, 191–218 (A. Le pilier des Messéniens, 192 ff.; B. Le pilier de calcaire bleu-noir, 205 ff.; C. Le pilier de Paul-Emile, 207 ff.)

– Le char d'or consacré par le peuple rhodien, BCH 110, 1986, 285–307
– Piliers votifs 1981–1985, BCH 110, 1986*, 783–790
– Une base pour Apollon de Salamine à Delphes, BCH 112, 1988, 235–246
– Une offrande monumentale à Delphes: Le trépied des Crotoniates, BCH 114, 1990, 299–323
– La terrasse de'Attale Iᵉʳ revisitée, BCH 116, 1992, 229–258

Jacquemin, A.: Note sur la frise du théâtre de Delphes, BCH 109, 1985, 585–587

– Aitolia et Aristaineta. Offrandes monumentales étoliennes à Delphes au IIIᵉ s. av. J.-C., Ktema 19, 1985 (1988), 27–35
– Les piliers attalides et la terrasse pergaménienne à Delphes, (Bull. SocFrArchClass, Sitzung 20. 5. 1989), RA 1990 (1), 215–221
– Les trépieds delphiques, in: Delphes, oracle, culte et jeux, Les Dossiers d'Archéologie 151, 1990*, 14–19
– Les chantiers de Pankratès, d'Agathôn et d'Euainétos au péribole du sanctuaire d'Apollon à Delphes, BCH 115, 1991, 243–258
– Thyia et castalie, Colloque P. Perdrizet, Strasbourg 1991*
– En feuilletant le Journal de la Grande Fouille, S. 149–179 in: O. Picard (Hrsg.), La redécouverte de Delphes (1992)

Jannoray, J.: Le «gymnase du bas» à Delphes, BCH 61, 1937, 53–56

- Le gymnase. FdD II (1953)
Kähler, H.: Der Fries vom Reiterdenkmal des Aemilius Paullus in Delphi. Monumenta Artis Romanae V (1965)
Kahrstedt, U.: Delphoi und das Heilige Land des Apollon, Fschr. D.M. Robinson II (1951), 749–757
Kase, E.W. / Szemler, G.J.: The Amphiktyonic League and the First Sacred War: A New Perspective, Actes du VIIe Congrès de la Fédération Internationale des Associations d'Etudes Classiques Budapest (1984), 107–116
Kebrič, R. B.: The Paintings in the Cnidian Lesche at Delphi and their Historical Context (1983. Mnemosyne, Supplementum 80)
Keramopoullos, A.D.: Τοπογραφία τῶν Δελφῶν (1917)
- Ὁδηγὸς τῶν Δελφῶν² (1935)
Kilian, I.: Ein bronzener Kesselwagen aus Delphi, AKorrBl 4, 1974, 349–352
Kilian, K.: Zwei italische Kammhelme aus Griechenland. Études Delphiques, BCH Suppl. IV (1977), 429–442
Koldewey, D.: Die Halle der Athener zu Delphi, AM 9, 1884, 264–270
Kolonia, R.: L'écho de la Fouille, S. 194–202 in: O. Picard (Hrsg.), La redécouverte de Delphes (1992)
Konstantinou, J.K.: Λευκὴ δελφικὴ κύλιξ, AEphem 1970, 27–46
Krause, J.H.: Die Pythien, Nemeen und Isthmien (1841, repr. 1975)
Kritzas, C.: «Boupygos – Kassotis», BCH 110, 1986, 611–617
Kuhn, G.: Untersuchungen zur Funktion der Säulenhalle in archaischer und klassischer Zeit, JdI 100, 1985, 169–317
Kyriazi, D.: Die delphischen Festspiele, Hellas Jahrbuch 1930, 47–50
Kyrieleis, H.: Kleobis und Biton und die Anfänge der griechischen Großplastik, Colloque École française d'Athènes 17.–20. 9. 1992 «Delphes cent ans après. Essai de bilan»
La Coste-Messelière, P. de / Flacelière, R.: Une statue de la terre à Delphes, BCH 54, 1930, 283–295
La Coste-Messelière, P. de / Marcadé, J.: Corés delphiques, BCH 77, 1953, 346–373, mit Anhang von La Coste-Messelière, 373–376.
La Coste-Messelière, P. de / Miré, G. de: Delphes² (1957)
La Coste-Messelière, P. de: Inscriptions de Delphes, BCH 49, 1925, 61–103
- Le fronton est du temple archaique, RA 5e sér., t. 26, 1927 II, 33–42
- Art archaique (fin): Sculptures des temples. FdD IV 3 (1931)
- Au musée de Delphes (1936)
- Chapiteaux doriques de Delphes, BCH 66–67, 1942–43, 22–67
- Les socle marathonien à Delphes, RA 1942–43*, I, 5–17
- Le portique des Athéniens à Delphes, BCH 70, 1946, 1–8
- Les Alcméonides à Delphes. BCH 70, 1946, 271–287
- L'offrande delphique des Tarentins «du bas», Mélanges Picard (RA 1948), 522–532
- Trois notules delphiques, BCH 77, 1953, 179–182

- Sculptures du trésor des Athéniens. FdD IV 4 (1957)
- Chapiteaux doriques du haut archaïsme, BCH 87, 1963, 639–652
- Topographie delphique, BCH 93, 1969, 730–758

La Genière, J. de: A propos des métopes du monoptère de Sicyone à Delphes, CRAI 1983, 158–171

Lacroix, L.: A propos des offrandes à l'Apollon de Delphes et du témoignage de Pausanias: du réel à l'imaginaire, BCH 116, 1992, 157–176

Lambrinoudakis, B.: Οι Δελφοί και ο Απόλλων, Colloque École française d'Athènes 17.–20. 9. 1992 «Delphes cent ans après. Essai de bilan»

Lamer, H.: Festspiele in Delphoi, PhW 1930, Nr. 8, 254

Lanzani, C.: L'oracolo delfico (1940)

Laroche, D. / Nenna, M.-D.: Le trésor de Sicyone et ses fondations, BCH 114, 1990, 241–284

- Deux trésors archaiques en poros à Delphes, Colloque P. Perdrizet, Strasbourg 1991

Laroche, D.: L'emplacement du trésor de Cyrène à Delphes, BCH 112, 1988, 291–305

- Nouvelles obervations sur l'offrande de Platées, BCH 113, 1989, 183–198
- L'autel d'Apollon à Delphes, éléments nouveaux, S. 103–107 in: L'espace sacrificiel dans les civilisations méditerranéennes de l'antiquité. Actes du Colloque tenu à la Maison de l'Orient, Lyon 4–7 juin 1988 (ed. Roland Étienne et Marie-Thérèse Le Dinahet) (1991)
- La tholos de Marmaria, forme et destination, Colloque P. Perdrizet, Strasbourg 1991*

Lauffer, S.: RE 24,1 (1963), Sp. 569–580, s.v. Pytho (Delphoi)

Laurent, J.: Plaques sculptées byzantines de Delphes (communication), BCH 21, 1897, 615 f.

- Delphes chrétien, BCH 23, 1899, 206–279

Le Roy, Ch.: Les terres cuites architecturales / Ducat J.: La sculpture décorative. FdD II (1967)

Le Roy, Ch.: Les terres cuites architecturales de Delphes vingt ans après la publication, S. 33–39 in: First International Conference on Archaic Greek Terracottas – Decorated Architectural Terracottas from the Athenian Acropolis. Catalogue of Exhibition. Hesp. 59,1 (Jan.-March 1990, ed. N. Winter)

Lehmann, G.A.: Der ‚Erste Heilige Krieg' eine Fiktion?, Historia 29, 1980, 242–246

Lenzen, V.F.: The Figure of Dionysos on the Siphnian Frieze, Univ. of Calif. Publ. in Class. Archaeol. Nr. 3,1 (1946)

Lerat, L.: Fouilles de Delphes (1934–1935), RA 1938 II, 183–227

- Trois boucliers archaïques de Delphes, BCH 104, 1980, 93–114
- Les énigmes de Marmaria, BCH 109, 1985, 255–264

Lévêque, P.: La date de la frise du théâtre de Delphes, BCH 75, 1951, 247–263

Luce, J.-M.: Kirrha, port de Delphes, Les Dossiers d'Archéologie 151, 1990, 28 f.

Marcadé, J. / Roux, G.: Tables et plateaux chrétiens en marbre découverts à Delphes. Études Delphiques, BCH Suppl. IV (1977), 453–465

Marcadé, J.: Un casque crétois trouvé à Delphes, BCH 73, 1949, 421–436

– Sculptures inédites de Marmaria (Delphes), BCH 79, 1955, 379–418

– Les bras des danseuses, in: Mélanges Helléniques offerts à Georges Daux (1974), 239–254

– Apollon mitréphoros. Études Delphiques, BCH Suppl. IV (1977), 389–408

– Observations sur les sculptures décoratives de la tholos de Marmaria à Delphes, Bulletin de la Classe des Beaux-Arts, Acad. Roy. des Sciences, des Lettres et des Beaux Arts de Belgique 59, 1977*, 142–151

– Les métopes mutilées de la tholos de Marmaria à Delphes, CRAI 1979, 151–170

– Nouveaux fragments de plaque d'une métope de la tholos de Marmaria à Delphes, BCH 110, 1986, 625–632

– Les sculptures décoratives de la Tholos de Marmaria à Delphes. Etat actuel du dossier, S. 169–173 in: H. Kyrieleis (Hrsg.), Archaische und klassische griechische Plastik, 2 (1986*)

– A propos du décor en marbre des monuments de Marmaria, Colloque P. Perdrizet, Strasbourg 1991

Marchetti, P.: Le cours de l'attique et de l'éginétique, et le rapport entre l'or et l'argent dans les comptes de Delphes, S. 103–110 in: D. Knoepfler / N. Quellet (Hrsg.), Comptes et inventaires dans la cité grecque (Mélanges J. Tréheux), Actes du colloque international d'épigraphie tenu à Neuchâtel du 23 au 26 septembre 1986 (1988)

Melas, E.: Delphi. Die Orakelstätte des Apollon (1990)

Ménage, V. L.: The Serpent Column in Ottoman Sources, AnatSt 14, 1964, 165–173

Meritt, B. D.: The Persians at Delphi, Hesp. 16, 1947, 58–62

Metzger, H.: APOLLON SPENDON. Études Delphiques, BCH Suppl. IV (1977), 421–428

Michaud, J.-P. (und J. Blécon): Le trésor de Thèbes. FdD II (1974)

Michaud, J.-P (mit H. Jakobsen und J. Blécon): Le temple en calcaire. Le sanctuaire d'Athéna Pronaia. FdD II (1977)

Miller, G. S.: The Date of the First Pythiad, CalifStClAnt 11, 1978, 127–158

Moore, M. B.: The Gigantomachy of the Siphnian Treasury. Reconstruction of the Three Lacunae. Études Delphiques, BCH Suppl. IV (1977), 305–335

– The West Frieze of the Siphinian Treasury. A New Reconstruction, BCH 109, 1985, 131–156

Morgan, C.: Athletes and Oracles. The transformation of Olympia and Delphi in the eighth century B.C. (1990)

Müller, S.: Delphes et sa région à l'époque mycénienne, Colloque P. Perdrizet, Strasbourg 1991

Mulliez, D.: Notes d'épigraphie delphique, I. – Les affranchissements du théâtre et la chronologie delphique, BCH 107, 1983, 429–450

– Notes d'épigraphie delphique II–III. II. Nouveaux addenda à la chronologie delphique. BCH 108, 1984, 355–383; III. En marge des actes d'affranchissement delphiques: Les calendriers phocidiens, BCH 108, 1984, 383–389

– Notes d'épigraphie delphique (IV–V). Actes d'affranchissement inédites. – Vocabulaire des actes d'affranchissement delphique, BCH 110, 1986, 433–460

Nachtergael, G.: Les Galates et les Sôtéria de Delphes (Académie royale de Belgique, Mémoire de la classe des Lettres, Collection in – 8°, 2ᵉ sér., tome LXIII, fasc. 1, [1977])

Nenna, M.-D.: Études sur les trésors en poros à Delphes, Colloque de l'IFEA, Istanbul, 23.–25. Mai 1991 (Mscr.)

Orlandos, A.: La fontaine recemment découverte à Delphes, BCH 84, 1960, 148–160

Pallottino, M.: Proposte, miraggi, perplessità nella ricostruzione della storia etrusca, StEtr 53, 1985, 3–18, bes. 7–14, Il cippo di Delfi e il caso Vatin

Parke, H. W. / Boardman, J.: The Struggle for the Tripod and the First Sacred War, JHS 77, 1957, 276–282

Parke, H. W. / Wormell, D. E. W., The Delphic Oracle I.II (1956)

Parke, H. W.: Castalia, BCH 102, 1978, 199–219

– Croesus and Delphi, GrRomByzSt 25, 1984, 208–232

Pasquier, A.: Pan et les Nymphes à l'antre corycien. Études Delphiques, BCH Suppl. IV (1977), 365–387

Péchoux, P.-Y.: L'évolution du paysage de Delphes, Colloque P. Perdrizet, Strasbourg 1991

Pentazos, E.: Les premiers signes d'intérêt en Grèce, S. 55–60 in: O. Picard (Hrsg.), La redécouverte de Delphes (1992)

– s.a. J.-F. Bommelaer

Perdrizet, P.: Petits bronzes. – Terres cuites. – Antiquités diverses. FdD V (1908)

P(icard), Ch.: Le trésor des Athéniens à Delphes, sa dédicace et sa date, RA 6ᵉ sér., t. 10, 1937 II, 116 f.

Picard, O. (Hrsg.): Guide de Delphes. Le musée (1991) – [Beiträge von: L. Lerat, J. Marcadé, F. Croissant, C. Rolley, F. Chamoux, P. Amandry u. A. Pariente]

– (Hrsg.): La redécouverte de Delphes (1992)

– s. a. J.-F. Bommelaer

Piganiol, A.: La date du troisième incendie de Delphes, REA 39, 1937, 108–110

Plassart, A.: Eschyle et le fronton Est du temple delphique des Alcméonides, Mélanges Radet, REA 42, 1940, 293–299

Pomtow, H.: Beiträge zur Topographie von Delphi (1889)

– Die drei Brände des Tempels zu Delphi, RhMus 51, 1896, 323–380

– Die dreiseitige Basis der Messenier und Naupaktier zu Delphi, Neue Jahrbb. für Philologie und Pädagogik 153, 1896*, 505–536. 577–639. 754–769

– Studien zu den Weihgeschenken und der Topographie von Delphi, in: AM 31, 1906, 437–559 (mit Beiträgen von H. Bulle)

– Gesteinsproben von den delphischen Bauten und Weihgeschenken, Philologus 66 (N. F. 20), 1907, 260–286 (nach Untersuchungen von Richard Lepsius)

– Zum delphischen Wagenlenker, SbMünchen 1907*, 241–329

- Delphica II, PhW 29, 1909, 155–192, 218–256, 284–287, 316–320, 348–352, 382–384
- Die alte Tholos und das Schatzhaus der Sikyonier zu Delphi, Zschr. f. Gesch. d. Arch. 3, 1909/10, Heft 5/6 (Feb./März 1910) 97–152 und Heft 7/8 (April–Mai 1910) 152–192
- Delphica III, Separat-Abdruck aus der PhW 31/32, 1911/12, Nr. 49 ff. Sp. 1547 ff. (1911)
- Die Kultstätten der „anderen Götter" von Delphi, Philologus 51 (N.F. 25) 1912, 24–100
- Die große Tholos und die Bestimmung der delphischen Rundbauten, Klio 12, 1912*, 179–218. 281–307
- Die beiden Bußtempel zu Delphi als Musterbeispiele altionischer und altdorischer Marmorarchitektur, Klio 13, 1913, 199–248
- Delphische Neufunde III. Hippokrates und die Asklepiaden in Delphi, Klio 15, 1918, 303–338
- Delphische Neufunde. V. Zusätze und Nachträge, Klio 17, 1921, 153–203
- Die Paionios-Nike in Delphi, JdI 37, 1922, 55–112
- RE Suppl. IV (1924), Sp. 1189–1432, s.v. Delphoi
Pouilloux, J. / Roux, G.: Énigmes à Delphes (1963)
Pouilloux, J.: O EPIKEPHALOS OBOLOS, BCH 73, 1949, 177–200
- Promanties collectives et protocole delphique, BCH 76, 1952, 484–513
- La région nord du sanctuaire (de l'époque archaique à la fin du sanctuaire). FdD II (1960)
- L'air de Delphes et la patine de bronze, REA 67, 1965, 54–66
- Delphes et les Romains, REA 73, 1971, 374–381
- Travaux à Delphes à l'occasion des Pythia. Études Delphiques, BCH Suppl. IV (1977), 103–123
- Delphes et les Romains, in: Stele. Τόμος εἰς μνήμην Ν. Κοντολέοντος (1980) 201–207
- Chypriotes à Delphes, RDAC 1976, 158–167
- La voie officielle d'accès au stade de Delphes, BCH 107, 1983, 217–219
- Delphes dans les Éthiopiques d'Héliodore, La réalité dans la fiction, JSav 1983*, 259–286
Poulsen, F.: Delphische Studien. Det Kgl. Danske Videnskabernes Selskab. Historisk-filologiske Medelelser VIII, 5 (1924)
- Portrait d'un philosophe néoplatonicien trouvé à Delphes, BCH 52, 1928, 245–255
- Le vieillard de Delphes, BCH 70, 1946, 497–500
Prenuer, E.: Ein delphisches Weihgeschenk (1910)
Radet, G.: La Grande Fouille vue par un contemporain, S. 144–148 in: O. Picard (Hrsg.), La redécouverte de Delphes (1992)
Raubitschek, A.E.: Zu zwei attischen Marathondenkmälern in Delphi, S. 315 f. in: Mélanges Hélleniques offerts à Georges Daux (1974)
Reinach, A.-J.: L'Étolie sur les trophées gaulois de Kallion, Journal intern. d'arch.

numismatique (Διεθνὴς ἐφημερὶς τῆς νουμισματικῆς ἀρχαιολογίας) 13, 1911, 180–240

Reisch, E.: Zu den Friesen der delphischen Schatzhäuser, Wiener Eranos zur fünfzigsten Versammlung deutscher Philologen und Schulmänner in Graz 1909 (1909) 293–301

– Zu den Friesen der delphischen Schatzhäuser, Verhandlungen der 57. Versammlung deutscher Philogogen und Schulmänner zu Salzburg vom 25. bis 28. September 1929 (1930), 60–63

Réveillac, G.: Photographies de la Grande Fouille, S. 180–193 in: O. Picard (Hrsg.), La redécouverte de Delphes (1992)

Robert, C.: Die Nekyia des Polygnot, 16. HWPr 1892

– Die Iliupersis des Polygnot, 17. HWPr 1893

Robert, L.: Décrets de Delphes, Nr. 7, S. 430–432 und: Au théâtre de Delphes, Nr. 8, S. 433–438, in: Epigraphica, REG 42, 1929, 426–438

– De Delphes à l'Oxus. Inscriptions grecques nouvelles de la Bactriané, CRAI 1968, 416–457, bes. 421–430

Robertson, N.: The Myth of the First Sacred War, ClQu, n.s. 28, 1978, 38–73

Roesch, P.: La base des Béotiens à Delphes, CRAI 1984, 177–195

Rolley, Cl.: Les statuettes de bronze. FdD V 2 (1969)

– Les trépieds à cuve clouée. FdD V 3 (1977)

– Fibules illyriens dans le Parnasse. Études Delphiques, BCH Suppl. IV (1977*), 443–451

– En regardant l'Aurige, BCH 114, 1990, 285–297

Rougemont, G.: Les théores d'Andros à Delphes. Études Delphiques, BCH Suppl. IV (1977*), 37–42

Roussel, P.: Delphes et l'Amphictionie après la guerre d'Aitolie, BCH 56, 1932, 1–36. A propos du Péan de Dionysos, ebd. 289.

Rousset, D.: Territoires et frontières en Locride et en Phocide (Diss. Paris 1991, noch ungedrucktes Manuskript)

Roux, G.: La terrasse d'Attale Ier à Delphes, BCH 76, 1952, 141–196

– Le toit de la Tholos de Marmaria et la couverture des monument circulaires grecs, BCH 76, 1952*, 442–483

– Pausanias, le «Contra Aristogeiton» et les «énigmes de Marmaria» à Delphes, REA 67, 1965, I, 37–53

– Les comptes du IVe siècle et la reconstruction du temple d'Apollon à Delphes, RA 1966/2, 245–296

– Testimonia Delphica, I. Note sur l'hymne homérique à Apollon, v. 289, REG 79, 1966*, 1–5

– Problèmes delphiques d'architecture et d'épigraphie, RA 1969 I, 29–56

– Delphi, Orakel und Kultstätten (1971)

– L'amphictionie, Delphes et le temple d'Apollon au IVe siècle (1979)

– A propos du Gymnase de Delphes: le site du Damatrion de Delphes et le sens du mot *sphairisterion*, BCH 104, 1980, 127–149

- (und O. Callot): La terrasse d'Attale I. FdD II (1987)
- Problèmes delphiques d'architecture et d'épigraphie, RA 1989, 23–64
- Deux riches offrandes dans le sanctuaire de Delphes. Le stylidion de cyzique. Le lion d'or de Crésus, JSav 1990, 221–245
- Un querelle de preseance à Delphes: Les promanties des Tarentins et des Thouriens, ZPE 80, 1990*, 23–29

Salviat, Fr.: L'offrande argienne de l'«hémicycle des rois», à Delphes et l'Héraclès Béotien, BCH 89, 1965, 307 ff.
- La dedicace du trésor de Cnide à Delphes. Études Delphiques, BCH Suppl. IV (1977), 23–35
- Le trésor des Marseillais à Delphes et sa dédicace, Archéologie du Midi méditerranéen 3, 1981, 7–16
- Le navire Argô sur les métopes sicyoniennes à Delphes, Archaeonautica 4, 1984, 213–222

Schalles, H.J.: Zur Deutung der unteren Tarentinerbasis in Delphi, AA 1981, 65–75

Schober, F.: RE Suppl. V (1931), Sp. 61–152, s.v. Delphoi

Segre, M.: La più antica tradizione sull'invasione gallica in Macedonia e in Grecia (280/79 a.Chr.), Historia (Milano) 1,4, 1927, 18–42
- Il sacco di Delfi e le leggende dell'«aurum tolosanum», ebenda 3, 1929, 592–648.

Seiler, F.: Die Griechische Tholos (1986), 40–55 (alte Tholos); 56–71 (Tholos in der Marmaria)

Settis, S.: Un enigma delfico: Pausanias, la tholos e il Phylakeion, ASAtene 45–46, 1967–68, 355–372

Simon, E.: Ikonographie und Epigraphik. Zum Bauschmuck des Siphnierschatzhauses in Delphi, ZPE 57, 1984, 1–22

Skorda, D.: Recherches dans la vallée du Pleistos, Colloque P. Perdrizet, Stasbourg 1991
- Les projets d'expropriation, S. 61–71 in: O. Picard (Hrsg.), La redécouverte de Delphes (1992)

Sodini, J.-P.: Un chapiteau «mixte» d'époque paléochrétienne à Delphes, S. 325–340 in: Rayonnement Grec, Hommages à Charles Delvoye (Brüssel 1982, Université libre de Bruxelles, Faculté de Philosophie et Lettres, LXXXIII)

Sordi, M.: La guerra tessalo-focese del V secolo, RivFil n.s. 31, 1953, 235–258
- La prima guerra sacra, ebenda, 320–346
- La fondation du collège des naopes et le renouveau de l'Amphictionie au IVe siècle, BCH 81, 1957, 38–75

Sourvinou-Inwood, C.: Myth as History. The previous owners of the Delphic oracle, in: Interpretations of Greek mythology (ed. J. Bremmer, London 1987), 215–241

Spieser, J.M.: La christianisation des sanctuaires païens en Grèce, in: Neue Forschungen in griechischen Heiligtümern (Colloquium Olympia 1974, ed. U. Jantzen, 1976), 309–320 bes. 316 f.

Spoerri, W.: Epigraphie et littérature: à propos de la liste des Pythioniques à Delphes, S. 111–140 in: D. Knoepfler / N. Quellet (Hrsg.), Comptes et inventaires dans la cité grecque (Mélanges J. Tréheux), Actes du colloque international d'épigraphie tenu à Neuchâtel du 23 au 26 septembre 1986 (1988)

Stewart, A.: Dionysos at Delphi: the Pediments of the Sixth Temple of Apollo and Religious Reform in the Age of Alexander, S. 205–227 in: Macedonia and Greece in Late Classical and Early Hellenistic Times (Studies in the History of Art X, Symposium Series I, ed. by B. Barr-Sharrar and E. N. Borza, National Gallery of Art, Washington 1982)

Stikas, E.: La restauration de l'autel d'Apollon à Delphes, BCH 103, 1979, 479–500

Sturgeon, M.C.: A New Monument to Herakles at Delphi, AJA 82, 1978, 226–235

Svoronos, I.N.: Νομισματικὴ τῶν Δελφῶν, BCH 20, 1896, 5–54

Szeliga, G.: The Composition of the Argo Metopes from the Monopteros at Delphi, AJA 90, 1986, 297–305

Tausend, K.: Die Koalitionen im 1. Heiligen Krieg, RStorAnt 16, 1986, 49–66

Thémélis, P. / Mulliez, D.: Un acte d'affranchissement inédit du trésor de Cnide, BCH 113, 1989, 343–346

Themelis, P.G.: (Themeles, P.G.) Κεντρικὴ μορφὴ ἀπὸ τὸ ἀνατολικὸ ἀέτωμα τοῦ ναοῦ τοῦ Ἀπόλλωνος τῶν Δελφῶν, AEphem 1976, Chron. 8–11

– Contribution à l'étude de l'ex-voto delphique de Daochos, BCH 103, 1979, 507–520

Tracy, S.V.: Notes on the Inscriptions of the Pythaïs of 98/7 B.C., BCH 93, 1969, 371–395

– Notes on the Pythaïs-Inscriptions, BCH 99, 1975, 185–218

– The Puzzle of the Fouilles de Delphes III 2 No. 49, AJA 79, 1975, 85–87

– IG II² 2336. Contributors of First Fruits for the Pythaïs (1982)

– Athenian Letter Cutters 229 to 86 B.C. (1990), 170–172. 181–186. 212–215

Ulrichs, H. N.: Reisen und Forschungen in Griechenland I (1840), II (ed. A. Passow, Berlin, 1863), I 25–120 und Nachtrag 263

Vacano, O. v.: Regio instratu ornatus. Beobachtungen zur Deutung des Reliefs des L. Aemilius Paullus in Delphi, in: Bathron. Beiträge zur Architektur und verwandten Künsten für H. Drerup (1988), 375–386

Valavanes, P.: Ἀρχαῖος πύργος στοὺς Δελφούς, Archaiognosia 1, 1980, 331–343

Vatin, C.: Les empereurs du IVᵉ siècle à Delphes, BCH 86, 1962, 229–241

– Un tarif des poisssons à Delphes, BCH 90, 1966, 274–280

– Couroi argiens à Delphes, Études Delphiques, BCH Supp. IV (1977), 13–22

– Monuments votifs de Delphes, BCH 105, 1981, 429–459: I. Mendé à Delphes (433) – II. Taureau de Corcyre (440) – III. Le bœuf des Platéens (450) – IV. Le portique de Tegée (453)

– Monuments votifs de Delphes: V. Les couroi d'Argos, BCH 106, 1982, 509–525

– Les danseuses de Delphes, CRAI 1983, 26–40

Vidal-Naquet, P.: Der Schwarze Jäger. Denkformen und Gesellschaftsformen in der griechischen Antike. Aus dem Französischen von Andreas Wittenburg (1989)

Vollgraff, W.: Le péan delphique à Dionysos, BCH 48, 1924, 97–208; 49, 1925, 104–142; 50, 1926, 262–304; 51, 1927, 423–468

Voutiras, E.: A Dedication of the Hebdomaistai to the Pythian Apollo, AJA 86, 1982, 229–233

– Zur historischen Bedeutung des Krateros-Weihgeschenkes in Delphi, Würzb-JbAltWiss 10, 1984, 57–62

Walsh, J.: The Date of the Athenian Stoa at Delphi, AJA 90, 1986, 319–336

Walter-Karydi, E.: Eine parische Peplophoros in Delphi, JdI 91, 1976, 1–27

Weil, H.: Inscriptions de Delphes, I. Un péan Delphique, BCH 17, 1893, 561–568; II. Nouveaux fragments d'hymnes accompagnés de notes de musique, ebenda 569–583

Wescher, C. / Foucart, P.: Inscriptions recueillies à Delphes (1863)

Widdra, K.: Das Heroon des Phylakos in Delphi, MarbWPr 1965, 38–45

Will, E.: A propos de la base des Thessaliens de Delphes, BCH 62, 1938, 289–304

– Sur la nature du pneuma delphique, BCH 66–67, 1942–43, 161–175

– Brûle parfums en bronze du Ve siècle trouvé à Delphes, MonPiot 40, 1944, 53–68

– Groupe de bronze du Ve siècle trouvé à Delphes, BCH 70, 1946, 639–648

Wörrle, M.: Delphi und Kleinasien, Colloque École française d'Athènes 17.– 20. 9. 1992 «Delphes cent ans après. Essai de bilan»

Zagdoun, M.A.: Reliefs. FdD IV 6 (1977)

Inschriftensammlungen

Bélis, A.: Les hymnes à Apollon. Étude épigraphique et musicale. CID III (1992)

Bourguet, E.: Inscriptions de l'entrée du sanctuaire au trésor des Athéniens. FdD III 1 (1910–1929)

– Les comptes du IVe siècle. FdD III 5 (1932)

Bousquet, J.: (mit Index von D. Mulliez): Les comptes des quatrième et du troisième siècle. CID II (1989)

Chavanne, M.-J. / Oziol, Th. / Marcillet-Jaubert, J. / Poilloux, J.: Inscriptions de la terrasse du temple et de la région nord du sanctuaire, index no. 87–516. FdD III 4, 5 (1985)

Colin, G.: Inscriptions du trésor des Athéniens. FdD III 2 (1909–1913)

– Monuments des Messéniens. FdD III 4, 1a, no. 1–35 (1922)

– Émile et de Prusias. FdD III 4, 1b, no. 36–86 (1930)

Daux, G. / Salac, A.: Inscriptions depuis le trésor des Athéniens jusqu'aux bases Gélon. FdD III 3, 1 (1932)

Daux, G.: Inscriptions depuis le trésor des Aténiens jusqu'aux bases Gélon. FdD III 3, 2 (1943)

– Chronologie delphique. FdD III (1943)

Flacelière, R.: Inscriptions de la terrasse du temple. FdD III 4, 2, no. 87–275 (1954)

Plassart, A.: Inscriptions de la terrasse du temple et de la région nord du sanctuaire: les inscriptions du temple du IVᵉ siècle. FdD III 4, 3, no. 276–350 (1970)

Poilloux, J.: Inscriptions de la terrasse du temple et de la région nord du sanctuaire, FdD III 4, 4, no. 351–516 (1976)

Valmin, N.: Les inscriptions du théâtre. FdD III 6 (1939)

Rougemont, G.: Lois sacrées et règlements religieux. CID I (1977)

In Vorbereitung die Theorodokenlisten von J. Ouhlen und die Freilassungsurkunden von D. Mulliez

GLOSSAR

Archäologische und architektonische Fachausdrücke, dazu in Auswahl Institutionen, mythische, historische und geographische Namen, soweit von besonderer Bedeutung für Delphi, unter Ausschluß von allgemeiner Bekanntem

Abakus: Deckplatte des Kapitells

Adyton: innerster, allerheiligster Raum im Tempel

Aedikula: „Kleines Haus", haus- bzw. tempelfrontartige Gestaltung, auch Baldachin

Agón Chrematítes: Sach- bzw. Geldpreis-Wettspiel

Agón Stephanítes: Kranzpreis-Wettspiel

Agrenón: Netzartiger Umhang für Kötterbilder und Kultmale

Akrotér: Schmuckaufsatz auf Giebelmitte oder -ecke, sowohl figürlich als auch ornamental

Alkmeoniden (Alkmaioniden): Attisches Adelsgeschlecht, Gegner der Tyrannis des Peisistratos, zeitweilig in Delphi im Exil, dort Bauunternehmer und Stifter bei der Erneuerung des 548/47 v. Chr. abgebrannten Tempels

Amphiktionie (auch die Form Amphiktyonie ist alt überliefert): Kultgemeinschaft von Staaten mit den Zentren des Demeterheiligtums in → Anthela bei den Thermopylen und des Apollonheiligtums in Delphi

Anathyrose: Zurichtung von Stoßfugen mit genauer Anpassung eines Randstreifen an den Seiten und oben; diese umgeben eine gröber zugerichtete, türartig (daher der Name) eingetiefte Fläche

Antentempel: Tempelbau als einfaches Haus mit einer Vorhalle zwischen vorspringenden Mauerzungen (Anten)

Anthéla: Heiligtum der Demeter bei den Thermopylen, nach diesen auch → Pylai genannt. Zusammen mit Delphi Sitz der → Amphiktionie. Die Annahme eines Vorortes von Delphi namens Pylai beruht auf einem Mißverständnis

Apsis: Gerundeter, eine Nische bildender Bauteil

Architrav (Epistyl): Unterer, unverzierter Teil des Gebälkes

Archon: „Herrscher", gewöhnlich ranghöchster Jahresbeamter, nach dessen Namen das jeweilige Amtsjahr bezeichnet wurde, bevor die Zeitrechnungen vereinheitlicht wurden

Arcosolgrab: Wand- oder Felsnischengrab

Astragal: Sprungbein von Schafen und Ziegen, womit ähnlich wie mit Würfeln gespielt wurde; architektonisch der Perlstab, ein rundes Profil mit einer Gliede-
rung, in der kugelige und schmale linsenförmige Elemente alternieren

Breccia: Aus Kieseln zusammengebackenes Gestein, Konglomerat

Buleuterion: Versammlungsort der Bulé, des Rates

Cella: Hauptraum im Tempel

Chiton: Feingefälteltes Gewand mit geknöpften Ärmeln, ostgriechische Tracht

Chthonisch (zu Chthon, die Erde): Mit den göttlichen, dämonischen und magi-
schen Kräften der Erde und des Totenreiches verbunden

Corrector: Kaiserlicher Beamter, erstmals unter Traian, Kommissar zur Ordnung
der städtischen Finanzen

Diázoma: Waagerechte Unterteilung und Gang im Theater-Zuschauerraum

Delphusa: Antiker Quellname, nicht sicher lokalisiert, vielleicht die jetzige Kerna

Dodekaïs: Reformierte, alle zwölf Jahre veranstaltete Form der → Pythaïs

Doloper: Nordgriechischer Volksstamm, westlich von Makedonien

Dromos: „Lauf, Laufbahn", in der Architektur der „Gang", insbesondere zu einer
Grabkammer

Echinus: „Igel", beim dorischen Kapitell der polsterartig gerundete Teil

Eckkonflikt (bei Bauten der dorischen Ordnung): Unmöglichkeit, bei Einhaltung
von gleichen Achsmaßen der Säulen und Frieselemente von → Metopen und
→ Triglyphen zu einer geschlossenen Gebäudeecke zu kommen; der Konflikt
wird durch Kompromisse gelöst, indem die Säulenachsmaße gegen die Ecken ver-
kürzt, die Friesachsmaße gegen die Ecken gelängt werden

Elektron: Gold-Silber-Legierung

Entasis: „Spannung"; Bauchung des Säulenschaftes; die Verjüngung wird dadurch
im oberen Teil stärker als unten spürbar

Epidékaton: Vertrags-Abschlußzahlung in Höhe eines Zehntels der Vertrags-
summe. Bei Bauunternehmungen waren Voraus- und Abschlagszahlungen von
neun Zehnteln üblich

Epignapheion (nur aus delphischen Inschriften bekannt): Entspricht dem → Geison

Epistyl(ion): „Das auf der Säule", Gebälk (auch → Architrav genannt)

Epimelét: „Pfleger", allgemeiner altgriechischer Verwaltungsamtstitel

Euthynterie: Ausgleichsschicht über dem Fundament

Frumentarier: Im röm. Heereswesen ursprünglich „Getreidebeschaffer", Foura-
geur, später der Funktion nach einem Pionierbefehlshaber zu vergleichen

Geíson: Kranzgesims

Gutta: „Tropfen", d. h. tropfen-, in Wirklichkeit eher stiftförmige Zier unter dem
→ Mutulus oder unter der → Regula. Die Gutta ist in ihrer entwickelten klassischen Form ein nahezu zylindrischer Kegelstumpf mit abgefastem unterem
Rand. Die Kegelstumpfform ist an Giebelgeisa entsprechend der Giebelneigung
schräg geschnitten

Hágios Elías: Kapelle westl. über dem antiken Delphi und Kloster auf der Westseite
des Parnaß über den antiken Steinbrüchen, die nach ihm benannt worden sind

Hágios Georgios: Georgskirche im alten Dorf, unterhalb der Heiligtums-Süd-
mauer, am archäologischen Spazierweg

Hágios Joannis: Johanneskapelle, an der Kastalia

Hellenikó: Volkstümliche alte Bezeichnung von antikem Mauerwerk, eigentlich:
„das (alte) Griechische", in Delphi die Südmauer des → Temenos unterhalb des
alten Dorfes

Heróon: Kultbau oder -raum zur Verehrung eines Heros

Hieromnémon: Von Städten oder Staaten entsandtes Mitglied des → Amphiktio-
nenrates

Hippodróm: Pferderennbahn

Hoplothek: Gebäude zur Aufbewahrung von Waffen (die Überlieferung läßt offen,
ob als Arsenal oder Trophäensammlung)

Hypokausten: Fußbodenheizung, gewöhnlich für Bäder

Hysplex: Mechanisch zu öffnende Barrieren für gleichzeitige Startfreigabe bei
Wettrennen

Ischégaon: „Erdhalt", große Stützmauer im Heiligtum nördlich des Apollontempels

Isodomes Mauerwerk: Mauern mit gleichlaufenden und gleichhohen Schichten

Kallion: Aitolische Bergstadt, 278 v. Chr. von den Kelten zerstört (jetzt teilweise
vom Mornos-Stausee überflutet)

Kalyptér: Deckziegel

Kannelur: Senkrechte, furchenartige Rippung an Säulenschäften; bei dorischen
und altionischen Säulen mit Graten, bei gewöhnlichen ionischen und korinthischen Säulen mit abgeflachten Stegen zwischen den Furchen

Karyatide: Architektonische Stützfigur, meist weiblich (männliche Entsprechung:
Telamon), anstelle einer Säule oder eines Pilasters, zuweilen in tanzender Haltung. Frühe Beispiele in der altorientalischen Architektur. Der Name wird von
dem lakonischen Ort Karyai abgeleitet

Kastrí: Bis 1858 neugriechischer Name von Delphi

Keledonen: Sirenenartige Zauberwesen vom Dach des sagenhaften bronzenen
Apollontempels

Képhalo-Vrysi: Ganzjährig wasserreiche Quelle etwas pleistosaufwärts unterhalb
Delphis; malerischer Ort mit schattigen Bäumen, früher ein kleiner Weiler mit
Mühlen, einigen Häusern und sieben Kapellen

Kerkís: Sektor zwischen den Treppengängen im Zuschauerraum des Theaters

Kerná: Hauptquelle für die Wasserversorgung von Delphi, entspringt östlich vom
Stadion; antiker Name unbekannt, vielleicht Delphusa

Kírphis: Bergmassiv südlich des Parnaß gegenüber Delphi, Höhe bis 893 m, neugriechisch: Xerovoúni

Kírrha: Hafen von Delphi, bis zu ihrem Fall im kirrhäischen Krieg 591 v. Chr. unab-
hängige und reiche Stadt

Kitharodós: Kitharaspieler

Koilón: Eigentl. die Höhlung; im Theater das eingezogene Rund des Zuschauer-
raumes

Kórax: Gebirge westlich des Parnaß, in Lokroi

Kóre: eigentl. „Mädchen", in der archäologischen Fachliteratur auch bestimmte Mädchenstatuentypen

Krepís: Sockelartiger Stufenbau unter Säulen und Mauern

Krísa: Alte Stadt bei Delphi, aus Homer bekannt, in der Überlieferung oft vermengt mit → Kirrha. Krisa wird bei dem heutigen Ort Chrysso lokalisiert auf dem Bergsporn, der unterhalb Delphis in die Ebene von Amphissa vorspringt

Kúros (dem Englischen und Französischen ist die Schreibweise „Kouros" entlehnt): Eigentl. „Jüngling", in der archäologischen Fachliteratur der Typus der ruhig stehenden, nackten Jünglingsfigur, der um 600 v. Chr. nach ägyptischen Vorbildern in Griechenland geschaffen wurde

Kyma: „Welle", gewelltes Profil

Dorisches Kyma: In Form einer überfallenden Nase, mit aufgemaltem Blattornament.

Ionisches Kyma (auch ionischer Blattstab oder Eierstab): Einfach gewölbtes Profil, in dem gerundete Blätter und Zwischenspitzen alternieren, gewöhnlich in reliefierter, zuweilen auch in gemalter Ausführung, ursprünglich Stilisierung eines zweilagigen Blattüberfalls.

Lesbisches Kyma: S-förmig geschwungenes Profil, in dem herzförmige Blätter und Zwischenspitzen alternieren, ursprünglich Stilisierung eines zweilagigen Blattüberfalls

Labyaden: Altes Geschlecht in Delphi, bekannt durch Inschrift mit seiner Satzung

«Lákkoma» (Loch): Benennung des Stadions in Delphi vor dessen Freilegung

Lésche: Gast-, Klub-, oder Bankethaus

Livádi: Hirtenstation am Polje auf dem Parnaß über Delphi

Logári: Ortsname, östl. von Delphi, mit antiker Felsengrabtür („Charutes", d. h. Hadestür) und Stätte der Legende von der Bestrafung eines heidnischen Priesters

Marmariá: „Marmorplatz", neuerer Name der Stätte des Athena-Pronaia-Heiligtums Pronaia, das als Steinbruch benutzt wurde

Mermnáden: lydisches Königsgeschlecht: Gyges (der Kandaules stürzte), Alyattes, Kroisos

Metópe: Eigentl. Stirn(-Platte); im Gebälk der dorischen Architektur die oft bemalte oder reliefierte Platte zwischen den → Triglyphen

Mine: Gewicht von 437 gr., vgl. → Münz- und Gewichtssysteme

Monópteros: Bau mit umlaufender Halle auf einer einfachen Säulenreihe

Münz- und Gewichtssystem (ohne Vollständigkeit in den vielfältigen Bezeichnungen von Unterteilungen): 8 Chalkoi = 1 Obolos; 1 Triobolos = ½ Drachme; 6 Obolen = 1 Drachme; 2 Drachmen = 1 Stater; 100 attische (70 äginetische) Drachmen = 1 Mine; 60 Minen = 1 Talent (ca. 26 kg)

Mutulus: Teil des → Geisons, Platte an der schrägen Unterseite, mit → Guttae besetzt

Naopoioí: Tempelbauverwalter

Oíkos (pl. Oikoi): Haus

Omphalos: Nabel, Mittelpunkt, Kultmal

Opisthodom: Hinter der Tempelcella gelegener, zum Säulenumgang geöffneter Raum

Orchestra: Tanzplatz, daher im Theater das Rund, in dem Schauspieler und Chöre auftraten

Orthostaten: Unterste Reihe von Steinen einer Mauer, aus großen, hohen Platten und in der Flucht leicht heraustretend. Steinerne Orthostaten schützen auch Mauerwerk aus Lehmziegeln

Panajia: Die „Allerheiligste", d. h. Muttergottes; ihr Kloster, eine Außenstelle des Klosters von Daulí am Osthang des Parnaß, war auf dem Osteil des antiken Gymnasions errichtet

Pankration, Pankratiast: Allkampf, Allkämpfer, Sportdisziplin in der Art des Freistilringens

Paradromís: Im Gymnasion die offene Laufbahn, die neben der gedeckten in der Halle parallelläuft

Párodos: Zugang zur Orchestra des Theaters, auch Einzugslied des Chores

Péplos: Festliches Gewand, aus großem schwerem Rechtecktuch umhangartig und mit überfallendem Teil auf den Schultern gesteckt; konnte gegürtet werden. Im Gegensatz zum zierlicheren, feingefälteten ionischen → Chiton eine eher festländisch-griechische Nationaltracht

Períbolos: Umfassungsmauer eines Bezirkes, vorzugsweise eines Heiligtums

Periegét: Fremdenführer, Reiseschriftsteller, wie Pausanias im 2. Jh. n. Chr.

Perípteros: Tempel mit umlaufender Säulenhalle

Perirrhantérion: Wasserbecken für Waschungen in Heiligtümern

Perístasis: Umlaufende Säulenhalle

Phädriaden: Felsen über dem antiken Delphi östl. und westl. der Kastalia, antik Hymápeia und Naúplia, neugriechisch Phlembúko und Rhodiní

Pleístos: Antiker und modern wieder aufgenommener Name des Flusses in der Schlucht unterhalb Delphis, im Sommer trocken, daher neugriech.: Xeropotámi (Trockenfluß)

Plínthe (gr. plinthos): Platte, Unterlageplatte, etwa für Säulenbasen, weiter auch Mauerstein oder Ziegel bestimmter Größe, sowie Edelmetallbarren (Hemiplinthos: die Hälfte einer solchen Größe)

Polygonales Mauerwerk: Ökonomische Mauerbautechnik für Terrassen- und Umfassungsmauern (auch als Fortifikationen) aus Steinen, die als unregelmäßige Vielecke und nur nahe der Außenseite aneinander gefugt sind. Bei der Variante des kurvenpolygonalen Mauerwerks haben die Fugen zwischen den Steinen einen kurvigen Verlauf

Póros (altgriechischer Terminus): Kalkstein, bevorzugtes Baumaterial, an Tempeln und anderen repräsentativen Bauten durch weißen und farbig verzierten Putz veredelt, zuweilen auch Tuff genannt

Prodomos: Vorhalle der Cella im Tempel

Promantie: Privilegien bei der Orakelbefragung, oft mit Proxenie und Proedrie (Ehrenkonsulat und Ehrensitz bei öffentlichen Veranstaltungen) verliehen

Prophétes: Priesteramt (eigentl. „Verkünder") im Apollonheiligtum von Delphi u. andernorts

Próstylos: Bauwerk mit Säulenvorhalle; Próstylos *in antis*: Bau mit Säulenvorhalle zwischen vorspringenden Mauerzungen (vgl. auch → Antentempel)

Ptéron: Flügel, auch eines Gebäudes; insbesondere für Säulenhallen, die ein Gebäude oder einen Raum umgeben

Pylai: Kurzform für Thermopylai, gebraucht zur Bezeichnung des dortigen Heiligtums der Demeter von Anthela. Die Annahme eines Vorortes von Delphi namens Pylai beruht auf einem Mißverständnis

Pyläische Session: Amphiktionische Sitzungsperiode, unterschieden nach Sommer- und Winterhalbjahren

Pythaïden: Festgesandtschaften von Athen zu den Pythien in Delphi

Pythien: Allgemeingriechische sportliche und musische Festspiele, alle vier Jahre in Delphi gefeiert. Die anderen, auch je alle vier Jahre wiederholten panhellenischen Festspiele waren die von Olympia, Nemea und Isthmia. Im Zyklus dieser Spiele fand jedes Jahr ein panhellenisches Fest statt

Quästor: römischer Beamter, in der Kaiserzeit zuständig für Finanzwesen und Justiz

Regula: Leistenartiges, mit Guttae besetztes Stück unter der → Taenia des dorischen Gebälkes

Rhytón: Ringgefäß zum schäumenden Einschenken von Getränken, oft in figürlicher Gestalt und aus kostbarem Material wie Stein oder Edelmetall, für Gelage wie für kultische Feiern

Sarandavli (40 Säle): Name der korykischen Grotte

Sékos: Das eigentliche oder innere Tempelhaus (ohne die etwa umgebende Säulenhalle)

Septerien (auch die Form Stepterien ist alt überliefert): Mysterienspiel in Delphi, stellt die Tötung des Drachens dar, der für die Erdgöttin Gaia (oder Gâ) das Heiligtum bewachte, und die Sühne der Tat

Síma: Wasserrinne auf dem Dachrand

Skené: Zelt, Theaterbühne

Sotérien: Errettungsfest, von den Aitolern in Delphi nach Abwehr der Kelten 278 v. Chr. eingerichtet

Sphairistérion: Ballspielplatz, nicht wie man auch gemeint hat, Trainingsraum für Boxer

Sphyrélaton: „Das mit dem Hammer getriebene", Metalltreibarbeit

Spolie: Eigentl. Raub, Beute, speziell in der Architektur: wiederverwendetes Architekturglied, sowohl in rein konstruktiver, als auch in dekorativ hervorgehobener Verwendung

Stoá: Offene Säulenhalle in Heiligtümern oder an öffentlichen Plätzen

Strotér: Flachziegel

Stylobát: Stufe, auf der eine Säule errichtet ist

Syngrophos: Aufstellung der Verdingungen für ein Bauvorhaben

Synoris: Zweigespann

Taenia: „Band", im Gebälk der leistenartig vortretende Streifen unter dem Fries

Talent: „Traglast", Gewichtseinheit, in örtlich und zeitlich unterschiedenen Normen, hier meist ca. 26 kg

Tamíai: Schatzmeister, Rechungsbeamte

Témenos: (heiliger) Bezirk

Tenne (Hálos): Zentraler Kultplatz im Heiligtum des Apollon von Delphi, vor der Athenerhalle gelegen

Tetrápolis: Verband von „vier Städten"

Theoria: Festgesandtschaft

Theorodóken: Pilgerbetreuer, Einladungsgesandtschaft für Kultfeste

Theorós (pl. Theoroí): Teilnehmer an einer Kultfestgesandtschaft, Pilger

Theoxénien oder Heroxénien: Kultische Bewirtung von Göttern oder Heroen

Thesaurós (pl. Thesauroí): altgriechisch für Schatz, Schatzhaus, Magazin

Thólos: Rundbau

Thyiaden: Auf dem Parnaß schwärmende Anhängerinnen des Dionysos, lokale Form der Mänaden

Thymiatérion: Weihrauchgerät

Torus: „Polster", rundes Profil, z. B. bei Säulenbasen

Triglyphe: Eigentl. „Dreischlitz", im Säulengebälk oder Wandabschluß Element des dorischen Frieses, das die Metope einfaßt

Tympanon: Giebeldreieck (als Musikinstrument Tamburin)

Via: „Weg", Streifen an der schrägen → Geisonunterseite zwischen den → Mutuli

Xystós: gedeckte Laufbahn in Gymnasion-Halle

Záleska (albanisch, auch Sizalischa oder Sizalisca): Abfluß der Parnassischen Katavothren am unteren Lauf der Kastalia. Die Quelle kommt in einer Grotte zum Vorschein und hat auch den Namen Pappadiá, nach der Frau eines Pappás (Priesters), die hier zur Strafe für sonntägliches Viehhüten abgestürzt sein soll

ABBILDUNGSNACHWEIS

Abkürzungen
DAI: Deutsches Archäologisches Institut
EFA: École Française d'Athènes
Athen, DAI: 1 (Sparta 140). 7 (Delphi 10). 21 (Delphi 11). 28 (Delphi 14). 30 (Delphi 330). 34 (72/505). 39 (Delphi 237). 50 (72/523 und 533). 53 (69/1608). 58 (Delphi 419). 59 (76/508). 60 (Delphi 293). 61 (NM 5851). 66 (NM 4630). 84 (Delphi 315). 90 (Delphi 369). 91 (Delphi 367). 93 (72/494). 98 (Delphi 58). 103 (72/489). Foto W. Hege: 35 (2140). 88 (2142)
Athen, EFA: 4. 13. 14. 18. 22. 24. 25. 26. 27. 29. 32. 33. 36. 41. 42. 43. 44. 45. 46. 47. 48. 49. 51. 52. 54. 55. 56. 57. 62. 63. 64. 65. 67. 69. 70. 72. 75. 76. 77. 79. 81. 82. 83. 85. 87. 89. 92. 94. 95. 96. 97. 99. 100. 101. 102. 104, Jacques Roger: 6
Athen, Gennadius Library: 19
Autor: 40
Berlin, Brandenburgisches Landesamt für Denkmalpflege, Abt. Meßbild: 71
Berlin, Antikenmuseum, Staatliche Museen Preußischer Kulturbesitz (Ingrid Geske-Heiden): 2
Hirmer Archiv (München): 3. 16. 68. 73. 74. 78
Istanbul, Deutsches Archäologisches Institut: 15, Foto P. Steyer: 86
Lissabon, Museum Calouste Gulbenkian: 17
London, British Museum: 12
München, Bayerische Staatsbibliothek: 5. 11
New York, Metropolitan Museum: 37
Nikos Kontos (Athen): II. III. IV. V. VI. VII. XI
Spyros Meletzis, Athen: 38. 80
Spyros Tsavdaroglou (Ekdotike Athenon): I. VIII. IX. X
Stuttgart, Württembergischen Landesbibliothek: 10. 20
Nach AJA 5, 1889, Taf. 11: 9
Nach Dodwell 1834: 8. 23. 31
Pläne: P. Gautel, Karlsruhe (nach Archivunterlage EFA und D. Laroche bei Picard 1992, 145 Abb. 61)

PLÄNE

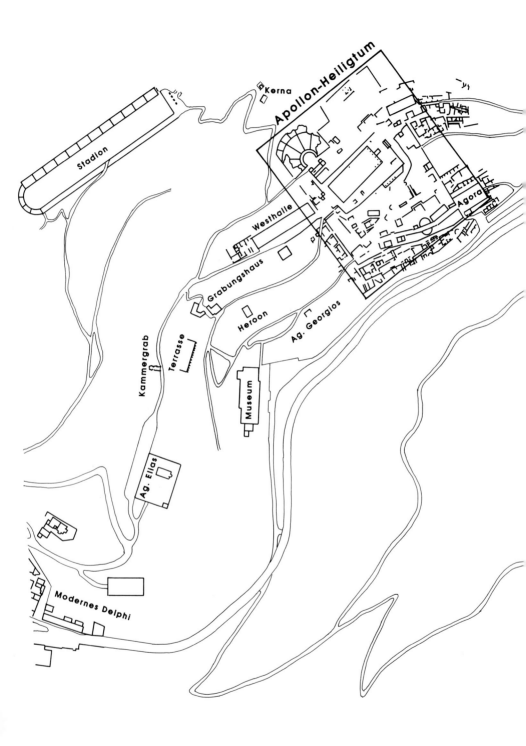

Kerna

Apollon-Heiligtum

Stadion

Westhalle

Agora

Grabungshaus

Heroon

Ag. Georgios

Kammergrab

Terrasse

Museum

Ag. Ellas

Modernes Delphi

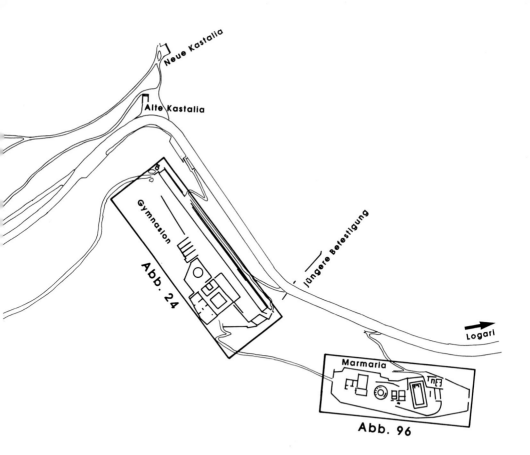

Neue Kastalia

Alte Kastalia

Gymnasion

Abb. 24

Jüngere Befestigung

Logari

Marmaria

Abb. 96

0   100 m

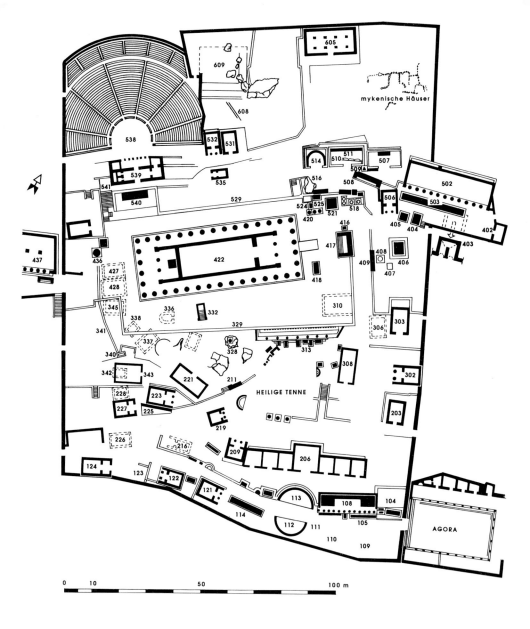

mykenische Häuser

605

609

608

538

532 531

539
535

541
540

516
514 510 511 507
509
508
502
506
503
505 404 402
403
406 407
408
405
524 525
420 521 518
422
417
416
418
409

437

436

427
428

345
336 332
338 310
341 329
337 306 303
340 328 313
342 343 308
228 221 211 302
227 223 HEILIGE TENNE
225
219 203
226
216
124 209
123 206
122
121 113 108 104
114 112 111 105
110 109
AGORA

HEILIGE TENNE

0   10   50   100 m

Plan des Apollonheiligtums
Die Numerierung beruht auf dem Atlas von Hansen (1975)

104 Untere Weihung der Korkyräer: Stier
105 Weihung der Arkader
108 Portikus (ex „Nauarchen")
109 Weihung der Lakedämonier: „Nauarchen"
110 Weihung der Athener: „Eponymen"
111 Weihung der Argiver: „Duris-Pferd"
112 Weihung der Argiver: „Sieben" u. „Epigonen"
113 Weihung der Argiver: „Könige"
114 Untere Weihung der Tarentiner
121 Oikos III: Schatzhaus der Sikyonier
122 Oikos IV: Schatzhaus von Siphnos
123 Weihung der Liparer
124 Oikos VI: Schatzhaus der Thebaner
203 Oikos XIII (früher sog. Schatzhaus von Kyrene)
206 Späte Einbauten im Heiligtumsgelände
209 Oikos XII (anonym)
211 Weihung der Böoter
216 Oikos V: Schatzhaus der Megarer
219 Oikos XXV: Knidos
221 Oikos XXVI: Buleuterion (?)
223 Oikos XI: Athener
225 Weihung der Athener: „Marathon"
226 Oikos VII: Boioter
227 Oikos VIII (anon., ex „Poteidaia")
228 Oikos IX (anon.)
302 Oikos XIV: Schatzhaus von Kyrene
303 Oikos XVI: „Akanthos", „Brasidas"
306 Oikos XV (anon.)
308 Oikos XXIV: Korinth
310 Oikos XXXIII (anon.)
313 Portikus der Athener
328 Weihung der Naxier: Sphinx
329 Polygonale Stützmauer der Tempelterrasse
332 „Musen"-Brunnen
336 Oikos XXIX (Heiligtum der Gâ?)
337 Oikos XXVII (anon.)
338 Oikos: XXII (anon.)
340 Brunnen bei dem Asklepieion
341 Kanal zum Brunnen am Asklepieion
342 Oikos X (sog. „Etruskisches Schatzhaus")
343 Heiligtum des Asklepios
345 Oikos XXI (D) (anon.)

402 Oikos Attalos' I.
403 Exedra Attalos' I.
404 Pfeiler für Eumenes II.
405 Pfeiler für Attalos I.
406 Pfeiler mit Sonnenwagen der Rhodier
407 Dreifuß von Plataiai (?)
408 Dreifuß der Krotoniaten
409 Obere Weihung der Tarentiner
416 Pfeiler der Aitoler für Eumenes II.
417 Altar des Apollon
418 Früher sog. Pfeiler des Aemilius Paullus
420 Weihung der Athener: „Palme vom Eurymedon"
422 Tempel des Apollon
427 Oikos XXX (F) (anon.)
428 Oikos XX (E) (anon.)
436 Statue der Aitolia
437 West-Portikus
502 Portikus Attalos' I.
503 Basis vor der Attalosstoa
506 Oikos XVII (nach einigen „Schatzhaus von Akanthos")
507 Bezirk („Neoptolemos")
508 Basis der Korkyraier
509 Akanthussäule
510 Archaische Stützmauer
511 Weihung des Daochos
514 Monument mit hufeisenförmiger Basis
516 Stützmauer (früher sog. obere Kassotis)
518 Dreifußweihungen des Gelon und des Hieron
521 Apollon Sitalkas
524 Pfeiler des Prusias
525 Felsen u. Brunnen (sog. „Kassotis")
529 Stützmauer („Ischegaon")
531 Oikos XVIII („Theaterschatzhaus")
532 Oikos XIX („Theaterschatzhaus")
535 „Oikos" XXXII, Sockel (?, Poteidanion?)
538/539/612 Theater
540 Weihung des Krateros
541 Theatertreppe
605 Lesche der Knidier
608 Wasserleitung
609 Monument aus grauem Kalk: Brunnen (?, Kassotis?)